# 环境易理指蒙

邱德增 著

团结出版社
UNITY PRESS

**图书在版编目（CIP）数据**

环境易理指蒙 / 邱德增著. -- 北京 : 团结出版社,
2016.8

ISBN 978-7-5126-4246-1

Ⅰ. ①环… Ⅱ. ①邱… Ⅲ. ①《周易》—研究 Ⅳ.
①B221.5

中国版本图书馆CIP数据核字(2016)第165475号

## 环境易理指蒙

出 版：团结出版社
（北京市东城区东皇城根南街84号 邮编：100006）
电 话：（010）65228880 65244790
网 址：www.tjpress.com
E-mail：65244790@163.com
经 销：全国新华书店
印 刷：北京华忠兴业印刷有限公司

开 本：170mm×240mm
字 数：475千字
印 张：33
版 次：2016年8月第1版
印 次：2016年8月第1次印刷

书 号：978-7-5126-4246-1
定 价：69.00 元

# 序

幺儿德增的易学著作《环境易理指蒙》，历经十多年的努力，终于要付梓刊行了，这将为广大易学爱好者带来一份意外的收获。

2016年正月，幺儿把他历经十多年研究而撰写的《环境易理指蒙》书稿送到了我的案头，请我审读，并邀我为之作序。我通览书稿之后，不禁大吃一惊，虽然我对传统易学理论研读近七十载，但多是按部就班，多以先人的研究成果作为相地实践基础，没有形成自己独特的视角并创新发展，但通读本书稿后，让我对中国传统的易学理论，尤其是风水理论又有了全新的认识，真可谓“活到老学到老”。结合对书稿的审读，我认为该书有以下几个特点：

第一，这部书稿具有很强的针对性。书中既有对传统理论的独特认识，也有本人语习易理的传承，还有作者亲自实践的案例总结，针对性强，实用性高。

第二，这部书稿具有很强的操作性。书中提出的人居环境选择和修造技法有理论支撑，实践手段和方法简单明了，幺儿摈弃了保守观念，将家传相地之术进行总结，并结合现代城市规划和房屋布局特点，提出了切合实际，又具有很强操作性的人居环境选择五个步骤，让人耳目一新。

第三，这部书稿具有很强的逻辑性。书稿由三个部分构成，层次分明，结构严谨，理论的撰写结合了作者的学习体会；技术方法的撰写是对家传相地理论实践的总结；而案例则是对理论和实践技法的检验。

书稿文风简朴，语言文字简明易懂，条理清晰，非常适合从未涉足易学知识的读者识读。

总之，我相信该书的出版一定会对人们运用易理观念探索人居环境的选择和修造，起到很好的指导作用。幺儿从小酷爱读书，善于钻研，又学习建筑，从事央行基本建设管理工作，写就本书既有理论基础，又有实践经验，书稿付梓出版，必将为弘扬中国传统文化做出应有贡献。

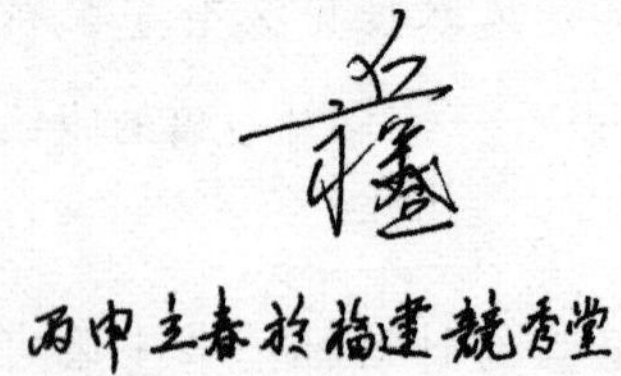


**家父简介：**

家父邱祥登，1935年生，年逾八十有二，13岁起研习易经，对相地、吉课、四柱、元运、九星等都有较全面涉足，研易实践近七十载，察吉地、择吉课、推四柱等众多。在家乡福建省永安市，家父勘察环境、选择吉课、推演命理之术已颇具名气，得到了许多乡亲的认可。

# 自 序

《周易》序指出“易得之于精神之运，心术之动，与天地合其德，与日月合其明，与四时合其序，与鬼神合其吉凶，然后可以谓知《易》。”这里强调了人之“精、气、神”与天地、日月、四时之间的关系，指出了人与天地合德，与日月合明，与四时合序是成“易”的要旨。可见，《周易》的宗旨之一是强调人类与宇宙时空之间的关系，是探索天人合一的思想理念。《周易》作为中国第一部《经典》，其文约意深，涵盖天地，博大精深，涉足天文、地理、星象、数术、建筑、美学、音律、哲学等多方面知识，并从不同的角度探索了天、地、人立体构成的宇宙时空，通过阴阳制化观念，认识宇宙世界的变化规律，探寻人类与自然之间如何达到天人合一的至高境界。

中国古人将天人合一作为最高的哲学追求，并且提出了这种追求过程是人类的自觉，是“人”与“天地”的契合。然而随着人类社会的不断进步，虽然今人也倡导人与自然的和谐发展，但其动机更多地出于对自然的索取，并伴随着科技的高度发展，这种索取的程度越来越深，导致环境的破坏，从而带来了一系列的环境惩罚人类的严重后果，如洪水、海啸、气候变暖、地震等环境问题足以使人类几十年上百年的经营毁于一旦。鉴于此，人类要在地球环境中立足，必须重拾中国古人的天人合一理念，寻求与自然的亲和，以期获取尽可能大的自我生存空间。这正是本书成文的要旨所在。

笔者认为，以《周易》为基础的人居环境研究，就是顺应自然，创造良好环境，以期达到臻于天时、地利、人和三位齐备的天人合一至善境界的目标。

在古代中国，易理观念在环境选择中的运用已形成了独立的理论体系——风水学。纵观中国风水学说的发展和传承过程，不难发现它并非属于现代科学概念的学科范畴，而是集现代环境学、建筑学、规划学、园林学、伦理学、天文学、地理学、美学等于一体的综合性极高的学术体系。虽然“风水”一词最早见于晋代郭璞所著的《葬书》（书云“气乘风则散，界水则止，古人聚之使不散，行之使有止，故谓之风水。”），是勘察和选择阴宅（即死人居住环境）的方法论，但其包含的易理观念适用于人类活动的任何环境选择。在“风水”一词出现之前，运用易理观念进行环境选择的技术方法也称之为“堪舆”，后也有称“青囊”“青乌”“相宅”“地理”等等多种名称，但最被人们熟悉的是“风水”。然而，随着明清时代风水术的泛滥发展，使之从原本专门运用于人居环境选择的技术方法发展成为能够主宰人生运势、吉凶祸福、顺逆得失于一体的万能学术，从而使风水术蒙上了神秘的面纱。加之“五四运动”时期的新文化运动和“文革”时期的“破四旧”运动，使在中国传承数千年的风水学说一时间成为了一种祸害人类的骗术和迷信。其实，风水之学作为东方文化的重要组成部分，如今早已远播西方，其影响遍及全球，其理论涵盖和思维方法都非当今一般科技所比，其对人居环境的规划布局应验性有着种种神奇的效果，令世人称奇。风水学历经数千年的时间检验，在广阔的地域空间中实践，具有现代统计学上的充分价值，可谓是一种被科学所证明的可靠的人居环境选择方法。

本书用于指导人们选择和修造人居环境的原则是天人合一，其技术手段运用的灵魂是“论气”或称“乘生气”。中国先民在选择居住环境时，认为蕴藏“阴阳生气”的地方就是最理想的人类栖息场所，为达到“乘生气”的效果，古人非常重视自然环境与人造环境各要素之间的相互关系，强调了“人之属处，宜以大地、山河为主”，人类要顺应“天道”，以自然为本，将人类至于自然界之中，使自然界各个部分彼此关联，相互协调，这就是易理环境选择的宗旨和目标，也是本书写作的目的。东方文化之所以重视和倡导天人合一，是因为中国古代先贤们早已认识到，人类生于自然环境之中主要受制于时间和空间两个范畴的影响，而时间决定了人之生死，人无法选择时代，只能顺应时代的变迁；但人初生之始就与空间相融合，在有限的生命历程中，通过选择空间完成对人生的相对改变，以达趋吉避凶的效果，这正是易理环境选择所诉求的真正内涵，即人与空间（天地）的和谐。因此，易理环境选择的关键是通过建筑等手段，抽象地表达自然界中“形”与“势”的关系，从而揭示天地的运行规律，引导人们正确地选择环境、营造环境、改善环境和利用环境。

本书由三卷构成，第一卷为基础篇，共由七章构成，从易之起源开始，分别简要介绍阴阳学说、河图洛书理论、五行学说、八卦知识、天干地支知识、九星学说等人居环境选择实践必备的基础知识。同时，为了能让更多的人了解如何运用易学知识进行简单的环境勘察与判断，本卷还专门就环境选择实践中常用的罗盘、鲁班尺等实用工具的运用和操作流程进行介绍。本卷内容是中国传统易学理论体系的一部分，来源于中国古代先贤的智慧，笔者仅是结合自己的学习体会，对涉及人居环境选择的易理知识进行阐释，但求能够形成独特的视角，为广大易学爱好者运用易理知识探索人居环境选择与建设提供一种新的思维方式。

第二卷为技法篇，共由五章构成，主要是结合笔者和家父的实践经验，将上卷中的基础知识转化为适用的技术手段，形成易理环境选择的具体实践技法，旨在告诉读者如何将易学所包含的处理人与自然关系的哲学观念转化为具有实际操作性的环境选择技术方法和手段。为了便于全面阐释易理观念指导下的人居环境选择技法，笔者引入传统风水学中以“盘局”论环境的做法，将易理环境选择技术手段划分为“三个阶段，五个步骤”，第一为环境选择（或称选址）阶段，第二为环境修造阶段，第三为环境优化美化阶段，并分别以“形势判局、乘气定局、规划布局、九星证局、化煞护局”的“五局论”形式，详细阐述易理环境选择的全过程。

第三卷为案例篇，共由四章构成，主要是结合现代社会人居环境的特点，通过现成的案例，分别按照环境空间的面积大小，以实例分析的形式，阐释如何运用上卷所述的技术手段和方法，选择人类集聚地、规划现代房地产楼盘、选择现成房屋和规划布局房屋内空间。

拙著本书的目的是想将家父六十多年的实践经验和自己十多年来的学习体会告诉读者。书中全部运用通俗易懂的语言文字进行深入浅出的表述。笔者相信，不论你有无易学基础，只要能够识读本书，必将能很快融入易学体系这座文化宝库之中，为你人生发展、事业选择，尤其是置业过程提供有益帮助。易学体系博大精深，作为易理分支的风水理论更是繁杂难懂，笔者水平有限，不足与不当之处在所难免，但求广大读者和天下仁人斧正。

笔者不才，著书立作是奢望之求，但在亲朋好友的鼓励和支持下，眼睛一闭，提笔即书，随他去了！

是为序。

丙申孝日于北京

# 目 录

## 第一卷 基础篇 / 1

## 第二卷　技法篇／191

## 第三卷　案例篇 / 357

# 第一卷 基础篇

# 引　文

根据笔者多年学易感悟和探索人居环境选择的实践，文章从繁杂的易经体系中，分门别类地对涉及人居环境选择的理论进行简明易懂的论述。笔者不才，不能说对历代风水学说进行正本清源，但求从博大精深的中国优秀传统文化中探得一线真迹，作为弘扬国学文化的一种尝试。于是乎，本卷内容从易之起源开始，分别简要介绍阴阳学说、河图洛书理论、五行学说、八卦基础知识、天干地支知识、九星学说等人居环境选择必备的基础知识，对于易理中与风水探究关系不大的理论在此不予赘述。同时，为了让更多的人了解如何运用易学知识进行简单的环境勘察与判断，本卷还专门就环境选择实践中常用的罗盘、鲁班尺等实用工具的运用和操作流程进行介绍。

本卷共分七章，第一章介绍阴阳学说，从阴阳的渊源谈起，介绍阴阳的易理观念和其内生属性，并指出了阴阳作为哲学观念在环境勘察过程中的运用。第二章介绍河图洛书理论，河洛文化是中华文化的起源，本章从河图洛书的渊源谈起，简要介绍河图洛书所包含的易理内涵及其内生关系。第三章介绍五行学说，从五行的形成和产生谈起，着重强调了五行的不同属性及其制化关系，并列举了在易理实践过程中形成的不同类型的五行及其在环境选择中的运用。第四章介绍八卦知识，首先从八卦的来源入手，分析了阴阳生化推演八卦的过程，介绍了八卦创制初始的空间定态及其转化过程；其次介绍八卦的不同类型，并逐一分析了各种类型八卦的属性及具备的现代科学意义；然后按照易理的演化过程进一步论证了八卦创制的科学性；最后论述八卦上升为哲学符号之后的类象化发展。第五章介绍干支理论，从干支生成演化写起，分析了干支具备的阴阳属性和五行属性，并就干支在环境选择中的运用进行了说明。第六章介绍九星理论，从九星学的来源开始分析，分别介绍九星的属性、命名的原理及星象的构成，重点阐述了九星飞伏对环境吉凶的影响。第七章介绍易理观念下环境选择的主要实用工具，包括罗盘和鲁班尺的解读及运用。

本卷内容仅是整个易学体系中的一部分，之所以选择上述七个方面的基础知识进行阐释，是源于本书的出书宗旨在于探索人居环境选择。需要特别强调，这些知识并非笔者创造，而完全来源于中国古代先贤的智慧，笔者仅是结合自己的学习体会，对涉及人居环境选择的易理知识进行解释，但求能够形成独特的视角，为广大易学爱好者运用易理知识探索人居环境选择与建设提供新的思维方式。

# 第一章 阴阳学说

阴阳是中国古代哲学的重要范畴，是中华文化的源头，被誉为“中华文明的核心”。阴阳作为哲学范畴，它是描述集成系统，而不是孤立的单一元素，其实质是表达“对立统一”的立论思想，其本质是揭示宇宙世界一切事物运动变化的法则。阴阳学说运用“阴”与“阳”两种不同属性描述和推理事物的运动变化，从而揭示宇宙世界万事万物发生、发展、变化的规律。

阴阳学说认为，宇宙世界任何事物都构成一个对立统一体。在这个统一体中存在着相互独立又相互关联的两种属性，即“阴气”与“阳气”，万事万物的发展变化都是阴阳二气相互转化和相互制衡的结果。阴阳学说的这一立论思想，将纷繁复杂的宇宙世界转化为简单明了的阴阳二气，为人类认识宇宙世界提供了基础工具。在中国传统文化体系中，阴阳学说处于核心的地位，可以说离开了阴阳，中华文化的传承就失去了纽带，国学体系之中的易学、道学、儒学、中医学等等都将失去基础。尤其是易学，更是离不开阴阳理论揭示的宇宙世界平衡、制衡以及对立统一的规律。因此，学习易理应从认识阴阳学说开始。

## 第一节　阴阳渊源

任何伟大的发明创造都源于实践，阴阳从两种不同的物质形态上升为哲学观念，是中国古人生产生活的实践总结。在远古的洪荒时代，我们的先祖通过不断观测天象的变化，发现了太阳、月亮的升起、降落，与花草的长落、树木的荣枯有着必然的联系，向阳而丰收，背阳而减产，并据此寻求“向阳而作，背阳而息”的人类生存环境。同时，中国古人通过不断生产实践，发现大自然日出日落、月明月暗、白昼更替等奇妙的变化有一个共同的规律，那就是都存在着正反两面。然后，中国古人按照太阳起落的阳光向背现象，形象地将宇宙万象存在的正反两个方面状态称之为“阴阳”。太阳升起有阳光的一面称为“阳”，而背光的一面称为“阴”，这就是阴阳形成的最初雏形。

随着时代的不断发展进步，最初阳光向背的阴阳雏形逐渐发展成为人们认识自然的一般规律，从而形成了阴阳观念。阴阳观念形成之后，中国古人就运用其具备的两面性，对自然现象进行解释，如通过观测日落月升、日圆月缺的变化，推论光明的产生；通过观测寒暑燥热的变化和四时节气的更替，推论时间岁月的产生等等。

中国古人在通晓了日月寒暑的屈伸往来变化之后，进一步将阴阳概念进行抽象化，从而形成了“阴阳哲学”。《周易·系辞上传》记载“一阴一阳之谓道。”所谓“道”，就是存在于宇宙时空之中构成共性的客观世界普遍性规律，即在天、地、人之间形成的共性规律。阴阳学说强调，宇宙万事万物都是秉受天地阴阳二气而生，万物都具有“阴阳平衡”之共性，虽然宇宙世界万事万物体态各异、千变万化，但其内在包含的“阴阳”运动却是共同的，这就是“道”。

阴阳作为哲学观念，是人类认识世界的宇宙观和方法论。从宇宙观角度看，阴阳学说将宇宙世界万事万物划分为两大类别，即一阴一阳，这两大类以“气”的形式存在于物质世界之中，并认为一切事物的形成、发展、变化，全在于阴阳二气之间的相互运动与转换。从方法论角度看，阴阳学说揭示了事物的对立统一性，既可表示物质世界中相互对立的两种事物，也可用于分析一个事物内部存在的相互对立的两个方面。阴阳学说所包含的宇宙观和方法论是研究易学的基础，是易理环境选择的基本方法和基础手段。

## 第二节　阴阳属性

阴阳作为一种学说，它是从朴素的阳光向背的自然规律上升为抽象的哲学观念而形成的。因此，阴阳具备了作为物质形态的内在属性，也具备了作为思想意识观念的哲学属性。

### 一、阴阳的内在属性

阴阳的内在属性是指阴阳作为描述宇宙万事万物对立面的存在形态，其本身所具有的属性，包括相对性、相关性、普遍性、无限性。

#### 1. 相对性

阴阳的相对性揭示了事物的阴阳两性并不是绝对的，而是相对的。这种相对性表现为事物的阴阳两性在一定条件下可以相互转化，阴可转化为阳，阳也可转化为阴。如以时间为例，一天按 24 小时计算，白天为阳，夜间为阴；而在一个 12 小时的白天周期，上午为阳，下午为阴；在一个 12 小时的黑夜周期，上半夜为阴，下半夜为阳。可见在 24 小时的一天当中，上午是阳中之阳，下午是阳中带阴，上半夜是阴中之阴，下半夜是阴中带阳。

#### 2. 相关性

阴阳的相关性揭示了宇宙万事万物所具备的阴阳二性不是孤立的，而是相关的。这种相关性表现为在同一范畴、同一层次上的事物具有相关性，如动物有雌雄之分，雄为阳、雌为阴；又如气象状态，晴为阳，雨为阴。但这种相关性不能在不同范畴、不同层次上的事物之间进行比较，就好像不能将动物的“雄为阳”与气象之中的“雨为阴”进行对比。

### 3. 普遍性

阴阳的普遍性揭示了宇宙万事万物中都存在着的阴阳二气是万事万物的共同所属，具有普遍性，而不是某一特定事物独有的特殊性。阴阳的普遍性为描述宇宙世界提供的归纳性的范畴划分，也正因为阴阳具备普遍性，才能成为哲学观念。

### 4. 无限性

阴阳的无限性揭示了宇宙万事万物的阴阳属性可以无限细分，在一定条件下阴阳可以互相转化。仍以时间概念为例，在一个完整的 24 小时周天内，白天为阳，夜间为阴；在一个 12 小时的白天周期内，上午为阳，下午为阴；在一个 6 小时的上午周期内，前半段为阴，后半段为阳。按照上述方法，可以将时间无限细分，并用阴阳二性进行表达。其实，阴阳的无限性表明了宇宙世界万事万物之间的转化过程，也揭示了物质世界无限可分的现代科学结论。

## 二、阴阳的哲学属性

阴阳的哲学属性是指阴阳从朴素的物态表现形式上升为哲学观念后所蕴含的具备哲学思想的内在属性，包括对立性、统一性、和谐性。

### 1. 对立性

阴阳的对立性表明宇宙世界万事万物都以对立平衡的方式存在。如有上必有下，这是从空间上描述对立平衡；有先必有后，这是从时间上描述对立平衡。所以不论是空间还是时间，在整个宇宙世界之中都存在着对立性。《周易·说卦传》记载“天地定位，山泽通气，雷风相薄，水火不相射，八卦相错。”这段文字清楚地描述了先天八卦的形成过程，也充分体现了阴阳的“对立性”。“天地定位”就是空间上的对立平衡，体现为空间的上下结构性；“山泽通气”就是物质内在属性上的对立平衡，体现为物质具有内在的相互转化性；“雷风相薄”就是时间上的对立平衡，体现为不同时节的更替；“水火不相射”就是物质构成上的对立平衡，体现为不同物质构成之间存在着对立平衡。可见《周易》虽然没有对阴阳的对立性进行明确的阐述，但其成卦的过程却直接运用了阴阳的对立性。阴阳的对立性是从阴阳本身具有的“相对性”引申而来的，是阴阳上升为哲学的一种抽象表现形式。



### 2. 统一性

有了对立性，就不难理解统一性，宇宙世界是一个统一体，而对立性存在于这个统一体之中，就如八卦构成一样，通过四组相互对立的阴阳爻符构成一个统一的宇宙体。阴阳学说强调了“阴”与“阳”两种因素的对立统一，对立性表明宇宙物质存在不同的两个方面，而统一性表明宇宙物质只有通过两个不同方面的统一，才能生化万事万物和推动万事万物的发展。哲学观认为，在宇宙世界之中任何形态都受制于规律的支配，阴阳既然作为一种描述物质世界的形态，同样受到一定规律的支配，需要依附于具体的物质之中。换言之，宇宙世界万事万物之中存在的普遍性共同规律就是阴阳二性的具体体现，人类正是借助于阴阳二性以认识宇宙万事万物的内生规律，这就是阴阳从对立性上升为统一性的抽象表现。

### 3. 和谐性

阴阳的和谐性揭示了宇宙世界万事万物发生发展过程须遵循的平衡规律。易理认为，宇宙万事万物的发展变化，都是建立在阴阳平衡的基础之上，“阳至极而无阴则灭，阴至极而无阳则枯”，只有阴阳二性以平衡的方式存在于宇宙万事万物之中，才能推动社会的发展进步，推动物质世界的演变深化。因此，阴阳的和谐性是在对立性和统一性基础上的进一步深化，强调了对事物的探索不能只停留于阴阳的对立性和统一性上，而应将重点转移到对立统一之后的平衡性上。可见，阴阳和谐不但是宇宙万事万物出现矛盾运动后的归宿，也是宇宙生命体繁衍的基础，还是事物稳定性的保证。

## 第三节　阴阳内生外化

阴阳作为认识宇宙万事万物的基本工具，存在着内生和外化两个方向的生发变化，中国古人巧妙地运用了“太极”这个词汇来描述宇宙万事万物的内生外化问题。可见，太极是阴阳属性内生外化的具体表现形式，认识阴阳的内生外化，就从认识“太极”开始。

### 一、什么是太极

《周易·系辞上传》记载“易有太极，是生两仪”，是这“太极”成词的开始，是孔子解读《周易》而始用的名词。从字形上看，“太”由“大”和“、”构成，“大”表示宽大、广大，“、”表示窄小、极小，所以“太极”就其字形看，是极大又极小的意思，谓之“大而无外，小而无内”，也就是说宇宙世界是大到极至而找不着外面，又小到极至而找不着里面，“极大极小”就是“太极”。从字意上看，“太”是“至”的意思；“极”是“极限”的意思，“太极”就是至于极限。可见，“太极”既包括了至极之理，也包括了至大至小的时空极限。宇宙是无限大的，所以称宇宙为“太极”，这符合太极的“至大之理”；但是，宇宙又是以各式各样可被人类认识的有形状态呈现，具备实质内容的，且这些实质物态总是健运不息、运动不止的。易理认为，宇宙运动过程的“动”则产生阳气，动到一定程度，并出现相对静止；而“静”则产生阴气，如此一动一静，阴阳之气互为其根，运转于无穷，就成就精彩的宇宙世界。从这个意义上看，宇宙万事万物又体现了“太极”的“至小之理”。

台湾著名学者曾仕强教授指出“太极是宇宙一切一切共同生存的平台”，并强调这个平台由两部分组成，即阳平台与阴平台。这两个平台总是互动着的，有时候阴到阳这边来，有时候阳到阴那边去，只有两个平台变动不止，才会生生不息，生化宇宙万事万物。

可见，太极是阴阳的集合体，这个集合体可以内化为具体的事物，也可以外化发展推动事物的生发、变化。因此说太极是阴阳内生外化的具体表现形式。

**二、太极是阴阳内生外化的集中体现**

阴阳的内生过程是宇宙万事万物的形成过程，而从太极的“大而无外”方面看，它正好阐明了宇宙世界从无极到太极的过程，所谓无极就是比太极更加原始、更加终极的状态，现代许多史学者将其描述为“天地未开、阴阳未化的混沌状态”。笔者认为，这正是基于对太极的“大而无外”的认识，而宇宙就是这种“大而无外”的最好表现形式。人类无法用现代物理学理论来量化宇宙的大小，而只能运用现代数学理论来描述宇宙的大小，即“无限大”，因此宇宙是“大而无外”的。

宇宙虽是“大而无外”的，但宇宙的外在表现形式是有形的。易理认为，宇宙的这种“有形”表现形式是阴阳二性的融合和制衡的结果。也就是说，在浩瀚的宇宙世界，一切事物和现象都包含着阴和阳两方面属性，而这二者之间既互相斗争制衡又相互资生依存融合，这种阴阳二性的内生外化构成了宇宙物质世界的一般定律。从太极的“小而无内”看，宇宙世界中的任何具体物质或现象就是一个小宇宙，也是由阴阳二性互相斗争制衡又相互资生依存而形成的，所以宇宙世界之中任何具体事物、具体现象都是小宇宙、都是小太极，现代史学者将之称为“一物一太极”。可见，宇宙又是“小而无内”的。

阴阳的内生过程表现为阴阳二性相互融合至制衡的地步就形成了宇宙

万事万物；阴阳的外化过程表现为阴阳二性相互斗争、相互资生，从而推动宇宙万事万物的生发和发展。可见，阴阳的内生过程是成就宇宙万事万物的结果，而阴阳的外化过程是形成宇宙万事万物的过程。一个是结果，一个是过程，而这二者循环往复、周而复始、永不停息地运动，就资生了精彩的宇宙世界，构成了宇宙万事万物形成、发展、变化的普遍定律。中国古人认为，这一定律正是万事万物的纲领和由来，是万事万物发生、发展与毁灭的根由所在。

### 三、太极的图式表现

图 1.1 周氏太极图

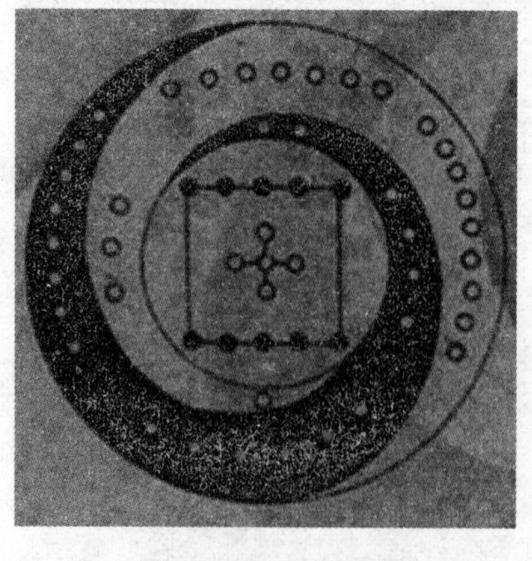

图 1.2 来氏太极图

太极的图式表现形式有多种多样，在中国文化传承过程中，不同的朝代都对宇宙秘笈进行着许许多多的探索和研究，因此也形成了许多不同的太极图式。如北宋理学大师周敦颐绘制的阴阳鱼式太极图，如图 1.1 所示（周氏太极图）；明代理学家来知德绘制的河洛数理太极图，如图 1.2 所示（来氏太极图）；清代易学大师端木国瑚绘制的易理太极图，如图 1.3 所示（端木氏太极图）等等。但是，被今人普遍接受和运用的应属周敦颐绘制的阴阳鱼式太极图，周氏太极图原名为“天地自然之图”，俗称“阴阳鱼图”。后人在周氏图式的基础上配上八卦符号，又构成了如图 1.4 所示的“先天太极图”（俗称“古太极八卦图”）和图 1.5 所示的“后天太极图”（俗称“后天太极八卦图”）。

图 1.3 端木氏太极图

图 1.4 先天八卦太极图

图 1.5 后天八卦太极图

周氏太极图的外面是一个正圆，圆内分黑白两个逗号一样的图案叫着“阴阳鱼”。笔者认为，周氏正是根据阴阳属性内化为宇宙世界的具体物态表现形式而成功绘制出圆式的太极图。因此，阴阳属性内化为宇宙具体物态时，有左为阳右为阴、上为阳下为阴、升为阳降为阴、浮为阳沉为阴、白为阳黑为阴等等多种阴阳表现形式。而周氏阴阳鱼在正圆图内的运动方式就是按照阴阳属性内化为宇宙具体物态的表现形式进行的，其圆图内“左、上、升、浮、白”属“阳”，所以左上边的区域代表“阳”，呈白色、向上升浮；“右、下、降、沉、黑”属“阴”，所以右下边的区域代表“阴”，呈黑色，向下沉降，中间形成了一个反向“S”形，以区分阴阳二性。而两个大逗号图案里面的黑白小圆点，则代表阴阳中的内生变化，即“阳中有阴，阴中有阳”。可见，周氏太极图分为黑白二色，代表阴阳二性，天地融合，完全将太极作为阴阳二性内生外化的表现形式，并通过图形的方式予以呈现，形象易懂，为后人认识太极内涵提供了便捷的方法。

## 第四节　易学阴阳观

《周易》以“--”、“—”两种符号表达了阴阳观念，第一次较系统地展现了阴阳学说所包含的内在意义。《周易》中虽然没有明确提到阴阳的概念，但却以“卦象”的方式描述了阴阳的转化和制衡过程。易理通过卦爻符号，形象地反映了阴阳二性在一个对立统一体中的排列、组合，非常符合人类的理性思维和逻辑思维。所以认识阴阳是学习易理的初始，易学的任何引申、发展、变化都是从最原始的卦爻符号（即阴阳爻符）开始的。

**一、阴阳是宇宙万物的根源**

西方文化认为，世界万物是由神、上帝创造的，上帝不仅赋予了人类生命，还赋予了人类灵魂，神是宇宙万物之源。而中华文化则完全不同，中华文化讲“天”是万物之源，这个“天”不是神，而是阴阳二性，其表现形式为“气”或称“阴阳二气”。汉代哲学家王充指出“天地合气，万物自生”。北大教授楼宇烈先生指出“气化而生，气变而死，这是一个自然的过程”。可见，在中华文化体系中，宇宙万物是“天地合气”的结果，是“天生地养”的结果，是阴阳二气不断制化的结果。易理认为，阴阳二气的运动变化而生发了万物，成就了精彩的宇宙世界，所以阴阳是宇宙万物之源。

**二、阴阳是易卦形成的基础**

《周易·系辞上传》记载“易有太极，是生两仪，两仪生四象，四象生八卦”，这个二进制的卦象创制过程是“阴阳爻符”相互转化的过程，分别由奇（—）、偶（--）两个对立面，通过相互转化构成四个对立面，即“四象”；再转化构成八个对立面，即“八卦”。就《周易》中的“六十四卦”看，也是由八种最初的“爻符”组合通过“两两对立”的变化而产生。从卦序上看，六十四卦是“二二相重”的组合，由八个单卦两两叠加而形成的系列。这种思维过程本身就存在着对立性，就是阴阳二气的相互关联和相互配合的过程。在《易学》体系中，阴阳属性通过特定的“爻符”予以体现，所以说阴阳是易卦形成的基础。



**三、阴阳是易理描述物态的工具**

阴阳观念揭示了事物变化的对立面，而易理则运用阴阳来描述宇宙世界，诸如自然界中的明与暗、热与寒、实与虚、动与静、显与隐、散与聚等等具有对立性状态属性的事物，都可以运用阴阳进行表达。所以，阴阳是构成宇宙世界的最基本元素。虽然阴阳只有简简单单的两个字，但却非常恰当地揭示了宇宙万物的构成。一方面，阴阳从功能上对宇宙事态进行划分，“阳”指示光明、刚强、正面、厚重等；而“阴”指示黑暗、柔弱、反面、空虚等：另一方面，阴阳从属性上对宇宙万物进行划分，如“阳”指示向上、向前、开放、白色等：“阴”指示向下、向后、关闭、黑色等。可见，易理通过阴阳观念揭示万事万物的普遍对峙规律。

**四、阴阳是环境选择的前提要素**

易理认为，天地未分之前，混沌既分之后，轻清者上升为天，重浊者凝结为地，天为阳气，地为阴气，此二气相互作用，而产生了万物。运用易学观念选择人居环境，就是运用阴阳二气的相互作用来寻找大自然中最佳的“藏风聚气”之地，谋求“天人合一”的理想境界，探索人与自然之间的和谐关系。在易理环境选择实践中，一方面通过形势判断、点穴、寻龙、观水、察砂等多种不同手段，探寻最有利于收纳天地之间阴阳二气的自然环境；另一方面通过人为的建筑、修造、装饰等手段，使自然环境空间达到为人所用、为人服务的理想状态。

易理认为，人们的生活环境达到阴阳二气平衡的理想状态，就容易提升居于其中者的“精、气、神”，从而平衡人们内生气场，以达到精神状态的最佳化。因此，易理环境选择的最根本目标是探索宇宙世界中阴阳二气的纳藏形式和平衡状态。传统的相地理论着重强调运用阴阳学说蕴含的思想观念，对大自然地形地貌进行分析判断，探索阴阳二气在山川河脉中的运动奥秘，寻找阴阳二气在大自然环境中相互交织的平衡中心，并将这一中心作为人居的最佳环境，从而达到吸纳山川、河流、日月、星辰之精气，为人类的生存繁衍提供生气服务的目标。然而，自然天成的环境不可能都是完全符合易理环境选择要求的理想环境，尤其是在当今社会，人们更多的是运用阴阳平衡的理论，对有限环境空间进行科学的规划、布局和合理的整理、修复、改造，从而使之达到既符合人居所需，又符合“藏风纳气”的良好效果。

# 第二章　河图洛书

河图洛书被人们普遍认为是中华五千年灿烂文化的代表性符号，是易卦创制的依据，是阴阳五行数术之源。凡是涉及易理的太极、阴阳、五行、六甲、八卦、九星等等都可追溯到河图洛书。河图洛书作为一种文化现象，它揭示了宇宙万事万物生化过程所遵循的基本数理规律和时空定态规律，为人类探索环境空间提供了数理基础和时空基础。

## 第一节　河图洛书渊源

《周易·系辞上传》记载“天生神物，圣人则之；天地变化，圣人效之；天垂象，见吉凶，圣人象之；河出图，洛出书，圣人则之。”联系《周易》上下文分析这段文字，大概意思是：天生蓍龟神物，圣人用它来创立卜筮的法则；天地出现日月和四时的变化，圣人依此确立阴阳观念；黄河出龙图、洛水出龟书，圣人取其象来创制易卦。可见，河图洛书来源于黄河和洛水一带，并且是已成型的物象。古人通过对河图洛书物象的观测，从中得到启发而创制八卦，这与易理所述的“仰观天象，俯察地理，近取诸身、远取诸物”是相互呼应的。古人始作八卦是观天察地的结果，这一观点基本是历代学者的共识。所以《周易》中的“河出图，洛出书，圣人则之”的“则之”说明了古人从河图、洛书的物象之中得到了启发，于是始作了八卦。因此，河图、洛书所包含的物象符号与八卦的创制应有着直接的联系。那么其包含的物象又是以什么形式展现给古人的呢？《尚书·顾命》记载“大玉、夷玉、天球、河图在东序”，这说明“河图”是一种和“大玉、夷玉、天球”一样的被帝王所受的“祥瑞之物”，是一种被尊为神物的重要物器，这也说明“河图”作为吉祥物应该是成象于物器之中。“祥瑞物器”之说可以从《论语·子罕》中得到印证，《论语·子罕》记载“子曰：‘凤鸟不至，河不出图，吾已矣夫！’”，这句话的意思就是说凤鸟不再来，河图也不再现，我的使命不也快要结束了吗？这分明是孔子对自己怀才不遇而发出的感叹。但是，孔子的这番感叹，将“河图”与“凤鸟”并重，足以见在古代“河图”是一种与“凤鸟”并重的物器，而“凤鸟”在中国古代被看作“吉祥物”是不争的事实。可见，从孔子的感叹中看，“河图”也应是一种与“凤鸟”一样的被古代圣贤视为“吉祥”象征的重要物器。而这种物器之中应该载有表达数理关系的各种布列图式，即河图洛书的符号。

有观点认为“河图、洛书”就是两幅由黑白点构成的神秘的中国古代图案；也有观点认为“河图、洛书”是记载着文字或符号的图书。其实“黑白点”说也好，“图书”说也罢，河图洛书作为一种文化现象，不论其表现形式如何，它所包含的数理关系是一致的，其揭示的方位布列方式也是一致的，而这才是研究“河洛文化”的重点所在。

**一、黑白点说**

黑白点说认为，河图洛书是“龙马负图”“神龟献书”的结果，并且以“黑点”和“白点”的形式布列于龙马和神龟之上。

传说在伏羲时代，黄河上出现一匹龙马，其身上附有特殊的图案，如图 2.1 所示。在图 2.1 中，位于龙马背的中心位置是五个白点被十个黑点包围，龙马背的下方是七个黑点在外、三个白点在内的两排布列，上方是四个黑点在内、九个白点在外的两排布列，前方是七个白点在外、两个黑点在内的两排布列，后方是一个白点在内、六个黑点在外的两排布列，这就是“龙马负图”说。根据“龙马负图”而推定的河图图案如图 2.2 所示。

传说在大禹治水时，有一只神龟出现在洛河，其背面有规律地分布着黑白点图案，如图 2.3 所示。在图 2.3 中，龟背上有九个白点靠近头部，一个白点靠近尾部，左肋有三个白点，右肋有七个白点，四个黑点靠在左肩，二个黑点靠在右肩，八个黑点靠在左足，六个黑点靠在右足，而背面的中间是五个白点，一共九个方向上都有黑白点，这就是“神龟献书”说。根据“神龟献书”而推定的洛书图案如图 2.4 所示。

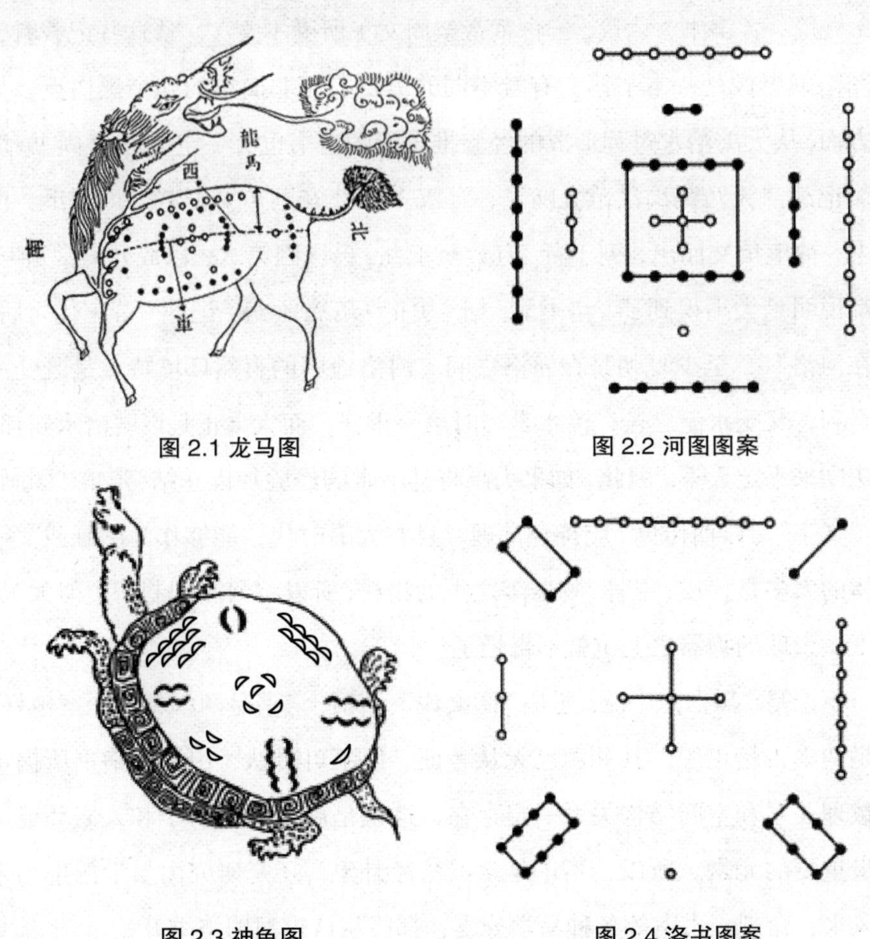


图 2.1 龙马图

图 2.2 河图图案

图 2.3 神龟图

图 2.4 洛书图案

## 二、图文说

图文说也可称之为“象形文字”说，该观点认为，河图洛书的形成不是什么“龙马负图”“神龟献书”，而是古人观测天象和抗争大自然过程中形成的经验总结，是以象形文字的形式进行描述和记录的。即使说河图是与“大玉、夷玉、天球”一样的被帝王视为法器和宝物的物器，那也只是古代帝王将河图的有关文字符号刻画于特定物器之上，并与“大玉、夷玉、天球”一并保存，并将其视为非常珍贵的可以战胜自然法则的神物。象形文字说可以从中国历代文献中觅得一丝线索，汉朝的《春秋纬》记载“世传《河图》九篇，《洛书》六篇也”；唐朝的《隋书·经籍志》也记载“有《河图》九篇，《洛书》六篇，云自黄帝至周文王所受本文”。从这些记载看，河图洛书更像是一本书籍，有着不同的篇目，而非简单的几个黑白点。另一方面，从大禹治水过程形成的经验推导河图洛书也有一定道理，《尚书·洪范》记载“天乃赐禹洪范九畴”；《汉书·孔安国传》记载“天癸禹，洛出书，神龟负文而出，列于背，有数至于九，禹遂因第之，以成九类常道”。这都说明是大禹得到了《洛书》。据《史记·五帝本纪》记载“昔三代之居，皆在河洛”，至少夏朝是在河洛之间。河洛地区的自然环境特点是既受河水之利，又受水泛之苦，治水是当时第一重任，而大禹正是以“治水安邦”的法则来平定天下。因此，如果大禹将其治水的经验加以总结，形成“图画”或“文字”，以期传世，应符合常理。且在大禹时代，能够作为图画或文字载体的大多是兽皮、甲骨、物器等之类的物料，所以将河图刻制于类似大玉、夷玉、天球的物器之上也就不奇怪了。

不论是“黑白点”说，还是“图文说”，河图洛书是两幅神秘图案也好，还是两本古籍也罢，其渊源已无从考证。但不可否认，由河图洛书所揭示的数理关系和空间结构关系一定存在，这也是后人研究易学和人居环境选择最重要的元素。所以，不论是学习易经卦象，还是研究由易学派生出来的风水、命理、占卜等各种易学分支，都应从认识河图洛书开始。

## 第二节　河图洛书易理属性

《易经》作为中华文化的第一部经典，蕴含着深刻的哲学思想，是一座文化宝库，它法天象地，包罗万象，是人类认识宇宙本源的基础理论。《周易》序记载“《易》之为书，卦、爻、彖、象之义备，而天地万物之情见。”概括地说，《易经》包含着“象、数、理”之间的内在关系，并以六十四个“卦象”的形式予以体现。所谓“象”就是“成象”“类象”之意，揭示宇宙万事万物都通过一定的形式“成象”于人类面前；所谓“数”就是“数字”“数量”之意，揭示宇宙万事万物的发生和发展都可以运用数字进行推演；所谓“理”就是“道”“道理”“规律”之意，揭示宇宙万事万物蕴含的天道和自然规律。研究《易经》的重点在于揭示各个卦爻所包含的“象、数、理”关系。而河图洛书之中不但包含着明确的“成象”图案，还包含着数理的对应关系，所以河图洛书具备易理研究的基本属性。进一步研究，则不难发现，河图具备易理的先天之性，洛书具备易理的后天之性，河图与先天卦相对应，洛书与后天卦相对应，强调“河图为体，洛书为用”。如果将河图与洛书作为易卦创制的数理基础，代表着宇宙世界的两种表现形式，那么一种由河图演化而来，在《易经》中体现为先天八卦，另一种由洛书演化而来，在《易经》中体现为后天八卦。河图洛书与《易经》的这种对应关系正是河图洛书易理属性的具体体现。

### 一、河图洛书之数

河图洛书之所以能够成为中华文化的根源，最重要的因素之一就是其蕴含着深刻的数理逻辑关系，运用这一数理逻辑关系可以对宇宙万事万物的变化进行推演。

#### （一）河图之数

河图之数共有 10 个，分别是“一、二、三、四、五、六、七、八、九、十”。其中“一、三、五、七、九”为阳；“二、四、六、八、十”为阴。阳数相加为二十五，阴数相加为三十，阴阳数相加共为五十五。河图以方型布列，“一六”居北，“三八”居东，“二七”居南，“四九”居西，“五十”居中，构成一个方形图。在易理中，河图之数是以天地数和五行生成数的形式表现的。《周易·系辞上传》记载“天一地二天三地四天五地六天七地八天九地十，天数五，地数五，五位相得而各有合。天数二十有五，地数三十，凡天地之数五十有五。”这段文字描述了天地数之间的构成，正好与河图体现的十数相符。《尚书大传·五行传》记载“天一生水，地二生火，天三生木，地四生金，天五生土。地六成水，天七成火，地八成木，天九成金，地十成土。”这段文字描述了天地之数的五行构成属性，也与河图之数相符。

在五行生成数之中，“一、二、三、四、五”为生数，“六、七、八、九、十”为成数；而在《周易》中，“一、三、五、七、九”为天数，“二、四、六、八、十”为地数。天地之数与生成之数相配合，即构成了“天一生水，地六成之；地二生火，天七成之；天三生木，地八成之；地四生金，天九成之；天五生土，地十成之”。

上述河图之数与天地之数、生成之数的对应关系，揭示了河图之数在易理中所体现的五行相生相克关系。由此，可推演河图的五行流行序列。

河图之数的五行相生之序是：三八木（东）生二七火（南），二七火（南）生五十土（中），五十土（中）生四九金（西），四九金（西）生一六水（北），一六水（北）生三八木（东）。这一序列表明，河图五行相生是按照“左旋”的顺时针方向进行流行，由东之木生南之火，由南之火化中之土，再由中之土生西之金，西之金生北之水，北之水再生东之木，由东起至南再至西至北最后再回到东。这个过程是一个顺序流行过程，体现为宇宙的时间属性。

河图之数的五行相克之序是：一六水（北）克二七火（南），二七火（南）

克四九金（西），四九金（西）克三八木（东），三八木（东）克五十土（中），五十土（中）克一六水（北）。河图五行相克之序体现了五行的对立性和相薄性，这个过程不是流行顺序，而是体现了宇宙万物构成的对立平衡关系。北水克南火，体现为空间上的北南相对；西金克东木，也体现为空间上的西东相对；南火克西金，体现为南西方位的相待性；东木克中土，体现为东中方位的相待性；中土克北水，也体现为中北方位的相待性。可见，河图之数的五行相克序列体现为宇宙的空间属性。



### （二）洛书之数

洛书以九宫行数，"一、三、七、九"四阳数居于四正之位，代表天之"气"；"二、四、六、八"四阴数居于四隅之位，代表地之"气"；而"五"居中央，寄旺四方，代表万物始成于土、归藏于土。因此洛书可构成方型，亦可构成圆型。

洛书之数虽然在《周易》中没有原始记载，但洛书以九宫行数，其数字的布列方式与后天八卦的卦象构成一致。在九宫格内形成"戴九履一、左三右七、二四为肩、六八为足、五居中央"的数字布列，与后天八卦在九宫中的布列完全一致，将洛书之数与后天八卦的九宫布列相对应，就构成了"一坎、二坤、三震、四巽、五入中宫、六乾、七兑、八艮、九离"的后天八卦空间布列。后人通常将后天八卦数理布列的轨迹称之为"洛书轨迹"。在"九星学"中，以九星飞布九宫为环境空间研究的基础，其中的初始九宫盘（即元旦盘），就是按照"洛书轨迹"进行排布。可见，"九星学"的理论基石就是后天八卦与洛书数理的结合。

## 二、河图洛书之象

《周易·系辞上传》记载"在天成象，在地成形，变化见矣。"这句话揭示了宇宙万物生化过程展现出的两种状态，即"象"与"形"。"日、月、星、辰"运动于宇宙太空之中即为"成象"，而"山、川、动、植"锁定于地球之上则为“成形”。上天的“日、月、星、辰”与地上的“山、川、动、植”就是宇宙构成的两种不同表现形式。易理认为，宇宙世界虽然变化无常，但是呈现于人类面前的就是“形”与“象”两种状态，而且这两种状态是相互融合、相互转化的，所以是“变化见矣”。

**（一）河图之象**

河图之象是指河图所体现的数理布列图案在宇宙空间中的星象表现形式，是古人观测天象而得出的结论与河图数理及其布列方式的对应关系。河图用十个黑白点按照平面合五方的特定方式进行布列，这正好与古人关于天象中五星出没的描述相对应。由此，后人将河图之象用五星出没的天文学规律进行解释。五星是古人观测天象过程中命名的五颗行星，分别是木星（岁星）、火星（荧惑）、土星（镇星）、金星（太白）、水星（辰星）。五星的运行轨道紧靠黄道（日道），并且各有出没时节，按“木、火、土、金、水”的顺序，相继出现于北极天空，每星各行72天，合计共运行360天，正好为一周，与现代纪年的365周天基本相符，这是古人用来纪日的方法，属于中国古天文学的范畴。从天文学的角度观察，五星出没按如下规律进行：

水星每天一时和六时出现在北方，日月与水星相会也出现在北方；同时，每年一月、六月的黄昏时节出现于北方，所以有“一与六共宗”之说。

火星每天二时和七时出现在南方，日月与火星相会也出现在南方；同时，每年二月、七月的黄昏时节出现于南方，所以有“二与七同道”之说。

木星每天三时和八时出现在东方，日月与木星相会也出现在东方；同时，每年三月、八月的黄昏时节出现于东方，所以有“三与八为朋”之说。

金星每天四时和九时出现在西方，日月与金星相会也出现在西方；同时，每年四月、九月的黄昏时节出现于西方，所以有“四与九为友”之说。

土星每天五时和十时出现在中央；日月与土星相会也出现在中央；同时，每年五月、十月的黄昏时节出现于中天，所以有“五与十共守”之说。

如果将上述五星出没的时间规律与河图之数在环境空间中的布列方式联系起来，就构成了如下的对应关系：

北方五行为水，河图之数为一六，正好是水星出没的时节；

东方五行为木，河图之数为三八，正好是木星出没的时节；

南方五行为火，河图之数为二七，正好是火星出没的时节；

西方五行为金，河图之数为四九，正好是金星出没的时节；

中央五行为土，河图之数为五十，正好是土星出没的时节。

上述分析可知，河图之象反映五星出没的时空规律。在易理环境选择中，按照“在天成象，在地成形”的易理观念，将其引申为环境空间中的五方形态，并以中国传统的“坐北朝南”的人居环境空间方位布列惯例为坐标，就形成了河图之“二七”火居于南（前方），河图之“一六”水居于北（后方），河图之“三八”木居于东（左方），河图之“九四”金居于西（右方），河图之“五十”土居于中央。将上述河图的空间分布类象于易理环境选择中的“四象”，就构成了河图之“一六”为玄武，“三八”为青龙，“四九”为白虎，“二七”为朱雀，“五十”为内明堂。在五行中，“土”为万物之归藏，也位列于中央，与环境空间的内明堂相对应。所以，河图之象不但与五星出没时节的时空布列一致，也与易理环境选择中的五方空间布列一致。换言之，易理环境选择中的五方空间布列源于河图之象。

**（二）洛书之象**

与河图一样，洛书之象是指洛书所体现的数理布列图案在宇宙空间中的星象表现形式，也是古人观测天象而得出的结论与洛书数理及其布列方式的对应关系。洛书之数在空间中的分布方式正好与古人发现的九星空间布列图一致。由此，后人将洛书之象用九星空间布列的天文学规律进行描述。古人观测天象，通常以北极星（古称太乙）为中心、以北斗七星的斗柄指向为射线来认识环境空间中的方位。这原本是借助于天体运行来辨识环境空间方位的方法，但恰恰是这种观测天象的结果给古人以重大启示。

因为以北极为中点，以北斗斗柄所指方向为射线，可以从宇宙空间中寻找出平面空间内有九个方位上最明亮的星象，这就是古人发现的“九星布列图”，也称“上古九星图”，如图 2.5 所示。从九星布列图中不难发现，星象方位、数目正好和洛书之数的布列图案一一对应。由此可见，九星布列图的构成正是洛书成象的表现。古人将洛书之数所对应的“九星”按照顺序定义为“一白贪狼星，二黑巨门星、三碧禄存星、四绿文曲星、五黄廉贞星、六白武曲星、七赤破军星、八白左辅星、九紫右弼星”。与之对应的环境空间布列构成如下：

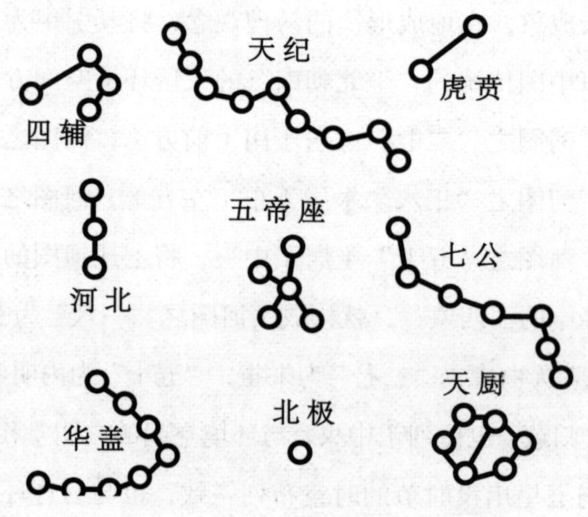


图 2.5 上古九星图

北方：一白阳（白），纳地支子，卦象坎；

南方：九紫阳（白），纳地支午，卦象离；

东方：三碧阳（白），纳地支卯，卦象震；

西方：七赤阳（白），纳地支酉，卦象兑；

东北：八白阴（黑），纳地支丑、寅，卦象艮；

东南：四绿阴（黑），纳地支辰、巳，卦象巽；

西南：二黑阴（黑），纳地支未、申，卦象坤；

西北：六白阴（黑），纳地支戌、亥，卦象乾；

中间：五黄（白），随时运而游寄八方，不定支，无常象，以统化八方。

根据上述分析，洛书之数的成象在天为“九星”，在地也是“山、川、物、植”等物态所形成的环境空间的“龙、穴、砂、水”等形势。

## 三、河图洛书之理

中国古人在观测天象的过程中，发现地球围绕着太阳转，并根据这一科学现象，确立“立地观天”的宇宙“生气”运行轨迹：如果以地球为参照物，仰观俯察天象，在整个银河系之中各星系俯视皆为右旋，而仰视皆为左旋。所以，易理强调“生气上转”“死气下沉”，也就是说“仰视观天象”为顺天而行，其星象运行轨迹均为左旋；“俯视观天象”为逆天而行，其星象运行轨迹均为右旋。可见，左旋是“相生相化”的过程，是促进、向上、发展的过程；右旋则是“相耗相抗”的过程，是抑制、向下、逆发展的过程。在易理环境选择中，将“左旋”的轨迹称为先天属性，“右旋”的轨迹称为后天属性，并将其与河图洛书的数理布列进行对应，以河图反映的数理对应“左旋”的轨迹，以洛书反映的数理对应“右旋”的轨迹。所以，河图之理也称为“左旋之理”，洛书之理也称为“右旋之理”。

### （一）河图之理

#### 1. 行数之理

河图以“东南西北中”五个方向合五方而行数，按照“坐北朝南、左东右西”的中国传统方位构成，以“左旋”行数，对河图进行五行生克关系演化，就可以揭示河图的“行数”之理。

从北“一、六”先天之水开始，左旋向上生东“三、八”先天之木，东“三、八”先天之木再左旋向上生南“二、七”先天之火，南“二、七”先天之火化归中土；中土生西“四、九”先天之金，西“四、九”先天之金再左旋向下生北“一、六”先天之水。从下左旋向上即是“水生木、木生火、火生土而归中”，再由中土从上左旋向下即是“土生金、金生水，

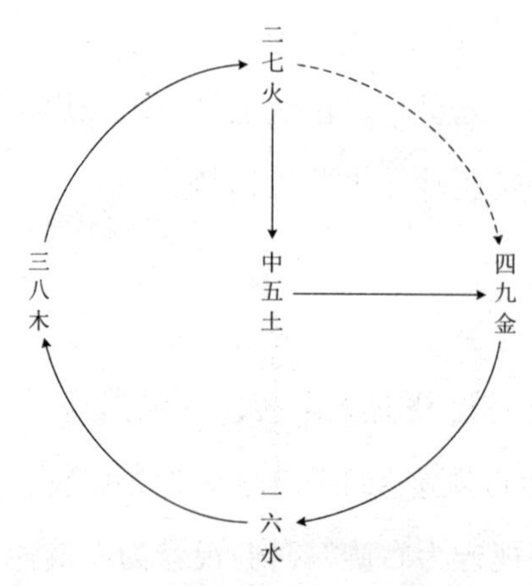


图 2.6 河图行数构图

而回到北水”，这个过程始终遵循着左旋的方向行走，均是按照顺时针方向旋转，表明了顺天而行催生宇宙万物的相生运行。河图“行数”过程如图 2.6 所示。

**2. 阴阳五行之理**

河图的整体布列体现了宇宙世界的阴阳平衡。河图以“五十”居中央，“一六、二七、三八、四九”分列四方而构成。在方位构成上，“五十”居中，为“土”、为“中”、为“阴”，而“一六、二七、三八、四九”在外，为“水、火、木、金”、为“四象”、为“阳”，形成了环境空间的内外阴阳平衡；在五行属性上，“五十”为土在中为“静”，“四象”在外为“动”，形成了环境空间的动静阴阳平衡。

河图的四方布列体现了宇宙万事万物的阴阳制衡关系：东南为木火相生为阳，西北为金水相生为阴，构成阴阳相济关系；东西为木为金，南北为火为水，构成了阴阳相抗关系。

河图的五行行数体现了宇宙太极的整体观。如果将河图以方化圆，观其五行行数，不难发现，“木火”为阳，“金水”为阴，而“十”之阴土和“五”之阳土各为黑白鱼眼，形成先天太极。水为“太阴”，火为“太阳”，木为“少阳”，金为“少阴”，正是太极“四象”的表现。

**3. 先天之理**

易理关于“先天后天”的划分，是指人与自然之间的关系定位，是“天人合一”思想的具体体现。所谓“先天”就是指在宇宙世界万物生息变化过程中未加入人的因素、未经人类施加影响的原始状态；所谓“后天”就是指在宇宙世界万物生息变化过程中加入人的因素、经人类施加影响后而形成的状态。所以，有了人的因素才有了先后天的划分。易理认为，人类产生之后、识天之前，人以“天”为天，天以“人”为天，人受制于天时，人是天之所属，此时之人同归于天，即无所谓“人”，此时之“天”则为先天；人能识天之后且能逆天而行，此时人非天之所属，此时之人不归于天，即所谓“人”，此时之“天”则为后天。

在河图布列之中，中央为土，表明土在中间生合万物，其左旋而相生，体现了先天的自然规律。从河图行数的轨迹看，河图左旋相生行数并不具备完全的流线形，北水生东木，东木再生南火，这个过程只是一个半圆；南火化归中土，而中土生西金，西金再生北水，这个过程只有四分之一圆。但是河图的布列构成则具有对立性，即北水与南火相克，东木与西金相克。可见，河图具备易理的先天属性，与先天八卦创制有着完全一致的思维，都强调环境空间的对立性。所以，人们认为河图是“阴阳之用，易象之源，是先天成卦之根”。

### （二）洛书之理

#### 1. 行数之理

洛书以“九宫”行数，在九宫格中构成“戴九履一，左三右七，二四为肩，六八为足，以五居中”的布列形式。我们仍然按照“坐北朝南、左东右西”的中国传统方位构成，以右旋行数，对洛书进行五行生克关系演化，就可以揭示洛书的“行数”之理。

北与西北“一、六”先天之水右旋向上，克西与西南“七、二”先天之火；“七、二”先天之火再右旋向上，克南与东南“九、四”先天之金；“九、四”先天之金右旋向左，克东与东北“三、八”先天之木；“三、八”先天之木克化中五先天之土；中五先天之土克北与西北“一、六”先天之水。从下右旋向上即是“水克火、火克金、金克木，木克中土，中土克水”，这个过程遵循着右旋的方向行走，均是按照逆时针方向旋转，表明了逆天而行，推动宇宙万物的相克制衡。需要强调，这里所指的“洛书行数”是指先天之数，是河图之数的变化。因此其行数的五行属性与河图是相同的，

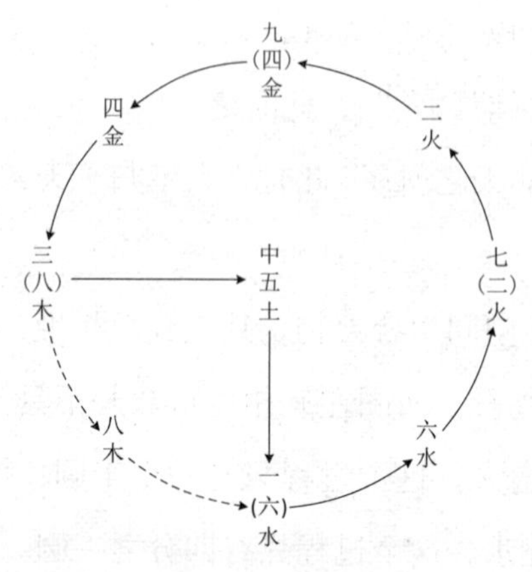


图 2.7 洛书行数构图

不能将洛书行数的五行演化与后天八卦（后文将述）的五行属性相混淆。洛书的行数过程如图 2.7 所示。

**2. 阴阳五行之理**

洛书之数的空间分布体现了宇宙世界的阴阳平衡。洛书由八方构成，以阳数“一、三、七、九”居于“东西南北”四正之位；以阴数“二、四、六、八”居于四隅之位；以“五”居中，游寄八方，体现了宇宙世界的阴阳平衡。

洛书之数行游九宫体现了宇宙万事万物的相耗性。洛书以五为中，其余之数游离八宫，形成“坎一”之水消耗“乾六”之金，“兑七”之金消耗“坤二”之土，“离九”之火消耗“巽四”之木，“震三”之木消克“艮八”之土，“艮八”之土消克“坎一”之水。这个过程揭示了洛书之数右旋是五行之气相耗相克的过程，体现为后天属性。

洛书之数布列九宫揭示了宇宙世界的对立性和相关性。“坎一”之水克“离九”之火，“乾六”之金克“巽四”之木，“兑七”之金克“震三”之木，“坤二”阴土冲“艮八”阳土。

洛书之数藏纳于地支之中也体现了宇宙世界的对立性和相关性。“子水”冲克“午火”，“酉金”冲克“卯木”，“申金”冲克“寅木”，“亥水”冲克“巳火”，“辰、戌”阳土湿燥相冲，“丑、未”阴土寒热相冲。

**3. 洛书平衡之理**

洛书的九宫排数，不论横向、纵向、斜向，三位数之和均为“十五”，揭示了宇宙万事万物运动之根本法则在于“平衡”的本质。

**4. 后天之理**

洛书之数的布列方式由河图先天之数右旋合化而成，但这个过程仍然以“五”为中心，其右旋的过程呈现出封闭型螺旋式的平衡旋转运动状态，形成了流线形的运动方式，由“北水耗西金，西金耗南火，南火耗东木”，这个过程构成了一个完整的圆形。因此，从洛书的行数看，洛书具备易理的后天属性，与后天八卦创制有着一致的思想，不但体现了宇宙空间中的八方概念，更重要的是其流线形的行走路径揭示了时间的轮回运动。《周易·说卦传》记载“万物出乎震。震，东方也。齐乎巽。巽，东南也。齐也者，言万物之洁齐也。离也者，明也。万物皆相见，南方之卦也。圣人南面而听天下，向明而治，盖取诸此也。坤也者，地也。万物皆致养焉，故曰致役乎坤。兑，正秋也。万物之所说也，故曰说言乎兑，战乎乾。乾，西北之卦也，言阴阳相薄也。坎者，水也，正北方之卦也，劳卦也，万物之所归也，故曰劳乎坎。艮，东北之卦也，万物之所成终，而所成始也，故曰成言乎艮”。这段话强调的就是后天八卦“成象”的过程，一方面体现了宇宙世界的空间关系，明确了后天八卦与八方的对应关系；另一方面体现了宇宙万物生长的时间关系，强调了四时的更替。因此，洛书轨迹也常被人们看作是后天八卦创制的根源。

## 第三节　河图与洛书的关系

关于“河图”与“洛书”的关系，历代以来，有众多学者进行过不同的论述，但比较统一的观点认为：“河图”是先天之体，主常，主静；“洛书”是后天为用，主变，主动。河图重合，洛书重分，二者为方圆相藏，阴阳相抱，相互为用，不可分割。

### 一、河图洛书的体用关系

“体用”是易理研究的一个常用述语，所谓“体”即是先天之本体，属于先天的范畴，是宇宙世界未分之前的无极状态，是自然天成的、人之因素不可逆转的固有的宇宙物质表现形态；所谓“用”即是后天之用，属于后天的范畴，是可因人的因素或其他外因的影响而改变其状态的宇宙物质表现形态。河图洛书的体用关系表现为其数理之间的体用关系，河图以“五生数”统纳“五成数”而同处于一方，揭示宇宙生数统纳成数的自然状态，所以河图是“数之体”；洛书以“五奇数”寄旺“四偶数”而各居其所，揭示宇宙世界“阳以抱阴、阴以护阳”的物质状态，所以洛书是“数之用”。

## 二、河图洛书的先后天关系

河图以十论数，藏纳十天干，左旋顺天而行天道，是先天之数。北方“一六”藏纳壬水和癸水，南方“二七”藏纳丁火和丙火，东方“三八”藏纳甲木和乙木，西方“四九”藏纳辛金和庚金，中央“五十”藏纳戊土和己土。其左旋相生的过程体现了太极的构成，从中土开始，由中土生西金，西金生北水，北水生东木，东木生南火，南火再生土而归中。从中而始，从中而终，顺生无为之道，是为太极，因此谓之“先天”。

洛书以九论数，右旋逆天而行地道，是后天之数。其阳数“一、三、七、九”居四正之位，其阴数“二、四、六、八”居四隅之位，取“逆克”之理，阴前阳后，皆右旋流线运行，西北水（六）克西南（二）火、西南（二）火克东南（四）金、东南（四）金克东北（八）木，此为阴数右旋；中（五）土克北方（一）水，北方（一）水克西方（七）火，西方（七）火克南方（九）金，南方（九）金克东方（三）木，东方（三）木克中（五）土，此为阳数右旋。阴前阳后，阴静阳动，以静制动，以克为主，是为收敛成就之功，因此谓之“后天”。

## 三、河图洛书的数理变化关系

洛书作为河图之用，其数理布列是在河图之数通过五行生化过程演变而形成的，这个演变过程分两个步骤：

第一步：先将河图之数右旋，以阳居四正，阴列四隅，对河图进行右旋，将河图之数二化为一，由四方向八方转化：

由北方“一、六”右旋产生正北“一”、西北“六”；

由西方“四、九”右旋产生正西“九”、西南“四”；

由南方“二、七”右旋产生正南“七”、东南“二”；

由东方“三、八”右旋产生正东“三”、东北“八”。

第二步：根据洛书藏纳五行的原理，将西方（四九金）与南方（二七火）换位就得到了洛书的数理布列。之所以要将“金、火”换位，是因为洛书以右旋相克的五行属性显现其“收敛成就”的运行轨迹。而在五行中“收敛成就”之功在于“金、火”，“金以刑之，火以炼之”，将“金、火”换位，金居火位，火居金位，揭示了宇宙世界之中“金、火”同宫的属性，表明了五行之“金、火”具备籍熔而成就万物之功。

河图洛书的数理变化过程如图 2.8 所示。

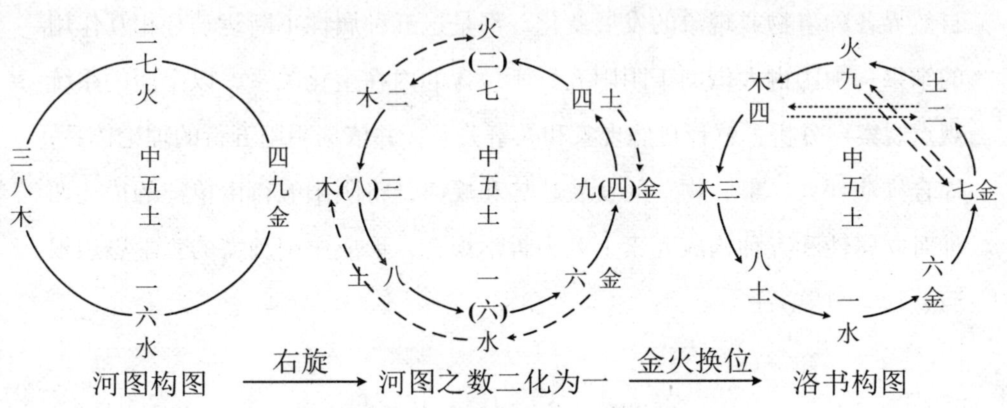


图 2.8 河图洛书的数理变化过程图

# 第三章　五行学说

五行学说是中国传统文化的重要组成部分，它不仅是一种宇宙观，而且是一种朴素的系统论，它与阴阳学说一并构成了中国古代哲学的思想根源。阴阳学说强调人类对宇宙世界构成的看法，认为宇宙世界万事万物都是阴阳二气不断生化的结果，只有阴阳二气达到平衡状态，才能促进万事万物的发展变化。而五行学说强调宇宙世界的构成元素，认为宇宙世界万事万物都是由“水、火、木、金、土”五种属性（或功能、元素）构成，自然界各种事物或现象的发展变化，都是这五种属性不断运动和相互作用的结果。中国古人借助于阴阳五行所包含的内在生化关系，以全面的系统观点观察、分析、解释自然现象和人事关系，并依据阴阳五行的理论体系，综合推演“人、事、物”的发展趋势和规律，将阴阳五行由单纯的描述两种对立属性和五种构成元素上升为哲学观念，形成中国独特的哲学思想根源。

## 第一节　五行来源

五行的来源有着诸多不同的说法，历代学者仁者见仁，智者见智，认识不一。为了让广大读者更好地理解五行、认识五行，掌握五行内在的生克制化关系，本书对中国历代以来观点比较统一的四种五行来源进行简要概括和阐释，并根据各自来源的特点，分别以“物质说”“五方说”“星象说”和“五气说”予以命名。



## 一、物质说

物质说认为五行观念的产生源于“水、火、金、木、土”五种自然界的物质元素。物质说的主要依据是汉代《尚书·大传》，书云“水火者，百姓之所饮食也；金木者，百姓之所兴作也；土者，万物之所资生也。是为人用。”另外在《左传·襄公二十七年》中也记载“天生五材，民并用之”。这种从五种实际物质认识五行，直接明了，简单易懂，也易被人们接受，尤其是五行包含的生克关系可以比较直接地进行描述。

五行相生关系：木是燃料（尤其在古代木是最主要的燃料），用于生火，所以木生火；火燃烧后会留下灰烬就变成土，所以火生土；土中埋藏着金属矿物质，所以土生金；金属矿物质在高温下可熔化为液体，类似于水，所以金生水；植物树木的生长离不开水，所以水生木。

五行相克关系：树木的生长都是破土而出，所以木克土；而土堆可以挡住水流，所以土克水；水能灭火，所以水克火；火能熔煅金属，所以火克金；金器能锯木砍木，所以金克木。五行物质说是朴素唯物论的表现，在中国传统文化的传承过程中占重要地位，也为识记五行提供了最便捷的记忆方法。

## 二、五方说

五方说源于我国古代“尊中”观念，“行”字在甲骨文中有方位、方向的意思，“五行”就是五个方位或方向。宇宙世界虽千奇百态，但概括地说就包含时间和空间两大范畴。相对于时间而言，空间更具有感知性，更容易被人类认识，因此古人认识宇宙是从空间开始的。中国古人认为宇宙由“天、地、人”三才构成，而“人”居于天地之中央，以“人”为参照物，观测宇宙就认识了方位空间。有了以“人”为中的观念，就使宇宙空间有了以中央为参照物的基础，确定了中央，就有了东、南、西、北的方位概念。中国古人这种认识宇宙空间的思维观念，形成“尊中”思想，这就是我们伟大祖国称为“中国”的来源。

五方说认为，“五行”来源于中国古人对宇宙空间方位的认识和我国中原地区自然环境物态分布情况的观测。在中原地区，东方多丘陵植物，故属木；南方较炎热、高温，故属火；北方多冰雪寒冷，故属水；西方多山多金属矿物质，故属金；中央是土地肥沃的平原，多地，故属土。

五方说的观点与河图所确立的数理构造一致。因此，也有学者认为五行源于河图，并认为五方说就是河图说。河图体现了阴阳之气的五分法，河图之数的布列方式，形成“四象”特征点和“中宫”特征点，共五个点，对应于空间方位，构成“一六共宗北水，二七同道南火，三八为朋东木，四九为友西金，五十共守归中土”的布列方式；对应于时间流序，构成了“一六为冬至水，二七为夏至火，三八为春分木，四九为秋分金”的流行方式，分别代表冬、夏、春、秋四季，而五和十居中，代表四季土。五方说同时强调“四方”与“中央”的关系，突出了中央的重要性。在《国语·郑语》中有“以土与金、木、水、火杂，以成万物”的记载，可见五行中的中央“土”与其他四行并非并列关系，把土与金、木、水、火杂和起来，才能生成万物。这里的五行，突出了“土”的作用，既反映中国古代重农的思想，也是对五行并列观的修正。《诗经·商颂·玄鸟》中有“古帝武汤，正域彼四方”的记载，这也是说明“中央”与“四方”的关系，将五行“土”置于中央，不但体现了中国古代治国理政的首要条件是占有土地，也反映了中国古代农业发展在国家社会发展中的重要地位。“中”代表着中央，代表着皇权，拥有“中”就有了统治权，所以五行五方说体现了“土”置于其他四行之上的思想，具有“土居中而寄旺四方”的意义。



### 三、星象说

星象说认为五行是源于古人观测天象“五星”而得出的结论。古人在与自然的抗争过程中，通过不断观测星象的变化，识别大自然的各种现象，推断四时更替，总结农耕播种经验，探索气候物候变化规律，进而确定季节、时历和纪时方式，为生活和生产实践服务。中国古天文学中的“五星”就是指木星（岁星）、火星（荧惑）、土星（镇星）、金星（太白）、水星（辰星），其运行轨道紧靠黄道（日道），是古人用来纪时的方法。五星运行各有出没时节，并按照木、火、土、金、水的顺序，相继出现于北极天空，每星各行 72 天，五星运行合 360 天，正好一周。

在一个纪年中五星出没的规律是每年十一月冬至前后水星现于北方，七月夏至前后火星现于南方，三月春分前后木星现于东方，九月秋分前后金星现于西方，五月至八月长夏之时土星现于中央。根据这一规律，五行观念的形成也就变得自然了。水星现于北方时，正是冬气当令，万物蛰伏，地面上唯有冰雪和水，故北方和冬季属水；火星现于南方时，正是夏气当令，地面上一片炎热，故南方和夏季属火；木星现于东方时，正是春气当令，草木萌芽生长，生气勃勃，故东方和春季属木；金星现于西方时，正是秋气当令，万物已成熟备收纳，是收割砍伐的最好时节，此时金器四处可见，故西方和秋季属金；土星现于中天时，表示长夏湿土之气当令，木火金水四星皆以此为中点，由此引起的四时气候变化，都是围绕着中土而运行，并且都来源于地面的观测，故土居中央，以寄旺四方，覆盖四时。

### 四、五气说

五气说是近年来一些专家学者的最新研究成果，最具代表性的是北京中医药大学高思华教授提出的五行源于对气候特点和物候特点的抽象。高教授指出，五行的产生源自中国古人对我国中原地区气候特点和植物变化特点的观测。五气说认为五行说学形成于春秋战国时期的黄河中下游流域，就是现在我国的中原地区，这一带的气候条件有明显的特点，四季分明，夏季又尤长于其他三季。春季气候温暖，万物生发；夏季气候炎热，万物繁茂；长夏气候潮湿，万物则在雨湿之时逐渐变为结实；秋季气候干燥，万物开始收敛凋零；冬季气候寒冷，万物闭藏。古人根据这一特点，以“木、火、土、金、水”这五种概念取象类比气候和物候特点，从而形成了五行观念。以木具生发的特性类比春天温暖的气候和这一时节万物生机勃发的特点；以火具炎热向上的特性类比夏季炎热的气候和这一时节万物枝繁叶茂的特点；以土具孕育、藏纳万物的特性类比长夏湿热的气候和这一时节万物渐变结实的特点；以金具沉降清肃的特性类比秋季凉燥的气候和这一时节万物收敛凋零的特点；以水具向下渗藏的特性类比冬季寒冷的气候和这一时节万物归藏的特点。由此可见，这里的“木、火、土、金、水”已完全抽象于其固有的物质属性，而变成了“春、夏、长夏、秋、冬”时节更替和宇宙万事万物生化发展过程的表现。“五气”就是在春夏秋冬四季之中加入长夏，并将“五气”与“五行”进行类比，木代表春季、火代表夏季、土代表长夏、金代表秋季、水代表冬季，由此构成了五行来源的五气说。

五气说认为，五行之间的相生相克关系，是气候时节变化更替的结果。春（木）温变生夏（火）热，夏（火）热变生长夏（土）湿，长夏（土）湿变生秋（金）凉，秋（金）凉变生冬（水）寒，冬（水）寒变生春（木）温，这个过程是促进、推进的过程，即五行的相生过程。而在异常的气候时节，这种“促进、推进”体系将被破坏，如木克土，是春风对长夏之湿的制约；土克水，是湿对寒的制约；水克火，是寒冷对炎热的制约；火克金，是热气对凉气的制约；金克木，则是燥气对春风的制约。

## 第二节　五行释义

从上述五行来源看，最容易被人们认识的就是“物质说”所指的“水、火、木、金、土”五种元素，这是人类生产、生活和劳动所不可或缺的基本物质。但五行作为一种哲学观念或者说文化现象，更重要的是强调宇宙构成中的五种不同功能属性，以及其所包含的内在的生克制化关系。其“五”就是指“水、火、木、金、土”五种元素，“行”就是指运动变化、运动不息。五行的每一行都代表着宇宙时空中某一种功能属性，这五种功能属性通过相互作用和相互制化，使宇宙万事万物达到整体上的动态平衡，从而维持宇宙万事万物不断发展变化和更替进步，这就是五行作为哲学的本质内涵。五行学说强调的不是个体概念，而是整体概念，是借助于五种功能属性之间的内在相生相克关系来描述物质的结构关系和运动形式，是一种原始的系统论。这种系统论被中国古人用于解释和观测自然界的各种变化，用于探索宇宙世界的变化规律，并通过不断地实践总结，逐渐形成和发展了五行与时间、空间、人体、天体运动、宇宙变化等多方面的联系，使之成为古人解释四季更替和时间流逝、定位空间和识别方位、描绘人体内环境运动规律、观测天体运行变化等认识宇宙世界的有效手段和方法。因此，五行学说是中国古人智慧的结晶，是唯物主义观点的雏形，是中国传统哲学思想的源泉。

对“五行”本义的论述，最早见于《尚书·洪范》，书云“五行，一曰水，二曰火，三曰木，四曰金，五曰土。水曰润下，火曰炎上，木曰曲直，金曰从革，土曰稼穑。润下作咸，炎上作苦，曲直作酸，从革作辛，稼穑作甘。”可见，在《尚书》成书时代，五行已由本义上的“金、水、木、火、土”五种物质抽象出来了，并被运用于描述事物的特质和属性，这也是后人解释五行最直接的依据。随着中华文化的不断发展，五行学说逐渐被中国古人作为认识物质世界的价值观，影响了中华文化几千年，直至今日，人们常常使用的一些概念、名词都来源于五行学说。例如中国人常常将采购物质称为“买东西”，为什么称之为“买东西”，而不说“买南北”呢？这其中包含着五行学说的理论，五行中的“东西”是指“木金”，而“南北”是指“火水”，在古代只有“木、金”这种实实在在的物质可以买卖，而“火水”这种无形属性的物质是不可以买卖的，所以称采购物质为“买东西”，而不能称之为“买南北”。春秋战国时期，五行学说在中国大地已被人们普遍的接受和认识，并深深扎根于中国古人的思想观念之中，尤其是儒学思想占统治地位的中国封建社会时代，五行学说与儒家思想中的“仁、智、礼、义、信”相结合，构成了中国人共同的传统核心价值观。所以，要理解五行的本质内涵，需紧密结合儒家思想中的“仁、智、礼、义、信”。

### 一、五行“水”

“水”，原义为“润下”，“润”就是湿润，滋润；“下”就是向下，地下。其本义表明“水”具有单一、单向发展的属性，水通过自然的向下流动以滋润万物。根据“水”的“向下”属性，五行学说将其引申为“钻研、掩藏、内涵”等意；与儒学相结合，则将“水”指示为“智”，体现为“智慧、聪明、善良”。五行“水”从“湿润、向下”发展为“钻研、内涵”，再到“智慧、聪明、善良”，使“水”从物质元素发展成为人们认识宇宙世界的价值观念，形成人类评判事物的一种标准。

### 二、五行“火”

“火”，原义为“炎上”，“炎”就是炎热，温暖；“上”就是向上，上进。它的本义体现为能发光、供热，且具向上发展的特性。因此，“火”与“水”一样只具备“单一性”，也是向单一方向发展。根据“火”的“向上”属性，五行学说将其引申为“向上、尊上、恭敬”等意；与儒学相结合，则将“火”指示为“礼”，体现为“礼貌、礼仪，贤让、贤仁、尊敬、孝敬”。

与“水”一样这种引申发展，使“火”也成为人类评判事物的标准之一。



### 三、五行“木”

“木”，原义为“直曲”，“直”就是正直，耿直；“曲”就是弯曲，曲折。它的本义体现了“能屈能伸”，与水、火不同，具有“两面性”。根据“木”的“直曲”两面性特点，五行学说将其引申为“悲弱、柔和，向上、进取”等意，表明“木”具有典型的“两面性”，既可以躬亲、卑微、柔弱，也可以积极上进、创新进取；与儒学相结合，则将“木”指示为“仁”，体现为“仁义、贤仁、慈悲、柔和、胸襟广阔”。这种引申发展，使“木”也成为人类评判事物的标准之一。

### 四、五行“金”

“金”，原义为“从革”，“从”就是顺从，服从；“革”就是变革，改革。它的本义表明五行中“金”的属性确定了两种发展方式，其一是“从”，顺势而为，该属性体现为“墨守成规、严于律己、推崇制度”；其二是“革”，创新变革，该属性又体现为“创新发展、与时俱进、突破陈规”。可见，五行“金”也具有两面性，不但具有固守、稳固的特征，还具备延长、变革的特征。根据“金”的上述特性，五行学说将其引申为“刚柔并济”；与儒学相结合，则指示为“义”，体现为“忠义、固守，刚烈、义气，变革创新、志向不移”，这又是一种人类评判事物的标准。

### 五、五行“土”

“土”，原义为“稼穑”，“稼”就是播种，“穑”就是收获。它的本义体现为“载物”的过程，从播种到收获是万物由生发到归藏的全过程。因此说“土”是五行中的总领和归宿，在五行学中将“土”引申为“厚重、厚德、藏纳、寄旺”之意；与儒学相结合，则指示为“信”，体现为“信任、信用、守信，涵养、修养”，也构成了人类评判事物的标准。

综上所述，五行学说以描述自然界中的五种物质元素属性为起始，逐渐将其引申、发展，并上升为文化现象，最后成为人类评判事物的标准，形成中国传统的核心价值观，发展成为中国哲学的源头。

## 第三节　五行相关性

五行相关性是指当“五行”从本义抽象为描述事物功能和属性之后而存在的内在联系，主要包含“促进”与“制约”两种关系，也就是通常所说的“五行生克制化”关系，这种五行生克制化关系是五行学说运用的核心，是解释宇宙世界维持生态系统自然平衡且不断发展的基本依据。五行学说强调的“制化”关系存在两种状态：其一是宇宙万事万物在正常平衡发展情况下所体现的“制化”关系，称之为“相生相克”关系；其二是宇宙万事万物在非正常平衡发展情况下所体现的“制化”关系，称之为“相乘相侮”关系。五行的相关性不但强调宇宙世界自然发展过程中应遵循的平衡基理，并在此基础上的发生、发展和变化；也强调了宇宙世界发展过程中正常平衡被破坏之后的异常状态下，万事万物所产生的另一种制衡关系。易理认为，这种异常状态通过五行的“制化”发展，异态将被破坏，最终又回到了常态的平衡，从而推动万事万物的革新性的发展。因此，考察五行的相关性不能只停留于正常平衡状态下的“相生相克”关系，也要关注非正常平衡状态下的“相乘相侮”关系。

### 一、五行生克关系

相生就是支持、合作、相容的意思，抽象为一种功能属性（一个事物）对另一种功能属性（一个事物）的促进、助长和滋生的作用；相克就是抑制、排斥、相对的意思，抽象为一种功能属性（一个事物）对另一种功能属性（一个事物）的生长、功能、效率起抑制、制约、限制作用。

**1. 五行相生**

五行相生序列是：金生水，水生木，木生火，火生土，土生金。这种相生序列，可以按照五行“物质说”的观点进行识记。金生水，因为金可被熔化为液态变成水流；而水又得靠容器盛纳和疏导。水生木，因为水灌溉树木，便能促进树木的成长和壮大；而木的生长和发育最主要因素就是需要水。木生火，因为火以木为燃料，火中增木，必使火燃得更旺；但木一旦烧尽，则火即灭。火生土，因为火燃尽之后，物体化为灰烬而沉积为土；而土多数在火的作用下而形成。土生金，因为金属矿产蕴藏于土中，所以土中藏金；但金属须经冶炼后才能提取，而冶炼过程产生的矿渣又归为土。

从上述五行的相生属性看，一行对另一行的相生是在正常状态下进行的，一旦破坏了正常状态，一行对另一行过度相生，或者一行太弱根本无法生于另一行，这种异常状态下而产生的相生关系就不属于上述五行相生序列的范畴。如火中增木，使火更旺，这是正常状态；如果木一旦烧尽，也就是说木自身太弱，则容易导致火灭，这就是异常状态。

**2. 五行相克**

五行相克序列是：金克木，木克土，土克水，水克火，火克金。与五行相生一样，也可以按照五行“物质说”的观点，从其描述的五种元素本义进行识记。金克木，金属可断木，但木过大过强，金或小或弱，则金很难断木，这个过程是“刚胜柔”的过程；木克土，木可破土而出，但土过于厚重，木又没有外因（如水）作用，就很难破土，这个过程是“专胜散”的过程；土克水，土可挡水，但水过大（如洪水）也能冲走土，这个过程是“实胜虚”的过程；水克火，水可灭火，但火过旺，而水量小则不足以灭火，这个过程是“众胜寡”的过程；火克金，火可以煅炼金属，但金属容器也可以容纳小火，这个过程是“精胜坚”的过程。

从五行相克的单一过程分析，可以得出物质属性转化过程是“以强胜弱”的过程。与五行相生一样，五行相克的过程虽然体现了物质属性之间的胜负关系，但仍然是在正常状态下的转化过程。一旦破坏了正常状态，一行过度对另一行相克，或者一行太弱根本无法克于另一行，这种异常状态下而产生的相克关系就不属于上述五行相克序列的范畴。如一定量的水可以灭火，这是正常状态，属于上述五行相克序列范畴；如果水量过小，则不足以灭火，这就是异常状态，就不属于上述的五行相克序列范畴。

可见，五行学说的“生、克”关系揭示了在正常状态下宇宙万事万物发生、发展、变化的基本规律，表明宇宙世界万事万物的各种属性（功能）均以“相生相克”的“制化”关系进行不断地转化。如果没有“生”，事物就无法发生、发展、变化；如果没有“克”，事物就无所约束，无法维持其正常的协调关系。因此，五行学说的生克制化过程是宇宙世界万事万物保持动态平衡而促进其不断发生、发展、革新过程的具体表现。

## 二、五行乘侮关系

五行乘侮关系是指在异常状态下，五行生克关系的表现形式。所谓“相乘”，就是指五行克制过度而产生的异常生克关系；所谓“相侮”，就是指五行因自身属性过强而导致克制过弱进而产生的异常生克关系。

如果五行中的某一行对被克的一行克制太过而导致几何增量，使原先的克制关系失去了正常平衡，这时就出现了五行相乘性。如木过于亢盛，而金又不能正常地克制木时，木就会过度地克土，使土更虚，这就是“木乘土”。

如果五行中的某一行本身太过强胜，使克它的一行无法制约它，反而被它所克制，这时就出现了五行相侮性。如火过旺，而水又因金不足而无法正常地克火时，就容易被火所烤而使水蒸发，这就是“火侮水”。

五行相关性所体现的“生、克、乘、侮”关系，为人们认识物质世界提供了依据。如果说阴阳学说揭示宇宙世界的二重性；那么五行学说则揭示了宇宙世界万事万物的转化关系。五行的“相生相克”揭示了事物之间的内在相互联系和平衡关系，而“相乘相侮”则揭示了在打破固有平衡之后事物之间的相互影响关系。



### 三、五行旺衰关系

五行相关性强调宇宙世界五种属性（功能）之间构成整体平衡，而非两行相生或者相克的二体平衡。但是，这种整体平衡往往因为某一行自身属性的强弱而影响到另一行，直至整个平衡系统的破坏。笔者将这种因五行自身属性强弱变化而影响整体平衡系统破坏后的关系称之为“五行旺衰关系”。通常产生五种结果，分别称之为五行的“当旺、当衰、当强、当赖、当能”。

#### 1. 五行当旺

五行当旺是指当五行中的某一行（即某一属性或功能）处于最旺的时候，其他行对其制衡，从而产生出新的事物的过程，即五行通过当旺推动事物发展变化。金旺得火，成就器皿；火旺得水，刚柔相济；水旺得土，成就池沼；土旺得木，有利疏通；木旺得金，成就栋梁。

#### 2. 五行当衰

五行当衰是指当五行中的某一行（即某一属性或功能）处于最衰的时候，其他行又对其进行了“制化”，使之产生灭亡的结果。金衰遇火，则金消融；火弱逢水，则火熄灭；水弱逢土，则水塞失；土衰遇木，则土倾陷；木弱逢金，则木砍折。

#### 3. 五行当强

五行当强是指当五行中的某一行（即某一属性或功能）处于最强的时候，而通过其他行对其进行“制化”，使之处于平衡的状态。与五行当旺不同，当旺是推动新事物的产生，而当强是使之达到制衡状态。金强得水，则挫其锋；水强得木，则泄其势；木强得火，则化其身；火强得土，则消其焰；土强得金，则制其形。

4. 五行当赖

五行当赖是指当五行中的某一行（即某一属性或功能）依赖于另一行而生时，就会对另一行产生促进和推动作用。金赖土生，土多则藏金；土赖火生，火多则焦土；火赖木生，木多则旺火；木赖水生，水多则漂木；水赖金生，金多则浊水。

5. 五行当能

五行当能是指当五行中的某一行（即某一属性或功能）对另一行相生（或相克）后，被生（克）的一行对生（克）其的另一行的反制作用。简言之，就是五行相生或相克的反制作用。相生的反制作用表现为：金能生水，但水多必沉金；水能生木，但木盛必缩水；木能生火，但火多必焚木；火能生土，但土多则淹火；土能生金，但金多则污土。相克的反制作用：金能克木，但木坚能钝金；木能克土，但土多能折木；土能克水，但水多能流土；水能克火，但火多能蒸水；火能克金，但金多能熄火。

## 第四节　五行易理属性

五行的易理属性是指按照易学的“象、数、理”关系所揭示的五行构成及其生克制化关系。换言之，就是五行内在关系的“象、数、理”表现。

### 一、五行之象

易理认为，易之象源于天，即“在天成象”；易之形成于地，即“在地成形”。五行来源的“五星说”强调“五行”源于古人观测天象“五星”的结果，这其实就是五行成象的表现，具体而言就是“五星说”所指的木星（岁星）、火星（荧惑）、土星（镇星）、金星（太白）、水星（辰星）

五个星宿。五行“在天成象”就是指上述的五个星宿，而反映到地球之上与之对应的“形”则表现为时间上的“五气四时”更替和空间上的五方布列。

### 1. 五行时间之象

从时间上看，五行成象之后所反映的“形”是五气的变化过程。将五行的个性特征类象于四时气候的变化就是五行之象在时间上的表现形式。古天文学的研究发现，每年十一月冬至前后水星现于北方，此时处于冬季，气温冷如水，故将冬季类象“水”；每年七月夏至前后火星现于南方，此时处于夏季，气温热如火，故将夏季类象“火”；每年三月春分前后木星现于东方，此时处于春季，草木欣然，故将春季类象“木”；每年九月秋分前后金星现于西方，此时处于秋季，草木金黄，结实如金，故将秋季类象“金”；而以四季变化调整规律类象“土”。古人创制的太阳历法一年为 365.25 天，并非整数。因此，对春夏秋冬四时节气的划分必须采取适当措施予以调整，以确保一年四季节气分明，时日完整。那么如何进行调整呢？中国古人以地球为宇宙时空的观测点，发现一年四季春夏秋冬不同时节的气象表现会随着地理方位的不同而发生变化。于是，古人认为地球的运动对不同地理方位的四季气象起着控制作用。为了对太阳历法一年进行整数调整，古人将调整节气的时段以“闰”的方式确定，这个“闰”时分布于一年四季之中，而形成了以地球为中心观测点的天象和时间变化规律，因此将其类象为五行“土”。由此可见，五星成象在时间上的成形表现为“木象春季、火象夏季、金象秋季、水象冬季，土象闰季（或一年四季）”。在五行的“五星说”中还强调，四季之中的夏季比其他三季都较长，而在每年五月至八月之时，土星又现于观测点的中央，因此，也以长夏湿燥之季类象“土”。

### 2. 五行空间之象

从空间上看，五行成象之后反映的“形”是确定环境空间的五方。将五星出没于不同的方位用五行予以类象，反映到地球环境之中就构成了“前后左右中”的空间结构，这就是五行之象在空间上的表现形式。以地球上的某个基点为观测点，五星中的水星多现于北方，故以北方象水；火星多现于南方，故以南方象火；木星多现于东方，故以东方象木；金星多现于西方，故以西方象金；土星多现于中央，故以中央象土。

五行之象在“天”为五星，在地则反映出山、川、物、植之间的时间或空间相对关系，在易理环境选择中被称之为“四象”：

北方表示玄武星象，五行为水，冬季；

东方表示青龙星象，五行为木，春季；

南方表示朱雀星象，五行为火，夏季；

西方表示白虎星象，五行为金，秋季；

中央表示明堂星象，是时空中点，五行为土，类象一年四季（或闰季）。

五行之象所表现的时间和空间观念与河图之数所形成的类象之理完全相同，这也是易学相互融通、相互影响的又一个突出表现，体现了易学体系的完整性和统一性。

## 二、五行之数

五行之数的构成来源于中华文化体系中的“生成数”说。在中华文化体系中，“数”的来源有生数和成数之分，所谓“生数”就是产生万物之数，有其象而无其形，由“一、二、三、四”构成；所谓“成数”就是成就万物之数，不但有其象而且还有其形，由“六、七、八、九”构成。《周易》记载“太极生两仪，两仪生四象”，这里的太极为“一”，两仪为“二”，四象为“四”。从一到二、再从二到四都是按照数学的二分理论变化而产生的，这个过程产生了“一、二、三、四”四个数字，都是生数的范畴。古文献《易源》对这四个数的产生有详细的论述，《易源》记载“两仪天地也，天以一生水，三生木；地以二生火，四生金。水、火、木、金，有其似而无其体，是之谓象。本其象所出而言，故曰：两仪生四象也。”这就是说从太极生变而产生“四象”只是一种现象或形象的形成，不具有其本体，是一个虚生的过程，并没有实在内容。一代表水，二代表火，三代表木，四代表金，仅仅是取其“象”而已，不具其实。虽然“一、二、三、四”是虚的，但这是宇宙形成的初始裂变结果，是组成一切事物的基本单元，是一切事物产生和发展的根据，所以称之为“生数”。《易源》又载“一水、三木受数于天，而未有得乎地；二火、四金受数于地，而未有得乎天。若夫五则天体之，地承之。地天于此乎交，变化于此乎起，则与向之水、火、木、金绝异矣，自有五以后奇偶变矣。向之得一者，合五为六，而水行遂成矣，以其生于阳而成于阴也；向之得二者，合五为七，而火行亦成矣，以其生于阴而成于阳也；木三金四之得五，而成八成九者，亦皆一理也……故五者，天地生成之中，变化之始也，非如四行之质，一受定形，而逐不能流变也，方其应感，则五之气，固已分播于所主之方，及其凝聚，则五之体，又皆随著于赋物之地。故五能冒四，而四亦载五也。从其播而命，则一五固可该矣，随其著而言之，则四之成体者，亦可指为五托体也，是以五之为数，时隐时见，而多少不可得齐也。”这段话表明，从四象到万物生成，必须有“五”这个数，“五”是天地之中数，它虽象为天数，但其本体却为土为地数。因此，“五”才具有“杂四象以成五行”的属性。

易理认为，五行生变而产生万物的内在因素是阴阳二气相交而成，如果阴阳不相交不相融，那么只能是“虚象”。四象的形成布列于四方，天一北方水，地二南方火，天三东方木，地四西方金，它们各得其位，两两相对，不相交融，因此不能生变，不能成就万物。只有当其遇到流变之数的“五”，即同时具有阴阳两种属性的“中数五土”，才可阴阳交融，杂而成物。可见，天一杂五以成六，地二杂五以成七，天三杂五以成八，地四杂五以成九。“六、七、八、九”由此而得，是“四象”分别与“中数五土”杂合而产生出来的实有成份，所以称之为“成数”。

在实践中，为了将“生成之数”与“自然之数”相对应，通常将具阴阳两性的“五”以取其象为主，视为“生数”；而将由“五杂五”而成的“十”视为“成数”。据此，五行生数由“一、二、三、四、五”构成，有其象而无其实，只能展现万物之象，不能成就万物之实。五行成数由“六、七、八、九、十”构成，因生数杂合“五土”，而使其既有象且有实，能成就万物。当然，严格意义上讲，“五”既不属于生数，也不属于成数，而属于杂合体，是生数与成数之间的过渡体。易理中的“天、地、人”三才，从数象上看，正好是天数象天，地数象地，而“五”象人（吾）。

明确了生成数之后，五行之数就不难理解了，通常所指五行之数就是“一、二、三、四、五”这五个生数，分别对应为“水、火、木、金、土”，在易学中也称之为“小衍之数”。“一、三、五”为阳数，和为九，所以称九为阳之极数；“二、四”为阴数，和为六，所以称六为阴之极数。阴阳极数合而为十五，所以也有人将“阴阳之用”称之为“六九之用”。五行之数就是阴阳极数，而阴阳极数之和正好与洛书纵横皆十五相符。由此可见，河图之数、洛书之数、阴阳极数、五行之数、天地生成数都具有内在的必然联系，使之构成易学数理的完整体系。

素有中国医易第一人之称的明代著名医学家张景岳在《五行生成数解》中写道“五行之理，原出自然，天地生成，莫不有数，圣人察河图而推定之。”可见，五行之数源于河图，在河图中生数为“一、二、三、四、五”，成数为“六、七、八、九、十”，而这十个数与五行相配就构成了五行数理。在《尚书·洪范》中有“五行：一曰水、二曰火、三曰木，四曰金、五曰土”的记载。并在该书的《注疏》中叙述了五行之数的生与成关系，《注疏》记载“天一生水，地二生火，天三生木，地四生金，天五生土，此其生数也。如此，则阳无匹、阴无偶。故地六成水，天七成火，地八成木，天九成金，地十成土。于是阴阳各有匹偶，而物得生焉。固谓之成数也。”这段文字不但清楚地表达了五行的数理构成，也揭示了五行生成数与天地数之间的关系。《周易·系辞上传》记载“天一，地二，天三，地四，天五，地六，天七，地八，天九，地十，天数五，地数五，五位相得而各有合，天数二十有五，地数三十。凡天地之数，五十有五，此所以成变化而行鬼神也。”这是描述天数与地数之间的关系，天数为奇，地数为偶，天地之数是数的奇偶性划分。同时，天数为阳，地数为阴，天地之数又是数的阴阳性划分。结合《洪范注疏》和《周易》的论述，可以归纳出五行之数、生成数、天地数之间的内在关系：

“天一生水地六成之”说明五行“水”的生数为一，成数为六；天（阳）数为一，地（阴）数为六；而“一六”共宗，皆为水。

“地二生火天七成之”说明五行“火”的生数为二，成数为七；天（阳）数为七，地（阴）数为二；而“二七”同道，皆为火。

“天三生木地八成之”说明五行“木”的生数为三，成数为八；天（阳）数为三，地（阴）数为八；而“三八”为朋，皆为木。

“地四生金天九成之”说明五行“金”的生数为四，成数为九；天（阳）数为九，地（阴）数为四；而“四九”为友，皆为金。

“天五生土地十成之”说明五行“土”的生数为五，成数为十；天（阳）数为五，地（阴）数为十；而“五十”共守，皆为土。

### 三、五行之理

从广义上说，涉及五行的引申、变化、制化关系等等都属于五行之理的范畴。但从五行学说的运用看，五行的相关性是五行运用的核心，尤其是在易理环境选择中主要运用五行的相生相克关系，具体表现为五行所包含的阴阳关系、五行与空间方位的布列关系和五行与时间流序的旺衰关系等三个方面。

#### 1. 五行阴阳之理

北宋著名哲学家李觏在《删定易图序论》中写到“天降阳，地出阴，阴阳合而生五行。”可见五行是阴阳合化的结果，五行的阴阳之理就是揭示五行中所包含的“阴阳”二性状态。

“水”之阴阳。天一之生数与地六之成数具有同一属性，皆为水，但“一”为奇数，为天数，为阳数，而“六”为偶数，为地数，为阴数，一与六通过“五”杂合而成“水”，所以“水”既阳又阴。从水的本义看，水为润下，因寒凉滋润而属阴；然而水由天阳所生（天一生水），所以水之源又属阳。

“火”之阴阳。地二之生数与天七之成数具有同一属性，皆为火，但“二”为偶数，为地数，为阴数，而“七”为奇数，为天数，为阳数，二与七通过“五”杂合而成“火”，所以“火”也既阴又阳。从火的本义看，火为炎上，因温热向上而属阳；然而火由地阴所生（地二生火），所以火之源又属阴。

“木”之阴阳。天三之生数与地八之成数具有同一属性，皆为木，但“三”为奇数，为天数，为阳数，而“八”为偶数，为地数，为阴数，三与八通过“五”杂合而成“木”，所以“木”也既阳又阴。从木的本义看，木为曲直，说明木有曲有直，曲则具柔，直则具刚，而直属阳，曲属阴，具有两重性；然而木由天阳所生（天三生木），所以木更多的体现为阳。

“金”之阴阳。地四之生数与天九之成数具有同一属性，皆为金，但“四”为偶数，为地数，为阴数，而“九”为奇数，为天数，为阳数，四与九通过“五”杂合而成“金”，所以“金”也既阴又阳。从金的本义看，金为从革，说明金有顺从有变革，顺则属阴，变则属阳，具有两重性；然而金由地阴所生（地四生金），所以金更多的体现为阴。

“土”之阴阳。天五之生数与地十之成数具有同一属性，皆为土，但“五”为奇数，为天数，为阳数，而“十”为偶数，为地数，为阴数，五与十通过“五五相杂”而成“土”，所以土是五行之中阴阳两性最平衡的，可以说属于半阴半阳。从土的本义看，土为稼穑，而稼则种，为动、为阳，穑则收，为静、为阴，土常以静为用，所以土更多的表现为阴。但在实践中，常常将土分为阴土和阳土，阴土以湿为性，阳土以燥为性。

综上可知，五行的阴阳属性是相对的，但在五行的运用实践中，通常按照其外在表现将“木、火”二行归属阳；而“金、水、土”三行归属阴；按其形成过程将“水、木”二行归为阳，“火、金”二行归为阴，而“土”则可阴可阳；按其藏纳天干的具体情况，将五行阴阳按不同天干划分为“甲木为阳、乙木为阴；丙火为阳，丁火为阴；戊土为阳，己土为阴；庚金为阳，辛金为阴；壬水为阳，癸水为阴”。

2. 五行空间之理

五行的空间之理应从河图布列说起，河图以“一六共宗居北，二七同道居南，三八为友居东，四九为朋居西，五十共守居中”布列。北方类象冰冷而成五行“水”，南方类象火热而成五行“火”，东方类象草木而成五行“木”，西方类象矿产而成五行“金”，中央类象平地平原而成五行“土”。这种平面空间分布状态可以从五行生成数的构成和五行藏纳地支的属性进行解释。

北方纳“亥、子、丑”三地支，亥、子为水，丑为土。生数天一（子水）合丑土以成地六（亥水），所以方位五行北为“水”。

东方纳“寅、卯、辰”三地支，寅、卯为木，辰为土。生数天三（寅木）合辰土以成地八（卯木），所以方位五行东为“木”。

南方纳“巳、午、未”三地支，巳、午为火，未为土。生数地二（巳火）合未土以成天七（午火），所以方位五行南为“火”。

西方纳“申、酉、戌”三地支，申、酉为金，戌为土。生数地四（酉金）合戌土以成天九（申金），所以方位五行西为“金”。

中央纳“戊己”，五行土。中央生数天五再合五土以成地十之土，两五相得为十，故土之成数为十。

可见，五行需得“中气”而后成，以土居中央而寄旺四方。天之“中数”得北水而能润下，得南火而能炎上，得东木而能曲直，得西金而能从革，得中土而能稼穑。

3. 五行时间之理

五行的时间之理源于“五气说”，是根据四时节气变化而产生的自然气象来类象五行。五行中木代表春季、火代表夏季、金代表秋季、水代表冬季，而土居中能寄旺其他四行，因此土则贯穿于一年四季（也称土代表四季）。将五行内在相生相克属性类象为时间的变化规律，就是五行时间之理的具体表现。春天万物苏醒，寓示生命开始孕育，而五行“木”具破土而出之意，代表万物开始生长，故以“木”类象春季；夏天万物逐渐变成茁壮之态，而五行“火”具有向上、爆发之意，代表万物已变健壮，故以“火”类象夏季；秋天万物均已进入成熟期，生命周期进入了发展的黄金阶段，而五行“金”具有稳重、创新之意，故以“金”类象秋季；冬天万物已进入休死阶段，生命周期也进入了最末端，而五行“水”具有末端、向下之意，故以“水”类象冬季。至于五行“土”因位列中央，所以在四时更替过程中其所类象的寓意具有两重性：一是类象于长夏时节。长夏在季节中属于从夏天向秋天的过渡时节，从一年四季的划分看正好处于中间，这一阶段白天依然很热，但夜间却带有一丝凉气。而从生命的成长周期看，这一阶段就如人处于中年时期一样，为人处事带有一份沉稳、历练和包容。五行中具有沉稳和包容元素的是“土”，因此以五行“土”类象长夏时节符合四时气象的实际情况。二是类象四季（即全年）。因为五行“土”具“归藏收纳”之意，它能杂合其他四行而成就万事万物，因此在一年四季之中任何时节都具“土”之属性，故以“土”类象四季又符合五行的杂合之理。

五行因在不同气象时节所表现出的“行气”状况不同，对宇宙时空的影响也不一样。一方面，五行的“行气”本身在不同时节将表现出不同的影响状态，有衰旺之分；另一方面，五行藏纳于宇宙万事万物之中，对宇宙万物的生长、发展、成熟和衰病、死绝也产生不同的影响。因此，考察五行的时间之理，除了需了解五行“行气”本身的旺衰关系外，还应分析五行寄生于宇宙万事万物之中的旺衰关系。

**（1）五行旺衰关系**

五行旺衰关系是指五行在周游一年四季过程中，因其本身固有的生克关系在不同时节所表现的不同效果。在一年（四季）的时间周期内，随着季节的更替将导致气象出现“寒、暖、湿、燥”的不同状态，而五行周游于四时变化过程中也会因气候状况的不同而发生旺衰起伏的周期变化。旺者因时间的运动而由旺转衰，衰者也因时间的运动而由衰转旺，正是这种由旺至衰，又由衰至旺的不断运动变化，形成了四时节气的运行规律，达到四季既分明又平衡的过程。在易理实践中，将五行周游于一年四季的旺衰关系用“旺、相、休、囚、死”五种状态进行描述，在实践中形成了“当局者旺，我生者相，生我者休，克我者囚，我克者死”的五行旺衰关系。下文以“木”行为例，对五行生克关系在时间流序中的“旺、相、休、囚、死”状态进行解释：春季属木，木在春季属当局者，自然在春天是木最能生长之时，所以木在春季处于“旺”的阶段；木生火，火由木而生，所以火在春季处于“相”的阶段；水生木，就好比水是木之父母，现在作为子女的木属于“旺”时，则父母可以休息，退居二线了，所以水在春季处于“休”的阶段；金克木，金虽克木，但木处于旺时，于是金被囚，所以金在春季处于“囚”的阶段；木克土，木处于旺时又克土，土只有死路一条，所以土在春季处于“死”的阶段。其余四行依此类推。

为便于理解五行周游一年四季的“旺相休囚死”状态，本书以表格形式予列出，供读者学习时直接查找。五行与时间流序的旺衰关系如表 3.1 所示。

表 3.1 五行与时间流序的旺衰关系

| 春 | 木旺 | 火相 | 水休 | 金囚 | 土死 |
|---|---|---|---|---|---|
| 夏 | 火旺 | 土相 | 木休 | 水囚 | 金死 |
| 秋 | 金旺 | 水相 | 土休 | 火囚 | 木死 |
| 冬 | 水旺 | 木相 | 金休 | 土囚 | 火死 |
| 四季 | 土旺 | 金相 | 火休 | 木囚 | 水死 |

（2）五行寄生关系

五行寄生关系是指五行周游于一年十二个月的时间周期内对宇宙万物生长变化影响的强弱关系。在中国古代历法中以“十二地支”表示一年十二个月，从每年立春开始至冬至结束，两个节气为一月。地支纪月起于寅，终于丑，分别是正月为寅、二月为卯、三月为辰、四月为巳、五月为午、六月为未、七月为申、八月为酉、九月为戌、十月为亥、十一月为子、十二月为丑。五行的寄生关系通常也被称之为“五行寄生十二宫”或“五行生旺墓绝十二宫”。易理认为，宇宙万事万物都是一个生命体，都有其各自的生命周期，在一个生命周期内因处于不同的阶段，受五行“行气”的影响也不同。在以年为单位的时间周期内，五行行气对宇宙万事万物的强弱影响状态可划分为十二个阶段，与一年十二个月的时间节点一一对应，并分别用“胎、养、长生、沐浴、冠带、临官、帝旺、衰、病、死、墓库、绝”十二种“生气”来描述宇宙生命体在一年十二个月的时间周期内所呈现出的状态。当宇宙生命体处于“长生、沐浴、冠带、临官、帝旺”阶段，就是从衰到旺、从弱到强的发展过程，并认为这个过程以阳为主，以阴为辅，是阳统阴的过程；当宇宙生命体处于“衰、病、死、墓库、绝”阶段，就是从旺到衰、从强到弱的发展过程，并认为这个过程以阴为主，以阳为辅，是阴统阳的过程；当宇宙生命体处于“胎、养”阶段，是阴阳二气互相转换、互相过渡的生气平衡制化阶段，通过“胎、养”阶段，宇宙生命体重新进入一个新的生命周期，由此构成了永不停息的天道循环系统。

在实践中，五行游寄之理常常与地支学相结合，并以五行“行气”是否归库为环境空间“生气”旺衰的判断标准。什么是“归库”将在《干支学》章节论述，本章将《干支学》中的地支三合理论予以列出，以说明五行游寄十二宫的表现状态。地支三合理论是指“申子辰合水，寅午戌合火，亥卯未合木，巳酉丑合金”，在每一组“三合”中，最后一个字为五行“行气”的归库藏纳阶段，即水之归库是“辰”，火之归库是“戌”，木之归库是“未”，金之归库是“丑”。而土在五行时间之理中处于四季，它寄旺于每季的最后一个月，所以应分四种不同的土行来论述其游寄十二宫。根据上述五行的归库结果，可以得出五行游寄十二宫的规律，通常人们习惯以“长生”为五行游寄十二宫的起点。

五行“水”归藏于辰土，所以辰为五行“水”之墓库。于是水行的游寄十二宫规律是：长生于申，沐浴于酉，冠带于戌，临官于亥，帝旺于子，衰于丑，病于寅，死于卯，墓库于辰，绝于巳，胎于午，养于未。

五行“火”归藏于戌土，所以戌为五行“火”之墓库。于是火行的游寄十二宫规律是：长生于寅，沐浴于卯，冠带于辰，临官于巳，帝旺于午，衰于未，病于申，死于酉，墓库于戌，绝于亥，胎于子，养于丑。

五行“木”归藏于未土，所以未为五行“木”之墓库。于是木行的游寄十二宫规律是：长生于亥，沐浴于子，冠带于丑，临官于寅，帝旺于卯，衰于辰，病于巳，死于午，墓库于未，绝于申，胎于酉，养于戌。

五行“金”归藏于丑土，所以丑为五行“金”之墓库。于是金行的游寄十二宫规律是：长生于巳，沐浴于午，冠带于未，临官于申，帝旺于酉，衰于戌，病于亥，死于子，墓库于丑，绝于寅，胎于卯，养于辰。

五行“土”将按照其寄旺四行的规律，分别是辰土以水行论、戌土以火行论、未土以木行论、丑土以金行论。当然，从中国传统的五行学说发展看，有学者按照“土赖火生”之理，视土行为火行而论其游寄十二宫；也有学者按照“土为水之母”，视土行为水行而论其游寄十二宫。其实，土行为阴阳杂合之体，从本质看可以寄旺于其他四行之中的任何一行，因此其游寄十二宫的规律应视其与其他四行的关系而确定。

## 第五节　五行类型

中国古人运用五行学说的生克制化属性认识宇宙世界万事万物的变化

规律，从而使五行学说上升为哲学观念，成为人类认识宇宙世界的基本工具。在具体的运用和实践过程中，通过易理的“法天象地”观念，将宇宙万事万物的发生、发展及变化过程，类象为五行的生克制化过程，由此产生了一系列的五行与宇宙时空的对应关系。这些“对应关系”被中国古人作为认识物质世界的普遍规律而固化下来，从而形成了不同类别的五行。纵观种种名色的五行，虽其名称、方法不一，但所蕴含的道理基本一致，无外乎是两种情况：其一就是按照五行本身的内在属性（如五行时空之理）直接进行类象的五行，笔者称之为“正五行”；其二就是借助于“五行”的特性进行引申而形成的五行，称之为“引五行”。

## 一、正五行

正五行就是按照五行固有的生克制化关系直接对宇宙万事万物进行类象而形成的五行，包括八卦五行、星象五行、干支五行等。

### （一）八卦五行

八卦五行反映宇宙空间在八维方位中构成的五行属性。八卦的方位构成是后天八卦的布列方式，先天八卦只提供了对立关系，没有平面空间的方位概念，因此凡涉及空间方位的八卦，都是基于后天八卦而言。后天八卦的布列方式是“坎离居北南、震兑居东西”而构成宇宙空间的四正之位；“乾居西北、坤进西南、艮占东北、巽位东南”而构成宇宙空间的四隅之位。后天八卦的平面空间布列卦象所体现的五行属性就是八卦五行，或者称“五行与八卦”的对应关系。

坎北为水，离南为火，是谓“水火不相射”，震东为木，兑西为金，是谓“雷风相薄”，这四正之位的构成与先天八卦成卦的对立性完全相关。四隅之位的五行属性则体现为五行本身的对立性，如巽东南为木，乾西北为金，木金是相克和相侮的对立关系；西南坤土与东北艮土，从表面上看是“土与土”的比和关系，但是五行“土”本身就是阴阳杂合体，其成形表现上就有“湿土”与“燥土”之分，而湿燥也是一种对立关系。可见，四隅之位的五行属性是以五行本身的制化关系体现先天卦的对立性。

综上可知，八卦五行是：坎卦为水（正北），离卦为火（正南），震卦为木（正东），兑卦为金（正西），乾卦为金（西北），巽卦为木（东南），坤卦为土（西南），艮卦为土（东北）。

### （二）干支五行

干支五行是指十天干和十二地支所包含的五行属性，或者说是五行与十天干和十二地支之间的对应关系。干支五行的形成源于五行的空间之理，是根据五行的空间分布确定干支的五行属性。在宇宙空间结构中，中国古人借助于天干、地支符号对宇宙“东、南、西、北”四维方位进行再划分，东方由“甲、乙、寅、卯”构成，南方由“丙、丁、巳、午”构成，西方由“庚、辛、申、酉”构成，北方由“壬、癸、亥、子”构成，使“东、南、西、北”四方转化为十六方。然后按照五行的空间之理，对干支进行五行属性的赋值，东方五行木，所以“甲、乙、寅、卯”四干支属木；南方五行火，所以“丙、丁、巳、午”四干支属火；西方五行金，所以“庚、辛、申、酉”四干支属金；北方五行水，所以“壬、癸、亥、子”四干支属水。除上述十六干支外，还有“戊、己、辰、戌、丑、未”六干支则布列于中央，中央五行土，所以“戊、己、辰、戌、丑、未”六干支属土。

综上可知，十天干之五行是“甲乙木，丙丁火，戊己土，庚辛金，壬癸水”；十二地支之五行是“寅卯木，巳午火，申酉金，亥子水，辰戌丑未土”。

### （三）星象五行

星象五行是指易理中的“九星”所包含的五行属性。九星源自中国古天文学的“北斗星说”，其有关理论将在《九星》章节论述，在此仅对九星所包含的五行属性进行阐释。九星名称及构成是“一白贪狼星、二黑巨门星、三碧禄存星、四绿文曲星、五黄廉贞星、六白武曲星、七赤破军星、八白左辅星、九紫右弼星”，这个顺序排布与洛书布列和后天八卦的构图相一致。因此，只要掌握了后天八卦与五行的对应关系，就能够得出九星的五行属性，在洛书与八卦的空间布列中，一白入北坎水，所以一白贪狼星对应的五行属性即为水；二黑入西南坤土，所以二黑巨门星对应的五行属性即为土。依此类推，可以推引其他七星对应的五行属性，分别是存禄（三碧）五行木（震卦），文曲（四绿）五行木（巽卦），廉贞（五黄）五行土（中宫），武曲（六白）五行金（乾卦），破军（七赤）五行金（兑卦），左辅（八白）五行土（艮卦），右弼（九紫）五行火（离卦）。

## 二、引五行

引五行就是按照五行内在属性进行引申而形成的五行表达方式。这一类型的五行非常之多，从五行学说的传承发展看不下十余种，且各种五行的优劣、好坏、利弊，也很难一概而论。本书例举以下七种最常见的引五行。

### （一）星象引五行

星象引五行是借助于星象的形态类象五行属性而形成的一种五行表达方式，这种表达方式只运用到九星中的四星，分别是一白贪狼“木”，四绿文曲“水”，五黄廉贞“火”，六白武曲“金”。星象引五行只有“木、水、火、金”四行，没有“土”行，可见这种引申是源于五行的空间之理。“土”居中央寄旺四方，其所表达的关系是易理环境空间中的相对方位生克制化关系。需要强调，星象引五行仅仅是借助于星象的形态识记五行的一种方法，本身没有实际的内在意义；而星象五行则是五行属性在星象分布中的直接类象，有其实际的空间方位意义，在具体的运用中星象引五行与星象五行很容易混淆，需要读者结合五行学理深刻领会。

### （二）三合五行

三合五行就是将五行的寄生属性进行引申，并且将其与干支属性相结合而形成的一种五行表达方式，通常也称为“地支三合局”。古文载“亥卯未，乾甲丁，贪狼一路行，木局；寅午戌，艮丙辛，位位是廉贞，火局；巳酉丑，巽庚癸，尽是武曲位，金局；申子辰，坤壬乙，文曲从头出，水局”。从这段古文记载不难看出，三合五行是易理环境空间二十四维方位五行的引申，表明在二十四维方位空间中，木局包含着“亥卯未，乾甲丁”两组三合，分别指五行之“木”生长于亥、帝旺于卯、墓库于未，并与天干之“甲丁”相合于“乾”宫，类象于星象之贪狼星。其他三行依此类推。



### （三）双山五行

双山五行是五行空间之理的一种引申，是将易理二十四维方位空间进行两两合并，形成十二个方位，并结合三合五行的特点，以星象引五行为基础，对易理十二方位五行属性的类象。具体表达为“壬子”对应文曲水，“癸丑”对应武曲金，“艮寅”对应廉贞火，“甲卯”对应贪狼木，“乙辰”对应文曲水，“巽巳”对应武曲金，“丙午”对应廉贞火，“丁未”对应贪狼木，“坤申”对应文曲水，“庚酉”对应武曲金，“辛戌”对应廉贞火，“乾亥”对应贪狼木。在易理环境选择实践中，双山五行对应罗盘的逢针（天盘），其五行所体现的生克制化关系是察审环境空间外在影响因素的主要依据，所以双山五行也被称为“逢针双山五行”或者“逢针五行”。

### （四）长生五行

长生五行是从地支三合五行引申而来的一种五行表达方式。在十二地支三合局中，“金、木、水、火”四局各包含三个地支，而在每局的三个地支中只有一个代表着五行的长生，所以这类五行被称为“长生五行”或“四生五行”。长生五行是易理环境选择中最重要的五行之一，是勘察环境空间是否构成“龙水交会”的基础。其空间构成应以罗盘为基础，并按照双山属性，分别按“论龙”和“论水”两种情况布列。

#### 1.“龙”的长生五行

易理环境选择中的“龙”（或龙脉）主静，所以“论龙”以阴所属，在罗盘上右旋（逆行），在五行游寄十二宫过程中以逆时针方向行走。以五行“水”为例，“水”行在游寄十二宫的行气过程是长生于申、沐浴于酉、冠带于戌、临官于亥、帝旺于子、衰于丑、病于寅、死于卯、墓库于辰、绝于巳、胎于午、养于未，这个过程的“生、旺、墓”为“申、子、辰”三合。而五行游寄十二宫的逆行是以顺行为基础，长生始于顺行的死宫，并按逆方向行走，即长生于卯、沐浴于寅、冠带于丑、临官于子、帝旺于亥、衰于戌、病于酉、死于申、墓库于未、绝于午、胎于巳、养于辰，这个逆行过程的“生、旺、墓”为“卯、亥、未”三合。其余三行依此类推，可以得出“龙”的长生五行构成如下：

水局龙：生在卯，旺在亥，墓于未，构成“卯、亥、未”三合；

木局龙：生在午，旺在寅，墓于戌，构成“午、寅、戌”三合；

火局龙：生在酉，旺在巳，墓于丑，构成“酉、巳、丑”三合；

金局龙：生在子，旺在申，墓于辰，构成“子、申、辰”三合。

**2.“水”的长生五行**

易理环境选择中的“水”（或龙脉）主动，所以“论水”以阳所属，在罗盘上左旋（顺行），在五行游寄十二宫过程中以顺时针方向行走。可见，“水”的长生五行就是正五行在十二宫中的行气过程。仍以五行“水”为例，其游寄十二宫过程就是长生于申、沐浴于酉、冠带于戌、临官于亥、帝旺于子、衰于丑、病于寅、死于卯、墓库于辰、绝于巳、胎于午、养于未。这个过程的“生、旺、墓”为“申、子、辰”三合，与正五行“水”的游寄十二宫的过程完全一样。综上所述，可知“水”的长生五行如下：

水局水：生在申，旺在子，墓于辰，构成“申、子、辰”三合；

木局水：生在亥，旺在卯，墓于未，构成“亥、卯、未”三合；

火局水：生在寅，旺在午，墓于戌，构成“寅、午、戌”三合；

金局水：生在巳，旺在酉，墓于丑，构成“巳、酉、丑”三合。

**（五）纳音五行**

纳音五行是正五行引申到干支纪年的六十甲子中而形成的一种五行表达方式。在干支纪年中，由十天干与十二地支进行循环配对，如“甲子、乙丑、丙寅、丁卯……”等，而形成六十个干支合称符号，称之为“六十甲子”。这是中国传统夏历（也称阴历、农历）的纪年方式，每六十年重新轮一次。纳音五行就是借助于五行属性来描述在一个六十年的时间周期内，每一个年份所属的五行属性。在五行学说中传承着如下“纳音五行”歌诀：

甲子乙丑海中金，丙寅丁卯炉中火，戊辰己巳大林木；

庚午辛未路旁土，壬申癸酉剑锋金，甲戌乙亥山头火；

丙子丁丑涧下水，戊寅己卯城头土，庚辰辛巳白腊金；

壬午癸未杨柳木，甲申乙酉泉中水，丙戌丁亥屋上土；

戊子己丑霹雳火，庚寅辛卯松柏木，壬辰癸巳长流水；

甲午乙未沙中金，丙申丁酉山下火，戊戌己亥平地木；

庚子辛丑壁上土，壬寅癸卯金箔金，甲辰乙巳覆灯火；

丙午丁未天河水，戊申己酉大驿土，庚戌辛亥钗钏金；

壬子癸丑桑柘木，甲寅乙卯大溪水，丙辰丁巳沙中土；

戊午己未天上火，庚申辛酉石榴木，壬戌癸亥大海水。

这段古歌诀初看起来非常繁琐，但只要掌握其中的规律，就比较容易识记。在这六十组干支组合中存在“天干相同地支相冲”的组合具有同五行的规律，例如甲子、乙丑的纳音五行为“金”，那么与子、丑相冲的地支为午、未，所以可以推定甲午、乙未两组干支的纳音五行也为“金”。按照这样的规律，六十组干支组合只要记住一半，就可推断出另一半的五行属性。纳音五行是易理环境选择中格龙的依据，是确定环境空间坐度分金的基础。为便于读者在易理环境选择中迅速判断出纳音五行属性，本书将罗盘中包含的纳音五行属性以表格的形式予以列出，供读者在易理环境选择实践中直接查找运用。十二地支纳音五行对照表如表 3.2 所示。

表 3.2 十二地支纳音五行对照表

| 山向 | 五子龙 | 五行 | 山向 | 五子龙 | 五行 | 山向 | 五子龙 | 五行 |
|---|---|---|---|---|---|---|---|---|
| 壬山 | 甲子 | 金 | 癸山 | 乙丑 | 金 | 艮山 | 丙寅 | 火 |
| 子山 | 丙子 | 水 | 丑山 | 丁丑 | 水 | 寅山 | 戊寅 | 土 |
| | 戊子 | 火 | | 己丑 | 火 | | 庚寅 | 木 |
| | 庚子 | 土 | | 辛丑 | 土 | | 壬寅 | 金 |
| 癸山 | 壬子 | 木 | 艮山 | 癸丑 | 木 | 甲山 | 甲寅 | 水 |
| 甲山 | 丁卯 | 火 | 乙山 | 戊辰 | 木 | 巽山 | 己巳 | 木 |
| 卯山 | 己卯 | 土 | 辰山 | 庚辰 | 金 | 巳山 | 辛巳 | 金 |
| | 辛卯 | 木 | | 壬辰 | 水 | | 癸巳 | 水 |
| | 癸卯 | 金 | | 甲辰 | 火 | | 乙巳 | 火 |
| 乙山 | 乙卯 | 水 | 巽山 | 丙辰 | 土 | 丙山 | 丁巳 | 土 |
| 丙山 | 庚午 | 土 | 丁山 | 辛未 | 土 | 坤山 | 壬申 | 金 |
| 午山 | 壬午 | 木 | 未山 | 癸未 | 木 | 申山 | 甲申 | 水 |
| | 甲午 | 金 | | 乙未 | 金 | | 丙申 | 火 |
| | 丙午 | 水 | | 丁未 | 水 | | 戊申 | 土 |
| 丁山 | 戊午 | 火 | 坤山 | 己未 | 火 | 庚山 | 庚申 | 木 |
| 庚山 | 癸酉 | 金 | 辛山 | 甲戌 | 火 | 乾山 | 乙亥 | 火 |
| 酉山 | 乙酉 | 水 | 戌山 | 丙戌 | 土 | 亥山 | 丁亥 | 土 |
| | 丁酉 | 火 | | 戊戌 | 木 | | 己亥 | 木 |
| | 己酉 | 土 | | 庚戌 | 金 | | 辛亥 | 金 |
| 辛山 | 辛酉 | 木 | 乾山 | 壬戌 | 水 | 壬山 | 癸亥 | 水 |

### （六）二十八宿五行

二十八宿是宇宙空间中的二十八个星象体系，源于中国古代天文学，是中国古人观测天体运行而命名的星象体系，并按照东南西北四方进行划分，每方七星，分别以“木、金、土、日、月、火、水”七字加上一些动物名予以命名，其中东方七宿称为“角木蛟、亢金龙，氐土貉、房日兔、心月狐、尾火虎、箕水豹”；南方七宿称为“井木犴、鬼金羊、柳土獐、星日马、张月鹿、翼火蛇、轸水蚓”；西方七宿称为“奎木狼、娄金狗、胃土雉、昴日鸡、毕月乌、觜火猴、参水猿”；北方七宿称为“斗木獬、牛金牛、女土蝠、虚日鼠、危月燕、室火猪、壁水㺄”。二十八宿五行就是人们将五行的属性引申到二十八星宿之中而形成的一种五行表达方式，从二十八宿的命名可知，在其名字构成中，除了“日、月”之外，就是五行“金、木、水、火、土”，因“日、月”都能发光，古人将其视为五行之“火”。所以，二十八宿五行从其星象名字即可直接推出，凡是星象名字中含有“日、月”也归入五行“火”，其他星象中含五行的哪一行即为哪一行，如“角木蛟”中含有木，即其五行为“木”，“亢金龙”中含有金，即其五行为“金”。古人为了便于记忆二十八宿五行，编有专门的歌诀如下：“角奎井斗属木星，轸壁箕参水神临，氐女胃柳是土位，亢牛鬼娄原属金。翼室觜尾火最旺，四日四月火中精，房虚昴星四君火，张心危毕相火临。”

通过上述歌诀或者根据二十八宿星象名称可以推定二十八宿五行如下：

“角木蛟、井木犴、奎木狼、斗木獬”四星象五行属“木”；

“亢金龙、鬼金羊、娄金狗、牛金牛”四星象五行属“金”；

“氐土貉、柳土獐、胃土雉、女土蝠”四星象五行属“土”；

“箕水豹、轸水蚓、参水猿、壁水㺄”四星象五行属“水”；

“尾火虎、翼火蛇、觜火猴、室火猪”四“火”，“房日兔、星日马、昴日鸡、虚日鼠”四“日”和“心月狐、张月鹿、毕月乌、危月燕”四“月”共十二个星象五行皆属“火”。

### （七）赖公人盘五行

赖公人盘五行是二十八宿五行与易理环境二十四山相结合而形成的一种五行表达方式。人盘中针相传是宋代风水名师赖文俊所创制，专门运用于易理环境选择中的消砂、拨砂，其五行属性由二十八宿五行演化而来，依二十八宿分配二十四山，但二十八宿为 28 个星象，而二十四山只有 24

个方位，如果一一对应，那么将多出4个。对此，赖公将二十八宿与人盘中针之间的关系称之为“七政四余”，“七政”是指二十八宿中划分东南西北四方，而各方都有七宿；“四余”是指在配入二十四山时会多出四个星宿，于是将日月二星合一，即“房日兔”与“心月狐”合而为“心房”；“星日马”与“张月鹿”合而为“张星”；“昴日鸡”与“毕月乌”合而为“毕昴”；“虚日鼠”与“危月燕”合而为“危虚”，并与二十四山中“子午卯酉”四正之位对应，其余则按“土、金、木、水、火”的次序顺时针从癸山开始左旋对应于二十四山中的其他二十山。由此构成了如下的赖公人盘中针五行布列：

“子、午、卯、酉、甲、丙、庚、壬”八山五行为“火”；

“乾、坤、艮、巽”四山五行为“木”；

“乙、辛、丁、癸”四山五行为“土”；

“寅、申、巳、亥”四山五行为“水”；

“辰、戌、丑、未”四山五行为“金”。

需要指出，五行的引申种类繁多，除了上述七种最常见的引五行外，还有洪范五行、玄空五行、峦头理气五行等等，名目繁多，但不论如何引申，五行终究离不开其本身所具备的“象、数、理”关系，任何一种引五行都是建立在正五行基础之上，离开了正五行属性，引五行就失去了意义。

## 第六节　五行类象对应关系

五行类象对应关系是指五行作为人类认识宇宙万事万物的基本元素，常常被人们类象于宇宙世界中的物态，并将此作为认识物态的基础。如将五行类象于人体内环境而形成了中医学；将五行类象于时间空间而形成堪舆学；将五行类象于宇宙物态而形成了人类认识物质世界的方法等等。这种类象过程就形成五行与各种物态（物象）之间的对应关系，下文例举两类最常见的五行类象对应关系。

### 一、五行与人体器官的对应关系

五行与人体器官的对应关系是传统中医理论的基础，其类象对应关系如表 3.3 所示。

表 3.3 五行与人体器官对应关系

| | 五行 | 木 | 火 | 土 | 金 | 水 |
|---|---|---|---|---|---|---|
| 人体器官 | 脏 | 肝 | 心 | 脾 | 肺 | 肾 |
| | 窍 | 目 | 舌 | 口 | 鼻 | 耳 |
| | 体 | 筋 | 脉 | 肉 | 皮毛 | 骨 |
| | 声 | 呼 | 笑 | 歌 | 哭 | 呻 |
| | 志 | 怒 | 喜 | 思 | 忧 | 恐 |
| | 变动 | 握 | 扰 | 哕 | 咳 | 栗 |
| | 病 | 颈项 | 胸肋 | 脊柱 | 肩背 | 腰股 |

五行与人体器官之间的对应关系不但作为中医理论的基础，在易理环境选择中，经常也运用这种对应关系解释环境空间修造择日和家居布局中的家庭成员居住环境的分布。尤其是在阴宅环境选择中，常常运用到五行与人体器官的对应关系，并通过对墓葬主人的命理分析确定环境选择的最终目标。

### 二、五行与气候时节对应关系

五行类象气候时节的变化，就构成了五行与气候时节的对应关系，这种对应关系是中国几千年农业社会发展进程中农耕劳作的基础依据。五行与气候时节对应关系如表 3.4 所示。

表 3.4 五行与气候时节对应关系

| 五行 | 金 | 水 | 木 | 火 | 土 |
|---|---|---|---|---|---|
| 季节 | 秋 | 冬 | 春 | 夏 | 长夏（四季） |
| 气候 | 燥 | 寒 | 风 | 热 | 湿 |

# 第四章 八 卦

《周易》序开篇即是“《易》之为书，卦、爻、彖、象之义备，而天地万物之情见”。可见，卦是天地万物变化过程中而产生的要素，它与《易》中的“爻、彖、象”一样，是构成易学理论的基础和符号。《周易·系辞上传》记载“易有太极，是生两仪，两仪生四象，四象生八卦，八卦定吉凶，吉凶生大业。”表明在宇宙万事万物的变化过程中产生了八卦符号，而有了八卦符号，就为人类觅得了解开自然界吉凶变化的钥匙，所以说“八卦定吉凶，吉凶生大业”。其实，八卦作为一组认识物质世界的符号，源于中国远古先人对宇宙时空的认识，是一种为生存需要而产生的记事符号。

要认识“八卦”的内涵，有必要对《易经》做简单的介绍。《易经》是如何产生的？目前没有准确的定论，各种考古说法不一，但比较统一和广泛被人们接受的说法是由中国上古先贤伏羲氏始画八卦、周文王演绎八卦，后经孔子发扬易学精义而建立起《易经》的学术思想体系。《易经》的发展大体经过三个阶段，即远古的伏羲时代、上古的西周初期周文王时代以及孔子所生活的春秋时代。这三个阶段历经数千年的历史，曾经出现三种版本的《易卦》，分别是《连山易》《归藏易》和《周易》，但遗憾的是《连山易》《归藏易》早已失传，至今可见的《易卦》只有《周易》一种，所以现代人们所称的《易经》就是指《周易》。可见，《易经》成为经书是一个漫长的发展过程，是中国古代数千年众多圣贤们的智慧结晶，是中国古代先贤对自然现象观测的实践总结。从《易经》的成书过程不难看出，它是中国传统思想文化中自然哲学与伦理实践的根源，它起源于观测自然，发展于自然现象的变化，总结于对自然现象规律的认识。

在几千年的中国文化发展进程中，许许多多学者都对《易经》做了许多不同的诠释，据不完全统计，《易经》的注解或译注本不下百种。其实，只要从哲学的观念看待《易经》，就不难理解《易经》成书的过程和其所包含的深刻内涵。哲学是理论化、系统化的世界观和方法论，是自然知识、社会知识、思维知识的总结和概括。当一种思想、思维或行为方式上升为一种社会意识，并以追求世界的本源、本质、共性的形式表现出来时，就确立了哲学的世界观和方法论。而《易经》的产生过程，正是在观测自然现象过程中，经过了无数上古先贤的归纳、总结、提升而产生的思想体系，完全符合哲学产生的过程。因此，准确地说《易经》是一门哲学，按照学习哲学的方法认识《易经》就相对容易了。

“八卦”是《易经》作为哲学且用于研究宇宙世界变化的工具符号。“八卦”的本义就是八个卦象，即八种符号。但是由于人们对《易经》揭示的博大精深的宇宙世界变化现象难以理解，而对“八卦”的字意容易理解，因此有些人简单地将《易经》与“八卦”等同。其实，现代人认识的《易经》（即《周易》）包括了六十四个卦象的演化，以及对《周易》进行文字阐述的《系辞传》《说卦传》《序卦传》《杂卦传》等诸多内容，而“八卦”仅是其中的内容之一。

易理环境选择就是运用《易经》提供的世界观和方法论，借助于“八卦”符号，对自然环境进行勘察的一门实践科学。《易经》是哲学的范畴，属于高度概括的世界观和方法论的规律性总结，而易理环境选择（风水）则是具体的、实践的直接作用于个体的运用，属于运用学的范畴。

## 第一节 八卦由来

“八卦”作为《易经》理论的符号工具，它的形成过程不但符合《易经》所描述的世界观和方法论的要求，也符合人类探索宇宙世界变化实践的普遍规律。因此，认识“八卦”就要从其由来入手。

### 一、从易理演化看“八卦”的由来

《周易·系辞上传》记载“易有太极，是生两仪，两仪生四象，四象生八卦”。这是一个四层二进制的构架，第一层是太极，太极处于天地未分之时，是宇宙的混沌体，这个混沌体通过运动变化产生了裂变，清者上升为天，浊者下沉为地，于是产生两仪。第二层是两仪，就是阴阳两仪，太极的裂变产生了阴阳，有了裂变，就需要用不同的符号对分裂之后的结果进行描述，于是阴阳的符号产生了，易学中称之为“爻”，阴用两个短横“--”表示，阳用一个长横“—”表示。第三层是四象，在阴阳两仪基础上进一步生化，由两个“阳爻”重叠生化为太阳，代表极阳；由两个“阴爻”重叠生化为太阴，代表极阴；阳盛至极而负阴，于是太阳的下爻生化为阴，组成上阳下阴的爻符重叠就构成了少阳；阴盛至极而孤阳，于是太阴的下爻生化为阳，组成上阴下阳的爻符重叠就构成了少阴。第四层是八卦，就是在四象的基础上再分别加上一个“阳爻”或“阴爻”，通过三个爻符重叠而形成的一组符号体系，就构成了八卦。八卦中的三爻排布顺序不是随意的，而是严格按照阴阳生化的过程进行，上为天爻，下为地爻，中为人爻，构成了“天、地、人”三者融合，这是《周易》理论的精髓所在，《周易》倡导“与天地合其德，与日月合其明，与四时合其序”。这正是人与自然和谐发展的集中表现。

在“四象”上加“爻”，就是“四象生八卦”的过程。其生化的具体过程是：在太阳、少阴、少阳、太阴之下再分别加上一个“阳爻”，就构成了“乾、兑、离、震”四卦；在太阳、少阴、少阳、太阴之下再分别加上一个“阴爻”，就构成了“巽、坎、艮、坤”四卦，这就是人们通常所称的“八卦”的卦象名称和符号，如表 4.1 所示。

八卦是三爻成卦，通常称之为“单卦”，这与《周易》描述的六十四卦不同。《周易》六十四卦是在上述单卦基础上的叠加，属于六爻成卦，也称之为复卦、重卦。而《周易》理论对卦象组合的分析判断是以六十四卦为基础；但易理环境选择（风水理论）大多是基于对单卦的运用，而很少使用到复卦。因此，本书不再对复卦的具体内容进行阐释。

**表 4.1 卦名与爻符对照表**

| 卦名 | 乾 | 艮 | 坎 | 震 |
|---|---|---|---|---|
| 爻符 | ☰ | ☶ | ☵ | ☳ |
| 卦名 | 坤 | 兑 | 离 | 巽 |
| 爻符 | ☷ | ☱ | ☲ | ☴ |

## 二、从人类探索宇宙变化的实践看“八卦”的由来

《周易・系辞下传》记载“古者包牺氏之王天下也，仰则观象于天，俯则观法于地，观鸟兽之文与地之宜，近取诸身，远取诸物，于是始作八卦，以通神明之德，以类万物之情。”可见八卦符号的产生，是始于伏羲画卦的实践。只要我们站在历史的起点，重归远古的伏羲时代，就不难想象以“近取诸身，远取诸物”之法，可以创立“八卦”符号的道理。在伏羲所处的远古时代，人类为了谋求生存，需要不断地与自然环境抗争，这就推动人类不断有意识地发明创造各种狩猎和农耕的工具，或用于抵制自然灾害，或用于捕捉猎物，或用于农耕劳作。就如人们通过感悟自然界中蜘蛛结网的现象以创制捕鱼工具一样，伏羲在巢居之中通过观测天象变化，发现树杈缝隙中射入的日光、月光、闪电等都存在强弱变化的规律，据此以“光照”影像定制出“阴、阳”符号，没有阴影的“—”光照线条比较强而成了“阳”的符号；有阴影的“--”光照线条比较弱而成了“阴”的符号，“阴阳爻”的“--”和“—”两个符号就此而成。不妨让我们做进一步的假设，在远古时代，人们无法用现代科学的方法去认识气象的变化，但宇宙世界气象变化万千，无时不影响着人类的栖

息生存，比如阳光明媚、风和日丽的气象，将带给人们喜悦舒心的精神状态；而雷光电闪、狂风暴雨的气象将使人处于惊险、恐惧的境界之中。这种气象作用的影响，启发了远古先贤们对人类生存环境之外的宇宙空间的想象，于是就将这些气象变化想象为人类之外的天神的喜怒哀乐表现，进而仿照“日月共明、四时更替”过程中光照效果的不一，以“条形光照”的形状创制了与天神沟通的符号，即“阴阳爻”，从而达到“通神明”的目的。

通过上文分析，便可知“易”之博大，不论是易理的演化还是实践的创制，“八卦”的由来足以证明中国古代先贤的强大智慧。

## 第二节　八卦阴阳生化过程

经云“易有太极，是生两仪”，此“两仪”从易理上看是“阴阳二气”，从宇宙运动观上看是“天地二元”。也就是说太极生两仪之后，将混沌的宇宙体一分为二，派生出天地二元，而清轻者上升为天，浊重者下沉为地，因此阴阳二气是太极生化之后的“成象”表现；而天地二元则是太极生化之后的“成形”表现。在易学体系中，阴阳二气是以爻符的形式予以表现，而八卦的表现形式也是爻符，只是阴阳二气是单个爻符构成，而八卦是由多个爻符构成，所以从某种意义上说八卦就是阴阳，只是不以单纯的阴阳构成表现，而是以阴阳复合体的形式表现，是阴阳相互内化的结果，阴中有阳，阳中有阴。由此可见，八卦的产生在“成象”上是源于阴阳的生化，在“成形”上是源于天地的形成。所以在《周易·系辞上传》开篇即提到“天尊地卑，乾坤定矣”，这短短八个字揭示了阴阳二气转化过程所形成的“天尊”与“地卑”的对立关系，进而确定了卦与卦之间的对立关系。可见卦的形成是以阴阳转化为基础，在“成象”中体现为阴阳二气的相互作用；在“成形”上表现为对立的空间关系。

从构成卦象的爻符可知乾为纯阳之卦，坤为纯阴之卦，但不论纯阳还是纯阴，在宇宙世界的运动变化之中始终是一个相对概念，并随着宇宙运动而不停地进行着相互转化和生变，于是在乾、坤二卦的基础上就产生了另外六卦。《周易》还引入人伦家庭观对八卦进行阐释，称乾为“父卦”，坤为“母卦”，其他六卦则为“子女卦”。

## 一、八卦的演化

中国古人为便于识记八卦的爻符，创制了如下的八卦爻符记忆歌诀：

乾三连，坤六断；

兑上缺，巽下断；

震仰盂，艮伏碗；

离中空，坎中满。

根据这一歌诀，按照易理“天尊地卑，天为上，地为下”的空间方位布列方式，对八卦创制过程进行阴阳演化，就可更好地理解八卦的成卦过程。

### （一）由纯阳的乾卦向纯阴的坤卦转化

乾至兑的变化：由上爻起变，上（天）阳爻转化为阴爻，即由“乾三连”转化到“兑上缺”，这个过程由纯阳之上爻（天元之位）起变；

乾至离的变化：由中爻起变，中（人）阳爻转化为阴爻，即由“乾三连”转化到“离中空”，这个过程由纯阳之中爻（人元之位）起变；

乾至震的变化：由上、中爻一起变，上、中（天、人）阳爻一同转化为阴爻，即由“乾三连”转化到“震仰盂”，这个过程由纯阳之上、中爻（天、人二元）一同起变；

乾至坤的变化：由上、中、下爻一起变，上、中、下（天、人、地）阳爻一同转化为阴爻，即由“乾三连”转化到“坤六断”，这个过程由纯阳的上、中、下三爻（天、人、地三元）一同起变。

由纯阳的乾卦向纯阴的坤卦转化，是按照“上、中至上中，再至上中下”

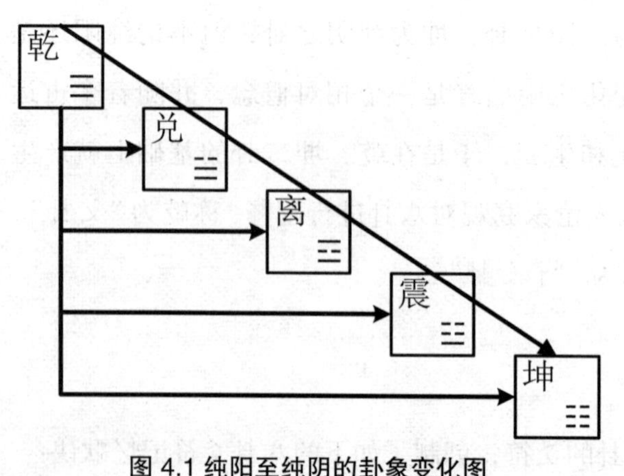


图 4.1 纯阳至纯阴的卦象变化图

的顺序逐渐转化，如图 4.1 所示。

**（二）由纯阴的坤卦向纯阳的乾卦转化**

坤至艮的变化：由上爻起变，上（天）阴爻转化为阳爻，即由“坤六断”转化到“艮伏碗”，这个过程由纯阴之上爻（天元之位）起变；

坤至坎的变化：由中爻起变，中（人）阴爻转化为阳爻，即由“坤六断”转化到“坎中满”，这个过程由纯阴之中爻（人元之位）起变；

坤至巽的变化：由上、中爻一起变，上、中（天、人）阴爻一同转化为阳爻，即由“坤六断”转化到“巽下断”，这个过程由纯阴之上、中爻（天、人二元）一同起变；

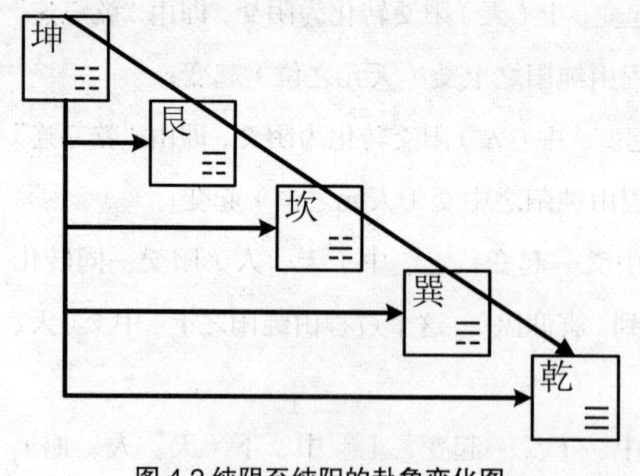


图 4.2 纯阴至纯阳的卦象变化图

坤至乾的变化：由上、中、下爻一起变，上、中、下（天、人、地）阴爻一同转化为阳爻，即由“坤六断”转化到“乾三连”，这个过程由纯阴之上、中、下三爻（天、人、地三元）一同起变。

上述的转化过程与由纯阳的乾卦向纯阴的坤卦转化过程是一致的，也是按照“上、中至上中，再至上中下”的顺序逐渐进行转化，如图 4.2 所示。

由八卦阴阳演化的过程可知，八个卦之间不是随意而成，而是按照阴阳此消彼长的转化内因进行生化的。从纯阳乾卦到纯阴坤卦的转化过程，派生了“兑、离、震”三卦；从纯阴坤卦到纯阳乾卦的转化过程，派生了“艮、坎、巽”三卦。不论由阳到阴，还是由阴到阳，都是由上向下发生变化，而下爻又称之为“初爻”，上爻又称之为“终爻”，所以这个变化过程都是逆方向运动，由终爻至中爻，再到初爻的逐渐转化过程。因此经云“数往者顺，知来者逆，是故易逆数也”。如果将上述的阴阳生化过程按照平面空间的圆图进行描述，就会发现这个阴阳生化过程是一个“上旋下转”的过程，正是太极图阴阳鱼的行走路径。

## 二、按人伦观演化八卦

《周易·说卦传》记载“乾，天也，故称乎父。坤，地也，故称乎母。震，一索而得男，故谓之长男。巽，一索而得女，故谓之长女。坎，再索而得男，故谓之中男。离，再索而得女，故谓之中女。艮，三索而得男，故谓之少男。兑，三索而得女，故谓之少女。”这段文字表明，纯阳之卦“乾”类象于父，纯阴之卦“坤”类象于母，以父卦“乾”为基础，得母卦“坤”之初爻而生长女卦之“巽”，得之中爻而生中女卦之“离”，得之上爻而生少女卦之“兑”；以母卦“坤”为基础，得父卦“乾”之初爻而生长男卦之“震”，得之中爻而生中男卦之“坎”，得之上爻而生少男卦之“艮”。可见，父卦之“乾”派生“震、坎、艮”三男卦；母卦之“坤”派生“巽、离、兑”三女卦。具体派生过程如图 4.3 所示。

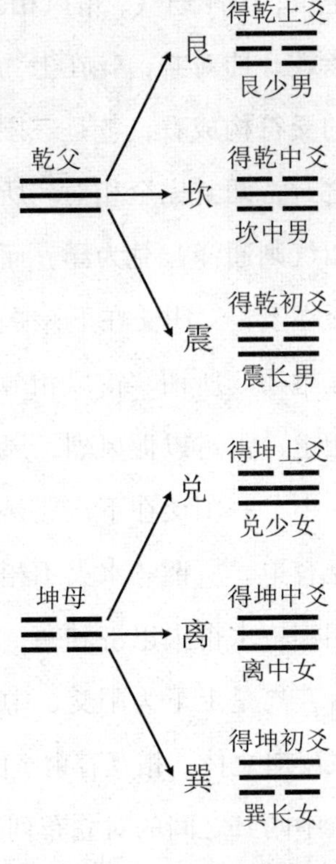


图 4.3 父、母卦派生过程图

## 第三节　八卦空间定态

从八卦的演化过程可知，它由阴阳产生，必然具备阴阳的对立性和互补性，而物态之间的对立性、互补性转化为空间结构就体现为相对的方位概念。

### 一、八卦的布列

"八卦"从"成象"上看是阴阳生化的结果，从"成形"上看代表着宇宙世界中的八种不同形态：乾代表天，坤代表地，艮代表山，兑代表泽，震代表雷，巽代表风，离代表火，坎代表水。《周易·说卦传》记载"天地定位，山泽通气，雷风相薄，水火不相射，八卦相错。"所谓"天地定位"是指乾、坤对卦，乾在上为天，坤在下为地，上下相对，天地相对。从两卦的爻符构成看，乾是三阳爻组成，为纯阳之卦；坤是三阴爻组成，为纯阴之卦，两卦完全相对。所谓"山泽通气"是指艮、兑对卦，艮为山，而其山气则通泽；兑为泽，而其泽气则润山。从两卦的爻符构成看，艮是一阳爻在上，二阴爻在下；兑是一阴爻在上，二阳爻在下，两卦成对称之体，相互融通。所谓"雷风相薄"是指震、巽对卦，震为雷，巽为风，二者成势相迫，雷迅以促风烈，风激以推雷震。从两卦的爻符构成看，震是二阴爻在上，一阳爻在下；巽是二阳爻在上，一阴爻在下，两卦成反对之体，相互容迫。所谓"水火不相射"是指离、坎对卦，离为火，坎为水，水火不相容，水得火以济其寒，火得水以降其热，相互济济。从两卦的爻符构成看，离是上下为阳爻，中间为阴爻；坎是上下为阴爻，中间为阳爻，两卦成反对之体，相互容射。由此可见，这里强调的"八卦相错"就是指"八卦"中两卦之间的对立布列，八个卦象，共构成四组"对立组合"。

## 二、八卦空间体态

从“八卦”组合的布列形式不难看出，八卦爻象在宇宙立体空间结构中只体现了对立关系，并不体现空间结构的具体方位关系。太极生化两仪在“象”上表现为阴阳二气，而“形”上表现为天地二元，从两仪生四象再至生八卦的过程，其“象”仍然是阴阳二气的叠加组合；而其“形”则由天地派生出山泽、风雷和水火。从“象”上分析，阴阳二气是对立关系，在空间方位中表现为两个方向，即上下或左右或前后；从“形”上分析，天地是空间相对，天在上，地在下，是上与下的对立关系；山泽是运气对待，山成气而通泽，泽生气而润山；雷风是物化相迫关系，雷迅则风烈，风激则雷震；水火是不相容的对立关系，水遇火则气停，火遇水则气灭，二者不相容。由此可见，八卦之中除了乾与坤之外，其他六卦本身不具备空间方位定态，只是表现为相对性。因此，八卦本身是没有方向的，不存在空间的方位定态问题，只是按照阴阳的内在因素确立了两种不同元素之间的相互对立关系。

当然，如果将八卦的四组“对立关系”演化到具体的物态上，就可能体现出空间结构中的相对方位关系，如乾与坤分别代表天与地，而天地之间在宇宙空间中就有了方位的定态，即天在上，地在下，而“上、下”是方位概念，从而形成八卦的空间方位定态。但这种空间定态仍然不能体现二维平面结构上的方位性，只是提供了立体空间中存在着相对关系，如“上与下”“前与后”“左与右”等等，不能用于描述二维平面结构上的方向。

# 第四节　八卦类型

随着人类认识宇宙世界的不断深入，中国古人在认识自然的过程中，不断对八卦理论进行了演化发展，经过了数千年的发展变化，八卦的布列方式也不断发生变化，但被人们普遍认识的八卦类型是先天八卦与后天八卦两大类。一般认为先天八卦是伏羲氏创制，后天八卦是周文王创制。因此先天八卦也称为伏羲八卦，后天八卦也称为文王八卦。其实，就八卦理论的发展过程看，从伏羲氏到周文王经历了数千年的历史，在这个发展过程中八卦理论不是停留不动，而是在不断地发展变化着，这期间还产生了许多不同于伏羲八卦布列方式的另外一些八卦，其中最有代表性的应属黄帝所创制的“黄帝先天八卦”。为了更好分辨不同类型的八卦，后人又将黄帝创制的先天八卦称为“中天八卦”，而将伏羲创制的称为“先天八卦”，周文王创制的称为“后天八卦”，据此形成了“先、中、后”三种八卦类型。

### 一、先天八卦

最初始的八卦是由八个卦象所构成的四组“对立组合”，也就是人们通常所称的“先天八卦”或“伏羲八卦”。经云“古者包牺氏之王天下也，近取诸身，远取诸物，于是始作八卦，以通神明之德，以类万物之情。”此“始作八卦”被后人认为是伏羲氏创造了八卦。在远古的伏羲时代，宇宙世界物象环境未经人为因素的改变，是原始的、自然的，伏羲以“仰观天象，俯察地理，近取诸身，远取诸物”的方式观察宇宙世界，从中寻找到了物态之间的对立关系，并运用阴阳符号（爻符）对物态对立关系进行了定义，这就是先天八卦的创制过程。八卦的四组“对立组合”构成了宇宙世界整个立体空间，这个空间可以无限延伸拓展，也可以无限缩小，它就像是一个球体，但该球体的中心点是运动着的，而不是固定的，是时刻围绕着乾坤两卦的连线转动，所以它没有平面方位概念，只有立体空间概念。

易理认为，八卦初始于阴阳生化，阴阳二气通过不断的运动生化，产生的“天地、山泽、雷风、水火”八种宇宙世界的基本物态，而这八种物态都具有立体空间的相关性和相对性，体现了阴阳二气在生化万事万物过程中的对立统一和平衡关系。“天与地”是立体空间上的平衡关系，而“山与泽、雷与风、水与火”都具备物态属性上的统一相关性。可见，先天八卦的产生不是用于描述平面方位，也就是说不是基于人们现在认识的先天八卦圆图这种布列方式，而是由四组“对立组合”构成无数个布列方式，并形成了整个宇宙世界。因此，先天八卦是宇宙的整体，是太极生化的结果。《周易·系辞上传》记载的“八卦定吉凶，吉凶生大业”，这里的“大业”正是宇宙世界。



**（一）先天八卦空间定态的平面转化**

在宇宙立体空间之中，当八卦形成的四组“对立组合”通过不断地运动，直至四组“对立组合”同时停留在同一个平面上时，八卦的立体空间定态就转化为平面空间定态。进一步分析知道，如果在一个平面上，八卦的四组“对立组合”按照一定规律均匀分布就形成了一个平面空间方位图。这个分布规律首先按照“天地定位、天尊地卑”的理论，确立了乾上坤下的“上下组合”关系，然后按照阴阳生化“逆行”原理布列其他六卦，就构成了“上（南）乾，下（北）坤，左（东）离，右（西）坎，东北震，东南兑，西北艮，西南巽”的八卦圆图，这就是人们通常所称的“先天八卦图”，更准确地说应该是“先天八卦圆图”。这个图案的形成需要经过两个步骤：首先是先天八卦的平面转化，使八卦布列方式由立体空间定态转化为平面空间定态；然后是在平面空间内按照一定的顺序均匀地布列四组“对立组合”，从而形成了用于描述平面方位的标准化图案。之所以按照乾(上)南、坤(下)北的方式布列八卦的平面方位，可能有两方面的原因：其一与中国的地理环境有关，南多火热，北多水寒，按照易理的阴阳演化理论，火热而光亮即为阳，阴冷而黑暗即为阴，所以南主阳在上，北主阴在下；其二与中国古代以“向南为尊、坐北朝南”的宇宙观有关，中国古代哲学认为南为尊，是向天之门，而北为卑，是入地之门。

需要强调，先天八卦是宇宙的构成之体，是阴阳生化的结果，其本身没有方或圆的划分。因此先天八卦除了用圆图的形式予以表现之外，还可以用横图的形式予以描述。先天八卦的横图表现形式如图 4.4 所示，圆图表现形式如图 4.5 所示。

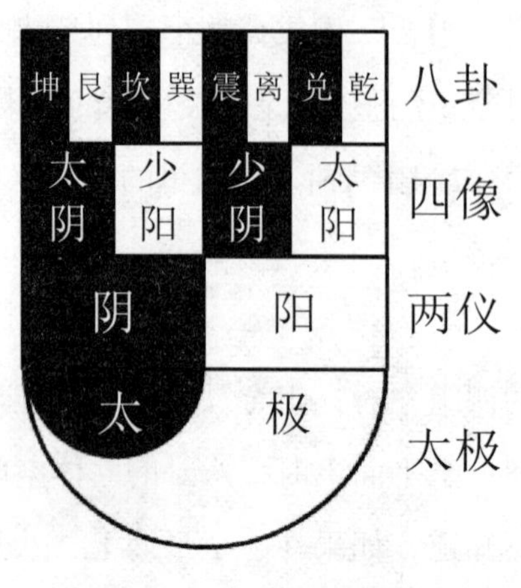


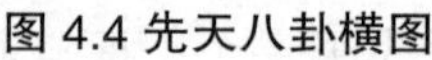
图 4.4 先天八卦横图

图 4.5 先天八卦圆图

**（二）先天八卦圆图的意义**

先天八卦圆图只是千千万万八卦四组“对立组合”中的一个特例。然而，正是这个特例为人类认识宇宙空间方位创造了条件，开创了人类定位宇宙空间方位的先河。如果没有这个特例，那么运用阴阳二气的演化发展认识宇宙万事万物的易学理论就难以形成，易学初始提出的八卦对立理论就无法进一步被运用到人类认识宇宙万事万物的实践中。不难想象，当年伏羲仰观天象、俯察地理而创制的八卦理论，提出了四组“对立组合”，不但是对自然界各种现象的高度概括，也从另一侧面反映了四时变化而产生不同自然现象的规律，如冬春之交时，往往出现较多“雷风相薄”的现象；春夏之交时，出现较多的“水火不相射”现象；在一年的时间周期内，“山泽通气”总是按照一定规律重复地进行着等等。由此可见，八卦理论的产生不仅仅基于宇宙空间，同时也基于宇宙时间，是时空转换的工具，既可以用于描述空间结构的变化，也可以用于描述时间结构的变化。八卦圆图的出现，不但为八卦空间体态定位提供了方位依据，使八卦的四组“对立组合”在立体的宇宙空间之中转化为同一平面的二维空间，为人类研究和认识方向提供了依据，也为人类选择和勘察繁衍栖息环境提供了参照尺度。同时，有了圆图的表现形式，又为人们记录时间提供了依据，直至今日人们记录时间的钟表都是以圆型的方式体现，这或许就是先天八卦圆图带给人们最直接的运用。因此，先天八卦圆图的产生推动了八卦理论由立体多维空间向平面二维空间转换；由认识单一的空间向认识空间、时间二者相结合的转化，从而确立了易理研究的时、空结合理念。也正是有了先天八卦圆图的表现形式，才为后来的后天八卦的产生奠定了基础。因此，完全可以认为先天八卦圆图的形成是易经理论发展过程中里程碑式的飞跃。

### （三）先天八卦属性

#### 1. 先天八卦的固有属性

《周易·说卦传》记载“乾，健也。坤，顺也。震，动也。巽，入也。坎，陷也。离，丽也。艮，止也。兑，说也。”这是对八卦内在属性的描述。要理解这段话的内涵，应从八卦的爻符构成和“阳动阴静”的阴阳属性上分析。

乾是纯阳之卦，其性情为刚毅奋发，所以称之为“健”。

坤是纯阴之卦，其性情为柔静安祥，所以称之为“顺”。

震卦，阳爻藏于双阴爻之下，下动而促全动，所以震为动，其性情激昂勇往，代表激情。

坎卦，阳爻藏纳于双阴爻之中，阳陷于静之中，所以坎为陷，其性情为厚重德劭，代表稳重。

艮卦，阳爻附于双阴爻之上，阳虽动但已失基础，所以艮为止，其性情为安定止固，代表成熟。

巽卦，阴爻藏于双阳爻之下，静阴伏阳下，所以称巽为入，其性情沉潜婉转，代表委婉。

离卦，阴爻藏纳于双阳爻之中，阳中抱阴，其性情为外刚内柔，是为善丽，所以称离为丽，代表善良。

兑卦，阴爻附于双阳爻之上，动静结合，是为欢悦，其性情为欢欣和乐，所以称兑为悦。

**2. 先天八卦的阴阳属性**

细心的读者会发现，八卦本身就是由阴阳构成，又何谈八卦的阴阳属性呢？其实，八卦是由三个阴阳爻符叠加而成，由于阴阳可相互转化，不同的爻符叠加而产生不同的阴阳效果，因此八卦也具有阴阳属性。乾、坤二卦属于纯爻卦，乾卦由三阳爻构成属阳；坤卦由三阴爻构成属阴。其他六卦阴阳属性的判断，要看其爻符组成，在三爻成卦之中"一阳叠二阴"之震、坎、艮卦为阳；"一阴叠二阳"之巽、离、兑卦为阴。因此，四阳卦为"乾、震、坎、艮"，四阴卦为"坤、巽、离、兑"。先天八卦的上述阴阳属性可以从三个方面进行诠释：

从阴阳二气的制化关系看，八卦的阴阳属性是太极生化的结果，是在阴阳二气此消彼长的内在变化过程中形成的。阴阳二气生化至阳而成就乾卦，生化至阴而成就坤卦，因此纯阳之乾卦属阳，纯阴之坤卦属阴；其他六卦的阴阳属性是"一阳叠二阴"的震、坎、艮三卦为阳，"一阴叠二阳"的巽、离、兑三卦属阴。从爻符构成上看，震、坎、艮三卦阴多而阳少，很容易被理解为此三卦为阴，其实在阴阳二气此消彼长的生化过程中，当阴中一阳生而化阳，震、坎、艮三卦的生化过程都是三阴中一阳生而化阳，因此"一阳叠二阴"的震、坎、艮三卦为阳。同理，"一阴叠二阳"的巽、离、兑三卦为阴。

从数理演化的角度看，八卦阴阳属性是在易理奇偶数理转化过程中形成的：

乾三连，爻符数为 3，奇数属阳；

震仰盂，爻符数为 5，奇数属阳；

坎中满，爻符数为 5，奇数属阳；

艮伏碗，爻符数为 5，奇数属阳；

坤六断，爻符数为 6，偶数属阴；

巽下断，爻符数为 4，偶数属阴；

离中空，爻符数为 4，偶数属阴；

兑上缺，爻符数为 4，偶数属阴。

从易理人伦观看，八卦的阴阳属性是在父母卦的演化过程中形成的。父卦“乾”之初、中、上爻内化于母卦“坤”而成“震、坎、艮”三卦，分别对应“长男、中男、少男”，因此“乾、震、坎、艮”四卦为男卦，为阳。母卦“坤”之初、中、上爻内化于父卦“乾”而成“巽、离、兑”三卦，分别对应“长女、中女、少女”，因此“坤、巽、离、兑”四卦为女卦，为阴。

**（四）先天八卦的卦象组合**

先天八卦描述了四组卦象组合之间的对立性，“天地定位”指“乾与坤”对立，乾上坤下；“山泽通气”指“艮与兑”对立；“雷风相薄”指“震与巽”对立；“水火不相射”指“坎与离”对立。如果将这四组卦象组合放置于同一平面上，并按照中国传统坐北向南、左东右西的方位认识和卦象阴阳生化顺序进行排布，就构成了先天八卦圆图（如图 4.5 所示），即上南乾，下北坤，左东离，右西坎，东北震，西南巽，西北艮，东南兑，这就是八卦的卦象组合。

**（五）先天八卦之数**

先天八卦是由四组“对立组合”而成，其本身不存在易学中的数理关系，是先天之体。但如果将先天八卦转化为圆图，并根据阴阳生化的过程，按顺序赋之以数序，那么就可以用数学的代号来描述卦象的构成。由纯阳之卦乾向阴生化而产生兑、离、震三卦，由纯阴之卦坤向阳生化而产生艮、坎、巽三卦。所以其阴阳生化的过程顺序是：先起于纯阳卦乾，而后至兑、至离、至震；再而后至巽、至坎、至艮；最后至坤。这个阴阳生化过程用代数进行描述就产生了乾一、兑二、离三、震四、巽五、坎六、艮七、坤八的数理顺序。

需要强调的是，先天八卦的这个数理顺序，仅仅是阴阳生化的过程步骤，是宇宙世界自然天成的内生元素转化过程和转化顺序，而不是易学所提到的“象、数、理”之中的数理关系。易之数理源于河图洛书，将河图洛书之数固化于卦象之中而形成的数理关系才是易学所说“象、数、理”之中的数理关系。

## 二、中天八卦

中天八卦是以先天八卦为基础，通过观测宇宙时间流序，尤其是四时更替的变化对宇宙万事万物的影响，从而总结气候规律而得出的一种卦序组合。它强调八种宇宙元素之间的相容相关性。中天八卦的出现是对伏羲先天八卦理论的进一步完善和发展，《周易·说卦传》记载“雷以动之，风以散之; 雨以润之，日以烜之; 艮以止之，兑以悦之; 乾以君之，坤以藏之。”这说明先天八卦提到的四组“对立组合”不但具备对立性，还具备相关性，如“雷风相薄”反映二者的对立性，而“雷动风散”则反映二者的相容与相关性。可见，宇宙世界之中各种元素不但存在着对立统一关系，而且存在着相容相关关系。中天八卦观念形成之后，中国古代先贤根据先天八卦圆图的创制方法，推演出中天八卦圆图。据说，中天八卦是由黄帝（归藏氏）所创制，因此中天八卦也被称为黄帝八卦或者黄帝先天八卦，由此卦而演化出一种专门的易象，称为《归藏易》，只可惜这种《归藏易》在中国文化的发展过程中早已失传。

### （一）中天八卦的卦象组合

在先天八卦之中，四组“对立组合”是两两相对而进行布列，如乾与坤代表上与下、南与北，离与坎代表左与右、东与西等。而中天八卦则以“雷动风散，雨润日烜，艮止兑悦，乾君坤藏”的四组“相容相关组合”进行布列，体现了八卦之间的相关性。但是，其卦象组合的名称并没有发生变化，仍然是按照先天八卦的卦象名称进行描述，如“雷动风散”指“震与巽”相关，“雨润日烜”指“坎与离”相关，“艮止兑悦”指“艮与兑”相关，“乾君坤藏”指“乾与坤”相关。所以中天八卦的卦象组合与先天八卦的卦象组合是相同的，但其布列方式不一样，先天八卦是按照“两两对立”进行布列；而中天八卦则是按照“两两相关”进行布列。

### （二）中天八卦的数理序列

《元包经传》记载“太阴第一，太阳第二，少阴第三，少阳第四，仲阴第五，仲阳第六，孟阴第七，孟阳第八”，这个阴阳排序通常被人们解释为中天八卦的数理序列。太阴就是纯阴卦之“坤”，太阳就是纯阳卦之“乾”，然后按照阴阳消长生息的易理演化思路，可推出少阴为“兑”，少阳为“艮”，仲阴为“离”，仲阳为“坎”，孟阴为“巽”，孟阳为“震”。由此可见中天八卦的数理序列为：坤一、乾二、兑三、艮四、离五、坎六、巽七、震八。《周易·说卦传》记载“坤以藏之，坤，归也，故曰归藏”，而黄帝也被称之为“归藏氏”，由此可见，由归藏坤卦起序而构成的中天八卦有其合理性。

### （三）中天八卦圆图的意义

有了先天八卦圆图的基础，中天八卦圆图产生就有了依据。八卦元素按照“两两对立”关系，均匀分布于同一平面时，就产生了先天八卦圆图，这是基于先天八卦论述的宇宙物质元素的对立性而产生的。然而中天八卦强调了八种元素之间的相容和相关性，因此它的布列方式不是两两对立，而是两两相邻。只要按照“坤一、乾二、兑三、艮四、离五、坎六、巽七、震八”的中天八卦数理序列和圆型的布列方式进行均匀排布就构成了中天八卦圆图，如图 4.6 所示。中天八卦圆图的产生，为人类探索宇宙时空变化规律提供了新的依据。如果说先天八卦描述了构成宇宙世界的基本元素，并指出了这些元素因阴阳生化而产生了对立性，那么中天八卦的产生，为

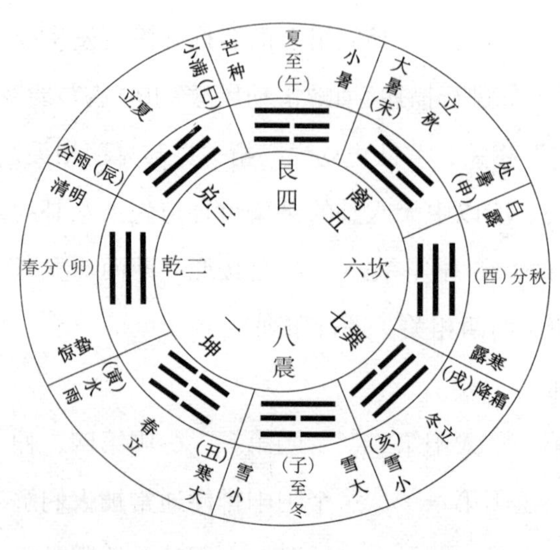

图 4.6 中天八卦圆图

人类探索宇宙时空变化提供了基础，宇宙八大元素相关性的确立为研究宇宙时间流序提供了依据。因此，中天八卦圆图直接描述了四时的更替，这是人类探索宇宙世界又一伟大的飞跃。中国古代先贤根据四时节气的变化，按照中天八卦的卦序对四时更替现象进行了准确的描述，按照“坤以藏之”之理，万物归藏于地而始生发，因此以坤起卦，用坤卦定义四时的起点（即立春），再按照中天八卦相关性推演，至乾即春分，至兑即立夏，至艮即夏至，至离即立秋，至坎即秋分，至巽即立冬，至震即冬至。

**（四）中天八卦的时间及空间雏型**

中天八卦揭示了卦象的相关性，说明宇宙世界万事万物生化过程除了具有对立平衡关系外，还遵循着一定的相关规律，并按照相关、相连的方式制约着物质世界的对立平衡变化。所以中天八卦的出现，将宇宙世界中最初始的八种“对立”状态演化为八种“相关”状态，并依照流线型的方式对其进行空间排布，这就为时间观念的形成提供了雏型。同时，中天八卦相关性的出现，也为后天八卦创制方位理论提供了基础。大家不难想象，将不同的时序赋予不同的方位，就能类象各种不同的气象变化。如东方最早见太阳，西方太阳下山，而从太阳东升到西落经历了一个螺旋式的时间流动过程（即一个白天）。可见，八卦由初始的对立性上升到相关性，就确立了八卦由单纯的描述“空间”向描述“空间与时间结合体”的过渡。

### 三、后天八卦

后天八卦通常被人们称为文王八卦，认为是周文王(姬昌)所创制。《周易·说卦传》记载“帝出乎震，齐乎巽，相见乎离，致役乎坤，说言乎兑，战乎乾，劳乎坎，成言乎艮。”又云“万物出乎震，震，东方也。齐乎巽，巽，东南也；齐也者，言万物之洁齐也。离也者，明也，万物皆相见，南方之卦也，圣人南面而听天下，向明而治，盖取诸此也。坤也者，地也，万物皆致养焉，故曰致役乎坤。兑，正秋也，万物之所说也，故曰说言乎兑。战乎乾，乾，西北之卦也，言阴阳相薄也。坎者，水也，正北方之卦也，劳卦也，万物之所归也，故曰劳乎坎。艮，东北之卦也。万物之所成终，而所成始也，故曰成言乎艮。”这两段文字清楚地描绘了后天八卦的卦象布列方式，正东震卦，东南巽卦，正南离卦，西北乾卦，正北坎卦，东北艮卦，坤、兑二卦虽未明方位，但根据易理的顺序推理，便可知坤位西南，兑位正西。由此可见，后天八卦起卦于东，行于东南，至南，至西南，至西，至西北，再至北，最后到东北。同时，这两段文字描述了万物生长过程的时间变化和四时更替，万物始于震，始于东方，始于春天，即震为正东方，为春天；而齐洁于巽，巽为东南方，为春夏之交；相见于离，离为正南，为炎热，为火，为夏天；致役乎坤，坤为西南，为地，为万物成长到有所含养之季，为夏秋之交；说言乎兑，兑为正西方，为万物成长成熟到愉悦之季，属金秋时节，为正秋；战乎乾，乾为西北方，为秋冬之交；劳乎坎，坎为正北方，为正冬时节，万物至冬天已凋谢，融水入冰，逐步归藏于地；成言乎艮，艮为东北方，为冬春之交，为山为土，指万物藏纳于地之中，寓意宇宙万事万物生命周期之终结，新一轮生命周期之开始。

从上述分析可知，后天八卦完全不同于中天八卦和先天八卦，它不但保留了先天八卦之中的宇宙物质对立性，即阴阳的本质属性，也体现了中天八卦描述的宇宙物质之间的相关性，更重要的是它运用宇宙万物生长的生命周期规律描述了宇宙世界的变化。不但详细指出了四时更替的过程，也强调了生命周期的发生、发展、变化、成熟、死亡直至归藏的全过程，巧妙地运用了先天八卦描述宇宙物质元素的内在属性，对万物生长周期进行了准确的定义。同时，结合宇宙空间中星象变化对地球产生的气象影响对地理空间进行了方位定义。因此，从八卦发展过程看，只有后天八卦的布列方式及其描述的卦象内涵，才是真正意义上涵盖了宇宙时间与空间的两大范畴，真正实现了时间与空间的结合。

### （一）后天八卦对时间和空间定义的科学意义

后天八卦借助于万物生长的生命周期和宇宙气象的变化，从时间和空间两个角度确立了研究宇宙时空的框架，不但符合人类基本逻辑思维方式，也体现了现代科学的思想观念。

经云“万物出乎震，震，东方也。”在先天八卦中，震代表雷，而雷鸣正是万物苏醒之时，所以从时间概念上看，震处于春季，春季最明显的气象就是雷鸣最多；从空间概念上看，东方是日出的地方，即一天的开始方位，而万物生长的初始就是吸纳阳光，阳光最早出现在东方。因此后天八卦定义震为东方，为春天，完全符合自然界生命体的生长规律。

经云“齐乎巽，巽，东南也；齐也者，言万物之洁齐也。”在先天八卦中，巽为风，而风起正是万物茁壮生长的重要因素，春风一吹，万物齐发。从时间上看，春风吹拂带来气候逐渐变暖，时节由春至夏；从空间上看，太阳从东方升起后，沿东南并向南的方向影响着地球万物的生长。因此后天八卦定义巽为东南，为春夏之交的季节，也符合现代科学的研究思维。

依此类推，后天的其他六卦关于空间与时间的论述，均符合宇宙万物生长周期的自然规律和现代科学的思维观念。因此，后天八卦的卦序排列起于震，经巽、离、坤、兑、乾、坎，最后到艮。根据这样的卦序排列而绘制的后天八卦圆图如图 4.7 所示。

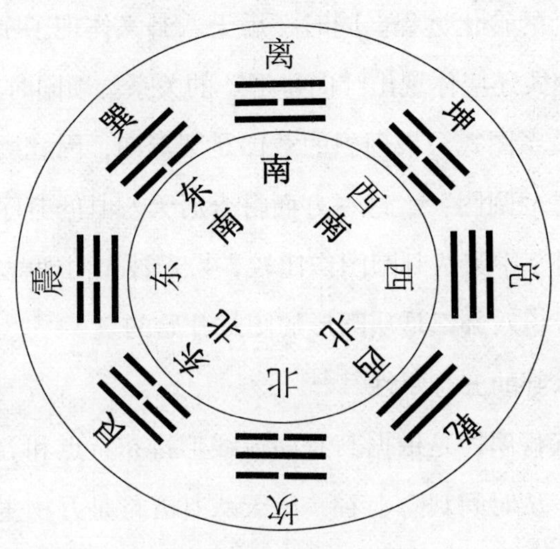


图 4.7 后天八卦圆图

**（二）后天八卦的空间和时间定态**

后天八卦是在先、中天八卦基础上演化而成，它引入了宇宙时间和空间两个概念，其空间定态表现为描述平面空间中的方位，由先天八卦的空间对立性上升为对空间不同经纬度的描述，提供了观测天象的方位参照，为人类辨识宇宙空间提供了方位基础；其时间定态表现为描述四时更替的时间流序，由中天八卦的相关性上升为认识时间的变化规律，为划分不同时间节点提供了分类基础。

后天八卦的空间卦序分布为“东震，东南巽，南离，西南坤，西兑，西北乾，北坎，东北艮”；时间卦序分布为“震立春，巽春分，离立夏，坤夏至，兑立秋，乾秋分，坎立冬，艮冬至”。可见，后天八卦不但描述了宇宙的空间结构，也描述了宇宙的时间结构，是《易经》理论发展进程中又一次里程碑式的飞跃，它的创立才从真正意义上确立了《易经》作为全经之首，作为中国传统文化哲学源头的地位。

**（三）后天八卦的图式表现**

由于后天八卦体现了宇宙万物的生息过程，因此它的图式应体现为螺旋式的“流线形”的转化过程。同时，后天八卦又体现了宇宙空间的不同方位，因此它的图式还应体现出“向量形”的关系。须同时具备“流线形”和“向量形”的关系图式，最理想的载体是圆形图，因此后天八卦的图式表现形式基本上是“圆图”。这一方面符合后天八卦的卦序分布，同时也有利于与先天八卦、中天八卦圆图作比较，易于被人们理解和接受。所以，古往今来，人们认识八卦都是从圆形的图式开始的。

**（四）后天八卦的五行属性**

后天八卦的五行属性是依据其卦序流线形排布特点和五行固有的生克关系进行定义的。从时间观念上看，后天八卦五行是万物生长过程中五行相生变化的过程：震为春，而春为万木之初始生发，故震卦属木；巽为春分，是万木成长齐洁的时节，因此巽卦仍然属木；离为夏，热日炎炎，万木已不在成长而处于壮年的阳刚之态，故离卦属火；坤为夏至，万木已可成材，材通过收纳归藏而为人所用，故坤卦属土，为归藏；兑为立秋，万物入秋而现金灿灿之果实，故兑卦属金；乾为秋分，金灿灿之果可以收纳，故乾仍然属金；坎为冬至，入冬万木凋谢而融于水，故坎为水；艮为冬至，冬至水而成冰，冰土相融，故艮为土。从空间观念上看，后天八卦五行符合上古时代中国传统版图上的植物分布特点：震为东，在中国古代以中原为中心的地理分布中，东面和东南面多木，故震、巽二卦属木；正南方炎热、多火山，固离卦属火；西南方多矮山丘陵，故坤卦属土；西方和西北方多高山和矿产资源，故兑、乾二卦属金；北方冰冷严寒，故坎卦属水；东北方为土地肥沃的平原之地，故艮卦属土。

综上可知，后天八卦的卦序排布体现了五行的生克关系。也有读者认为文王创制后天八卦正是按照五行理论，对先天八卦对立布列的重新定义。对此，笔者不敢妄加评论，但至少可以说明有了后天八卦，八卦理论与五行理论在易理上取得相融相通的结果，为后人研究易学提供了更完善的理论基础。

（五）后天八卦推演的宇宙空间结构

后天八卦的圆形图式将宇宙平面空间划分为八个方位，分别是坎北离南，震东兑西，乾西北巽东南，坤西南艮东北。这个空间结构的形成是易学理论最核心的内容，易理中的时间与空间两大范畴之间的融合与联系都是借助于这个空间结构，可以说离开了后天八卦的空间结构布列，易理研究将失去了基础和方向。同时，在易理实践中，往往以此为基础，将先天八卦按照其卦序方式转化为与后天八卦空间结构一样的空间布列形式，并按照“先天为体，后天为用”的易理方法论，推演和探索宇宙的时空结构。

（六）先后天范畴的划分

不论是先天八卦，还是中天八卦，其布列方式仅仅强调的是两种元素之间的对立性和相关性。先天八卦提出了构成宇宙世界的八种元素，并阐述了这八种元素之间“两两相对”的对立关系，属于空间结构的范畴，先天八卦的四组“对立组合”展示了空间的立体性和对立性。中天八卦在先天八卦的基础上进一步阐述了四组“对立组合”之间存在着的相关性，为先天八卦由单纯的空间结构描述过渡到时、空结合研究提供了依据，但中天八卦仅仅是对先天八卦四组“对立组合”对立性的补充和完善，并未从实质上引入时间的概念，仅仅是为后天八卦流线形图式的创立提供了思维方式，它描述的仍然是空间结构的范畴。因此从这个意义上说，中天八卦仍然属于先天八卦，所以中天八卦也常常被后人称之为“黄帝先天八卦”。而后天八卦涵盖了空间和时间两大范畴，从单纯的描述空间体态的宇宙表达形式上升为空间、时间二重范畴所构成的宇宙体系，从而使八卦理论发展成为具备完整认识宇宙时空的哲学观。因此，先后天的划分是以后天八卦的创制为标志，后天八卦创制之前的卦象均属于先天之体，而后天八卦创制之后的卦象则属于后天之用。

需要强调，相传后天八卦由周文王创制，所以后天八卦也称为“文王后天八卦”或称“文王卦”，以此对应的易理即为《周易》，就是今人所能看到和学习的《易经》。

## 第五节　八卦数理演化

《周易》揭示的卦象组合，不但反映了宇宙世界万事万物生化发展和变化的客观规律，还体现了宇宙万事万物蕴含着的数理内涵，为易经卦象的形成奠定了现代数学逻辑思维的基础。

### 一、《周易》关于数理演化的理论基础

《周易》关于数理的最原始描述是由太极“一”至两仪“二”，再至四象“四”和八卦“八”，表明了阴阳生化过程遵循二进制的数学推理，直至《周易》六十四卦的形成都是按照“二进制”数理进行衍算。《周易·系辞上传》记载“天一，地二，天三，地四，天五，地六，天七，地八，天九，地十。天数五，地数五，五位相得而各有合。天数二十有五，地数三十，凡天地之数，五十有五，此所以成变化而行鬼神也。”这是《周易》关于数理的另一个重要论述，指出了“天数”（奇数）五个，“地数”（偶数）五个，五个数字布列五个方位之后构成数理中的相合关系。天数累加起来是二十五，地数累加起来是三十，天地之数总和是五十五，据此形成的宇宙世界的变化、运动，可以通行“鬼神”。这里关于天地数的论述，又强调了“十进制”的数理衍算方式。由此可见，《周易》对于数理的论述涵盖了现代数学二进制和十进制的衍算规律，阴阳生化是二进制，天地数组合是十进制。除此之外，《周易》还开启了除法和余数的研究，经云“大衍之数五十，其用四十有九，分而为二，以像两，挂一以像三，揲之以四，以像四时，归奇于扐，以像闰，五岁再闰，故再扐而后挂。”又云“乾之策，二百一十有六；坤之策，百四十有四，凡三百有六十，当期之日。二篇之策，万有一千五百二十，当万物之数也。是故，四营而成易，十有八

变而成卦，八卦而小成。引而申之，触类而长之，天下之能事毕矣。”这两段文字就是阐述计算大衍和《易》卦数字的具体方法，其中大衍之数用蓍草五十其中的四十九，将其分成两份，以取象“两仪”，再挂出一个取象“三才”，把这两部分四个四个的划分以取象“四季”，如果有不够四个的剩余数取象“闰月”；计算乾卦的数字为二百一十六，坤卦的数字为一百四十四，两项共三百六十，正是一年的日子。计算《易》上、下两篇的数字共一万一千五百二十，这正是天地万物之数。根据上述推理，可见“四”是成《易》的标准，天地之数（十）的存在和八个方位的变化就形成了卦象，因此八卦也成为天地之道的缩影。运用此法引而推之，触类旁通，天下具有生机活力的事情都可以推算。大家知道，数学是用于描述宇宙世界和预见宇宙世界发展的基础工具，而《周易》将数术的衍算运用于描述空间和时间的变化，创立了数学对方位、对季节、对物质变化的计算规律，这正是八卦数理演化的真正内涵。

## 二、卦象序列的数理演化

八卦由爻符组成，而爻符是阴阳的符号，所以八卦是阴阳二气此消彼长的结果，不同的卦象之间通过阴阳生化而产生不同的结果。从数理上分析便可知各个卦的产生过程均遵循着数学的推理过程，具有很强的逻辑性。先天八卦的卦序是：乾一、兑二、离三、震四、巽五、坎六、艮七、坤八。《周易·说卦传》记载“数往者顺，知来者逆，是故易逆数也”。所谓“数往者顺，知来者逆”是八卦数理演化过程中应遵循的原则，首先由乾一至震四，而后由巽五至坤八，此为“数往者顺”；而从运动轨迹看，乾一由上左而下逆行，再由下右而上旋至巽五，又由上而下，形成倒S形的曲线，这种运动轨迹体现为“逆行”，是太极图案的构成，表现为太极生化而生阴阳的宇宙世界观，由此形成的卦序是八卦内生变量阴阳消长生化的序列。

同时，这个卦序的构成是按照数学的逻辑思维进行有序排列，它揭示了现代数学二进制与十进制之间的换算过程。只要将八卦内生的阴阳爻符按照现代数学二进制理论进行定义，将阳爻转化为现代数理二进制中的“1”，阴爻转化为“0”，然后按照二进制换算十进制的方法进行计算，就可以得出八卦的卦序排列。具体衍算过程如下：

首先，按照卦象的爻符构成将八卦转化为二进制表达式。

乾三连，纯阳之卦，用二进制表达为：乾 =（111）；

兑上缺，上爻生阴，用二进制表达为：兑 =（110）；

离中空，中爻生阴，用二进制表达为：离 =（101）；

震仰盂，下爻生阳，用二进制表达为：震 =（100）；

巽下断，下爻生阴，用二进制表达为：巽 =（011）；

坎中满，中爻生阳，用二进制表达为：坎 =（010）；

艮伏碗，上爻生阳，用二进制表达为：艮 =（001）；

坤六断，纯阴之卦，用二进制表达为：坤 =（000）。

其次，将上述二进制数换算为十进制数。

乾（111）=7，兑（110）=6，离（101）=5，震（100）=4，

巽（011）=3，坎（010）=2，艮（001）=1，坤（000）=0。

可见乾数最大、坤数最小，按照“数往者顺，知来者逆，是故易逆数也”，不难看出八卦数字序列就是按十进制的逆数规律进行排列，即“乾一、兑二、离三、震四、巽五、坎六、艮七、坤八”。

## 第六节　八卦宇宙空间结构拓展

八卦宇宙空间结构的拓展是对后天八卦确立的宇宙平面上的八大方位空间进行细分，将八卦的每卦占度再进行三等分，形成一个由 24 方块构成的圆周，每个方块占 15 度，共 360 度，就此形成了易理环境选择中的二十四方位。

在易理实践中，中国古人借助于干支符号和卦象名称对二十四个方位进行命名，首先保留了布列于四隅之位的“乾、坤、艮、巽”四个卦象方位，而对布列于四正之位的“坎、离、震、兑”四个方位则运用地支的“子、午、卯、酉”四帝旺之支予以取代；其次按照天干的五行属性与方位属性，分别将十天干飞布于四正之位的两旁，甲乙木布列于东方、丙丁火布列于南方、庚辛金布列于西方、壬癸水布列于北方，而戊己土布列于中间，没有进入二十四方位之中；再次是将十二地支之中的长生之支和墓库之支布列于四隅之位的两边。据此，二十四方位由四维卦、八天干、十二地支构成，这就是人们通常所说的二十四山向，如图 4.8 所示。

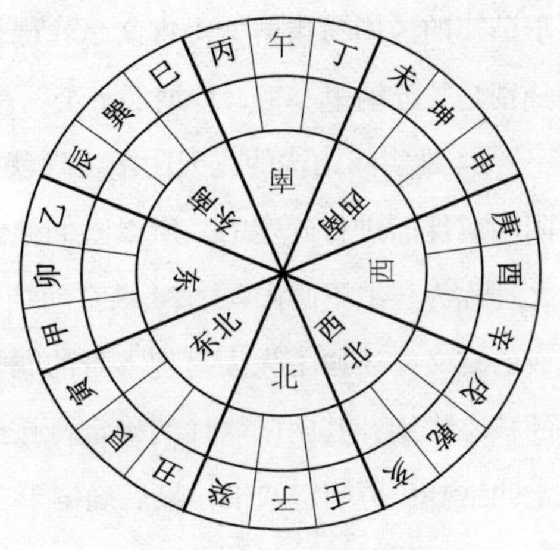

图 4.8 二十四山向构成图

虽然二十四维宇宙空间是按照后天八卦的布列方式进行拓展而形成的，但对于二十四个方位的阴阳属性仍然因先、后天八卦固有阴阳属性的不同而有所不同，其依据分别来源于先天八卦和后天八卦的内生属性。

## 一、24 维空间结构的先天阴阳之理

24 维空间结构的先天阴阳之理就是二十四山的“纳甲阴阳”，来源于“八卦纳甲”之说。所谓“八卦纳甲”是易学中的一个重要分支，是指在先天八卦的空间布列中藏了哪些天干之气。该学说起源于汉代圣贤对地球与月亮关系的总结，在《周易参同契》中有比较详细的记载，在易理的运用中主要用于卜筮、占卦预测和命理分析。本书对其形成之理不做详述，有兴趣的读者可参看西汉易学大家京房先生所注疏的《焦氏易林》和唐代

李鼎祚的《周易集解》等古文献。根据先天八卦纳甲法，八卦的纳甲结果分别是“乾纳甲、壬，坤纳乙、癸，震纳庚，巽纳辛，艮纳丙，兑纳丁”。

24维空间结构的先天阴阳之理就是按照八卦纳甲说和先天八卦固有的阴阳属性而进行确定的，所以人们通常将空间结构的二十四山向先天阴阳之理称为“纳甲阴阳”。24维空间结构的先天阴阳之理突出了先天自然天成的意义，还原了先天易理本身的属性，同时也突出了地支在环境选择中的核心作用，其阴阳属性的确定可按照二十四山向的构成符号进行，先确定四维卦，再确定八干，最后确定十二地支。

### 1. 四维卦阴阳属性的确定

在二十四山向中，四维方位保留了八卦的原始卦象，就是乾入正西北、坤入正西南、艮入正东北、巽入正东南的四隅之位。按照洛书数理对应先天八卦圆图，就可以确定出四维卦在24维空间中的阴阳属性，“乾、坤、坎、离”分别对应洛书“9、1、7、3”四奇数，故从圆图布列的数理属性看，此四方皆为阳；而“震、巽、艮、兑”分别对应洛书“8、2、6、4”四偶数，此四方皆为阴。在24维空间结构命名中，只运用了“乾、坤、艮、巽”四卦，并布列于四隅之位，所以其阴阳属性直接类同于其洛书数理的阴阳属性，即“乾、坤”对应“9、1”为阳，“艮、巽”对应“2、4”为阴。

### 2. 八干阴阳属性的确定

根据八卦纳甲理论，二十四山向中的八干阴阳属性可以按照纳甲的结果直接进行确定。在先天八卦洛书数理之中，“乾、坤”二卦对应洛书“9、1”，位列先天四正之位属阳，所以其所纳天干“甲、壬、乙、癸”四干即为阳；“震、巽、艮、兑”四卦对应洛书“8、2、6、4”，位列先天四隅之位属阴，所以其所纳天干“庚、辛、丙、丁”四干属阴。据此确定在二十四山向中的八干阴阳属性是“甲、壬、乙、癸”四山为阳，“庚、辛、丙、丁”四山为阴。

### 3. 十二地支阴阳属性的确定

24维宇宙空间结构的先天阴阳之理严格遵循着易理的先天属性，体现为其本体属性，因此十二地支山向阴阳属性就是十二地支本身的阴阳属性。在十二地支之中，“子、寅、辰、午、申、戌”六支属阳，“丑、卯、巳、未、酉、亥”六支属阴，所以在二十四山向之中的十二地支阴阳属性也是“子、寅、辰、午、申、戌”六山为阳，“丑、卯、巳、未、酉、亥”六山为阴。

综上所述，24维宇宙空间结构的先天阴阳属性是“乾、坤、甲、壬、乙、癸、子、寅、辰、午、申、戌”十二山向为阳，“艮、巽、庚、辛、丙、丁、丑、卯、巳、未、酉、亥”十二山向为阴。

**二、24维空间结构的后天阴阳之理**

在24维空间结构中，每一卦包含三个方位，通常人们称之为“一卦管三山”。在易理实践中，对于每一卦中的三山按照“天、地、人”三元予以命名，分别称之为“天元龙、地元龙、人元龙”，统称为“三元龙”。24维空间结构的后天阴阳之理就是考量三元龙的阴阳属性，具体的确立过程分三个步骤。

首先，确定三元龙在卦宫中的分布。三元龙在八卦之中的分布是以“四正四隅”八方为“天元龙”，以天元之右为“地元龙”，以天元之左为“人元龙”。三元龙的这种布列方式严格遵循了易理的八卦阴阳生化之理，首先是从太极生化开始，将为天、为阳、为显的天元龙布列四正四隅之位；而为地、为阴、为隐的地元龙按照“阳顺阴逆”的易理行气之理，自然右旋而居于天元之右；而人元龙是阴阳杂合的结果，其阴阳属性应顺天而行，自然左旋而居于天元之左。

其次，确定三元龙之间的阴阳关系。按照“天地定位”的先天八卦对立理论，可知天元龙与地元龙的阴阳关系是对立关系，即天元龙为阳，则地元龙必为阴；天元龙为阴，则地元龙必为阳。天地之间是阴阳对立的体现。而人元龙属于宇宙万事万物的构成之体，其阴阳属性应看其阴阳杂合之后的“用显”或“用隐”而定，“用显”则顺天，“用隐”则顺地。易理认为，任何宇宙生命体都是因天地阴阳杂合而生，人类也不例外，但人类处于宇宙万事万物生命体的最高端，因此人类是天地阴阳合化“用显”的结果，应顺天元龙而定阴阳。如古代封建社会将皇权视为至高无上，皇帝被称之为天子，即“天之子”，这就是来源于易理的三元龙之说。

第三，确定天元龙本身的阴阳属性。在24维平面空间结构中，四隅之位保留了“乾、坤、艮、巽”的后天卦象，四正之位的“坎、离、震、兑”则被地支符号“子、午、卯、酉”所取代，而其余的16山向，则是运用八天干（除戊己）和其他八个地支命名。之所以这样安排，也是阴阳杂合的结果。在先天八卦的体系之中，“乾、坤”是天地之体，而“艮、巽”是天地之体类化之始，艮为山，是地之类化之始，巽为风，是天之类化之始，因此仍保留其先天之体，则为显用；而“坎、离、震、兑”为“水、火、雷、泽”，是天地类化之终，所以不留其先天之体，不为显用。因此天元龙之“乾、坤、艮、巽”本为八卦先天之体，居上、居天，阴阳属性为阳；而“子、午、卯、酉”源于地支之体，必在天、地分裂之后而生，居下、居地，阴阳属性为阴。天元龙的阴阳属性确定之后，按照“地逆天而人顺天”的规律即可确定地元龙和人元龙的阴阳属性。例如以坎宫“壬、子、癸”三山为例，子居坎宫之正位，所以子为天元龙，阴阳属性为阴；壬居子之右，为地元右旋的结果，所以壬为地元龙，阴阳属性逆于天元龙为阳；癸居子之左，为人元左旋的结果，所以癸为人元龙，阴阳属性顺于天元龙为阴。为便于识记，古人常常将三元龙的阴阳属性形象类比为人伦的亲属纽带关系，将天元龙称为“父母”，人元龙称为“顺子”，地元龙称为“逆子”，再按“顺子顺父母，逆子逆父母”的关系确定“天、地、人”三元龙的阴阳属性。

综上述，二十四山向的三元龙阴阳属性分布如下：

坎卦壬子癸：地元壬（阳）、天元子（阴）、人元癸（阴）；

离卦丙午丁：地元丙（阳）、天元午（阴）、人元丁（阴）；

震卦甲卯乙：地元甲（阳）、天元卯（阴）、人元乙（阴）；

兑卦庚酉辛：地元庚（阳）、天元酉（阴）、人元辛（阴）；

乾卦戌乾亥：地元戌（阴）、天元乾（阳）、人元亥（阳）；

艮卦丑艮寅：地元丑（阴）、天元艮（阳）、人元寅（阳）；

坤卦未坤申：地元未（阴）、天元坤（阳）、人元申（阳）；

巽卦辰巽巳：地元辰（阴）、天元巽（阳）、人元巳（阳）。

### 三、24 维空间结构先后天八卦阴阳属性比较

24 维宇宙空间结构是易理环境选择确定空间方位的基础，是勘察自然环境、选择规划人居环境的根本依据。然而，两种不同的空间方位阴阳属性又如何在易理实践中做到和谐统一呢？其实，两种不同的阴阳属性分别是从不同的角度论述了易理的“对称平衡”结构。先天阴阳之理以“先天八卦”为基础，还原易理的先天属性，体现了宇宙空间 24 个方位本身固有的先天之体，是环境勘察中确定峦头（龙脉形势）本体属性的基础，也就是易理中常述的“先天为体”的具体表现。后天阴阳之理以“后天八卦”为基础，还原了易理的后天属性，体现了宇宙空间 24 个方位在阴阳二气生化之后推动万事万物发展变化的具体运用，是环境勘察中风水理气的基础，也是易理常述的 “后天为用”的具体表现。

24 维空间结构的阴阳属性通常在罗盘中以红黑两种颜色予以标注，红色代表阳，黑色代表阴。先天阴阳通常在三合罗盘或综合罗盘中标示。以综合罗盘为例，二十四山向有 12 个红字、12 个黑字，其中“壬、子、癸、寅、甲，乙、辰、午、坤、申、戌、乾”12 山为红字，即为阳山；“庚、酉、辛、亥、丑、艮、卯、巽、巳、丙、丁、未”12 山为黑字，即为阴山。二十四山向先天阴阳属性的划分，是依据洛书数理与先天八卦内生阴阳属性而确定的，在太乙真人传《内传天皇鳌极镇世神书》文献中有这样的记载“洛书以一、三、七、九为阳，二、四、六、八为阴，合先天卦以天地定位、水火不相

射配阳数，故乾、甲、坤、乙、离、壬、寅、戌、坎、癸、申、辰十二山属阳，併其纳甲言也。以雷风相薄、山泽通气配阴数，故艮、丙、巽、辛、震、庚、亥、未、兑、丁、巳、丑十二山属阴，亦併其纳甲言也。”这段话表明，在先天卦里的一、三、七、九卦是奇数为阳，二、四、六、八卦是偶数为阴。根据“纳甲说”，乾（9）纳“甲”，坤（1）纳“乙”，离（3）纳“寅午戌壬”，坎（7）纳“申子辰癸”，皆为阳；艮（6）纳“丙”，巽（2）纳“辛”，震（8）纳“亥卯未庚”，兑（4）纳“巳酉丑丁”，皆为阴。细心的读者会发现，这里所说的“太乙纳甲”与上文所讲的“八卦纳甲”有一点差别，八卦纳甲中的“乾纳甲壬、坤纳乙癸”，而太乙纳甲中的“壬、癸”分别纳于“离、坎”二卦。这其实是将先天八卦纳甲转化为后天卦序的结果，先天之乾位为后天之离位，所以将先天乾纳“壬”转化为后天离纳“壬”，先天之坤位为后天之坎位，所以将先天坤纳“癸”转化为后天坎纳“癸”。通过这一转化，就可将24维空间结构的阴阳之理全部纳入“纳甲说”而进行解释。

后天阴阳通常在三元盘中体现，普通的综合盘是按先天的阴阳属性进行描述，只有专用的三元盘才会以后天阴阳属性标注罗盘二十四山向的阴阳性，这仅仅是制作罗盘者的习惯。以三元盘为例，二十四山向中12个红字为“甲、庚、壬、丙、乾、坤、艮、巽、寅、申、巳、亥”，属12阳山；12个黑字为“乙、丁、辛、癸、子、午、卯、酉、辰、戌、丑、未”，属12阴山。这种二十四山阴阳属性的划分，是依据后天八卦的卦序，按照地支藏干的阴阳能量大小确定的。在《干支》章节之中将详述地支藏干的理论，这里将地支藏干的表现形式直接列出，并通过比较其能量大小，以揭示后天阴阳属性的确定依据。

地支藏干的表现形式如下：

子纳“癸”，丑纳“己、辛、癸”，寅纳“甲、丙、戊”；

卯纳“乙”，辰纳“戊、乙、癸”，巳纳“丙、庚、己”；

午纳“丁”，未纳“己、丁、乙”，申纳“庚、戊、壬”；

酉纳“辛”，戌纳“戊、辛、丁”，亥纳“壬、甲、己”。

根据上述地支藏干的表现形式，按照地支“生旺墓”顺序分析每个地支所藏天干的阴阳能量，就可以推理24维空间结构后天阴阳属性的分布。

四生支“子、午、卯、酉”在空间结构中处于“北、南、东、西”四正之位，构成四阴山。以地支“子”为例，子中藏纳癸之干，而“癸”属阴，所以地支“子”在二十四山向中的阴阳属性为“阴”，其他三支依此类推。

四旺支“寅、申、巳、亥”在空间结构中处于四隅之位，构成四阳山。以地支“寅、巳”为例，寅中藏纳“甲、丙、戊”三阳干，故寅在空间结构的阴阳属性为阳；巳中藏纳“丙、庚、己”两阳一阴，阳胜阴，故巳在空间结构中的阴阳属性为阳，其余二支依此类推。

四墓支“辰、戌、丑、未”在空间结构中也处于四隅之位，构成四阴山。以地支“辰、丑”为例，辰中藏纳“戊、乙、癸”两阴一阳，阴胜阳，故辰在空间结构中的阴阳属性为阴；丑中藏纳“己、辛、癸”三阴干，故丑在空间结构中的阴阳属性为阴，其余二支依此类推。

根据易理“先天为体”“后天为用”的原则，在通常情况下确定24维空间本身内在属性时，以先天阴阳为主，在易理实践中以后天阴阳为主。

## 第七节　八卦类象

八卦的本质内涵是阴阳符号，是表示宇宙世界构成的要素，将这些阴阳符号抽象化之后，就上升为易理的哲学思想，使八卦符号构成了哲学元素，从而为八卦类象化创造了基础。

### 一、八卦人伦类象

八卦人伦类象是将八卦的卦象比喻为人类传承繁衍过程中形成的家庭

伦理关系。《周易·说卦传》记载“乾，天也，故称乎父。坤，地也，故称乎母。震，一索而得男，故谓之长男。巽，一索而得女，故谓之长女。坎，再索而得男，故谓之中男。离，再索而得女，故谓之中女。艮，三索而得男，故谓之少男。兑，三索而得女，故谓之少女。”这段文字比较清楚的阐明了一个家庭之中各成员之间的易理关系。乾为父，坤为母；乾为纯阳之父卦纳阴而生女；坤为纯阴之母卦纳阳而生男。因此，长男为震，中男为坎，少男为艮；长女为巽，中女为离，少女为兑。乾、震、坎、艮为阳卦，代表男；坤、巽、离、兑为阴卦，代表女。

**二、八卦人体类象**

八卦的人体类象是指按照八卦的内在属性，将人体的主要器官与八卦进行类比。《周易·说卦传》记载“乾为首，坤为腹，震为足，巽为股，坎为耳，离为目，艮为手，兑为口。”人之首是会诸阳之器，尊而在上，而乾积阳在上，因此乾类象为首。人之腹藏纳万物之器，而万物入腹则阴，所以腹是纳诸阴之器，并广而有容，而坤积阴在下而载物，因此坤类象为腹。人之足行走之器，并在下践行，似震下以动之，所以震类象为足。股为坐之器，并在下两重，似巽阴偶于下，所以巽类象股。耳为听之器，轮廓为内陷，似坎阳在内而聪，所以坎类象耳。目为明视之器，阳在外而明，似离阴藏阳中，所以离类象目。手为抓物止物之器，刚强在上能止物，所以艮类象手。口为说悦之器，开口能悦物，所以兑类象口。

**三、八卦物化类象**

八卦物化类象是将八卦类比为各种不同的动物植物的形态或物态。其物化类象种类非常之多，可以类象为气候，如寒、热、暖、冷等；也可以类象为各种动物，如乾类象为良马，坤类象为牛等；也可以类象为不同的颜色，如乾为金色、坤为黑色等。八卦的物化类象没有标准，只要根据八卦的内在属性，能够说明其道理即可进行类象，并可以推而广之，能类万物。

为便于理解八卦的物化类象属性，本书以表格的形式列出一些常用的八卦物化类象形式，如表 4.2 所示。

表 4.2 八卦物化类象

| 卦名 | 乾 | 坤 | 震 | 巽 | 坎 | 离 | 艮 | 兑 |
| --- | --- | --- | --- | --- | --- | --- | --- | --- |
| 宇宙 | 天 | 地 | 雷 | 风 | 水 | 火 | 山 | 泽 |
| 性情 | 健 | 顺 | 动 | 入 | 陷 | 丽 | 止 | 说 |
| 动物 | 马 | 牛 | 龙 | 鸡 | 豕 | 雉 | 狗 | 羊 |
| 器官 | 首 | 腹 | 足 | 股 | 耳 | 目 | 手 | 兑 |
| 亲属 | 父 | 母 | 长子 | 长女 | 中男 | 中女 | 少男 | 少女 |
| 植物 | 玉、金 | 布、釜 | 竹、苇 | 绳、木 | 沟、轮 | 器、甲 | 石、路 | 枯条 |
| 颜色 | 黄 | 黑 | 橙 | 白 | 赤 | 紫 | 蓝 | 绿 |

# 第五章　干支学

干支学也是中国传统文化的重要组成部分，是中国各种数术的共同基础，是中国特有的纪时符号。在中国古代历法中，用“甲、乙、丙、丁、戊、己、庚、辛、壬、癸”10个符号代表天干；用“子、丑、寅、卯、辰、巳、午、未、申、酉、戌、亥”12个符号代表地支，并将两者按照固定的顺序相互配合，从而组成了干支纪时法，用于纪年、纪月、纪日、纪时。干支纪时法始创于何时，由谁创制，至今不得而知，众多考古学者、专家都对其进行深入研究，但仍无法获得比较可靠的依据。目前发现最早记载干支的文献应属于《世本》，在这本古文献中有“容成造历，大桡作甲子”之说，并说大桡“采五行之情，占斗机所建，始作甲乙以名日，谓之干；作子丑以名月，谓之枝，有事于天则用日，有事于地则用月，阴阳之别，故有枝干名也”。而据传说容成和大桡都为黄帝之臣，可见自黄帝以来，已始用甲子纪时，但这仅是传说，是否属实已无法考证。

## 第一节　干支释义

干支是10天干和12地支的简称，是中国特有的纪时符号，至今仍在华人区内广泛运用。同时，干支又是古人识记方位的符号，是罗盘山向构成的基本元素，对于测定方位仍具有重大意义。年、月、日、时属时间范畴，而方位、方向属于空间范畴，干支符号既用于纪时，也用于表示空间方位，同时体现了宇宙世界中的时间属性和空间属性。可见，干支学的创立有其独特的科学性，它科学地融合了时间与空间这两个构成宇宙世界万事万物的基本范畴。按照中国传统的易理观念，“干”乃天行之气，所以称之为“天干”；“支”乃地藏之气，所以称之为“地支”。《三命通会》在论干支源流时指出“夫干犹木之干，强而为阳；支犹木之枝，弱而为阴。”这表明干源于天道，为阳；支源于地道，为阴，这就是干支作为易理研究的基础。既然干支具备天地之道、阴阳之理，那么它也必然是阴阳二气生化的结果，它的本义就可以从宇宙万事万物的生发过程中得到诠释。

作为纪时纪事的依据和符号，干支符号的组成并不是随意的，而是按照古人既定的顺序进行排列，并与现代数学的数字一一对应。10个天干按照“甲、乙、丙、丁、戊、己、庚、辛、壬、癸”的顺序排列，对应现代数学中的“1、2、3、4、5、6、7、8、9、10”十个数字；12个地支按照“子、丑、寅、卯、辰、巳、午、未、申、酉、戌、亥”的顺序排列，对应现代数学中的“1、2、3、4、5、6、7、8、9、10、11、12”十二个数字。干支的顺序排列不但具有现代数学的数理意义，可以运用于计算事序，当今中国的很多文字资料也经常可以看到诸如“甲、乙、丙、丁”这样的代表数字顺序的文字表达；更重要的是干支的顺序排列代表着宇宙万事万物在不同的时间节点中所表现的成长状态，这才是诠释干支本义的基础依据。

**一、天干本义**

“甲”即“拆”，意指万物剖符而出，破甲而出。如草木破土而出。具有阳被阴所包裹，而欲出阴之势，代表万物初始。

“乙”即“轧”，意指万物出生了，抽轧而出。如草木初生，枝叶柔软屈伸。具有阴柔之形，欲向阳转之势，代表万物已出生。

“丙”即“炳”，意指万物已炳然著见。如阳春三月，阳光明媚，促进万物生长。具有阳气十足之势，代表万物已进入成长阶段。

“丁”即“壮”，意指万物已成长到丁壮期。如草木已茁壮成长。此时具有阳中抱阴特性，步入阳已开始逐退、阴已开始渐强的阶段，代表万物已成就。

“戊”即“茂”，意指万物已成长到茂盛期。如草木已非常茂盛了，并停止了向上生长。此时具有阳已收纳成型之势，代表万物将进入收纳定型阶段。

“己”即“纪”，意指万物已成长到了有形可纪识的阶段。此时，阳已完全收纳，阴裹阳，呈阴属性，代表万物已到达了收纳收藏之时。

“庚”即“更”，意指万物已到了收敛有实的阶段。此时，阳已收纳成实，又突显阳之本义，代表万物已凋谢收成果实。

“辛”即“新”，意指万物已开始更新了。此时，阳生变，而阴呈现，代表万物在果核之内已开始更新，准备进入新一轮生命周期。

“壬”即“妊”，意指万物已进入了阴阳二气收纳潜藏的生化阶段，开始了孕育新生命。此时，阳气收纳，新的生命体已开始破阴而出，代表万物新生命已孕育。

“癸”即“揆”，意指万物潜藏于地下，吸纳地气，具阴属性。代表新的生命已开始萌芽。

从天干本义看，十天干的顺序发展正好揭示了宇宙万事万物从出生、成长、壮大至死亡、收纳、孕育的全过程。

**二、地支本义**

地支本义与天干一样，也是揭示宇宙万事万物在生长过程中所处的不同阶段状态。

“子”即“滋”，意指万物滋生的开始，如草木初生，通过吸取泥土中的水分，开始了萌芽。

“丑”即“纽”，意指万物已滋生出芽苗，如草木刚长出芽苗时，呈现屈曲的形状，并即将冒出地面。

“寅”即“演”，意指万物芽苗已出土，开始了生长。

“卯”即“茂”，意指万物已开始受阳生长繁茂。

“辰”即“震”，意指万物震起而生，阳气吸纳已到最旺盛时刻，进入了快速生长期。

“巳”即“已”，意指万物已生长成功。

“午”即“仵”，意指万物盛大，枝叶密布，并停止进一步向上生长。

“未”即“昧”，意指万物已由盛转衰，向结实阶段过渡。

“申”即“身”，意指万物枝叶收敛，已长成躯体。

“酉”即“老”，意指万物已老极而成熟，并开始渐衰。

“戌”即“灭”，意指万物已消灭归土，草木凋零。

“亥”即“核”，意指万物收藏结出了坚核，达到了极点。

从地支的本义看，十二地支的顺序排布也揭示了宇宙万事万物的生命周期轮回过程，是对生命周期不同阶段的描述和揭示。

## 第二节　干支易理属性

不论从干支的来源看，还是从其本义分析，都可见干支是阴阳二气相互作用的结果，因此其具备易学中的“象、数、理”属性。

### 一、干支之象

干支作为纪时纪事的符号，其顺序排布体现了宇宙万物生长过程中不同时间阶段所表现的“形象”，这就是干支在易理上的“成象”表现。

天干源于天道，是阳气下沉抱阴而成就万事万物的结果。因此，其象表现为宇宙万事万物的孕育、生长、发展、衰、病、死直至归藏收纳而又重新开始新一轮生命周期的全过程，揭示了一个生命周期不同阶段的具体表现形式。

“甲”是万物初始之时，类象于万物或生命体的开端、开始，也常被类象为首要、首位。

“乙”是万物抽轧而出之时，类象万物或生命体开始破壳、突起，抽轧的状态。

“丙”是万物炳然著见之时，类象万物或生命体处于青少年时期，也常被类象为阳春三月的季节状态。

“丁”是万物茁壮之时，类象万物或生命体处于青壮时期的状态，也类象人生取得成就的状态。

“戊”是万物进入茂盛收纳之时，类象万物或生命体进入休息、休养阶段，也类象于退休、进入二线的状态。

“己”是万物进入收纳收藏之时，类象万物或生命体处于死亡的状态。

“庚”是万物开始进入新阶段的初始之时，类象万物或生命体进入墓葬或藏纳阶段的状态。

“辛”是万物开始更新之时，类象万物或生命体开始新一个轮回的初始状态。

“壬”是万物进入新一轮孕育之时，类象新事物的开始，也常被类象于变革、变化。

“癸”是万物进入新一轮吸纳地气之时，类象新事物或新生命体的产生和萌芽。

地支源于地道，是阴气上升抱阳而成就万事万物的结果，其类象也表现为宇宙万事万物的孕育、生长、发展、衰、病、死直至归藏收纳而又重新开始新一轮生命周期的全过程，与天干成象是一样的道理。但作为纪时符号的十二地支正好类象于一年四季十二个月，所以地支的时间之象不但反映了生命周期的轮回，同时较好的类象了一年四季十二个月的时间流逝过程。因此，从这个意义上讲，十二地支的时间之象更形象地描述了时间流序。

“子”代表万物滋生的开始，类象于十二建月中的十一月，此时万物种子归藏于土中，并在土中吸纳阴气。

“丑”代表万物已滋生出芽苗，类象于十二建月中的十二月，此时万物已吸纳足够阴气，即将冒出地面。

“寅”代表万物芽苗已出土开始生长，类象于十二建月中的一月（正月），此时万物已发芽。

“卯”代表万物已开始受阳成长，类象于十二建月中的二月，此时万物遇春风吹拂，正开始茁壮成长。

“辰”代表万物震起而生，达到旺盛状态，类象于十二建月中的阳春三月，万物已茁壮成长。

“巳”代表万物已生长成功，类象于十二建月中的四月，此时万物已成长为初具茂盛状态。

“午”代表万物盛大成长，枝繁叶茂，类象于十二建月中的五月，此时万物已成茂盛强状的状态。

“未”代表万物已由盛转衰，类象于十二建月中的六月，此时已入夏，万物已停止继续向上生长，开始逐渐转向结实。

“申”代表万物已长成躯体，类象于十二建月中的七月，此时万物已变结实。

“酉”代表万物已老极而收敛、成熟，类象于十二建月中的八月，此时已进入初秋时节，万物已成熟，具备收成。

“戌”代表万物已消亡归土，草木凋零，类象于十二建月中的九月，此时已进入深秋时节，万物已收成、凋零。

“亥”代表万物收藏结出了坚核，达到了极点，类象于十二建月中的十月，此时万物已结出了坚核之果，进入了死亡状态。

需要强调，上述地支之数对应的十二建月，是以二十四节气的时间节点作为起始，也就是说“一月建寅”是指从立春之日到春分前一日为止的时间阶段，而并非通常情况下农历正月初一至三十日的时间阶段。之所以存在月份纪时与节气时点之差，是因为中国传统夏历（阴历或农历）纪时中的一年准确数据应是 365.25 天，但古人为了便于计算和识记，取 360 的整数天为一年，而通过闰月的方式对时间进行调整。因此地支建月的起始点与中国传统夏历（阴历、农历）月份的起始点不同，但与二十四节气的起始点相符。

## 二、干支之数

干支之数就是干支作为纪时符号而体现的数理关系。干支作为纪时纪事的依据和符号，它的排列顺序是固定的，并与现代数学的数字一一对应，这个“一一对应”过程正是干支从纪时纪事符号转化为“数”的直接表现。之所以说干支学是易学的构成部分，是因为干支的构成仍然是阴阳二气相互转化的结果，因此干支之数具备易理的基本数理关系，可以与河图、洛书的数理进行配套运用。当然，干支学作为纪时的基本符号，更具有普通数学中的“数”的属性，比如十天干经常直接被运用于记事使用，“甲、乙、丙、丁”与普通数字的“1、2、3、4”一样，都可以用于记载事件的数量。而十二地支最广泛的运用就是记载 12 个月、12 生肖、12 小时等等。由此可见，干支之数不但具备易理属性，包含阴阳因素，同时更直接地体现为普通数字的运用。

### （一）天干之数

十天干按照“甲、乙、丙、丁、戊、己、庚、辛、壬、癸”的顺序排列，对应的数就是“1、2、3、4、5、6、7、8、9、10”。“甲、丙、戊、庚、壬”对应“1、3、5、7、9”五个奇数；“乙、丁、己、辛、癸”对应“2、4、

6、8、10”五个偶数。奇数为阳，偶数为阴。所以，十天干的阴阳属性按照其数理的奇偶性可以直接推定。

### （二）地支之数

十二地支按照“子、丑、寅、卯、辰、巳、午、未、申、酉、戌、亥”顺序排列，对应的数就是“1、2、3、4、5、6、7、8、9、10、11、12”。“子、寅、辰、午、申、戌”对应“1、3、5、7、9、11”六个奇数；“丑、卯、巳、未、酉、亥”对应“2、4、6、8、10、12”六个偶数。奇数为阳，偶数为阴，十二地支的阴阳性也是按照其数理的奇偶性直接推定。

## 三、干支之理

干支之理是指干支从纪时纪事符号转化为易学理论组成部分而体现的“阴阳、五行、冲合”等关系。它不但包含了易理中普遍存在的阴阳、五行关系，还包含了干支本身所具有的冲合关系。

### （一）干支阴阳之理

在十天干之中“甲、丙、戊、庚、壬”为阳，“乙、丁、己、辛、癸”为阴；在十二地支之中“子、寅、辰、午、申、戌”为阳，“丑、卯、巳、未、酉、亥”为阴。阴阳具有相对性，可以随着外部环境的变化而发生相互转化，而干支的阴阳之理正体现了阴阳二气相互转化的结果。

干支是阴阳二气生化宇宙生命体周期运动的表现形式。以天干为例，分析如下：

天干“甲”预示生命周期处于初始阶段，这时的生命体处在土中，被阴所包裹，而急于需要破土而出，吸纳阳光。这是生命体处于出阴纳阳的阶段，因此“阳胜阴”，则甲为阳。

天干“乙”预示生命周期处于出土阶段，这时生命体已破甲而生，是万物纳阳初始阶段结束之时而产生的结果，处于细支嫩芽的柔软屈伸阶段，因此“阴胜阳”，则乙为阴。

天干“丙”预示生命周期处于幼儿阶段，这时生命体炳然著见，正步入快速生长的过程，这个过程需要纳吸大量阳气，因此“阳胜阴”，则丙为阳。

天干“丁”预示生命周期处于少壮阶段，这时生命体已逐渐成长为丁壮之态，转入健康平衡生长期，这个过程需要寻求阴阳之平衡，纳阳由强至弱，吸阴由弱变强，因此“阴胜阳”，则丁为阴。

天干“戊”预示生命周期处于成熟的中年期，这时生命体又开始新一轮纳阳过程，以成就强悍的躯体，因此“阳胜阴”，则戊为阳。

天干“己”预示生命周期处于有形可识阶段，这时阳已全完收纳，呈现阴裹阳的状态，因此“阴胜阳”，则己为阴。

天干“庚”预示生命周期处于收敛有实阶段，这时生命体已结成实体，突显阳的真正内涵，因此“阳胜阴”，则庚为阳。

天干“辛”预示生命周期结束，新一轮生命体之开始，因此“阴胜阳”，则辛为阴。

天干“壬”预示新生命周期开始孕育，此时阴极而阳生，因此“阳胜阴”，则壬为阳。

天干“癸”预示新生命周期处于藏纳、怀胎阶段，阴抱阳，因此“阴胜阳”，则癸为阴。

干支还是阴阳二气内化于万物之中的功能属性体现，它的外在阴阳性是“刚与柔”之间的辨证关系，阳刚阴柔，阳健阴顺，阳不甚，则受阴；阴不甚，则畏阳。如甲木可为栋梁，而乙木则为萝藤；丙火似太阳，而丁火则类灯烛；戊土具城墙之固，己土则为田园有润；庚金似顽铁，辛金则类珠玉；壬水为江河；癸水则为雨露。它的内生阴阳性是“气与质”的辨证关系，阳干气旺，阴干质坚。如甲乙皆为木，甲木为乙之气，乙木为甲之质；甲木之气运行不止，而静于乙；乙木之气静以有常，而化于甲。其余八干皆同此理。

十二地支的阴阳属性，同样可以按照上述生命周期规律和物化功能属性进行分析推理，不再赘述。

### （二）干支五行之理

干支五行之理是指干支中所包含的五行属性，以及其所表现的生克关系，在《五行学说》章节已有所述。干支五行的具体表现形式是：天干“甲乙”和地支“寅卯”对应五行木：天干“丙丁”和地支“巳午”对应五行火；天干“戊已”和地支“辰未戌丑”对应五行土；天干“庚辛”和地支“申酉”对应五行金；天干“壬癸”和地支“亥子”对应五行水。干支五行之理应从其“时间成象”和“空间成象”两方面认识。

#### 1. 干支五行时间之理

从易理成象上看，干支代表着生命周期在一个轮回过程中的生、旺、衰、死更替。天干五行的时间之理正是一年四季时间运行规律的“成形”表现：甲、乙在天干流序中排在第一、二位，代表生命周期的开始阶段，在时间流序中处于一年的春季，是阳春三月万物生发成长的时节，所以甲、乙五行木；丙、丁在天干流序中排在第三、四位，代表生命周期的青壮年阶段，在时间流序中处于一年的夏季，是夏日炎炎，万物茁壮的时节，所以丙、丁五行火；戊、已在天干流序中排在第五、六位，正好处于中间，代表生命周期正进入稳健平衡发展阶段，在时间流序中处于一年的长夏之季，是湿燥相济的时节，所以戊、已五行土；庚、辛在天干流序中排在第七、八位，代表生命周期的成熟收纳阶段，在时间流序中处于秋季，是金秋收获的时节，所以庚、辛五行金；壬、癸在天干流序中排在第九、十位，代表生命周期的孕育藏纳怀胎阶段，在时间流序中处于冬季，是寒冬归藏的时节，所以壬、癸五行水。

地支五行的时间之理也是一年四季时间运行规律的“成形”表现：寅、卯在地支建月中排在第一、二位，代表生命周期的开始阶段，在时间流序中处于一年的春季，是阳春三月万物生发成长的时节，所以寅、卯五行木；巳、午在地支建月中排在第四、五位，代表生命周期的青壮年阶段，在时间流序中处于一年的夏季，是夏日炎炎，万物茁壮的时节，所以巳、午五行火；申、酉在地支建月中排在第七、八位，代表生命周期的成熟收纳阶段，在时间流序中处于秋季，是金秋收获的时节，所以申、酉五行金；亥、子在地支建月中排在第十、十一位，代表生命周期的孕育藏纳怀胎阶段，在时间流序中处于冬季，是寒冬归藏的时节，所以亥、子五行水；辰、未、戌、丑分别处于上述四个节季中的最后一个月份，分别是三、六、九、十二月，寓示五行之土寄旺四时，旺在每季的最后一个月，所以辰、未、戌、丑五行土。

**2. 干支五行空间之理**

干支作为纪事的符号，被直接引用为表示空间方位的符号，就是按照五行的空间之理进行布列。

十天干的方位布列是甲、乙居东，丙、丁居南，戊、己居中央，庚、辛居西，壬、癸居北。五行以土居中央，寄旺四方，而成就五方星象。五行木居东方成就青龙星象，五行火居南方成就朱雀星象，五行金居西方成就白虎星象，而五行土居中央，寄旺四方，成就明堂星象。所以将天干之甲、乙布列于东方，五行属木；丙、丁布列于南方，五行属火；戊、己居中央，五行属土；庚、辛布列于西方，五行属金；壬、癸布列于北方，五行属水。

十二地支的空间布列是寅、卯、辰居东，巳、午、未居南，申、酉、戌居西，亥、子、丑居北。这种布列方式是由五行的生化之理决定的。在《五行学说》章节已对五行的空间结构进行了详细分析，在此不妨重温一下：

北方纳“亥、子、丑”三地支，亥、子为水，丑为土。生数天一子水合丑土以成地六亥水，所以方位五行北为水。

东方纳“寅、卯、辰”三地支，寅、卯为木，辰为土。生数天三寅木合辰土以成地八卯木，所以方位五行东为木。

南方纳“巳、午、未”三地支，巳、午为火，未为土。生数地二巳火合未土以成天七午火，所以方位五行南为火。

西方纳“申、酉、戌”三地支，申、酉为金，戌为土。生数地四酉金合戌土以成天九申金，所以方位五行西为金。

可见，十二地支在方位中的布列是寅、卯、辰居东，巳、午、未居南，申、酉、戌居西，亥、子、丑居北。四个方位均是土行杂合于其他四行而成就了宇宙四方。

## 第三节　干支合冲属性

干支合冲属性是指干支所包含的五行生克合化关系在空间和时间上所表现的相互关系，包括干支相合、相冲、相刑、相害等多种形式。由于五行本身具有复杂的生克制化关系，因此干支的合冲属性也非常复杂，但从探索环境选择的角度看，一般只运用到干支的冲合理论，所以本书只对干支冲合关系中最常见“天干五合、天干四冲、地支六合、地支三会、地支三合、地支六冲”等六种形式进行梳理和阐释，“相害、相刑”等干支合冲属性多用运于四柱命理学，在此不予赘述。

### 一、天干五合

天干五合是指在10个天干符号中，形成“甲与己”“乙与庚”“丙与辛”“丁与壬”“戊与癸”的五组天干符号构成。天干五合的属性源于天干之数与河图之数的对应关系。在河图数理中，一六共宗居北为水，二七同道居南为火，三八为友居东为木，四九为朋居西为金，五十共守居中为土。由河图之数的布列方式可以得出“1与6”“2与7”“3与8”“4与9”“5与10”五对数列，将这五对数列与天干之数建立“一一对应”关系，就构成了天干五合，“甲己”为一六共宗而合，“乙庚”为二七同道而合，“丙辛”为三八为友而合，“丁壬”为四九为朋而合，“戊癸”为五十共守而合。

在传统的干支学中，对天干相合之后，还应分析其是否化气，通常称之为“天干五合化气”。其合后化气的结论是：甲己合化土，乙庚合化金，丙辛合化水，丁壬合化木，戊癸合化火。为什么是这样的结论，至今仍是个谜。从文献史集的记载看，五合化气之源见于黄帝《素问》。《素问》有五运六气之说，所谓“五运”就是甲已为土运，乙庚为金运，丙辛为水运，丁壬为木运，戊癸为火运。可见，天干化气来源于五运，而与天干本身的五行属性没有直接关系。这种天干化气的五运之源是指在干支纪年中，每逢甲已之年大运就是土，每逢乙庚之年大运就是金，每逢丁壬之年大运就是木，每逢丙辛之年大运就是水，每逢戊癸之年大运就是火，据此推定天干五合的化气结论。但这是否正确目前无从考证，天干合化的结论主要在命理学中运用，易理环境选择基本不涉及合化的理论，因此本书对此不再详述。

**二、天干四冲**

相合与相冲就是一个相反的过程，在10个天干要素之中，既然有相合，那么必有相冲。天干相冲是指甲庚冲、乙辛冲、丙壬冲、丁癸冲。为什么天干合有五而冲只有四呢？这可以从天干的空间之理得出结论，天干布列于五方之中，戊、已二干居于中央，而且五行均为土，属于比和关系，所以不存在相冲之说。而其他八干则根据布列四方的方位结构，直接构成了相对立的平面几何关系。甲、乙为东方，五行均属木，甲为阳木、乙为阴木；庚、辛为西方，五行均属金，庚为阳金，辛为阴金。可见，在方位上东西相对，在五行上木金相克，在阴阳上阴对阴、阳对阳，因此就形成了甲、庚相冲，乙、辛相冲。同理，在南北两方形成丙、壬相冲，丁、癸相冲。

**三、地支六合**

地支六合是指在12个地支符号中，形成了“子与丑”“寅与亥”“卯与戌”“辰与酉”“巳与申”“午与未”的六组地支符号构成。其理论依据源于《考原》的十二建月。十二建月是地支纪月的主要方法，是将地支的内在属性类化于12个月所构成的一种时间表达方式，具体对应关系如下:

正月建寅，由立春经雨水至惊蛰；

二月建卯，由惊蛰经春分至清明；

三月建辰，由清明经谷雨至立夏；

四月建巳，由立夏经小满至芒种；

五月建午，由芒种经夏至至小暑；

六月建未，由小暑经大暑至立秋；

七月建申，由立秋经处暑至白露；

八月建酉，由白露经秋分至寒露；

九月建戌，由寒露经霜降至立冬；

十月建亥，由立冬经小雪至大雪；

十一月建子，由大雪经冬至至小寒；

十二月建丑，由小寒经大寒至立春。

在十二建月中，将月亮称为“月建”，太阳称为“月将”，当月建与月将相会时则称之为“相合”。因此，地支六合就看月亮与太阳相会时所处的地支月份。在观测时，以月亮为参照物，当月亮处于某一支时，再看太阳处于另外的哪一支上，找到了太阳所在支之后，即称月亮与太阳所处的地支为相合。按此规律可以得出如下结论：

正月建寅，月将在亥，因此有“寅亥合”；

二月建卯，月将在戌，因此有“卯戌合”；

三月建辰，月将在酉，因此有“辰酉合”；

四月建巳，月将在申，因此有“巳申合”；

五月建午，月将在未，因此有“午未合”；

十一月建子，月将在丑，因此有“子丑合”。

其实，古人在观测天体运行过程中，太阳与月亮的旋转方式正好相反。

在一年四季的天体运行过程中，构成了月建左旋，月将右转，顺逆相值的周而复始的循环体系，于是就容易得出上述六合的结论。

### 四、地支三会

地支三会是指在12个地支符号中，形成“寅卯辰”“巳午未”“申酉戌”“亥子丑”四组相会的地支符号构成。地支三会的构成来源于地支的五行空间之理，在地支五行空间布列中，“寅卯辰”三支布列于东方而成五行木，“巳午未”三支布列于南方而成五行火，“申酉戌”三支布列于西方而成五行金，“亥子丑”布列于北方而成五行水，“辰未戌丑”四支归土居于中，但中土具寄旺四方之功，因此“辰未戌丑”四支分别布入东、南、西、北四方。所谓“会”就是会聚在一起之意，地支三会在空间布列中体现为不同四方的五行能量强弱状态；在时间流序中体现为某个具体时点的五行能量强弱状态，例如运用干支纪时法，在“年、月、日、时”中出现“寅、卯、辰”三会，那么表明这个时点五行木必当旺，木之力量必将大大加强。

### 五、地支三合

地支三合是指在12个地支符号中，形成“亥卯未”“寅午戌”“巳酉丑”“申子辰”的四组三合构成。地支三合从五行空间之理上看，构成了360度封闭式的均匀对称结构，也就是说在空间布列中，每一对三合都构成了120度的空间稳定结构。从五行生克之理上看，地支三合是五行相生合成的组合，如亥、卯、未合就是亥水生卯木而合化成未土，这个过程是围绕着五行木而展开的，因此说亥、卯、未合而成木局。以此类推，寅、午、戌合而成火局，巳、酉、丑合而成金局，申、子、辰合而成水局。地支三合的确立源于五行寄生地支十二宫的“生旺墓绝”规律，在《五行》章节已有所述。

### 六、地支六冲

地支六冲是指在12个地支符号中存着“两两相对”的布列方式，具体指“子午冲、丑未冲、寅申冲、卯酉冲、辰戌冲、巳亥冲”。这个布列形式从五行生克之理上看，是地支五行相克的表现形式，如子午冲，从五行属性上看子为水，午为火，形成“水克火”的不相容状态；又如卯酉冲，卯为木，酉为金，形成了“金克木”的不相容状态。从地支空间构成上看，每对相冲都是空间对立性的表现，如子午冲，子布列于正北方，午布列于正南方，构成“南北对立”的空间结构；又如卯酉冲，卯布列于东方，酉布列于西方，构成“东西对立”的空间结构。其他四组依此类推，在空间结构中都呈现出对立的结构分布。

## 第四节　干支藏纳属性

干支藏纳属性是指以阴阳五行的生克制化关系为基础，而推演的天干与地支之间的内在阴阳五行关系。这种内在联系不但体现了天干在地支的时间流序中所呈现的生旺死绝关系，也揭示了地支能够藏纳天干的运行规律。

### 一、地支藏干的生旺属性

易理认为，天干是天气所属，能够游行于地支十二宫内，并且在游行地支十二宫中，因所处的时间流序不同而呈现不同的生旺死绝状态。通俗地说，地支藏纳天干的生旺属性就是天干所包含的五行属性在生命周期时间流序中所呈现的“生旺死绝”关系。天干因阴阳属性的不同而构成两组五行之气，分别是“甲阳木、丙阳火、戊阳土、庚阳金、壬阳水”和“乙阴木、丁阴火、己阴土、辛阴金、癸阴水”。这两组五行元素按照易理“阳顺阴逆”的五行寄生游行之理，游行于地支十二宫中，就形成了五行寄生十二宫（或长生十二宫）的布列状态。

### （一）长生十二宫的含义

五行游寄十二宫所展现的生、旺、死、绝等变化过程，其实质是五气的阴阳消长过程。五行之气由旺向衰的过程就是阳气向阴气转化的过程，由衰向旺的过程就是阴气向阳气的转化过程。《三命通会·消息赋》记载“著三才兮成象，播四气兮为年。”三才即天地人，四气即春夏秋冬。又云“五行之序，各一其性，四时之行，亦有其序，春以生之，夏以长之，秋以肃之，冬以藏之。”这就是五行之气在一年四季中的进退旺衰表现，从而产生宇宙万事万物生老病死的过程。地支的藏干属性，实质就是反映五行之气在生命周期中的衰旺状态。古人将五行的行气过程按照宇宙生命体的生命周期划分为 12 个阶段，并以“长生、沐浴、冠带、临官、帝旺、衰、病、死、墓库、绝、胎、养”12 种名称命名每个阶段。

长生，就是生命体之初生，如人或动植物的初生阶段；

沐浴，就是生命体初生之后的去垢阶段，如植物的苗端从果壳生长出来之后的去壳的阶段，又好像人初生之后需要进行清洗沐浴一样；

冠带，就是生命体茁壮成长阶段，如人的婴幼少儿期，需要加冠戴帽；

临官，就是生命体成长到青壮年阶段，如人的青年期，学业有成，可以参加工作，从官出仕；

帝旺，就是生命体进入最旺盛的成熟阶段，如人的中年期，不论资历、学识，还是精气神都是最佳的阶段，处于可以辅佐帝王、大有作为的时期；

衰，就是生命体从最旺盛转入衰老的阶段，如人已处于退休、休养时期；

病，就是生命体进入了凋谢凋零阶段，如人已衰老得病，草木已凋零；

死，就是生命体停止运动阶段，如动物之老死；

墓库，就是指生命体停止后化为土而归藏的阶段，如动物老死之后进入墓葬；

绝，就是指生命体归藏于土之后，开始了阴阳二气的生化阶段，预示着新一轮生命周期的初始，如人墓葬后的重新投胎一样；

胎，就是指新生命体在归藏于土中的重新孕育阶段，如人的受孕阶段；

养，就是指新生命体已开始形成，并进入养胎阶段，如人处于母腹之中的怀胎养胎阶段。

上述十二宫描述了宇宙生命体在生命周期内处于不同阶段所呈现出的“旺衰”状态。易理认为，生命体之所以呈现由旺至衰、再由衰又到旺的不断循环过程，是源于五行之气的游行过程，五行行气过程中的“阳气渐进、阴气渐退”阶段正是生命体由“胎、养到帝旺”的逐渐生长旺盛阶段，这个过程以阳气为主，阴气为辅；五行行气过程中的“阳气渐退、阴气渐进”阶段正是生命体由“帝旺到绝、胎”的逐渐衰退死亡阶段，这个过程以阴气为主，阳气为辅。可见，长生十二宫描述的生命周期理论就是阴阳二气此消彼长的过程。阳气至极而转阴，阴气至极而转阳，这种“阴中有阳、阳中有阴”的周而复始不断循环的五行行气状态，构成了一个自生至死、死而复生、循环无穷、永不停息的时空循环体，成为了万事万物不断发生、发展和变化的宇宙生命定律，是“一物一太极”的具体表现形式。

**（二）地支藏干的行气之理**

天干按照阴阳属性二化为两组五行之气，并按照易理“阳顺阴逆”的行气规律游行于地支十二宫。从十二宫的宫位看，五行行气的起点始于十二宫的“长生”，而止于十二宫的“死宫”，这种划分是依据宇宙生命体在生命周期中所处的不同阶段进行的。生命从“生至死之前”就是一个“生”的状态；而从“死至生之前”一般被认为是“死”的状态。更科学的划分，应该将“死”的状态再划分为两个阶段，一是正真“死”的状态，即从死至化为土的阶段，二是“孕”的状态，即从土中吸纳阴阳二气并开始孕育至出生前的阶段。根据上述生命周期的二阶段划分，顺行的阳干从“长生”起点，按时间的流序顺布十二宫；而逆行的阴干则以顺行的阳干处于“死”的阶段为起点，按照时间的流序逆布十二宫。五行的行气顺序明确了，起点也确定了，那么如何确定行气起点的具体宫位呢？或者说不同的五行之气，其“长生”对应十二宫的哪一具体地支宫呢？解决行气的起点宫位需要从五行内在的时空之理寻求答案。易理认为，五行之气处于时间和空间交汇处就是“气”最旺盛的节点，那么这时的宫位就是地支藏干中五行行气最旺盛的时节，即“帝旺”宫。帝旺宫确定之后，只要按照“阳顺阴逆”的行气之理，就可以将五行行气轨迹布列十二宫之中，形成“一一对应”的行气路径。下文以五行“木”为例进行地支藏干生旺属性的详细阐释。

在 12 个地支之中“寅卯”五行木，处于春季，而卯为正东之位，是阳木旺至盛极的方位；寅为偏东之位，是阴木旺至盛极的方位。因为“阳动阴静”，甲阳之木因动而先纳盛极的四正之位“卯”，乙阴之木因静而后纳偏东之位“寅”，所以甲木的帝旺宫在“卯”，乙木的帝旺宫在“寅”。按照甲阳木顺行，帝旺宫位为卯，就可推理出甲阳木在地支十二宫中的行气轨迹如下：

甲阳木长生于“亥”（对应十月）、沐浴于“子”（对应十一月）、冠带于“丑”（对应十二月）、临官于“寅”（对应一月）、帝旺于“卯”（对应二月），至此木气盛极；而后则衰于“辰”（对应三月）、病于“巳”（对应四月）、死于“午”（对应五月）、墓于“未”（对应六月）、绝于“申”（对应七月）、胎于“酉”（对应八月）、养于“戌”（对应九月），至此木气衰之至极而归藏入土。

按照乙阴木逆行，帝旺宫位为寅，就可推理出乙阴木在地支十二宫中的行气轨迹如下：

乙阴木长生于“午”（对应五月）、沐浴于“巳”（对应四月）、冠带于“辰”（对应三月）、临官于“卯”（对应二月）、帝旺于“寅”（对应一月），至此木气盛极；而后衰于“丑”（对应十二月）、病于“子”（对十一月）、死于“亥”（对应十月）、墓于“戌”（对应九月）、绝于“酉”

（对应八月）、胎于“申”（对应七月）、养于“未”（对应六月），至此木气衰之至极而归藏入土。

其余的丙、丁、庚、辛、壬、癸六干均可依此类推，但“戊己”之干五行属土，位列中央，而地支“辰、戌、丑、未”寄旺四方，因此土行之气流行于一年四季，不存在行气的“生旺墓绝”属性。在四柱命理学中，常常按照“土火相耐”之理，将土行之气的行游十二宫按火行推演，这并没有什么科学依据。

为便于比较分析天干游行地支十二宫的规律，本书将除“戊己”之外的八干游行地支十二宫的规律以图表的形式列出，如表 5.1 所示。

**表 5.1 天干游行地支十二宫规律**

| 十二宫 | | 长生 | 沐浴 | 冠带 | 临官 | 帝旺 | 衰 | 病 | 死 | 墓库 | 绝 | 胎 | 养 |
|---|---|---|---|---|---|---|---|---|---|---|---|---|---|
| 阳干 | 甲木 | 亥 | 子 | 丑 | 寅 | 卯 | 辰 | 巳 | 午 | 未 | 申 | 酉 | 戌 |
| | 丙火 | 寅 | 卯 | 辰 | 巳 | 午 | 未 | 申 | 酉 | 戌 | 亥 | 子 | 丑 |
| | 庚金 | 巳 | 午 | 未 | 申 | 酉 | 戌 | 亥 | 子 | 丑 | 寅 | 卯 | 辰 |
| | 壬水 | 申 | 酉 | 戌 | 亥 | 子 | 丑 | 寅 | 卯 | 辰 | 巳 | 午 | 未 |
| 阴干 | 乙木 | 午 | 巳 | 辰 | 卯 | 寅 | 丑 | 子 | 亥 | 戌 | 酉 | 申 | 未 |
| | 丁火 | 酉 | 申 | 未 | 午 | 巳 | 辰 | 卯 | 寅 | 丑 | 子 | 亥 | 戌 |
| | 辛金 | 子 | 亥 | 戌 | 酉 | 申 | 未 | 午 | 巳 | 辰 | 卯 | 寅 | 丑 |
| | 癸水 | 卯 | 寅 | 丑 | 子 | 亥 | 戌 | 酉 | 申 | 未 | 午 | 巳 | 辰 |

## 二、地支藏干的内生属性

在干支体系中，天干为阳代表天，地支为阴代表地，阳为动，阴为静，阳动而有律，阴静而有常，以静抱动则为藏，所以只有支藏干之说，不存在干藏支。地支藏干的内在属性是指地支中藏纳天干符号的具体表现形式。换言之，就是每一地支之中如何藏天干？藏纳什么样的天干？藏纳天干的数量是多少？从干支学的发展看，地支藏干虽然在实践中有广泛的运用，但其理复杂，无律可循，古人传下来的地支藏干内在属性的版本也非常多，而且各有不同，这往往使许多初学者看后不知其所云，而导致放弃学习。其实，如果对易学的“象、数、理”有深刻的理解，那么只要依靠易理内在的“阴阳五行制化”之理和“五行行气的生旺属性”，通过易理的演化，就能推理地支藏干的具体表现形式。

### （一）地支十二宫的五行行气规律

易理认为，天干五行是以“气”的形式行游于地支十二宫中，在各种五行元素的行气过程中，因所处时间流序不同而呈现出的气场强度不一。据此，将五行之“气”划分为三种，行气过而留余称为“余气”，行气当令称为“正气”，行气当旺称为“中气”。通俗地说，余气就是上一个地支所余之气，中气就是地支三合中处于帝旺宫的地支之气，正气就是地支自已当令之气，就是地支本身之气。下文将根据这“三气”划分，按照地支三合中的“生、旺、墓”支分别揭示地支十二宫藏纳五行之气的状况。

生支以“寅”为列。“寅”的上一个地支为丑，所以丑为寅之余气，丑之五行为土，于是称寅有土之余气，所以寅内藏土；在地支寅午戌三合中，午处于帝旺宫，所以午为寅之中气，午之五行为火，于是称寅有火之中气，所以寅中藏火；地支之寅五行属木，于是称寅有木之正气，所以寅中藏木。综上可知，地支之寅藏纳“土、火、木”三气。依此类推，地支申藏纳“土、水、金”三气，地支巳藏纳“土、金、火”三气，地支亥藏纳“土、木、水”三气。可见，五行之土气游行于地支十二宫过程中，在长生宫中都纳有土之余气，这也进一步印证了土行寄旺其他四行的结论。

旺支以“子”为例。“子”的上一个地支为亥，所以亥为子之余气，亥之五行为水，于是称子有水之余气，所以子内藏水；在地支申子辰三合中，子处于帝旺宫，所以子以子为中气，亦为水；而子之本气也为水。所以，地支子只藏五行“水”一气。依此类推，地支午只藏“火”一气，地支卯只藏“木”一气，地支酉只藏“金”一气。可见，四旺支均只藏一气，是本气之盛极。

墓支以“辰”为例。“辰”的上一个地支为卯，所以卯为辰之余气，卯之五行为木，于是称辰有木之余气，所以辰中藏木；在地支申子辰三合中，子处于帝旺宫，所以子为辰之中气，子之五行为水，于是称辰有水之中气，所以辰中藏水；地支辰五行属土，于是称辰有土之本气，所以辰中藏土。综上可知，地支辰藏纳“木、水、土”三气。依此类推，地支戌藏纳“金、火、土”三气，地支丑藏纳“水、金、土”三气，地支未藏纳“火、木、土”三气。这里也体现了五行之土游行于四时过程中的四墓宫本气皆为土。

上述分析，可以得出地支藏纳五行之气的种类和个数如下：

子纳水一气；丑纳土、水、金三气；寅纳木、火、土三气；

卯纳木一气；辰纳土、木、水三气；巳纳火、金、土三气；

午纳火一气；未纳土、火、木三气；申纳金、水、土三气；

酉纳金一气；戌纳土、金、火三气；亥纳水、木、土三气。

**（二）地支十二宫的五行行气阴阳性**

通过揭示五行在地支十二宫中行气规律，解决了地支所藏纳的天干五行属性和个数，但没解决地支藏干中的阴阳问题。如寅中藏木，是甲之阳木还是乙之阴木呢？寅中藏土是戊之阳土还是己之阴土呢？因此，有必要进一步分析地支藏干的阴阳属性，才能最终揭示地支藏纳天干的真正内在规律。

在五行之中，土行寄旺于四方、游行于四时，不存在“生旺墓绝”的属性。因此，在决定地支所藏天干的五行阴阳性时，土行与其他四行不能等同而论。木、火、水、金四行遵循着五行游行地支十二宫的规律，其本气在“帝旺”之时为气之盛极，所以其纳天干于“临官”；其中气在“长生”之时开始生旺，所以其纳天干于“长生”。而土气因为游行于四时，遵循“附阴附阳”的规律，其纳天干之阴阳以地支阴阳属性决定。下文将根据这一原则，按照地支三合的“生、旺、墓”支，分别揭示地支十二宫所藏天干五行之气的阴阳性。

四生支“寅、申、巳、亥”均都纳有三种不同的五行之气，所以应按照上述“本气纳临官、中气纳长生、土行随地支”的原则确定四生支所纳天干之阴阳。以地支寅为例：寅中藏“土、火、木”三气，本气“木”，纳天干于“临官”，那么就要分析是阴木还是阳木的“临官”之位在“寅”，按照“阳顺阴逆”的五行行气之理，阳木“甲”的“临官”在“寅”，所以“寅”中所纳之木为阳木“甲”。中气“火”，纳天干于“长生”，同样要分析是阴火还是阳火的“长生”之位在“寅”，按照“阳顺阴逆”的五行行气之理，阳火“丙”的“长生”在“寅”，所以“寅”中所纳之火为阳火“丙”。余气“土”，“土”纳天干随地支之阴阳而定，“寅”为阳，所以“寅”中纳土为阳土“戊”。据此，推理出地支寅藏纳“甲、丙、戊”三干。其他三生支依此类推。

四旺支“子、午、卯、酉”所藏三气五行相同，都是本气，所以只要用到“本气纳临官”就可确定四旺支所纳五行之气的阴阳性。以地支子为例：子只纳“水”一气，而天干之水分为“壬”阳水和“癸”阴水两种，根据“本气纳临官”的原则，只要判断是阴水“癸”还是阳水“壬”的“临官”在“子”，就可推断出“子”所纳之“水”气的阴阳属性，按照“阳顺阴逆”的五行行气之理，只有“癸”阴水的临官位在“子”，所以“子”纳“癸”。其他三旺支依此类推。

四墓支辰、戌、丑、未本身均为土，所以其藏纳天干之阴阳以其本身的阴阳属性直接确定。四墓支的本气均为土，直接以本地支阴阳确定纳天干“土”之阴阳，如“辰”为阳则纳阳土“戊”；“戌”为阳则纳阳土“戊”；“丑”为阴则纳阴土“己”；“未”为阴则纳阴土“己”。四墓支辰、戌、丑、未对应的中气分别为“子水、午火、酉金、卯木”，子之本气纳“癸水”，午之本气纳“丁火”，酉之本气纳“辛金”，卯之本气纳“乙木”，所以“辰、戌、丑、未”四墓支对应纳“癸水、丁火、辛金、乙木”。四墓支辰、戌、丑、未对应的余气分别为“卯木、酉金、子水、午火”，卯之本气纳“乙木”，酉之本气纳“辛金”，子之本气纳“癸水”，午之本气纳“丁火”，所以“辰、戌、丑、未”四墓支对应纳“乙木、辛金、癸水、丁火”。

**（三）地支藏干内生属性的表现形式**

综合上述对地支十二宫藏纳天干行气规律和阴阳属性的分析，可知地支藏纳天干的内生属性表现形式如下：

子纳“癸”；

丑纳“己、癸、辛”；

寅纳“甲、丙、戊”；

卯纳“乙”；

辰纳“戊、乙、癸”；

巳纳“丙、庚、己”；

午纳“丁”；

未纳“己、丁、乙”；

申纳“庚、壬、戊”；

酉纳“辛”；

戌纳“戊、辛、丁”；

亥纳“壬、甲、己”。

需要强调，笔者通过揭示地支藏干中的五行行气规律和阴阳属性而推理的地支藏干内生属性的表现形式，与传统命理学、中州玄空学和人元司令学等古人留下来的地支藏干内生属性表现形式不同。在此，暂且不论其谁是谁非。笔者认为，研习易理应该遵循易学倡导的“平衡和谐”理念，易之“象、数、理”应该有严密的逻辑数理关系，对于传统文献记载的地支藏干内生属性具有的不符易理逻辑的特例，或许就是古人的笔误。

### （四）传统干支学的地支藏干内生属性表现形式

为便于读者进一步理解按照易理的“象、数、理”关系而揭示的地支藏干的内生属性，笔者将传统干支学留传下来的三种较常见的地支藏干内生属性表现形式予以列出，供读者学习时比较参考。

#### 1. 传统命理学的地支藏干内生属性表现形式

子纳“癸”；

丑纳“己、癸、辛”；

寅纳“甲、丙、戊”；

卯纳“乙”；

辰纳“戊、乙、癸”；

巳纳“丙、庚、戊”；

午纳“丁、己”；

未纳“己、丁、乙”；

申纳“庚、壬、戊”；

酉纳“辛”；

戌纳“戊、辛、丁”；

亥纳“壬、甲”。

这种地支藏干内生属性的表现形式是传统八字预测学中最常用的一种方式，其四旺支“子、午、卯、酉”纳藏个数除“午”之外其他均为一个；四墓支“丑、辰、戌、未”均纳三个；四生支“寅、申、巳、亥”除“亥”之外均纳三个。

**2. 中州玄空学的地支藏干内生属性表现形式**

子纳“癸”；

丑纳“己、癸、辛”；

寅纳“甲、丙、戊”；

卯纳“乙”；

辰纳“戊、乙、癸”；

巳纳“丙、戊、庚”；

午纳“丁”；

未纳“己、丁、乙”；

申纳“庚、戊、壬”；

酉纳“辛”；

戌纳“戊、辛、丁”；

亥纳“壬、甲、戊”。

这种表现形式与传统八字预测学中的表现形式基本相同，主要区别就是在地支午火所藏只有“丁”，而没有“己”；在地支亥水中藏有“戊”。玄空学的地支藏干从结构上看，比传统八字预测学更完整，均是四旺支只纳一干，四墓支和四生支都纳三干。

**3. 人元司令的地支藏干内生属性表现形式**

子纳“壬、癸”；

丑纳“己、癸、辛”；

寅纳“甲、丙、戊”；

卯纳“乙、甲”；

辰纳“戊、乙、癸”；

巳纳“丙、戊、庚”；

午纳“丁、己、丙”；

未纳“己、丁、乙”；

申纳“庚、戊、壬”；

酉纳“辛、庚”；

戌纳“戊、辛、丁”；

亥纳“壬、甲、戊”。

这种表现形式来源于《人元司令分野与节气》，是按照一年四季 24 节气划分而得出的结论。从结构上看也不规整，如四旺支之“午”纳“丁、己、丙”三干，而其他三个旺支都只纳二干。

## 三、地支藏干阴阳性的空间体现

干支作为纪时的符号，其本身的阴阳属性是以一年四季的时间流序为标准，体现为时间范畴。然而，易理通过阴阳转化和五行制化之理，将干支学说上升为描述空间结构的符号，作为勘察地理环境的坐标，从而构成了平面空间的二十四山向，这又使干支学体现为空间范畴。可见，干支也是描述宇宙时空的一种表达方式，和阴阳、五行、八卦一样，也是构成宇宙万事万物的又一种表现形式。因此，干支具备易理的空间定态，是确定易理环境选择方位空间的基本工具。下文按照地支三合的“生旺墓”支，通过分析地支藏干的阴阳性，以揭示干支在空间结构中的定态关系。

四旺支“子、午、卯、酉”在空间结构中布列于“北、南、东、西”四正之位，并且在空间结构中的阴阳属性均为“阴”，这种阴阳属性的确定正是以天干藏纳地支十二宫的阴阳性为标准。以地支子为例：子本身为“阳”，其纳“癸”之干，而“癸”本身属阴，所以地支子在二十四山向中的阴阳属性为“阴”。其他三支依此类推。

四生支“寅、申、巳、亥”在空间结构中处于四隅之位，其本身之阴阳属性是寅申为阳、巳亥为阴，而在空间结构中四旺支皆为“阳”，这种阴阳属性的确立也是源于天干藏纳地支十二宫的阴阳性。如寅中藏纳“甲、丙、戊”三阳干，故寅在空间结构中的阴阳属性为“阳”；巳中藏纳“丙、庚、己”两阳一阴，阳胜阴，故巳在空间结构中的阴阳属性为“阳”。其余二支依此类推。

四墓支“辰、戌、丑、未”在空间结构中也处于四隅之位，其本身的阴阳属性是辰戌为阳、丑未为阴，而在空间结构中四墓支皆为“阴”，这种阴阳属性的确立也是源于天干藏纳地支十二宫的阴阳性。如辰中藏纳“戊、乙、癸”两阴一阳，阴胜阳，故辰在空间结构中的阴阳属性为“阴”；丑中藏纳“己、癸、辛”三阴干，故丑在空间结构中的阴阳属性为“阴”。其余二支依此类推。

综上可知，12 个地支在空间结构中的阴阳属性定态是四旺支“子、午、卯、酉”与四墓支“辰、戌、丑、未”皆为阴，而四生支“寅、申、巳、亥”则为阳，这与《八卦》章节提到的 24 维空间结构的后天阴阳之理完全一致。

## 第五节　干支运用举例

干支最原始的用途应该是记录时间的符号，但随着人们认识自然的不断发展，将干支引申为认识宇宙世界的符号工具，使之不但用于描述四时更替，也用于描述宇宙空间结构。所以，干支的运用非常广泛，已成为中国古人推理时空变化的基本符号工具。下文举例一些常用干支知识，供读者学习参考。

### 一、干支在纪时上的运用

干支不但可以用于纪年，也可用于纪日、纪时。干支纪年法，是大家最熟悉的一种纪年法，直至今日还在华人圈内广泛运用。其原理简单易懂，就是将10个天干与12个地支相配对，采用奇数配奇数、偶数配偶数，配完十天干、十二地支可得到60组干支组合，这就是俗称的“六十甲子”。六十甲子纪年表如表5.2所示。此外，干支还用于纪时，通常人们所说的“子时、丑子、卯时……”，就是将一天的24小时划分为十二个时辰，并分别用十二地支予以记录。

表5.2 六十甲子纪年表

| | | | | | |
|---|---|---|---|---|---|
| 01 甲子 | 11 甲戌 | 21 甲申 | 31 甲午 | 41 甲辰 | 51 甲寅 |
| 02 乙丑 | 12 乙亥 | 22 乙酉 | 32 乙未 | 42 乙巳 | 52 乙卯 |
| 03 丙寅 | 13 丙子 | 23 丙戌 | 33 丙申 | 43 丙午 | 53 丙辰 |
| 04 丁卯 | 14 丁丑 | 24 丁亥 | 34 丁酉 | 44 丁未 | 54 丁巳 |
| 05 戊辰 | 15 戊寅 | 25 戊子 | 35 戊戌 | 45 戊申 | 55 戊午 |
| 06 己巳 | 16 己卯 | 26 己丑 | 36 己亥 | 46 己酉 | 56 己未 |
| 07 庚午 | 17 庚辰 | 27 庚寅 | 37 庚子 | 47 庚戌 | 57 庚申 |
| 08 辛未 | 18 辛巳 | 28 辛卯 | 38 辛丑 | 48 辛亥 | 58 辛酉 |
| 09 壬申 | 19 壬午 | 29 壬辰 | 39 壬寅 | 49 壬子 | 59 壬戌 |
| 10 癸酉 | 20 癸未 | 30 癸巳 | 40 癸卯 | 50 癸丑 | 60 癸亥 |

## 二、干支在空间方位标识上的运用

干支在空间结构中的运用主要是标识空间方位。在易理环境选择中，按照后天八卦的空间布列结构将 360 度的平面空间进行二十四等分，每一个等分 15 度，分别代表一个方位，从而形成了二十四山向。这二十四山向的命名就是借助于干支符号，首先按照空间结构的五行属性确定四正之位，以地支中的四旺支替代四正之位的卦象名称，形成北子（水）、南午（火）、东卯（木）、西酉（金），并将八天干（戊己土居中央）按照五行属性分别布于四正之左右，如甲乙木布列于东方卯之左右、丙丁火布列于南方午之左右；其次将八卦中的其他四卦“乾、坤、艮、巽”仍留于四隅之位，直接以卦象的符号作为方位的名称，并将十二地支之中的四生支和四墓支分别布列于上述四隅卦之左右，四生支在左，四墓支在右，如亥、戌布列乾位之左右，申、未布列坤位之左右。据此，构成了完整的二十四山向方位图，如第四章的 4.8 图所示。

# 第六章　九星学

九星学是中国传统堪舆学的基础理论之一，是易理环境选择的重要分支。九星学最初源于中国古代天文学，在《云笈七签》第二十四卷之《北斗九星职位总主》中记载“北斗第一天枢星，则阳明星之魂神也；第二天璇星，则阴精星之魂神也；第三天玑星，则真人星之魄精也；第四天权星，则玄冥星之魄精也；第五玉衡星，则丹元星之魄灵也；第六闿（开）阳星，则北极星之魄灵也；第七摇光星，则天关星之魂大明也；第八洞明星，则辅星之魂精阳明也；第九隐元星，则弼星之魂明空灵也。”这或许就是九星学的最早记载。在天象观测中，不难看出北斗之中的“天枢、天璇、天玑、天权”四星连成方形，如同斗柄的“斗”（一些文集统称为“魁”）；而“玉衡、闿阳、摇光”三星则连成了一条线，如同斗柄的“柄”（一些文集统称“杓”）；在“闿阳、摇光”二星的两旁还有两颗较小的行星，左为洞明，右为隐元，由此就构成了“九星”。著名英籍科学家李约瑟在《中国科学技术史》的天文卷中，就曾指出在中国上古有北斗九星之说，但因岁差的原因，使得八九二星退出恒显圈，于是将九星改为七星，变成现在人们通常所认识的“北斗七星”。可见，九星之天象就是指人们通常认识的北斗七星外加两颗辅星而构成。

## 第一节　九星概述

“九星”从天文学概念上升为易理学说，是以易理的“成象”理论为基础，并经过一系列的类象化而形成的一种研究“象、数、理”关系的易学分支。据传说，最早将北斗九星的天文学现象上升为易理观念的是秦末时期的黄石公，此人是秦末汉初的五大隐士之一（《史记·留侯世家》称其为避秦世之乱，隐居东海下邳，后得道而成仙，被道教纳入神谱），是他将天象九星与道学思想的易卦相结合，并分别对其进行了命名，将第一天枢星命名为“贪狼”，第二天璇星命名为“巨门”，第三天玑星命名为“禄存”，第四天权星命名为“文曲”，第五玉衡星命名为“廉贞”，第六闿阳星命名为“武曲”，第七瑶光星命名为“破军”，第八洞明星命名为“左辅”，第九隐元星命名为“右弼”，据此形成了具有易理观念的九星学。黄石公将天象九星与易卦相结合，旨在揭示北斗九星在宇宙时空的运行过程中对地理环境万事万物生长变化的影响关系。从现代科学的角度看，宇宙星象的运动必然对地球生态产生影响，两千多年前的黄石公将北斗九星与易卦相结合来研究宇宙万事万物的变化规律是有其科学道理的。易理观念下的“九星”并不同于天文学中的“九星”，需要按照易学的“象、数、理”关系，研究其在宇宙时空中的空间布列和时间运行规律。

### 一、九星释义

九星的本义就是指宇宙星空中的北斗九星，但九星作为一种学说理论，其本义已由原始的星象抽象为具有易理属性的能够类象万事万物的易学观念。

#### （一）九星本义

九星本义是指九星作为易学分支而指示的具体意义，而不是指九星本身的天文学意义，因此九星本义是按照易学的类象之理进行类象化而指示的意义，是一种哲学观的表达方式。

第一颗“贪狼”星的本义指魁首文章、智慧财富，类象财富、文职和智慧；

第二颗“巨门”星的本义指病符、死亡、痛苦，类象衰、病和死亡；

第三颗“禄存”星的本义指好斗好勇、口舌是非，类象枭雄激进、争强好斗、争吵是非；

第四颗“文曲”星的本义指直曲、是非、文化科甲，既类象争吵、好强、骄傲，又类象聪慧、贤达、文昌；

第五颗“廉贞”星的本义指至尊权位、至高无上、大祸大煞，类象权威、高位、皇权和死亡、毁灭；

第六颗“武曲”星的本义指权威、正气、财富，类象大富大贵、旺财旺丁；

第七颗“破军”星的本义指肃杀、刀剑，类象刀光剑影、流血之凶；

第八颗“左辅”星的本义指太白财星、忠良孝义，类象为财富、孝道、孝义；

第九颗“右弼”星的本义指荣显、姻缘，类象为四海为朋、广结姻缘和桃花事件。

**（二）九星之数**

九星之数是指飞星的数序与洛书数理之间的对应关系。大家不难理解，九星从数列上看就是由九颗星构成，按照每颗星的数序与洛书的数序相对应，构成一对贪狼星、二对巨门星、三对禄存星、四对文曲星、五对廉贞星、六对武曲星、七对破军星、八对左辅星、九对右弼星的数序排列，这就是九星之数。

其实，九星的数序本身就是洛书数理关系，九星从天文学上升为具有哲学观念的易学分支，就是将洛书行数的轨迹与九星的数序一一对应，使九星的运行轨迹与洛书轨迹相一致。

**（三）九星之色**

九星本身并没有色彩之分，赋于九星颜色，完全是人们的主观意识，并没有科学依据。但有了颜色，将为识记九星提供了方便。飞星色彩的定义是按照人们常见的“白、黑、碧、绿、黄、红、紫”七色与九星进行类象，并按照九星的吉凶，用“白色”代表“吉祥”，其他色彩代表“凶险”，对九星一一赋予颜色，分别是“一白贪狼星、二黑巨门星、三碧禄存星、四绿文曲星、五黄廉贞星、六白武曲星、七赤破军星、八白左辅星、九紫右弼星”。

**（四）九星吉凶**

上述九星之色已指出，九星赋色是按照其“吉凶”属性进行的，“白”色为吉，其他色为凶。由此可见，“一白贪狼星、六白武曲星、八白左辅星”三星为吉；其他五星都为凶。但在易理实践中，通常将“四绿文曲星”和“九紫右弼星”确定为半吉半凶星，也就是说这两星具有双重属性，既凶又吉，其凶性比其他凶星更小一些，吉性也不如三白星；而将“五黄廉贞”之星确定为最凶之星。

## 二、九星的易理概念

九星从天文学概念上升为易学观念，需要借助于一些特殊的易理概念，并将天文学的描述方法转化为易学的描述方法。通常情况下，这些特殊的概念主要涉及九星飞伏、飞星当令失令、飞星旺衰等三个基本概念。

**（一）九星飞伏**

九星飞伏，也称为“九星飞泊”或“九星飞天”，是将宇宙星象变化的天文学理论与易学的河洛数理相结合而形成的观察和认识宇宙万事万物变化发展的方法论，其“体”是研究天象九星在宇宙空间中的运行轨迹，其“用”是探索星象飞伏后而形成的空间布列形式。由九星数理可知，九星之数与洛书之数具有一一对应关系，因此易理观念下的九星飞伏空间布列就是洛书数理的行数轨迹，与后天八卦的空间布列是一致的。九星飞伏是易理环境选择的重要基础理论之一，在传统的风水门派中就有专门以“九星学”为基础的九星风水学和玄空风水学。按照九星运行的顺序不同，九星飞伏可以划分为“顺飞”和“逆飞”两种状态。

**（二）飞星当令失令**

九星在宇宙时空的运动过程中因所处的时间节点和空间方位不同而对地理环境产生不同影响力，当其影响力处于最强时，称为“当令”“当值”或“当运”，当其影响力处于最弱时称为“失令”“失值”或“失运”。易理认为，飞星“当令”时，其本身固有的属性或能量将得到最大程度的发挥，从而形成影响宇宙万事万物发展变化的最强气场；飞星“失令”时，其本身固有的属性或能量将得不到发挥，从而不能形成对宇宙万事万物发展变化的影响气场，或者说影响气场最弱。在易理环境选择实践中，通过分析判断飞星的“当令”与“失令”状态，推断宇宙星象对地理环境的影响状况。飞星“当令”与“失令”的描述需要借助于“时间”和“空间”两个范畴，在时间范畴中飞星的当令与失令是按照时间流序的“元运”进行描述；在空间范畴中飞星的当令与失令是按照后天八卦的空间结构布列方式进行描述。飞星的吉凶属性随着飞星的“当令”与“失令”而产生不同的作用效果，吉星在“当令”时则吉上加吉，在“失令”时亦不见其凶；凶星在“当令”之时最凶，但其凶象都以正面体现，尤其是在具有双重性的“四绿文曲星”和“九紫右弼星”表现更为明显，而在“失令”时，凶星才真正显示其凶象。

**（三）飞星旺衰**

飞星旺衰，也称九星旺衰，指是飞星在不同的时间轨迹中相互作用而产生的九星之间的内在作用关系，这种相互作用关系呈现出“旺、生、退、煞、死”五种状态。当某星当令时，则称之为“旺星”，那么在九星序列中位于该星的后两星为未来之星，称为“生星”；位于该星之前的两星为过去之星，称为“退星”；位于该星之前的第三、第四两星为过而不及之星，称为“煞星”；处于该星之前的第五、第六两星为过过而不活之星，称为“死星”。例如以第八颗“左辅星”为例，当“左辅星”当令时，那么位列其后的“第九颗右弼星、第一颗贪狼星”就是未来之星，称之为“左辅星”的“生星”，其中第九右弼星为“近生星”，第一贪狼星为“远生星”；位列“左辅星”之前的“第七破军星、第六武曲星”就是过去之星，称之为“左辅星”的“退星”，其中第七破军星为“近退星”，第六武曲星为“远退星”；而“第五廉贞星、第四文曲星”即是过而不及之星，称之为“左辅星”的“煞星”；而“第三禄存星、第二巨门星”就是过过而不活之星，称之为“左辅星”的“死星”。星象的“旺衰”对应影响宇宙万事万物的能量大小，通常将其转化为“吉凶”状态以推定飞星对地理环境的影响：“旺”为大吉；“近生”为次吉；“远生”为小吉；“近退”为小吉；“远退”为吉凶持平；“煞”为凶；“死”为大凶。九星的旺衰关系如表 6.1 所示。

表 6.1 九星旺衰关系表

| 生旺关系 | 一 | 二 | 三 | 四 | 五 | 六 | 七 | 八 | 九 |
|---|---|---|---|---|---|---|---|---|---|
| 一 | 旺 | 近生 | 远生 | 死 | 死 | 煞 | 煞 | 远退 | 近退 |
| 二 | 近退 | 旺 | 近生 | 远生 | 死 | 死 | 煞 | 煞 | 远退 |
| 三 | 远退 | 近退 | 旺 | 近生 | 远生 | 死 | 死 | 煞 | 煞 |
| 四 | 煞 | 远奶 | 近退 | 旺 | 近生 | 远生 | 死 | 死 | 煞 |
| 五 | 煞 | 煞 | 远退 | 近退 | 旺 | 近生 | 远生 | 死 | 死 |
| 六 | 死 | 煞 | 煞 | 远退 | 近退 | 旺 | 近生 | 远生 | 死 |
| 七 | 死 | 死 | 煞 | 煞 | 远退 | 近退 | 旺 | 近生 | 远生 |
| 八 | 远生 | 死 | 死 | 煞 | 煞 | 远退 | 近退 | 旺 | 近生 |
| 九 | 近生 | 远生 | 死 | 死 | 煞 | 煞 | 远退 | 近退 | 旺 |

## 第二节 九星易理属性

九星的易理属性是指九星学说作为易学的一部分，其所体现的“象、数、理”关系。九星之象就是指“北斗九星”，常常被类象于易理环境中的各种砂峰；九星之数则合洛书九数，与洛书之数一一对应。所以，考察九星的易理属性主要是考察其所涵盖的阴阳、五行和八卦的制化关系，其象、数关系就是北斗星象和洛书之数，在此不再赘述。



### 一、九星阴阳之理

九星阴阳之理源于九星之数，九星之数由“1、2、3、4、5、6、7、8、9”构成，其中“1、3、5、7、9”为奇数，为阳；“2、4、6、8”为偶数，为阴。九星的阴阳就是按照九星之数的阴阳属性确定。因为九星之数与洛书数理是一一对应关系，洛书数理的阴阳性从“成象”的角度看正好是“九星”。所以，九星的阴阳属性是洛书之数“成象”的具体表现，不但符合洛书数理的内在要求，也符合易理天地之数的内在要求。“1、3、5、7、9”为天数，为阳；“2、4、6、8”为地数，为阴。

### 二、九星五行之理

九星的五行属性在《五行学说》章节已有所述，在此不妨重温一下。九星五行分为两大类型，一类为九星正五行，是九星本身所具备的五行属性；另一类为九星引五行，是借助于九星的概念以描述五行的属性。

#### （一）九星正五行

根据九星之数与洛书数理一一对应关系，可知洛书之数所构成的空间结构与九星飞伏所构成的空间结构完全一致。而洛书之数行游九宫的空间结构是后天八卦的卦序构成，因此只要将飞星九数按照洛书之数的空间布列方式引入后天八卦的宫卦之中，再判断卦象的五行属性，就可得出飞星的正五行属性。具体如下：

“一白贪狼星”入正北坎宫，五行属水；

“二黑巨门星”入西南坤宫，五行属土；

“三碧禄存星”入正东震宫，五行属木；

“四绿文曲星”入东南巽宫，五行属木；

"五黄廉贞星"入中宫，五行属土；

"六白武曲星"入西北乾宫，五行属金；

"七赤破军星"入正西兑宫，五行属金；

"八白左辅星"入东北艮宫，五行属土；

"九紫右弼星"入正南离宫，五行属火。

**（二）九星引五行**

九星引五行是借助星象的形态以类象五行属性而形成的一种五行表达方式，这种表达方式只涉及到四颗星，分别是"一白贪狼木，四绿文曲水，五黄廉贞火，六白武曲金"。九星引五行仅仅是借助于星象的形态以识记五行的一种方法，本身没有实际的内在意义。而九星正五行则是五行属性在星象分布中的表现形式，是洛书数理和后天八卦卦象布列的体现，不但有其实际的空间方位意义，而且具备易理的"象、数、理"对应关系。

## 第三节　九星时空属性

九星时空属性是指九星在宇宙时空中所呈现的运动轨迹和运行方式。换言之，就是九星的易理属性在时间和空间中的表现形式，是九星时间之理和空间之理的总和。

### 一、九星时间之理

九星时间之理是指九星运动在不同的时间节点上对宇宙万事万物发展变化产生的不同影响，其影响程度的强、弱状态则体现为飞星的当令与失令状态。然而，时间运行是飞速的，任何物态都无法克服时间的流逝，所以九星的"当令"与"失令"是相对的概念。当确定某星当令时，过了这个时间阶段，就可能不当令了。在时间流序中时间周期可以无限细分，比如以天为单位，当某星在某一天为当令，那么过了这一天，此星将变为退星，处于失令状态；又比如以“秒”为单位，当某星处于某秒时当令，那么过了这一秒，此星将变为退星，属于失令状态。因此，研究飞星的时间之理，最重要的是划分时间周期，确立时长。只有在既定的时长范围内，谈论飞星的“当令”与“失令”才具有现实意义。在传统的易理观念中，飞星当令时长通常以六十年（一个甲子）、二十年（一运）、一年和日、月为周期单位进行确立，最常用的是以二十年（一运）为一个单位时间。

**（一）三元九运**

古人通过观测天象，记录九星运行时间轨迹，得出九星中的每一颗星在时间轨迹中的一个连续 20 年相对稳定，并且其影响力量较其他星象更强一些。于是将 20 年作为九星当令的一个周期，那么当每颗星当令 20 年之后（共 180 年），重新回到初始之星当令，这样周而复始地推动宇宙时间的流逝，构成了人类认识宇宙时间的周期。在九星一个轮回的当令之中，将当令的 20 年称之为一个“运”，共九颗星，因此称之为“九运”；然后再按照星象的顺序将一个轮回划分为三个阶段，一白、二黑、三碧三星当令的 60 年称为“上元”，四绿、五黄、六白三星当令的 60 年称为“中元”，七赤、八白、九紫三星当令的 60 年称为“下元”，据此构成“三元”；最后将一个轮回的 180 年称为“正元”。这就是人们通常所说的“三元九运”。在中国古代历法中，每 180 年还原一次，即一个正元（180 年）之后的纪年方式、节气、闰期、大小月份和 180 年前完全一样，重复开始。

现代科学研究表明，在整个太阳系中，最大的行星是木星，其体积和质量仅次于太阳。木星围绕太阳旋转一周正好是 12 年，因此木星的运动时间被类象为易理之中的 12 生肖。同时，在太阳系的九大行星体系中，木星与其他行星（如土星、水星）交会周期为 20 年，被类象为“三元九运”中的“运”；土星、木星、水星的交会周期是 60 年，被类象为“三元九运”中的“元”；一个太阳系九大行星相会周期是 180 年，被类象为“三元九运”中的“正元”。这三组行星的运行时间轨迹恰好与中国古人创立的“三元九运”说法一致。

三元九运作为中国古代历法派生的产物，其记录时间的起点始于相传的黄帝元年。中国古代历法的创制被公认为处于上古的黄帝时代，根据现代科学考证，黄帝元年被公认为公元前 2697 年，据今 4000 多年，因此三元九运纪年法的起始元年被确定为公元前 2697 年。按照三元九运的理论推算，从黄帝元年至今，经历了 27 个正元，79 个元，237 个运。当今正处于公元 2004–2023 年之间的下元第八运之中。

### （二）干支纪年元运划分

在中国古代历法中，采用干支纪年法进行纪年。以甲子年为初始元年，一直计算至第 20 年为癸未年，构成了“一运”；再从甲申年开始至癸卯年也是 20 年，构成了“二运”；其余仿此类推，就可以得出干支纪年的元运划分结果。三元九运的纪时年份用干支纪年法表示如下。

#### 1. 上元 60 年

一运为甲子年至癸未年的 20 年，配一白飞星，称一白运；

二运为甲申年至癸卯年的 20 年，配二黑飞星，称二黑运；

三运为甲辰年至癸亥年的 20 年，配三碧飞星，称三碧运。

#### 2. 中元 60 年

四运为甲子年至癸未年的 20 年，配四绿飞星，称四绿运；

五运为甲申年至癸卯年的 20 年，配五黄飞星，称五黄运；

六运为甲辰年至癸亥年的 20 年，配六白飞星，称六白运。

#### 3. 下元 60 年

七运为甲子年至癸未年的 20 年，配七赤飞星，称七赤运；

八运为甲申年至癸卯年的 20 年，配八白飞星，称八白运；

九运为甲辰年至癸亥年的 20 年，配九紫飞星，称九紫运。

### （三）近代三元九运划分

为便于在具体的易理环境勘察和选择中，直接快速引用“三元九运”

的理论，本书将最近的一个正元年对应的公元纪年予以列出，供读者直接查找和运用。

以黄帝元年作为起始，至今已经历过 79 个元，而最近的一个正元始于公元 1864 年，止于公元 2043 年。

上元为公元 1864 年—公元 1923 年

一运 20 年为“1864 年—1883 年”，对应一白水运（坎宫）；

二运 20 年为“1884 年—1903 年”，对应二黑土运（坤宫）；

三运 20 年为“1904 年—1923 年”，对应三碧木运（震宫）。

中元为公元 1924 年—公元 1983 年

四运 20 年为“1924 年—1943 年”，对应四绿木运（巽宫）；

五运 20 年为“1944 年—1963 年”，对应五黄土运（中宫）；

六运 20 年为“1964 年—1983 年”，对应六白金运（乾宫）。

下元为公元 1984 年—公元 2043 年

七运 20 年为“1984 年—2003 年”，对应七赤金运（兑宫）；

八运 20 年为“2004 年—2023 年”，对应八白土运（艮宫）；

九运 20 年为“2024 年—2043 年”，对应九紫火运（离宫）。

## 二、九星空间之理

九星空间之理是指九星运行过程中产生的能量对宇宙空间方位的影响，是九星在宇宙空间中运动轨迹的表现。

### （一）九星空间运动轨迹

九星空间运动轨迹是指九星在宇宙空间飞伏过程所遵循的轨迹或路径。在易理实践中，九星运动是以九星行数的形式表现的，或者说九星的空间运动轨迹就是九星之数的行数轨迹，而九星之数的行数轨迹与洛书之数的行数轨迹是一致的，因此只要认识了洛书轨迹，那么九星的空间运动轨迹就一目了然了。洛书数理是一组平衡的数量关系，其数在空间

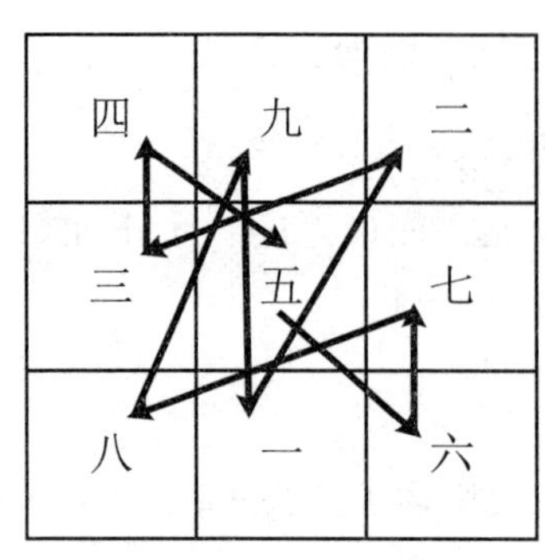

图 6.1 九星空间运动轨迹

结构中的分布状态是“五居中央、上九下一、左三右七、四二在肩、六八在足”。根据这组数量的分布状态，以洛书数理为基础，在九宫卦中按照“中、乾、兑、艮、离、坎、坤、震、巽、中”的卦象运行轨迹，配上九星数序，排布九宫，就构成了九星的空间运动轨迹，即九星之数按照“5、6、7、8、9、1、2、3、4，最后重回到 5”的顺序在九宫中排布。这个行数顺序在八卦宫中是以中宫为起点，至乾、至兑、至艮、至离、至坎、至坤、至震、再至巽，最后又回到中宫，形成了与洛书轨迹完全一致的运行方式。九星空间运动轨迹如图 6.1 所示。

需要强调，洛书之数作为易理研究的数理逻辑基础，其布列方式是不变的，其数量不论从哪个方向相加均为 15，所以洛书数理揭示了宇宙世界的平衡稳定关系。而九星则不同，它是一组运动的数列，只是按照洛书行数的轨迹进行运动罢了，其布列的方式是随时变动的，不一定存在着数理上的平衡关系。由此可见，洛书数理的布列方式仅仅是九星空间运行轨迹的一种特例，即当九星之中的五黄廉贞星入中后，顺序飞伏而形成的空间星象布列，正好与洛书数理的空间布列一致。

### （二）九星当令的空间体现

上文已述，九星当令是指某星在某一定特定的时间周期内对宇宙万事万物的影响气场最强烈，通常这个时间周期以 20 年（一个运辰）为一个标准单位。然而，九星当令在宇宙空间中又是如何体现的呢？大家知道，描述宇宙空间必须选择参照物，从人类探索宇宙空间的构成上看，通常以中心点作为参照物，有了中心点就有东南西北、上下左右。因此，当某颗飞星通过不断的运动进入描述宇宙空间的中心点时，此时的飞星产生的能量最大，对整个宇宙空间万事万物的发展变化影响力最强，这正是九星在空间范畴中的当令体现。在易理实践中，将宇宙空间简化为八卦九宫构图，当九星中的某一星飞伏入中宫时，那么就称该星当令。



## 第四节　九星盘图

九星盘图，也称九宫盘图，是指按照九星的时空属性所绘制的反映九星在宇宙时空中运行轨迹和能量旺衰关系的九宫构图。九星的时空属性涵盖了时间和空间两个范畴，在时间范畴内是指某颗星运行至处于最旺、影响力最强的单位时间周期，即称某星当令；在空间范畴内是指某颗星飞伏进入宇宙空间的中心点，也就是运行至洛书九宫的中宫内，即称某星当令。将九星的运行时间与运行空间相结合，以九星的时间之理确定当令星，以九星的空间之理布列九宫，就构成了以九星数序为载体的各种类型的九宫盘图。九宫盘图是研究九星的综合体，是九星易理的具体表现形式。

### 一、九宫盘图的类型

九宫盘图的类型划分有多种方法，在易理实践中，通常根据九宫盘图的具体用途，将其划分为元旦盘、元运盘和地运盘三类；根据九宫盘图所反映的侧重点，将其划分为时间盘图、空间盘图和综合盘图三类。

#### （一）按九宫盘图的用途划分

#### 1. 元旦盘

元旦盘是以洛书之数对应飞星之数所构成的九宫盘图。元旦盘就是洛书九数与后天八卦相融合的结果，这是九星学中最基础最重要的盘图。该盘图从时间范畴上看，是九星中的中间之星“五黄星”当令入中而形成的运动轨迹；从空间范畴上看，是飞星在宇宙空间运行过程中处于数理完全平衡状态下的空间布列。因此，元旦盘不但具有一般九宫盘图的

| 4<br>巽 | 9<br>离 | 2<br>坤 |
|---|---|---|
| 3<br>震 | 5<br>中宫 | 7<br>兑 |
| 8<br>艮 | 1<br>坎 | 6<br>乾 |

图 6.2 五入中宫顺飞九宫盘图（元旦盘）

普遍性，而且是数理结构完全平衡（纵、横相加皆为 15）状态下的星象飞布构成，具有特殊性。元旦盘是洛书数理的直接体现，与后天八卦的数序完全相同，是易学演义九星学理的基础盘。如果离开了这个基础盘，九星学理就失去了研究和深化的意义，所以元旦盘也可称为九星基础盘，在九星学理中起基础性作用。元旦盘如图 6.2 所示。

| 7<br>巽 | 3<br>离 | 5<br>坤 |
|---|---|---|
| 6<br>震 | 8<br>中宫 | 1<br>兑 |
| 2<br>艮 | 4<br>坎 | 9<br>乾 |

图 6.3 下元八运盘

**2. 元运盘**

元运盘，就是以“三元九运”为基础，当某颗星在某运当令时，将其入中飞伏而形成的九宫盘图。一元有三运，一运共 20 年，元运盘就是以一个运（20 年）为时间周期单位来描述九星的运行轨迹。以当今所处的时间元运为例，根据三元九运推理，当今的公元 2016 年处于下元的八运，即从大运上看，当前是“八白左辅星”当令，那么就以“八白星”入中顺序飞伏，由此构成的九宫盘图就是下元八运盘，如图 6.3 所示。元运盘主要揭示九星在某一单位时间周期内各颗星之间的旺衰关系，并通过星象的空间布列推演判断方位的吉凶。如分析图 6.3 所示的下元八运盘可知：处于九宫卦象中的西北乾卦（9）和正西兑卦（1）是下元八运星的“未来星”，在八运当令时，处于吉祥方位；而处于东北的艮卦（2）和正南的离卦（3）是下元八运星的“死星”，在八运当令时，处于凶死方位。

**3. 地运盘**

地运盘是从空间概念上对九星运行状态的描述，是按照“一卦管三山”的原则将易理二十四方位的空间结构转化为九星运行的空间轨迹而形成的九宫盘图，通常也被称为“地盘”。受传统的易理描绘环境空间时“坐与向”同时表达（即“坐与向”构成了两个对立方）的影响，往往一个环境空间的地运盘都划分为山盘和向盘两种类型。地运盘入中飞伏星象是以环境空间所处的时间周期为基础进行确定。在实践中，首先，应确定拟考察的环境空间处于什么样的元运周期内，并以此元运周期所在的“三元九运”为基础，确定环境空间的时间盘图（即定运盘）；其次，按照“一卦管三山”的原则，判断拟测定的环境空间的坐山朝向处于八宫卦中的哪一卦上；第三，在环境空间时间盘图中寻找与坐山朝向对应宫卦中的飞星，以坐山宫卦对应的时间盘图星象入中飞伏而形成的地运盘就是山盘，以朝向宫卦对应的时间盘图星象入中飞伏而形成的地运盘就是向盘；第四，将入中飞伏的山星或向星与元旦盘对应的星数进行比较分析，确定山星和向星的阴阳属性，并按照“阳顺阴逆”的行数之理，飞度九宫，构筑九宫盘图，就形成了完整的地运盘。如某一环境空间正好处于当今的下元八运时间周期内，其坐向为“乾山巽向”，那么在下元八运的时间盘中，乾卦由“九紫星”占盘，巽卦由“七赤星”占盘，则以“九紫星”入中逆飞而形成的九宫盘图就是该环境空间的山盘，如图 6.4 所示，图中“一、二、三……”标示的盘图行数为八运盘，“1、2、3……”标示的盘图行数为山盘；以“七赤星”入中逆飞而形成的九宫盘图就是该环境空间的向盘，如图 6.5 所示，图中“一、二、三……”标示的盘图行数为八运盘，

| | | |
|---|---|---|
| 七 1 | 三 5 | 五 3 |
| 六 2 | 八 9 | 一 7 |
| 二 6 | 四 4 | 九 8 |

图 6.4 下元八运乾山巽向山盘图

| | | |
|---|---|---|
| ⑧ 七 | ③ 三 | ① 五 |
| ⑨ 六 | ⑦ 八 | ⑤ 一 |
| ④ 二 | ② 四 | ⑥ 九 |

图 6.5 下元八运乾山巽向向盘图

"①、②、③……"标示的盘图行数为向盘。地运盘的作用是反映环境空间在不同时间周期内所体现的吉凶关系。

### （二）按九星盘图的侧重点划分

#### 1. 时间盘图

时间盘图是九星在时间运动轨迹中的表现形式，体现为九星在不同的时间单位内所表现的旺衰关系以及其对宇宙万事万物的影响效果。由于时间单元不同将产生许多不同的时间盘图，如以一个运（20 年）为时间单位而产生的时间盘图，就是上文所指的"元运盘"。除了"元运盘"外，常见的时间盘图有年盘、月盘、日盘、时盘等。以年为时间单位而产生的时间盘图就称为"年运盘""流年盘"或"年盘"；以月为时间单位而产生的时间盘图就称为"月运盘""流月盘"或"月盘"；以天为时间单位而产生的时间盘图就称为"日运盘""流日盘"或"日盘"；以时辰为时间单位而产生的时间盘图就称为"时运盘"或"时盘"。当然，从时间盘图的构成看，只要时间单位变化了，就可以产生出一系列不同的时间盘图，但在易理实践中，环境勘察和选择一般运用到年盘，命理学研究一般运用到时盘，而其他更小单位的盘图则基本不用。

#### 2. 空间盘图

空间盘图是九星空间运动轨迹的表现形式，体现为九星在宇宙空间结构中所表现的旺衰关系以及其对宇宙空间方位的气场影响效果。空间盘图以洛书之数为基础，将后天八卦所体现的空间结构形式通过数理的形式转化为九星的数序，进而确定入中飞伏的星象，从而构筑九宫盘图。上文所述的地运盘中的山盘、向盘都属于空间盘图。

#### 3. 综合盘图

综合盘图就是将时间盘图和空间盘图相结合并体现于一个九宫体中所构成的九星盘图。将时间盘图中的元运盘与空间盘图中的山盘、向盘融合到一个九宫体中，就构成了一个涵盖时间、空间两大范畴的综合盘图，通常称为“宅命盘”或“宅运盘”。综合盘图是易理环境选择的重要工具，在环境选择实践中通过创制拟考察的环境空间综合盘图，以判断该环境空间的吉凶状态，从而修正调整环境空间的规划布局，使之达到最佳的“乘气”效果。



## 二、九星盘图的绘制

不同类型的九星盘图其绘制的方法也不一样。但从九星的时空属性看，要构筑九星盘图离不开两个要点：其一是确定什么星象当令入中；其二就是确定星象飞伏的顺序。只要掌握了上述两个要点，然后按照九星的运动轨迹（洛书轨迹）布列九宫，就完成了九宫盘图的绘制。下文分别就“时间盘图”“空间盘图”和“综合盘图”的绘制进行阐释。

### （一）时间盘图绘制

在特定的时间单位中，确定入中飞伏的星象，并按照时间流序顺序飞伏九宫，就完成了时间盘图的绘制。所以时间盘图绘制的重点是确定哪颗星象入中飞伏，而其飞伏顺序始终都是按照“顺飞”的顺序进行。

#### 1. 元运盘的绘制

元运盘的绘制比较简单，因为一个运是 20 年，起始于中国古历法元年（公元前 2697 年），在干支纪年中，该元年就是甲子年，而一运处于从甲子至癸未的 20 年，在这一时间周期内由一白星当令，所以这 20 年都是一白星入中宫飞伏；二运处于从甲申至癸卯的 20 年，在这一时间周期内由二黑星当令，即由二黑星入中宫飞伏。三运、四运直至九运仿此即可。当令之星确立之后，就需要确立令星的飞伏顺序，而元运星的飞伏顺序就是时间的运行轨迹，因此它不受宇宙空间阴阳属性的影响，按照自然的九星数序飞伏。所以，元运盘中的令星都是按照九星的自然数序顺序飞伏布列九宫的。如以当今的下元八运为例而绘制的八运盘就是八居中宫、九居乾、一居兑、二居艮、三居离、四居坎、五居坤、六居震、七居巽。如图 6.3 所示。

2. 年盘的绘制

年盘是以一年为时间单位所构筑的时间盘图。年盘当令之星的确定应从三元九运的起始元年即甲子年开始推算，以“一白星”入中宫顺序飞伏，就完成了甲子年盘图的绘制。在八卦空间布列中，地支“子”位于坎宫正北，阴阳属性为阴；而在元旦盘中也是一白入坎宫。因此，上元从坎宫起“甲子”，并按照易理“阳顺阴逆”的顺序，逆行推演出“乙丑”年、“丙寅”年等一系列年盘。以此类推，中元从巽宫起甲子，四绿入巽宫；下元从兑宫起甲子，七赤入兑宫。

中国古代先贤们为了便于推算每一年的当令飞星，将流年星的推算过程编成简单易懂的歌诀，只要能够记住相应的推星歌诀，就能顺利地推算出每年的当令之星，从而完成流年盘图的绘制。流年星推算歌诀名为《年上起紫白歌》，内容如下：

上元甲子一白求，中元四绿中宫留，

下元七赤居中位，逐年逆行是真宗。

此歌的意思是：上元第一年的当令星是一白星；中元第一年的当令星是四绿星；下元第一年的当令星是七赤星，各元之后的当令星只要按此逆数就可以推断。一旦确定了当年的流年星，就将该星放入中宫，然后按照时间的运动轨迹顺布九宫，即可得出当年的流年盘图。比如以公元 2013 年（癸巳年）为例，公元 2013 年处于下元八运之中，该下元起于公元 1984 年，根据“下元七赤居中位”即可知公元 1984 年为七赤星当令，逆行至公元 1985 年为六白星当令，1986 年为五黄星当令，以此类推至 2010 年为八白星当令、2011 年为七赤星当令、2012 年为六白星当令，则 2013 年为五黄星当令。那么将“五黄星”入中顺布九宫，即可得出 2013 年的年盘图，恰好 2013 年为五黄星入中顺飞，其流年盘图正好与元旦盘相同。

3. 月盘、日盘和时盘的绘制

月盘、日盘和时盘确立原则和年盘一样，都是以三元九运为基础，以干支纪时为方法，以时间运动轨迹为飞伏顺序进行推演。中国古代先贤已总结出了简明易懂的推算歌诀，因此本书不再进行推演，将古人的智慧直接予以引用，并对歌诀进行简要解释。

**（1）月盘歌诀**

月星推算歌诀为《月上起紫白歌》，内容如下：

子午卯酉八白宫，辰戌丑未五黄中，

寅申巳亥二黑位，正月逆数是为宗。

此歌的意思是：推算流月星，只要找到当年用干支纪年方式体现的是什么年份，然后按照该年的地支属性，以歌诀中所说的相应飞星代入当年的正月，之后用倒数就可得出当年每个月的飞星。比如以公元2010年为例，2010年采用干支纪年法表示为“庚寅”年，地支属性为“寅”，符合歌诀中“寅申巳亥二黑位”，因此，该年农历正月为“二黑星”当令。按逆数推定，二月为“一白星”、三月为“九紫星”、四月为“八白星”，依此类推，可以得出全年的流月当令星。

**（2）日盘歌诀**

日星推算歌诀为《日上起紫白歌》，内容如下：

日家紫白不难求，二十四气六宫周；

冬至雨水及谷雨，阳顺一七四中游；

夏至处暑霜降后，九三六星逆行求。

相比流年、流月星，推算流日星比较复杂，需要将一年按照节气划分为“冬至之后至夏至之前”和“夏至之后至冬至之前”两个阶段，冬至之后的时日顺数，夏至之后的时日逆数。“冬至之后至夏至之前”这个阶段以“冬至、雨水、谷雨”三个节气为起点，寻找其后的“甲子”日，并分别采用“一、七、四”三颗星入中飞伏，确定每一时日的飞星，即冬至后的“甲子”日的当令星（也称值日）为“一白星”，雨水后的“甲子”日的当令星为“七赤星”，谷雨后的“甲子”日的当令星为“四绿星”，这三个节气“甲子”日之后的当令星按顺数推算。“夏至之后至冬至之前”这个阶段以“夏至、处暑、霜降”三个节气为起点，寻找其之后的“甲子”日，并分别采用“九、三、六”三颗星入中飞伏，确定每一时日的飞星，即夏至后的“甲子”日的当令星为“九紫星”，处暑后的“甲子”日的当令星为“三碧星”，霜降后的“甲子”日的当令星为“六白星”，这三个节气“甲子”日之后的当令星按倒数推算。例如，雨水后第一个“甲子”日的当令星为“七赤星”，那么第二个日子“乙丑”日即为“八白星”，第三个日子“丙寅”日即为“九紫星”，依此类推。以2010年2月份为例，节气雨水日为正月初六（公历2月19日），雨水后的甲子日为正月三十（公历3月15日），那么正月三十日即由“七赤星”当令，二月一日（公历3月16日）即为“乙丑”日，由“八白星”当令；二月二日（公历3月17日）即为“丙寅”日，由“九紫星”当令。按此方法一直往下推算，直到谷雨日之后的“甲子”日（四月初一，公历5月14日）出现，那么就改由“四绿星”当令，并重新开始推算。

**（3）时盘歌诀**

时星推算歌诀为《时上起紫白歌》，其内容如下：

时星不难推，一年分两半；

阳顺冬至始，阴逆夏至起；

子午卯酉日，冬至后子起，一白入中央；

夏至后子起，九紫即来临；

辰戌丑未日，冬至后子起，四绿入中央；

夏至后子起，六白即来临；

寅申巳亥日，冬至后子起，七赤入中央；

夏至后子起，三碧即来临。

时星比较复杂，需要按照不同的日期分别确定。首先，将一年分成两个阶段，冬至之后至夏至之前，都是顺数；夏至之后至冬至之前，都是逆数。

其次，以地支为基础，将日期划分为三类，“子午卯酉”为一类，“辰戌丑未”为一类，“寅申巳亥”为一类。第三，以每日的“子时”起推算时星，凡在冬至到夏至的日期内顺数，凡在夏至到冬至的日期内逆数。在冬至到夏至之间，凡是“子、午、卯、酉”日的“子时”为“一白星”，那么该日的丑时为“二黑星”，寅时为“三碧星”，以此类推；在夏至到冬至之间，凡是“子、午、卯、酉”日的“子时”为“九紫星”，那么该日的丑时为“八白星”，寅时为“七赤星”，以此类推。如以2010年正月为例，该月处于上一年的冬至后到本年的夏至前，因此推算时星应顺数；该年正月初一为“乙未日”，适用“辰戌丑未日，冬至后子起，四绿入中央”，那么2010年正月初一的子时为“四绿星”当令，丑时为“五黄星”当令，寅时为“六白星”当令，依此类推，正月初一每个时辰的当令之星都可以推算出来。

与年盘一样，当上述当令的月星、日星、时星确定之后，就将该星放入中宫，按照时间的运动轨迹顺布九宫，即可得出九星在各月、各日、各时的时间盘图。然后按照星象旺衰关系和五行生克关系，就可以推算该时间周期内宇宙空间各方的吉凶状况和对万事万物的影响。

### 三、空间盘图的绘制

易理描述宇宙空间结构是以二十四山向为基础，而九星的空间盘图是九星空间运动轨迹的表现形式，体现为九星在宇宙空间结构中所表现的旺衰关系以及其对宇宙万事万物发展变化的影响效果。因此，绘制空间盘图的关键点是将宇宙空间的二十四山向转化为九星数序，然后以洛书数理为基础，进行星象的九宫飞伏，从而绘制空间盘图。二十四山向空间结构与九星数序的相互转化是时空融合的过程，不但严格遵循着易理的逻辑推理，也体现了九星学理在时间转化过程中的特殊性。所以，空间盘图绘制比时间盘图复杂得多，首先要将宇宙空间结构方位通过数理关系转化为九星数序，并确定入中飞伏的当令之星；其次要明确易理二十四山向空间结构的构成，确定各个方位的阴阳属性；最后按照“阳顺阴逆”的行气之理确定星象的飞伏顺序。

### （一）空间方位转化为九星数序

九星的本质属性属于时间范畴，其数序体现时间流逝的过程，由一运到九运是180年的时间运动周期。而空间方位属于空间范畴，将空间方位转化为九星数序，应按以下四个步骤进行：一是借助九星运行的时间轨迹，确定所要考察的环境空间处于什么样的时间单元之中，一般以三元九运中的一个运20年为时间单元；二是以所确定的时间单元为入中飞伏的当令之星，绘制九星的时间盘图；三是确定所要考察的环境空间的坐山与朝向处于八卦宫中的哪一卦；四是在上述第二步绘制的时间盘图中寻找与环境空间坐山或朝向相对应的卦宫所飞临的星象，并以此星象作为环境空间坐山或朝向的当令之星入中飞伏。

通过上述四个步骤，可以实现空间方位向九星数序的转化。

### （二）确定当令之星阴阳属性

空间结构方位与九星数序的转化属于人为的后天范畴，因此当令之星的阴阳属性应按照环境空间的后天阴阳之理进行确定，与“天、地、人”三元龙的阴阳属性相对应。在《八卦》章节对三元龙的构成已有详述，在此不妨重温一下后天八卦拓展的空间结构阴阳属性。

坎宫“壬、子、癸”对应“地、天、人”分别为阳、阴、阴；

艮宫“丑、艮、寅”对应“地、天、人”分别为阴、阳、阳；

震宫“甲、卯、乙”对应“地、天、人”分别为阳、阴、阴；

巽宫“辰、巽、巳”对应“地、天、人”分别为阴、阳、阳；

离宫“丙、午、丁”对应“地、天、人”分别为阳、阴、阴；

坤宫“未、坤、申”对应“地、天、人”分别为阴、阳、阳；

兑宫“庚、酉、辛”对应“地、天、人”分别为阳、阴、阴；

乾宫“戌、乾、亥”对应“地、天、人”分别为阴、阳、阳。

确定空间盘图当令星的阴阳属性主要目的是为了解决令星的飞伏顺序。易理时空转换的最根本依据是“洛书轨迹”，就是通常所说的“元旦盘”，而确定空间盘图当令星的阴阳属性就是通过分析环境空间的当令星处于元旦盘中的哪一宫卦，并通过比较元旦盘所处宫卦的元龙阴阳性以推定拟选择环境空间的当令星的阴阳性，最终按照“阳顺阴逆”的易理行数之理，确定令星的飞伏顺序。

**（三）空间盘图的绘制实例**

以当前的下元八运为时间单元，以坎宫中的“子山午向”环境空间为例，绘制空间盘图如下：

**第一步：转化空间方位为九星数序**

首先，要排出运盘，本案以当前所处的“下元八运”为时间单位，那么就以“八”入中顺飞构筑九星的时间盘图，如图 6.3 所示。其次，在八运盘图中寻找“子山午向”对应的宫卦飞临星数，子山处于坎宫，在八运盘中坎宫为“四绿星”飞临，所以“四绿星”为该环境空间处于八运时的坐山当令星；午向处于离宫，在八运盘中离宫为“三碧星”飞临，所以“三碧星”为该环境空间处于八运时的朝向当令星。

**第二步：确定当令星的阴阳属性**

在本案中，山盘的坐山为“子”山，属于天元龙，当令飞星数为“四”，对应于元旦盘的“巽宫”；向盘的朝向为“卯”向，也属于天元龙，当令飞星数为“三”，对应于元旦盘的“震宫”。在元旦盘中，“巽宫”的天元龙为“巽”山，阴阳属性为阳，“震宫”的天元龙为“卯”山，阴阳属性为阴。由此可知，本案的山盘“四绿”当令星的阴阳属性为阳，顺飞布列九宫；向盘“三碧”当令星的阴阳属性为阴，逆飞布列九宫。

**第三步：绘制山盘和向盘图**

根据上述确定的当令飞星及其飞伏顺序绘制以“下元八运”为时间单

元的“子山午向”环境空间的山盘如图 6.6 所示，向盘如图 6.7 所示，盘图中的汉字“一、二、三……”为运星，阿拉伯数字“1、2、3……”为山星，阿拉伯数字“①、②、③……”为向星。

| | | |
|---|---|---|
| 七 3 | 三 8 | 五 1 |
| 六 2 | 八 4 | 一 6 |
| 二 7 | 四 9 | 九 5 |

**图 6.6 下元八运子山午向山盘图**

| | | |
|---|---|---|
| ④ 七 | ⑧ 三 | ⑥ 五 |
| ⑤ 六 | ③ 八 | ① 一 |
| ⑨ 二 | ⑦ 四 | ② 九 |

**图 6.7 下元八运子山午向向盘图**

**第四步：绘制综合盘图**

综合盘图就是将运盘、山盘和向盘三者综合成为一体而构成的九星盘图，其实就是上述三个盘的简单叠加。在易理环境选择实践中，主要是借助于综合盘（或称宅命盘、宅运盘），将宇宙时间与空间都纳入一个体系之中进行考察。综合盘图以运盘为基础，将运盘的飞星数用汉字的“一、二、三”标示，并列于九宫格的中间；将山盘的飞星数用阿拉伯数字“1、2、3”标示，并置于运盘飞星数的右下方；将向盘的飞星数用带圆圈的阿拉伯数字“①、②、③”标示，并置于运盘飞星数的左上方。通过上述综合后，下元八运“子山午向”环境空间的综合盘图如图 6.8 所示。

| | | |
|---|---|---|
| ④ 七 3 | ⑧ 三 8 | ⑥ 五 1 |
| ⑤ 六 2 | ③ 八 4 | ① 一 6 |
| ⑨ 二 7 | ⑦ 四 9 | ② 九 5 |

**图 6.8 下元八运子山午向综合盘图**

需要强调，在确立飞星入中飞伏过程会出现一种特例，就是当入中飞伏的当令之星为五黄星时，它就没有对应的三元龙，于是就无法确定其飞伏顺序了。遇到这种情况时，通常以入中的当运之星在元旦盘中所处宫卦的元龙阴阳属性来决定环境空间当令星（坐山或朝向）的飞伏顺序，但仍然要以五黄星入中飞伏。例如下元八运“坤山艮向”的环境空间，该环境空间的坐山为坤山，对应于八运盘之中的坤山当令之星为5，没有对应的三元龙，于是应查看其运星（即八运盘）在元旦盘中所处的宫卦的元龙阴阳属性。在元旦盘中，“八”处于艮卦，在艮宫中与“坤山”对应的即为天元龙的“艮山”，阴阳属性为阳，那么对应的入中当令星应顺飞。所以，该环境空间的山盘以“五黄星”入中，并按照顺飞的飞伏顺序布列九宫。

## 第五节　九星兼卦替卦

环境空间方位由360度圆周构成，易理考察环境空间将其划分为24向，统称二十四山，每一山占15度，因此在环境勘察过程中，只要灰线落入某山的占度范围内，即称该环境空间的坐山为某山或朝向为某向。在九星学理中，通常将一个坐山的15度进行再划分，每一山划分为三部分，并以刻度占盘的中心线为标准，向两边各推4.5度，构成一个9度的空间占盘称之为“下卦”（或正卦）；而将刻度占盘离分割线两边的各3度的空间，称为“兼卦”。九星学理认为，如果在某个环境空间的勘察过程中，指针线落在下卦所处的空间占盘中，则按照正常的九星排盘方法进行飞度九星；如果指针落在兼卦的空间占盘之中，则应按照九星兼卦和补卦的方式确定九星排盘的飞度方式。

### 一、兼卦兼线

兼卦是指在环境勘察过程中，罗盘指针线落在卦线左边或右边3度以内的情况，叫兼卦；兼线则是指罗盘指针落在骑缝线左边或右边3度以内的情况。卦线就是在二十四山向中卦与卦之间的分割线；骑缝线是指在同一卦内不同山向之间的分割线。环境勘察过程中出现兼卦和兼线的现象虽然不可避免，但应尽量少用，尤其是在某个新的环境空间布局中，应根据实际情况予以调整，使之不出现兼卦或兼线。九星学理认为，如果对已确定的环境空间进行勘察或装饰修造时，坐山灰线落于兼卦或兼线范围内，那么用九星学理推演环境吉凶时，就需用替卦的方式飞度九星，而不能采用正常的下卦。

## 二、替卦

替卦是指当出现了兼卦兼线的情况时，需要采用特殊飞星方法替代原卦飞星。传统九星学理的替卦方法是环境风水学中的秘笈，历来都是以歌诀的形式由师傅口传心授，直至近现代，才见有些风水学研究者将其行文记录，至于为何运用替卦，直至当今也无从考证。为全面诠释九星学理的替卦，将中国古代留传的歌诀入录本书，以供读者学习参考。九星替卦歌诀如下：

替星只用十三星，却用贪狼配甲申；

用替巨门壬卯乙，丑艮丙山替破军；

巽卦三山皆武曲，庚寅右弼两星临；

阳顺阴逆隔一位，是为空位忌流神。

上述歌诀表明，替星只用十三星，也就是说在二十四山中替星只用到其中的十三山，其它十一山如果出现兼卦兼线则不用替星，仍用下卦起星盘。

“却用贪狼配甲申”指的是甲、申二山用贪狼星代替，即用“一”入中飞伏；

“用替巨门壬卯乙”指的是壬、卯、乙三山用巨门星代替，即用“二”入中飞伏；

“丑艮丙山替破军”指的是丑、艮、丙三山用破军星代替，即用“七”入中飞伏；

“巽卦三山皆武曲”指的是巽宫中的巽、辰、巳三山用武曲星代替，即用“六”入中飞伏；

“庚寅右弼两星临”指的是庚、寅二山用右弼星代替，即用“九”入中飞伏。

“阳顺阴逆隔一位，是为空位忌流神” 指的是根据阳顺阴逆的行数方式在二十四山向上取相隔一位，便是“流神”。

综上所述，在二十四山中需用替的十三山是“甲山、申山、壬山、卯山、乙山、丑山、艮山、丙山、巽山、辰山、巳山、庚山、寅山”。另外的“子山、癸山、午山、丁山、未山、坤山、辛山、酉山、戌山、乾山、亥山”十一山不用替。替卦的飞星排盘方法与下卦完全相同，就是用替补的飞星数字代替原卦之中的星数，然后按照下卦的排盘步骤进行九星度位而形了九星综合盘图。替星排盘首先以本山为依据，找出其原元龙属性和原飞星数字；然后以元旦盘为基础，分析比较原飞星数对应元旦盘中的哪些宫卦，确定其是否需用替；最后仍然按原飞星在元旦盘中对应的元龙及其阴阳属性决定飞伏顺序。需要强调，歌诀中的“流神”是术家的用法，如“子山午向”的环境空间，午为阴逆数，隔一位取巳山为流神，也就是说起“子山午向”的兼卦，巳向若有水口则为大凶。流神带有明显的主观性，只在兼卦的情况下才使用，下卦则不用流神。

### 三、替卦起星排盘步骤

替卦起星排盘，就是绘制替卦下的综合盘图，根据上文对替卦的分析，可知绘制替卦综合盘图应按下述四个步骤进行：

第一步：确定环境空间的坐山朝向，并以罗盘测定该环境空间的坐度分金是否落于兼卦或兼线的占盘上，如果处于兼卦或兼线的占盘上，则有可能需要用替卦。

第二步：按下卦的排盘方式，确定出坐山朝向的元龙属性，并推定其阴阳属性，确定星象的飞伏顺序。

第三步：查看替卦歌诀，有替则替，无替则同下卦。这里的查看替卦歌诀，应与拟考察环境空间对应的元旦盘星象进行对比，而不是与该环境空间的下卦的综合盘图星象对比。

第四步：根据上述第二步确定的飞星飞伏顺序，决定替星的飞伏顺序，飞度九宫绘制综合盘图。

## 四、替卦起星排盘实例

以八运“午山子向兼丙壬或兼丁癸”的环境空间为例，进行替卦排盘的阐释：

首先排运盘。将八白入中飞伏构筑元运盘，即可知本环境空间的原山星为“三碧星”，对应“午”山为天元龙，在元旦盘中对应震卦，而震卦的天元龙为“卯”山，阴阳属阴，逆飞。该环境空间的原向星为“四绿星”，对应“子”向为天元龙，在元旦盘中对应巽卦，而巽卦的天元龙为“巽”向，阴阳属阳，顺飞。

其次判断是否用替。先看山盘，本案原山星为“午”山，对应元旦盘则为“卯”山，那么应判断“卯”山是否需用替，歌诀“用替巨门壬卯乙”，可见“卯”山需用替，且用替的飞星为“二黑巨门星”，所以要用“2”代替原山星的“3”进入中宫飞伏，飞伏的顺序仍然按原顺序，即为逆飞；再看向盘，本案原向星为“子”向，对应元旦盘则为“巽”向，那么应判断“巽”向是否用替，歌诀“巽卦三山皆武曲”，可见“巽”向需用替，且用替的飞星为“六白武曲星”，所以要用“6”代替原向星“4”进入中宫飞伏，飞伏顺序仍然按原顺序，即为顺飞。

| | | |
|---|---|---|
| ⑤ 七 3 | ① 三 7 | ③ 五 5 |
| ④ 六 4 | ⑥ 八 2 | ⑧ 一 9 |
| ⑨ 二 8 | ② 四 6 | ⑦ 九 1 |

图 6.9 八运午山子向兼卦综合盘图

最后绘制综合盘图。按照上述星数和飞伏顺序制作宅运盘，即得到该环境空间的综合盘图，如图 6.9 所示。

需要强调，在易理环境选择实践中，替卦的运用并不多见，而且这种替卦的方法仅仅是古人在易理环境选择实践中的主观创制。笔者不才，并未发现有哪些文献记载过为何用替的理由，也未见有哪些学者论述过用替的依据和方法，现代的许多学者所著之作都是直接引用古人的歌诀。所以，笔者认为，在现代环境选择中，只要有条件，应尽可能避开兼卦和兼线的分金占度，那么就无需用替。当然，即使客观条件不允许而出现的兼卦和兼线，也未必一定用替，因为用替的效果如何还有待大量的实践检验。

# 第七章　易理环境选择工具

人类选择环境空间需要借助诸如尺子、测量仪等专门工具，有了这些工具就能测量环境空间所处的方位特点、形态特征、面积大小等等。然而，在易理观念指导下的环境选择工具却不同于一般环境测量所用的卷尺、丈量仪，因为易理包含着深刻的阴阳、五行制化之理。要将阴阳、五行、八卦的相关知识运用于环境选择，需要借助于罗盘、鲁班尺等专用工具。古人根据易学理念而创制的罗盘和鲁班尺，是专门运用于描述宇宙时空变化对环境空间影响的专用工具，包含着深刻的“象、数、理”关系，具有很强的专业性，因此有必要对其进行专门的分析说明。尤其是罗盘，表面上看就是一块普通的图盘，但却蕴含着非常丰富的内容，如果不进行深入的分析，普通人很难看懂它，更谈不上准确地运用它。笔者认为，运用易理观念选择人居环境的前提条件就是要认识罗盘，正确理解罗盘的内涵，达到“一盘在手，可知四方、明易理、断吉凶”的目标。本章主要介绍罗盘与鲁班尺的构成及运用，旨在抛砖引玉，为广大易学爱好者运用易理观念选择环境空间提供勘察方法和基本思路。

## 第一节 罗盘

罗盘又名罗经，古人取“包罗万向，经纬天地”之义，将其神圣地称为“罗经”。罗盘在中国传统文化中，尤其是在相地文化发展进程中有着重要的地位。古人在相地过程中，不论阴宅还是阳宅都必须运用罗盘进行方位测量，而且在丈量环境空间过程中还形成了一整套仪式，类似于当今工程建设的奠基典礼，将其视为非常神圣的事件。其实，罗盘并不神秘，它是由指示方向的磁针（指南针）和丈量方向的占盘两部分组成，磁针位于罗盘的中心，用于指示地球方向；占盘则围绕中心点，以圆形方式按一定规律顺序地布列若干圈层，每层都包含一定的易理属性，用于丈量环境空间方位。从罗盘的运用上看，由内盘和外盘构成，内盘为圆形，由磁针和圆形的占盘组成，罗盘的各项内容都刻写于内盘盘面的不同圈层上，内盘可以转动，是罗盘的主体；外盘为方形，在内盘的外面，是内盘的托盘，盘面无字，只刻了指示方位的十字线。

### 一、罗盘发展历程

据考证，罗盘的发展大体经历了五个阶段：第一阶段是在指南针发明之前，罗盘由日景方位的土圭构成，只有先天八卦和十二地支位，简称为“土圭”；第二阶段是在指南针发明后，使罗盘由土圭发展为以磁针为方位、八干四维十二支合并而成的司南，构成了罗盘 24 维方位的初始，也就是现在大家所说的正针（也称地盘），此时的罗盘称为“六壬盘”；第三阶段是进入唐代后，堪舆大师杨筠松（杨公）通过长期的易理环境选择实践，又重新依据日景方位，创立了“一干维辅一地支”的双山体系，并列于罗盘的最外层，称为缝针（也称天盘），专门用于消砂纳水，此时罗盘称为“杨盘”；第四阶段是进入宋代后，易理大师赖文俊（赖公）在杨盘基础上添加了以极星为方位，附和“天、地、人”三才的人盘体系，并列于杨盘的正针与缝针之间，称为中针。至此，中国罗盘形成了“正针、中针、缝针”三针齐备的格局。第五阶段是宋代后期直至明清，这一时期中国地理术发展进入复杂紊乱状态，原本以“乘气”理论为理气基础的环境空间选择观念逐渐发展为以玄学、数术、命理为基础的风水术。就易理观念在环境选择中的运用看，这一时期是一种量增质减的过程，导致了中国古人按照“天人合一”的易理观念而创立的环境选择思路掺杂了太多的巫术和迷信的内容，也导致这一时期的罗盘在原来三针基础上人为地增加许多圈层，如五运六气、黄泉、八煞、三奇、八门、子父财官、贵人禄马、十二辟卦等等，使得原本作为环境空间勘察工具的罗盘复杂化、玄乎化和神秘化。这一时期罗盘复杂化发展一直影响至今，当今市面上出售的各种罗盘大多也是层数多，内容复杂。然而，罗盘创制的根本目的就是用于勘察环境空间，它就是一个测量环境空间的工具，并不存在什么玄乎。因此对于市场上出现的纷繁复杂的罗盘，广大易学爱好者只要能够正确认识其中的三针，并在环境空间选择过程中准确地运用它，就达到了认识罗盘的目的。

## 二、罗盘种类

明清以来，易理观念指导下的环境选择思路的复杂化和多样化发展，使罗盘也呈现多种款式，即便是同种类型的罗盘也因不同的传承方式和产地而存在着差异，所容纳的圈层内容也因各门派的侧重点不同而有增有减。但不论其如何变化，归纳起来基本上由三种类型构成，即三合盘、三元盘和三合三元综合在一起的综合盘。

### （一）三合盘

三合盘就是三合派风水运用的罗盘，在古徽州地区留传盛广，故又称为徽盘；又因三合盘为唐代杨公始创，故也称为“杨公盘”或“杨盘”。三合盘的主要特征是由三层二十四方位体系组成，即由地盘正针、人盘中针和天盘缝针三环构成。其中后两环的中针、缝针的方位系统与第一环的正针方位系统彼此顺逆错开 7.5 度，尤其是缝针方位系统是依据日景方位而创制的，是对正针磁场方向存在磁偏角的纠正。三合盘主要用于环境空间勘察之中的格龙乘气、坐度布局、消砂纳水和水法立向，是易理环境选择中最主要的工具。

**（二）三元盘**

三元盘又称卦盘或易盘，据传也出自杨公之手。到了明末时期，易理大师蒋大鸿将其进行了改进优化，增减了一些圈层，形成了当今世面上流行的三元罗盘。因此，后人常常将三元罗盘称为“蒋公盘”或“蒋盘”。三元盘的主要特征是以易卦为基础，将易理中的成卦理论反映在一个盘面上，而对于环境空间结构只保留了一层二十四山向方位体系，即三合盘中的地盘正针二十四山，并且按照“天、地、人”三元的易理属性确定二十四山的阴阳，体现为后天阴阳之理，构成“三阴三阳”相间组合而成的易卦盘。三元盘主要依三元九运的元运理论，用以勘察易理 24 维环境空间结构各个方位的吉凶，主要运用于环境空间勘察之中的九星证局、觅吉化煞，也是易理环境选择的重要工具。

**（三）综合盘**

综合盘就是将上述二盘的各圈层有机地结合起来，综合在一个盘面上，其主要特征是保持了三合盘的地盘正针、人盘中针、天盘缝针和三元盘的易卦层，将两种罗盘的主要圈层融合在一张盘面上。所以，一般的综合盘层数细密，内容庞杂，被世人奉为“罗盘之王”。家父在六十多年的易理环境选择中大多运用综合盘，以综合盘中体现的三合盘圈层来格龙气、定盘局、乘外气、辅水法；以综合盘中体现的三元盘圈层来证穴场、断吉凶、化凶煞。所以，作为易学爱好者，掌握了综合盘的知识，也就掌握了“三合盘”和“三元盘”的知识，或者说真正掌握了罗盘的知识。

### 三、罗盘分层解构

为便于广大读者正确理解不同罗盘的分层内容，本文分别对常用的三合盘和三元盘的基本圈层进行介绍。由于综合盘是将三合盘与三元盘各主要圈层在同一张盘面上的简单叠加，因此本书不再对综合盘的分层解构进行介绍。

#### （一）三合盘分层解构

传统三合盘一般由十九层或十六层构成，不同门派或产地不同的罗盘对每一层的排列顺序并不完全一样，但其包含的主要内容基本一致，一般不影响使用。本文以笔者手头上常用的安徽万安生产的普通十九层三合罗盘为例对其内容进行逐层介绍，罗盘局部如图 7.1 所示。

**第一层：天池**

天池位于罗盘最中心一层，为指南针自动运转的场所。对于任何一类罗盘，天池与磁针都是固定于中央，这是定制罗盘的基本要求，无一例外。指南针要能够自由移动，必须有自由空间，最早的磁针是以注水浮针的形式存在，因此将磁针所在的最中心一层称为天池，就是取“注水浮针”的寓意。从易理观念上看，天池是指太极。《周易·系辞上传》记载“易有太极”，在易理的宇宙观中，太极是天地进化过程中最原始的状态，是阴阳未分、无象无形的混沌世界。《周易·系辞上传》又云“是生两仪”，即易理认为以两仪分阴阳，也就是太极生阴阳。罗盘指南针在太极一层指定南北，也就分出了阴阳。所以天池在易理观念中是指太极。

**第二层：八卦**

三合盘的第二层一般布列先天八卦或后天八卦，不同产地的罗盘有所不同，有的布先天八卦，有的布后天八卦。八卦在罗盘中的布列是以卦象爻符的形式列示，而不是以八卦的名称列示。先天八卦以乾南坤北布列，后天八卦则以离南坎北布列。笔者认为，从八卦的演化发展看，只有后天八卦具备空间方位属性，因此在罗盘上布列后天八卦更为合理一些，但笔者目前手头上使用的安徽万安生产的罗盘八卦层是布列先天八卦，如图 7.1 所示。

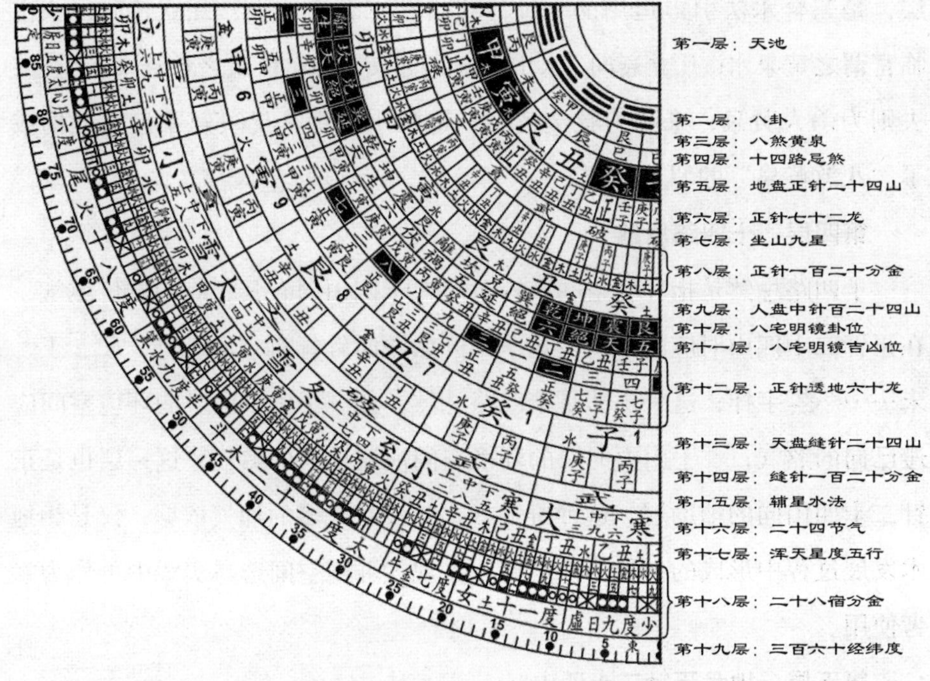


图 7.1 三合罗盘局部示意图

**第三层：八煞黄泉**

八煞黄泉又称八路黄泉，是专指二十四山向中的八干与四维，不涉及十二地支。在罗盘正针二十四山中的“乾、坤、艮、巽”分别对应有“壬辛、丁庚、癸甲、乙丙”字样，这一层即是八煞黄泉。有歌诀云“庚丁坤上是黄泉，乙丙须防巽水见，甲癸向中休见艮，辛壬水路怕当乾”。意思是“庚丁”与“坤”相邻，每两干与其所夹的卦象属于相克关系，在环境空间选择中，若立庚或丁向的阴阳宅，不能见坤向有水流出，若坤向有水流出即为黄泉水；若立坤向的阴阳宅，则不能见庚向或丁向有水流出，若此二向有水流出也构成了黄泉水。其余类推。这层在四隅卦对应的格内都标有其所不宜的两干，在八干对应的格内也标有其所不宜的卦名。在具体运用时，应与二十四山向相配合使用，属于正针二十四山向的辅助层，是三合水法引申运用的一种方式。在三合水法中，凡立旺向，水出临官谓之黄泉水；凡立衰向，水出帝旺谓之黄泉水。黄泉之水宜来不宜去，去则为杀人黄泉，来则为救贫黄泉。这种水法理论反映到罗盘上就构成了“八煞黄泉”的罗盘圈层。

**第四层：十四路忌煞**

十四路忌煞是指环境空间结构对应二十四山向有其相应的方位煞气，在正针二十四山对应的方向上从子山开始顺时针标有“巳、巳、辰、丁、未……”等字样，这一层即是十四路忌煞。如“子山午向”的环境空间应避巳向的煞气；“壬山丙向”的环境空间应避申向的煞气。这一层也是正针二十四山向的辅助层。这种避煞方式并没有太多的理气依据，仅是相地术发展过程中形成的一种术家运用，在现代环境空间选择实践中可作为参考使用。

**第五层：地盘正针二十四山**

正针二十四山由八干、四维和十二地支构成，是易理对环境空间方位的定义，是罗盘中最重要的圈层，不论何种类型的罗盘都必定有这一层。二十四山向分布于圆周二十四格上，每格占 15 度，四正位（北、南、东、西）上是“子、午、卯、酉”四支，四隅（四维）位上是“乾、坤、艮、巽”四卦；“子、午、卯、酉”左右各有两干，其余八格为除“子、午、卯、酉”之外的另外八地支。二十四山的排布在八卦、五行、干支章节都有所述，是以易数之理进行的布列，如东方属木，所以天干中属木的两干“甲、乙”与地支中属木的两支“寅、卯”都位于东方。正针二十四山的阴阳属性在罗盘上以红黑两种不同颜色表示，红色表示阳，黑色表示阴。需要指出，在二十四山向阴阳属性上，三合盘与三元盘不同，三合盘二十四山向阴阳属性以先天八卦合洛书数理为依据，由纳甲阴阳确定；而三元盘二十四山阴阳属性以后天八卦为基础，由“天、地、人”三元龙的阴阳性确定。因此，分辨三合盘与三元盘一个最便捷方法就是看其正针二十四山的阴阳属性。在这一圈层中，有的罗盘厂家还在二十四山向的右下方标识五行属性，如癸下标“水”、丑下标“土”、艮下标“土”等，这种五行属性为正针二十四山的正五行。

**第六层：七十二龙**

在罗盘正针二十四山向下又分出 72 格，每山 3 格，占 5 度，这一层称为七十二龙或穿山七十二龙，也称内盘七十二龙分金。此层是在二十四山向每一地支位下按六十甲子次序各列五位天干，组成五对甲子，其布列顺序从壬山对应下的甲子位置开始，按顺时针方向布列，并以二十四山向中的 12 地支为基础，每位地支下纳 3 位六十甲子，其余 2 位六十甲子就落在十二地支左右的八干或四维卦所在的山中。换言之，二十四山向的八干四卦虽然每位也分出 3 格，但左右两格均被六十甲子所占用，只留下居中的一格是空格。在实践中又根据七十二龙的乘气效果将其划分为四类：位于八干、四维正方向下的 12 个空格称为空亡龙；位于八干、四维之中的另外 24 龙称为阴阳差错龙；位于地支正方向下方的 12 龙称为龟甲龙；位于地支下方的其他 24 龙称为生旺龙。据传，七十二龙理论也是唐代杨公所创，是古法风水术的重要组成部分，该古法风水术认为，空亡龙所在位置是八干、四维所属，不纳地气，所以谓之“空亡龙”。八干、四维之中的其他 24 龙虽能纳地气，但处于五行行气的初气和余气时节，不纳旺气；同时，在同一山之中，这两龙正好阴阳相错，如“壬山”对应的空格左边为“甲子”龙属阳龙，右边“癸亥”龙属阴龙，二者在同一山下却阴阳相错，所以谓之“阴阳差错龙”。位于地支正方向下的 12 龙因为地支之脉过硬，犹如龟甲，虽能纳旺气，但不利于聚气，所以谓之“龟甲龙”。位于地支下非正中央的另外两只正好处于五行行气的生气和相气阶段，所以能恰到好处地乘纳地气，谓之“生旺龙”或“旺相龙”，这 24 支龙是易理环境中乘气和聚气效果最佳的方位，因此在格龙过程中应尽可能格定在这 24 支龙上。七十二龙作为罗盘正针二十四山向的派生，是易理环境选择中格龙乘气的主要依据，在三合盘中处于非常重要的地位。

**第七层：坐山九星**

坐山九星就是将九星学所述的“贪、巨、禄、文、廉、武、破、辅、弼”九星纳入环境的空间结构中，并布列于罗盘上，成为其中的一个圈层。九星布列于罗盘圈层是源于九星翻卦说，《玄女经》记载“坤为地母，诸山所依”，所以九星翻卦始于“坤”，并以易之抽爻法将八卦与九星相配，因此这一层也称为“九星坤卦例”。从八卦爻符构成看，艮为变坤卦一爻之象，巽为变坤卦两爻之象，乾为变坤卦三爻之象等等，按照这种从上到下的变爻方法，得到的八卦变爻次序为：艮一、巽二、乾三、离四、震五、兑六、坎七，而坤为变卦终归。然后将九星按次序与八卦相配，就构成了艮配贪狼、巽配巨门、乾配禄存、离配文曲、震配廉贞、兑配武曲、坎配破军、坤配辅弼。这就是九星与八卦相配之理。需要强调，抽爻翻卦是由上至下、每爻一变地进行，而易理对环境空间方位的描述不是八个方向，而是二十四个方向，那么九星又如何配入二十四山呢？其实，九星配入二十四山运用的是八卦甲纳法，如艮纳丙，而贪狼与艮卦对应，所以贪狼也配丙；巽纳辛，则巨门配辛。依此类推，禄存配甲，文曲配壬、寅、戌，廉贞配庚、亥、未，武曲配丁、巳、丑，破军配癸、申、辰。剩余四正之位的“子、午、卯、酉”本来就是“坎、离、震、兑”所在之方位，因此直接以这四卦对应的九星代入即可，即子配破军，午配文曲，卯配廉贞，酉配武曲。至此，二十四山向都有了各自相配合的星名，这就是坐山九星的构成。在易理环境选择实践中，古人主观的规定了九星之中“贪、巨、武、辅”四星为吉，“破、禄、廉、文”四星为凶，“弼”为无吉凶，这显然与九星本质属性中“贪、武、辅”为吉，其余为凶不相符。所以，这一层也带有明显的主观性，在运用时主要作为对环境空间外围物态因素考察的参考，如某一环境空间朝向破、禄、廉、文四星所在的方向，加之案山形态丑恶，那么就应该对该环境空间的朝向进行化煞处理。

**第八层：正针一百二十分金**

正针一百二十分金又名“内盘一百二十分金”，是在正针二十四山向之下每山向再划分五格，合 120 格，每格占 3 度，这一层也属于正针二十四山向的附加层。其命名的方法与七十二龙一致，也是借用六十甲子的纳音五行，以六十甲子龙表示方位，120 格恰好配两组六十甲子。其排法是甲子始于子方，即子山十五度由甲子、丙子、戊子、庚子、壬子五个 3 度组成。一百二十分金的使用原理与七十二龙相同，也有空亡、龟甲和阴阳差错之说，所以在一百二十分金中也仅有四十八个分金可用，只是其坐度划分比七十二龙更精细。在罗盘制作过程中，通常只标识其中的四十八个分金，而其他七十二个则以空格标识，不具体填列五子龙的名称，如癸山对应的 5 格中，只有 2 格标识着“丙子”“庚子”，而其他 3 格则为空格。在这一圈层中，有的罗盘厂家还在一百二十龙分金的对应格下方标识五行属性，这种五行属性是正针二十四山的星宿五行。在环境选择实践中，一百二十分金多在阴宅中使用，常常结合葬者的仙命甲子以调整穴场的坐度分金。

**第九层：人盘中针二十四山**

以正针二十四山向的排列顺序为基准，逆时针转半格 7.5 度后重新排布二十四山向，构筑一层新的二十四山向即为人盘中针。在罗盘中，人盘中针的子午向正好对着地盘正针子壬与丙午之间的分隔缝上，而排布的次序与正针二十四山向完全一致。据传，人盘中针由宋代易理大师赖文俊创制，并专门用于消砂使用，也有人将其一并用于纳水。在三合盘中，人盘中针也属于比较重要的一层，是乘“外气”的主要工具。在环境选择实践中，人盘中针结合二十八宿五行，以穴场坐度分金为我，砂峰为客，通过五行的生克制化关系，以判断穴场外围砂峰对穴场的影响。

**第十层：八宅明镜卦位**

**第十一层：八宅明镜吉凶位**

第十、十一层是传统风水理论中八宅派专用的圈层。该派以八卦坐山配合游年九星论吉凶。在具体运用过程中，以游年九星中的“伏位、天医、生气、延年”为四吉星，以“五鬼、绝命、祸害、六煞”为四凶星，并将八卦坐山分为东四宅和西四宅，将宅主的命理与东西四宅相配合，以九星上的七曜星论吉凶，是一种将易理环境选择与命理学相结合的风水门派。根据笔者的学习和实践感悟，这种将环境选择与命理相结合的方法带有明显的主观性，所以这两个圈层在本书所倡导的易理环境选择技法中不涉及，因此不再对其展开论述。

**第十二层：正针透地六十龙**

透地六十龙的排布是以正针为依据，以地支为基础，将正针的二十四山向以双山形式确定为十二组，即“壬子、癸丑、艮寅……乾亥”，并在每一组下平均分布五子龙。换言之，就是在地盘正针中的每双山之下有五子龙，共计六十甲子，取名为“六十龙”，其排列顺序与穿山七十二龙一样，从壬子起顺时针布列。透地六十龙在运用上与七十二龙也相同，但实践中较多运用于阴宅。在罗盘中，紧跟六十龙这一层的下方一般会标明“三七、正、五”等字样，表示二十四山向与六十甲子的坐度分金数，以每山十分为计算依据（又可示为二百四十分金），测定所在的甲子龙在二十四山向中的占度，如壬子二山下的甲子龙下方对应标明“七三”，就是指该甲子龙占壬山七分、占亥山三分；又如壬子二山下的丙子龙下方对应标明“正”，就是指该甲子龙处于壬山之中；再如壬子二山下戊子龙下方对应标明“五”，就是指该甲子龙占子山和壬山各五分。其他依此类推。有的罗盘还在这一层下标识洛书行数，以指明四吉星的方位构成。

需要强调，在现代产的三合罗盘中，有的还加了一层与本层排布基本一样的圈层，称为“盈缩六十龙”，是透地六十龙的另一种方式，形成姊妹层。盈缩六十龙在分金上比透地六十龙多一格，即实为六十一龙。通常情况下，如果这两层都有，那么就将分金为六十的圈层称为“平分透地”，而将分金为六十一的圈层称为“盈缩透地”。

透地六十龙在用法上与七十二龙一样，也是用于格龙乘气，但一般是平分透地用于阳宅，盈缩透地用于阴宅。具体使用时，盈缩透地还需要与下一层的浑天星度五行相结合，只在阴宅中使用。这一层并非杨公古法风水术，而是后人的创造，就格龙而言，笔者认为还是运用七十二龙的准确度更高一些，毕竟七十二格比六十格更细一些。

**第十三层：天盘缝针二十四山**

天盘缝针以正针二十四山向的排列顺序为基准，顺时针转半格 7.5 度后重新排布二十四山向，构筑一层新的二十四山向即为天盘缝针。由于缝针的“子午”线正对着正针“子癸”和“丁午”的骑线，所以俗称为“缝针”。据传，缝针和正针一样也由杨公所创，专门用于易理环境选择中的纳水，是穴场乘外气的重要工具，也是三合罗盘中非常重要的一层。缝针的指向方位以中国古代天文学中的日景方位为基础，它与正针在空间方位上的错位正是磁偏角存在而产生的结果。在易理环境选择实践中，缝针通常是以双山三合五行的八干长生十二宫为吉凶判断依据。

**第十四层：缝针一百二十分金**

这一层又叫“外盘分金”，其选用方法与“内盘分金”完全一样，只是该层对应缝针二十四山体系，在实践中仅用于阴宅的立向。这一层与正针一百二十分金是相辅相成的对应关系，都只用于阴宅的测量，“内盘分金”测定坐山，“外盘分金”测定朝向。

**第十五层：辅星水法**

辅星水法是传统风水理论中的一种立向方法，此法属于九星学的风水门派，其用法是以净阴净阳的翻卦方式，配合水向的来去，以定吉凶。辅星水法这一层也非杨公古法风水术，而是后人的创造，就立向而言，笔者认为还是三合水法的准确度更高一些。因此，不对本层展开详述。

**第十六层：二十四节气**

二十四节气与二十四山向在数字上相同，体现在罗盘上正好与二十四山向一一对应。二十四节气是中国古代历法的一大创造发明，是现代天文学、气象学、时间学与物候学等知识的综合体现，不但表示一年四季寒来暑往的气候变化，也反映农作物的生长过程和自然气象中雨、雪、降水等在一年的时间周期内的分布状态。因为二十四节气反映宇宙的时间流序，因此在罗盘上其并不是以地盘正针一一对应分布，而是以天盘缝针所体现的日景方位来标识。所以二十四节气对应于罗盘的缝针二十四山向，从缝针的壬山开始，代表立春，并逆向布列，直至子山为大寒。二十四节气在罗盘中的布列主要用于时间择吉所用，取用于“太阳到山、到向、到方”之说。在易理环境选择实践中，以坐山、朝向太阳所到日期选择环境空间的修造时间，如某个环境空间的坐穴为“子山午向”，那么子山为立春时节太阳到山，午向为立秋时节太阳到向，太阳到向对环境空间起到阳光直照的作用，阳气充足，这样的时节修造环境空间，必然对环境空间有利；太阳到山，则为阳光后照，光线肯定不足，这时对环境空间进行修造肯定不利。所以就“子山午向”的环境空间而言，修造时间选择立秋时节比较理想。二十四节气在易理环境选择的择吉课中除了太阳到山、到向外，还有一种重要的选择就是“三合照”。所谓“三合照”就是指与二十四山向的每个山构成等边三角关系的节点，比如说子山的三合照在申方或辰方，未山的三合照在亥方或卯方，其实就是取象于双山地支的三合属性。择日三合照源于《疑龙经》，经云“请君专用三合照，三合对宫福禄坚”，该观点认为太阳为诸宿之主，照耀四方，吉宿遇之则增辉添彩，凶宿遇之则收敛降伏，所以环境修造选择三合照最理想，如上述的“子山午向”盘局就可用太阳到申方（小满时节）或辰方（秋分时间）的时节进行修造。当然，择吉课有专门的理论，罗盘上指示的二十四节气只是提供了一个大概的时间周期，具体的择吉课还应结合“三元九运”等许多综合知识加以推定。

**第十七层：浑天星度五行**

与盈缩透地六十龙排布相对应下有一层标示有“金、木、水、火、土”字样的圈层，就是浑天星度五行。浑天星度五行有的是地支所藏，有的被天干所悉，有的又是纳音相属，理论非常复杂，故称为“浑天”，是在十二地支位下分配相应的“五子龙”而形成的一个罗盘圈层，其五行分配方式如下：

子宫纳“金、火、水、金、木”；

丑宫纳“土、水、金、木、土”；

寅宫纳“火、木、金、水、土、木”；

卯宫纳“木、金、水、土、木”；

辰宫纳“火、水、土、木、火”；

巳宫纳“金、木、土、火、金”；

午宫纳“水、土、木、火、水”；

未宫纳“金、土、水、火、金”；

申宫纳“木、火、水、金、木”；

酉宫纳“土、水、火、木、土”；

戌宫纳“金、土、水、金、火”；

亥宫纳“木、火、土、水、木”。

共六十一位，其中寅宫多一“木”行。因此，这一层实为六十一格。在具体运用时，这一层主要是为盈缩透地六十龙服务。所以在一些综合盘中，常常都将这一层与上一层的盈缩透地六十龙合并为一层，将浑天星度五行与五子龙的干支名称一同标示在一个空格内，如壬子山下纳的乙丑龙、壬子龙、庚子龙就分别标识为“乙土、壬木、庚金”。浑天星度的构成来源于一年的时间周期，因为一年为三百六十五又四分之一周天，按一年三百六十五天计算，以五天一候，一年七十二候，并以六十龙每一字管六天，则六乘以六十，共得三百六十，少了五天又四分之一，因此在排布上寅宫多一字，多管五天又四分之一，共计合周天三百六十五日又四分之一，正好为一年。

**第十八层：二十八宿分金**

二十八宿分金也称周天宿度或二十八宿度，是宇宙空间中的二十八个星宿。中国古人通过长期观测天体运行，发现宇宙空间根本无正式疆界或线度可言，那么为了便于寻找天体在宇宙空间中的运动规律，将一些距地球遥远、但位置相对稳定的星体以“二十八宿”名称予以命名，并将此作为“日、月、金、木、水、火、土”七星运动变化的天象，从而确定时间的计算法则，以致演变为时间及方位的代表符号。在罗盘排布中，此层是按照二十八宿星在圆周空间中所观测到的实际占度分金为准进行排布，如“虚九少”指虚之星座占 9 度略少一点；又如“危十六”就是指危之星座占 16 度。罗盘中的二十八宿分金还配有三层的辅助层：其中一层为二十八宿的星度五行，以“金、木、水、火、土”标识；一层为二十八宿星度五行的吉凶状况，一般以“、”“。”“□”“×”“y”“亡”等符号标示，其中“、”为凶；红色的“。”为吉；“□”为平；“×”为五行相克线为凶；“y”指差错空亡为凶；“亡”为小空亡为凶。这一层告诉读者在环境空间结构选择坐度分金时，尽可以选择吉度，避开凶度；另一层为二十八宿星象的占星度数，分别以数字“一、三、五、七”进行标示。

**第十九层：三百六十经纬刻度**

这一层就是圆周刻度，没有实际的易理内涵。

上述是通常的三合罗盘的层数构成。当然，当前市场上出售的罗盘种类繁多，即使都是三合盘，也因不同的厂家而有所不同。从层数上看，有的多达四五十层，有的只有五六层；而且每一圈层的排列方式也不同，如罗盘的正针在甲罗盘是第七层，而乙罗盘可能是在第九层等等。但是，不论罗盘的层数多少、编排顺序如何，作为易学爱好者，在运用易理选择环境空间时，最重要的是掌握罗盘上的三针，尤其是正针与缝针。对于那些带有术家的巫术色彩的层数，都伴随着较多的主观性和附会性，不一定有科学的成份，所以也不必太在意其存在的不同与差异。罗盘正针与缝针的设置，是依据人类观测天体运行而得出的科学结论，缝针相对于正针的设置，是因磁偏角的存在而产生的，具有很强的科学性和观客性。根据考古发现，在磁偏角未发现以前，中国古人以“子午”线来标记南北向，并用磁针进行指示，南北指向即被认为是地球的南北向。但磁偏角发现之后，便有了两种“子午”向，通常将“经线”称为“真子午”，而将“磁针线”称为“磁子午”，两线的夹角便是磁偏角。因此，按照传统的方位记法将“磁子午”标记南北向，而作为校正手法，把“真子午”按磁偏角的相反方向转移排布，这就是缝针设置的原理。可见，罗盘的“天地”两盘是真正对环境空间结构的方位描述。至于人盘则是在“天地”二盘形成之后，古人按照易理的“天、地、人”三元合一的思想，予以附会而加入的，并按照“人居于天地之中”将人盘称为“中针”，从而形成了“天、地、人”三盘齐备的三合罗盘形态。

**（二）三元盘分层解构**

传统的三元盘由十九层或二十一层构成，由于现代制盘技术的飞速发展，许多商家都生产综合盘，单独生产三元盘的较少。据了解，目前独立生产的三元盘大多在香港和台湾地区，大陆相对较少。由于人们对易卦解读的不一，使“三元盘”种类繁多，其层数构成也不同，出现了非常混乱的状态。其实，三元盘最核心的是九星及卦象在空间方位中的体现，本文将以笔者手中运用的一款由香港商家生产的二十一层三元盘为例，对其主要圈层的内容进行阐释，三元盘局部如图 7.2 所示。

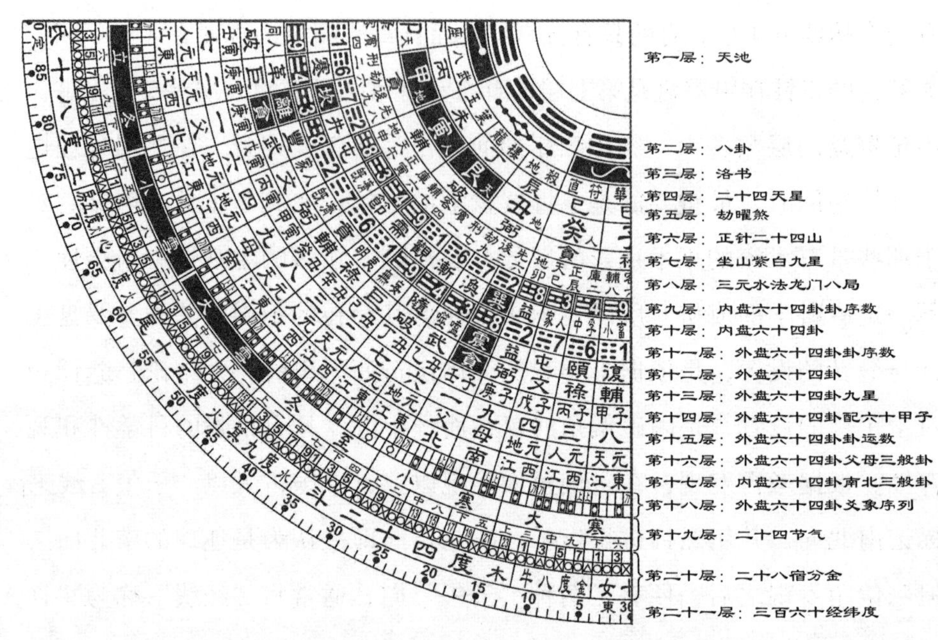


图 7.2 三元罗盘局部示意图

**第一层：天池**

这层与三合盘完全一致。从略。

**第二层：八卦**

这层与三合盘也完全一致。只是大多的三元盘的八卦层一般列示后天八卦，但笔者手中的这块三元盘，仍然是列示先天八卦。

**第三层：洛书**

在三元盘的第三层一般排列洛书之数，以“戴九履一、左三右七、二八为肩、四六为足”的九宫占盘（即元旦盘）的数理布列方式排布在八卦象之下，并以黑白点的形式标识。

**第四层：二十四天星**

据传，二十四天星源于宋代堪舆大师赖文俊所著的《催官篇》，是赖公引入宇宙时间的三元九运理论，专门用于论述辨龙、辨穴、催官、评砂，其理论体系非常复杂。二十四天星在罗盘中的排布有两种星名，一种是星盘随着元运而转的，法以龙楼为主，随着三元九运而走，看哪一星当令，龙楼就坐于哪一星象上，按顺时针排布玉叶、八武、帝座……直至二十四山布满。另一种是专用于辨龙、纳水的星盘，从亥位起天皇，也按顺时针排布天辅、阳光、北道、天厨……直至回到亥山对应的天皇。二十四天星的星名不一，用法也不同，在罗盘上的排布也不一样，带有较明显的附会色彩和主观意识，在易理环境选择实践中基本不用。从严格意义上讲，二十四天星属于三合派风水的范畴，但现代制盘厂家，将其划入“三元九运”理论的引申，因此也纳入了三元盘之中，其实在许多的三合罗盘也有列示。

**第五层：劫曜煞**

这一层与三合罗盘的“十四路忌煞”一致，用法也相同，只是名称不一。

**第六层：正针二十四山**

这一层与三合罗盘的正针二十四山布列方式完全相同，但二十四山向的阴阳属性确定方式与三合盘不同。三元盘中二十四山向阴阳属性是按照后天八卦的阴阳之理，以“天、地、人”的三元龙属性标识每一山向的阴阳。三元盘之所以称为“三元”，就是指每卦中都分配有“天、地、人”三元。这一层不但是传统三元风水确定环境选择坐度分金和立向的依据，而且其阴阳属性是决定九星飞伏顺序的依据，因此这一层是三元罗盘最重要的一层。

**第七层：坐山紫白九星**

紫白，即洛书九星，与方位结合即为“九宫”，与时间结合即为“三元九运”，与环境物态结合即为“物象”。这九数因为代表不同卦象或卦气，所以又称为“九星”。紫白九星在三元罗盘中的排布只用八星，即不用中五廉贞星，因为在洛书数理之中，五居中宫，寄旺八方，不具有独立的方位属性。而另外八星在罗盘中的排布顺序是以九星学理中的替卦（替星）理论为依据，从正针二十四山下的子山开始按顺时针方向，分别构成如下对应关系：子对禄、癸对贪、丑对弼、艮对破、寅对辅、甲对贪、卯对禄、乙对巨、辰对武、巽对武、巳对文、丙对破、午对辅、丁对弼、未对禄、坤对巨、申对贪、庚对辅、酉对弼、辛对破、戌对文、乾对文、亥对武、壬对巨。

三元盘中的九星布列不同于三合盘，三合盘是按照地母翻卦说并结合纳甲进行布列；而三元盘则是按照传统地理术的“坤壬乙”诀，以九星中的替卦理论进行布列。“坤壬乙”诀是三元玄空地理术的核心理论，该系统非常复杂，众多学者对其进行了研究，但结论并不一样。笔者结合众多关于“坤壬乙”诀的文献，并查看了众多的罗盘排布，认为比较合理和完整的“坤壬乙”诀应如下：

坤壬乙巨门从头出，艮丙辛位位是破军；

巽辰亥尽是武曲位，甲癸申贪狼一路行；

丑丁酉都是右弼守，巳戌乾文曲一星联；

子卯未皆为禄存地，庚午寅山山左辅轮。

这一层是三元罗盘的主要圈层，是下卦起星的依据，也被称为“元运数合十卦例”。

**第八层：三元水法龙门八局**

在坐山紫白圈层之下，以八卦排布对应的有两层小字，分别标有“辅、库、正、天、地……”和“八、二、辰、巳、卯……”字样的圈层就是三元水法龙门八局，这也是传统三元风水学中的一种启门立向方法。

**第九层：内盘六十四卦序数**

这一层与下一层对应，体现六十四卦的卦序数，用中文“一、二、三、四、六、七、八、九”予以标识。卦序数的来源是以先天八卦的空间九宫布列结构为基础，并赋于洛书之数而进行确定。如乾卦在先天八卦空间中处于正南，而洛书九宫之数的正南为九，即乾配以九；又如兑卦在先天八卦空间中处于东南，而洛书九宫之数的东南为四，即兑配四。其他依此类推，即可得到其卦序数为“乾九、兑四、离三、震八、巽二、坎七、艮六、坤一”。

在六十四卦中，先以八卦中的某一卦为下卦，另加入一个上八卦，就构成了八八六十四卦了。如以乾卦为例，下卦乾加乾即得“天天卦”，加兑得“泽天夬卦”，加离得“火天大有卦”，加震得“雷天大壮卦”，加巽得“风天姤卦”，加坎得“水天需卦”，加艮得“山天大畜卦”，加坤得“地天泰卦”。本层的卦序是以加入的上卦对应的洛书之数指示，如乾为天卦对应乾的数序为九，泽天夬卦对应兑的数序为四，大有卦对应离的数序为三。而洛书数理对应于卦象的同时也对应五行属性，一六共宗五行属水，二七同道五行属火，三八为朋五行属木，四九为友五行属金，五十共守五行属土，所以对应于本层上的六十四卦序数五行属性也体现在其中，如坐山出小蓄卦，对应数为“九”，而“九”之五行属金，所以出小蓄卦的环境空间结构五行属金。

**第十层：内盘六十四卦**

内盘六十四卦也称“大卦”，在三元罗盘中有时也称为“玄空太易卦内盘”，这一层按照六十四卦平均分布于360度圆周内，并从子山下靠壬方起“乾”卦，顺行分布，处于午山下靠丙方为“坤”卦，按顺时针布列为“乾、小畜、中、家、益、巽、涣、渐、观、需、节、既、屯、井、坎、蹇、比、大畜、损、贲、颐、蛊、蒙、艮、剥、泰、临、夷、复、升、师、谦、坤”；从午山下的坤卦起按顺时针布列为“豫、小过、解、恒、震、丰、归、壮、晋、旅、未、鼎、嗑、离、睽、有、萃、咸、困、大过、随、革、兑、夬、否、遁、讼、姤、妄、同、履”，最后又回到了“乾”卦。三元罗盘的内盘六十四卦由周易的六十四卦方图而来，用以象地。在易理环境选择实践中，这一层主要用于测量地运，以论坐度的山峰、来龙生旺情况。如测得某空间结构的坐山为“小畜”卦，五行属金，那么如果观察到在其他某个方位上的五行也属金，且有秀丽山峰，则属于比和旺卦，指吉主旺丁。这一层是三元罗盘的主要圈层，在综合罗盘中一般也排布这一层。

**第十一层：外盘六十四卦序数**

这一层与上述第九层的用法完全一致，是第十二层外盘卦的对应数序，也是通过其数理的五行属性进行相关的向方和星峰吉凶的判断。不再赘述。

**第十二层：外盘六十四卦**

这一层在排布上与内盘六十四卦序一致，但采用的是相传的连山易的空间布列方式，与上述内盘不同，从子山下靠壬方起“坤”卦，顺行分布，处于午山下靠丙方为“乾”卦，按顺时针布列为“坤、复、颐、屯、益、震、嗑、随、妄、夷、贲、既、家、丰、离、革、同、临、损、节、中、归、睽、兑、履、泰、小畜、需、大畜、壮、有、夬”，从午山下的乾卦起续继顺时针布列为“乾、姤、大过、鼎、恒、巽、井、蛊、升、讼、困、未、解、涣、坎、蒙、师、遁、咸、旅、小过、渐、蹇、艮、谦、否、萃、晋、豫、观、比、剥”，最后又回到了“坤”卦。三元罗盘的外盘六十四卦由易卦的圆图而来，用以象天。在易理环境选择实践中，多用于论向方的水口及星峰，具体用法与内盘一致。

在环境空间选择中，上述的第九至十二四层应结合使用，通常称为“卦气盘”。具体运用时，以内盘测坐山，以外盘测向首；按照洛书之数生成之理，以“一六共宗水、二七同道火、三八为朋木、四九为友金”的洛书数理五行为基础，以山向线位为主，所见山峰砂水为客，并按照“主客宜生扶忌克泄”的原则，以“山主人丁向主财”为指导，用以推引各个方向的砂峰、水流的吉凶。“客生主”为生气，主旺丁、生财；“客同主”为旺气，主添丁、旺财；“主克客”为财气，主人丁兴旺而聚财；“客克主”为煞气，主损丁、破财；“主生客”为泄气，主伤病、财退。如测得某环境空间的坐山线位为亥山姤卦，其卦气数“二”属火，如果其左右的“妄”、“讼”卦皆有山峰，“讼”卦的卦气数为“七”属火，“妄”卦的卦气数为“八”属木。可见，“讼”卦之气与坐山为“比和”，主旺财旺丁；“妄”卦之气与坐山为“客生主”，亦主旺丁旺财。同时，本案的向首线位为巳向大畜卦，卦气数“八”属木，其右边“需”卦的卦气数为“三”，亦属木，如果“需”卦此方有三叉水口或秀丽的案峰，那么此卦即为客主“比和”，是大旺大吉之向。

**第十三层：外盘六十四卦九星**

此层是按照易理的“象、数、理”关系，将坐山九星与先天六十四卦外盘的卦序进行对应而形成的圈层，带有明显的主观意识，在现代易理环境选择中很少使用。

**第十四层：外盘六十四卦配六十甲子**

此层是将干支的六十甲子与先天六十四卦外盘的卦序进行对应而形成的圈层，多用于阴宅立向。在实际操作过程中，将墓主人的仙命六十甲子与外盘卦序相对应，从而推定阴宅立向的吉凶，是将命理学参入先天卦序而形成的圈层，是术家的一种用法，没有科学性，在现代易理环境选择中也很少使用。

**第十五层：外盘六十四卦卦运数**

此层是标识六十卦的卦运数，通过这一层可以识别处于不同卦序的环境空间处于“三元九运”中的哪一运为吉，哪一运为凶，是风水理气的一种用法。在易理环境选择中，一般作为参考使用。

**第十六层：外盘六十四卦父母三般卦**

此层是将九星排盘而得到的“父母三般卦”反应到外盘六十四卦中而构成的一种卦序表现形式，并列入罗盘的圈层之中。但经过笔者的反复验证，此层的父母三般卦排布并不准确。因为此层的父母三般卦是以先天外盘六十四卦序为基础，而九星学理中的父母三般卦是以单卦配洛书数理，通过易理推演而形成，存在着较大的差别。笔者认为，在实践中对父母三般卦的把握，以九星学理所述的理论为准更符合客观实际。

**第十七层：内盘六十四卦南北三般卦**

此层是从先天八卦方图（即内盘六十四卦）推理而得出的一种卦序在宇宙空间中的表现形式，是纯理气的用法，是否准确还需待实践检验。

**第十八层：外盘六十四卦爻象序列**

此层由两层构成，分别是六十四卦的卦爻排序和抽爻换象，属于存理气的用法，在易理环境选择中基本不涉及，不再赘述。

**第十九层：二十四节气**

此层与三合罗盘相同。从略。

**第二十层：二十八宿分金**

此层与三合罗盘相同。从略。

**第二十一层：三百六十经纬刻度**

此层与三合罗盘相同。从略。

三元罗盘最主要的圈层是正针二十四山、坐山紫白九星、先天六十四卦内外盘的卦序和数序，而其他许多圈层，大多带有明显的附会色彩和主观性。所以，广大读者在识读三元盘时，最重要的是掌握正针二十四山和其对应的坐山紫白九星，以及理解先天六十四卦的卦序和数序的运用。

需要强调，不论是三合盘还是三元盘，其基本层数或包含的重要层数都在上文进行了说明，但其层数的分布并不一定按本文所述的顺序排布。由于不同商家生产的罗盘，其层数的排布顺序存在着不一样的地方，本文所称的第几层对于不同的罗盘并不是一致的；但不论其层数如何分布，对于每一个具体层，在易理的运用上基本一致。因此，在解读罗盘时，最关键是弄懂每一层所包含的真正内涵，而不是论其排在罗盘中的哪个位置。中国传统的罗盘，其实没有那么复杂，三合罗盘就是天、地、人三针和七十二龙、一百二十龙等一些附加层；三元罗盘就是正针配紫白九星和先天六十四卦内外盘卦序，这些圈层才是罗盘运用的重点。明清以来，中国对传统风水术的泛滥演义和发展，使得罗盘外加了许多带有巫术色彩的圈层。对此，笔者认为广大读者不必大惊小怪，对传统文化只要本着科学的态度，吸取精华，剔除糟粕，就是对中华文明的最好传承。

### 四、罗盘的运用

罗盘是易理环境选择的最重要工具，离开了罗盘，易理环境选择就失去了意义。在具体运用时，需要掌握如下三方面要领：

首先确保罗盘的平衡性。在使用罗盘时，双脚略微分开，务求重心平稳，用双手从左右两边把持外盘，确保在转动内盘时较为稳定。

其次确保罗盘的稳定性。将罗盘置于胸腹之间，大约接近肚脐的位置，并确保罗盘上的水平珠处于平衡状态的中心点，不可左右倾斜。

第三是正确认识方位。以你的背靠为坐山，面向为朝向，移动内盘，直至磁针与天池指南线重叠，然后观察环境空间四周的物态处于罗盘对应哪些方位上。

需要强调，在测定某个已经成型的环境空间，需要避开钢筋等金属物对磁针方位的影响。现代建筑中，大多是钢筋水泥浇筑而成，在这样的环境中测定方位，罗盘上的磁场将受到干扰。因此，通常在离开建筑物前后一定距离处下罗盘，以测定该建筑物的坐度分金。

## 第二节　鲁班尺

鲁班尺就是以中国古代著名工匠鲁班先师的名字命名的用于测量空间长度的工具，其长度为中国传统度量的一尺四寸一分，并划分为八格，分别标有“财”“病”“离”“义”“官”“劫”“害”“本”八个字，在每一个字底下又划分为四小格，以区分吉凶意义，红字为吉，黑字为凶。鲁班尺也称为文公尺。相传在春秋时期的鲁国，出了两个非常著名的能工巧匠鲁班和文公，但鲁班的技术相对于文公更高一筹，令文公嫉妒在心。有一次，两人都奉命一起率各自的徒弟共同修建宫殿，于是文公乘人不注意时，将鲁班用来丈量长度的尺子锯短了一点，由原来的一尺半变成一尺四寸一分，致使鲁班及其徒弟们裁切的木料全部比原计划短了些。眼看这场竞技鲁班及其门徒要败下阵来，可令文公没想到的是鲁班急中生智，把不足的长度用石墩代替，结果使整个建筑构造更加坚固、更加美观。国王看后很满意，当人问鲁班是如何有这样的建筑创意时，鲁班却笑答说全靠文公送的尺子啊！从此文公心服口服，再也不敢与鲁班争雄。于是这把尺子也就一直流传至今，所以鲁班尺也称为文公尺。

随着社会的不断进步和发展，人们用于丈量长度的尺子也不断地发展变化，今天的鲁班尺已经不是鲁班时代的“一尺四寸一分”的单一尺寸标度了，而是发展成为由四层不同丈量尺寸体系构成的现代化形态的卷尺。这四层丈量体系分别是：中国传统的尺寸刻度、传统的鲁班尺刻度、丁兰尺刻度、现代公尺的毫米刻度。其中间两层的鲁班尺刻度与丁兰尺刻度也分别被称阳尺和阴尺，因此鲁班尺也被称为阴阳尺，阳尺在上用于测量阳宅尺寸；阴尺在下用于测量墓穴、祖宗牌位、神庙等阴宅尺寸。

## 一、现代鲁班尺的构造

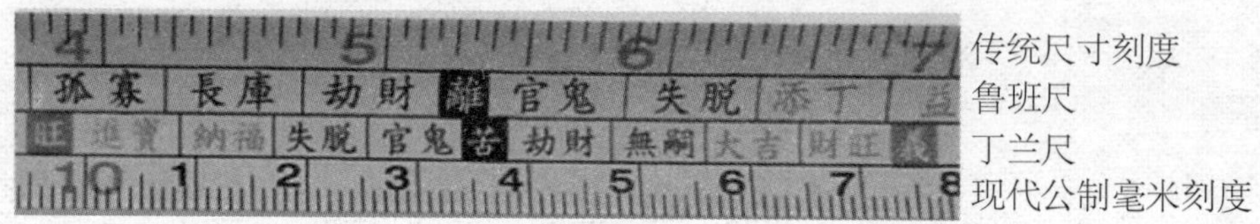


图 7.3 现代鲁班尺

现代鲁班尺如图 7.3 所示，尺面上共有四层构造，从上至下四行分别为中国传统尺寸、鲁班尺（阳宅用）、丁兰尺（阴宅用）及公制毫米刻度。第一层为中国传统丈量尺寸刻度；第二层为传统鲁班阳尺，标有“财、病、离、义、官、劫、害、本”八个字，每字管辖有“登科、富贵、迎福、大吉”等四项，每项都代表着在该位置所对应的传统尺寸或公制尺寸的吉凶状态，其中红色为吉，黑色为凶，用于测量建筑房屋或其他阳宅相关尺寸；第三层为传统鲁班阴尺，标有“丁、害、旺、苦、义、官、死、兴、失、财”

十个字，也是每字管四项，每项列有“财德、论事、无嗣、灾至、口舌”等字样，专门用于测量阴宅有关尺度；第四层即是现代公制尺寸的毫米刻度。

### 二、鲁班阳尺解构

鲁班阳尺指现代鲁班尺的第二层。这一层上有“财”“病”“离”“义”“官”“劫”“害”“本”八个字，每一个字都代表着一定的长度，在每个字管辖长度内又划分为四个区段，每一段都用一个词汇表示，代表不同的吉凶尺寸。鲁班阳尺也称文公尺，总长度为现代公制尺的 43 厘米。

#### （一）财

“财”表示吉祥，是财富、福气和仁德的象征。如果阳宅修造所用的尺寸落于鲁班尺的“财”所示的度量段上，就表示为吉祥尺寸。“财”所管辖的度量段又划分为四个区段，分别标有财德、宝库、六合、迎福四个词。财德代表财富、功德，指示这类尺寸用于启门、道路、开间最有利于迎财、积德；宝库代表可以得到或储藏珍贵物品，指示这类尺寸用于储藏间、财务室的开间最理想；六合代表合和美满、符合天地四方，指示这类尺寸用于客厅、办公室、公共场所最有利于“人与天地”相融合，是“天人合一”思想的体现；迎福代表迎接福气、纳福、纳祥，指示这类尺寸用于卧室、书房、厨房以及建筑物开门、开窗最有利。

#### （二）病

“病”表示凶，是伤灾病患、不吉利的象征，指示如果在建筑用尺中相关尺寸落到“病”所指示的区域，那么就可能出现凶事。“病”所管辖的度量段划分标有退财、公事、牢执、孤寡四个区段。退财就是损财、破财之意；公事就是容易犯因公的官司、案件，如职务犯罪、贪污受贿等；牢执就是指牢狱之灾；孤寡就是指孤独、寡居、单身之意。

**（三）离**

“离”也表示凶，是六亲离散、分开的象征，指示如果在建筑用尺中相关尺寸落到“离”所指示的区域，那么就可能出现凶事。“离”所管辖的度量段划分为长库、劫财、官鬼、失脱四个区段。长库在中国古代是指监狱；劫财就是破财、耗财、损财之意；官鬼就是指官、煞引起的不吉祥之事；失脱就是指财物的失落、丢失、人的离散。

**（四）义**

“义”代表吉祥，是正义、道德、仁义、行善的象征。“义”所管辖的度量段划分有添丁、益利、贵子、大吉四区段。添丁就是增加人丁之意，最适合用于婚房的尺寸；益利就是增加财资、利禄之意，最适合于企业老板办公室的尺寸；贵子是指小孩日后能显贵的意思，适合于小孩的房间尺寸；大吉就是吉祥吉利之意，适合于所有的阳宅建筑尺寸。

**（五）官**

“官”也代表吉祥，是官禄、官位、能成就领导的象征。“官”所管辖的度量段划分有顺科、横财、进益、富贵四个区段。顺科就是顺利通过考试而获中高榜之意，这类尺寸最适合于上学的青少年房间、书房和办公桌椅；横财就是意外之财；进益就是收益、增加财富之意；富贵就是既富又贵，指财、官、印都大旺。

**（六）劫**

“劫”代表凶，是遭抢夺、胁迫的象征，指示如果在建筑用尺中相关尺寸落到“劫”所指示的区域，那么就可能出现凶事。“劫”所管辖的度量段划分有死别、退口、离乡、财失四个区段。死别就是永别，指大凶；退口古指有孝服之事，代表伤及亲属长辈；离乡就是背井离乡、漂泊之意；财失就是财物损失或丢失之意。

**（七）害**

“害”也代表凶，是祸患的象征，如果在建筑用尺中相关尺寸落到“害”

所指示的区域，那么就可能出现凶事。“害”所管辖的度量段划分有灾至、死绝、病临、口舌四个区段。灾至就是殃、祸、患到达之意；死绝就是死得干干净净，是大凶；病临就是疾病来临；口舌就是容易引起争执争吵之意。

### （八）本

“本”代表吉祥，是事物的本位或本体的象征。“本”所管辖的度量段划分有财至、登科、进宝、兴旺四个区段。财至就是财到，最适合办公场所、财务场所建筑用尺；登科就是考试被录取，最适合小孩房、儿童房和书房用尺；进宝就是招财进宝，也适合用于办公室、财务室的建筑用尺；兴旺就是兴盛旺盛之意，最适合公司、办公房的建筑用尺。

## 三、鲁班阴尺解构

鲁班阴尺指现代鲁班尺的第三层。这一层上共有十个字，分别是“丁、害、旺、苦、义、官、死、兴、失、财”。每一个字都代表着一定的长度，在每个字管辖长度内又划分为四个区段，每一段都用一个词汇表示，代表不同的吉凶尺寸。鲁班阴尺也称为丁兰尺，总长度合现代公制尺 39 厘米，主要用于测量坟墓、奉置祖先牌位、神位等阴宅空间尺度。

“丁”字下包含“福星、及第、财旺、登科”，指示利于旺丁，为吉之尺寸；

“害”字下包含“口舌、病临、死绝、灾至”，指示有祸害，为凶之尺寸；

“旺”字下包含“天德、喜事、进宝、纳福”，指示旺财，为吉之尺寸；

“苦”字下包含“失脱、官鬼、劫财、无嗣”，指示痛苦，为凶之尺寸；

“义”字下包含“大吉、财旺、益利、天库”，指示大富大贵，是大吉之尺寸；

“官”字下包含“富贵、进宝、横财、顺科”，指示大富大贵，是大吉之尺寸；

“死”字下包含“离乡、死别、退丁、失财”，指示死亡，是大凶之尺寸；

“兴”字下包含“登科、贵子、添丁、兴旺”，指示财富双兴，是吉之尺寸；

“失”字下包含“孤寡、牢执、公事、退财”，指示丢失、失窃，牢灾、官司，是凶之尺寸；

“财”字下包含“迎福、六合、进宝、财德”，指示财富、和谐，富贵，是大吉之尺寸。

**四、现代鲁班尺的运用**

鲁班尺主要用于测量环境空间细节的具体尺度，如测量家具、宅居、门窗、结构开间等环境布局的细节尺寸。易理认为，宇宙万事万物的运动过程都将产生不同的“气场”，形成不同的“波”，如果生命体处于宇宙动运次生波的共振频段，那么必然不利于身体健康。因此，作为生命活动所需的空间应尽可能避开共振频段，这就是鲁班尺在易理环境选择中运用的基本原理。用鲁班阳尺测定环境空间尺度是对环境空间布局的优化。对于已成型的环境空间，如果通过鲁班尺测量时，发现其尺寸正好落于主凶的黑色刻度上，那么就要通过建筑装饰的手段将其调整为吉祥的红色刻度，并按照鲁班尺指示的意义，准确调整相关的房屋开间、门窗、通道等尺寸。如进户门的尺寸最好用“迎福、横财、财至、大吉”等刻度；主卧室门的尺寸最好用“财至、进宝、兴旺、六合”等刻度；儿童房门的尺寸则最好用“登科、贵子、大吉、益利”等刻度。

鲁班阴尺多用于的测量祠堂、庙宇、陵墓牌坊、墓碑纪念堂等相关的门、窗、通道尺度，也是以红色为吉，黑色为凶。需要指出，阴尺的运用通常从第三寸处开始（即丁字开始），古人认为，第一寸指示天，第二寸指示地，故留天地二寸不用，而从第三寸开始。

# 第二卷

# 技法篇

# 引 文

本卷是将上卷的理论知识转化为技术手段，形成易理环境选择的具体实践技法。上卷属于基础学科的范畴，是对传统《易学》体系中涉及人居环境选择的理论进行解读；而本卷属于实践学科的范畴，旨在告诉读者如何将易学包含的处理“人与自然”关系的哲学观转化为具有实际操作性的环境选择的技术和方法。

在中国，运用易理知识选择勘察人居环境起源于上古的黄帝时代，据宋代张君房著《轩辕本纪》记载“黄帝始画野分州，有青乌子，能相地理，帝问之以制经。”可见在上古的黄帝时代，青乌子已开始了相地活动。据传古本的《葬经》为青乌子所著，但已失传，现在人们可看到的《葬经》是晋代堪舆大师郭璞所著的《葬书》（后人有称之为《葬经》，亦有称之为《古本葬经》）。但不论古本《葬经》是否出于青乌子之手，青乌子作为易理相地大师至唐代已是颇具名气。刘禹锡就有诗云“地得青乌相，宾惊百鹤飞。”柳宗元也有诗云“艮之山、兑之水，灵之车，当返此。子孙万代承灵址，谁之言者青乌子。”从这些诗词中不难看出，至少到了唐代，人们都将青乌子看作是易理相地的始祖。

《史记·樗里子传》记载“昭王七年，樗里子卒，葬于渭南章台之东。里子曰：‘后百岁，是当有天子之宫夹我墓地。’……至汉兴，长乐宫在其东，未央宫在其西，武库正直其墓。”可见，先秦时代的樗里子已对人居环境有了独到的预言和见解。因此，后世在风水界也将樗里子称为风水术的原祖。

时至汉代，运用易理知识勘察环境，尤其是勘察阴宅墓相已相当成熟，并形成了专门的学说理论"堪舆学"。汉刘安著《淮南子》记载"堪，天道也；舆，地道也。"堪即天道，舆即地道，堪舆学即为天地之学，该学说以河图洛书为基础，给合了阴阳、五行、八卦、九星的生克制化之理，将天道运行、地气流转以及人类活动三者完整地结合起来，以此勘察人居环境，推断人类活动的吉凶福祸。这一时期的堪舆术或许更多地受中国传统儒学重视孝道和厚葬文化的影响，主要用于勘察阴宅墓相，选择墓地，为死者寻找安身环境。但到了魏晋南北朝时期，运用易理知识勘察环境得到了进一步的发展，不但用于勘察阴宅，也运用于勘察阳宅，选择活人的居所，即人居环境。这一时期出现了管辂、郭璞等一大批堪舆大师，尤其是郭璞所著《葬书》的出现，使堪舆术发展成为专门的风水术。《葬书》云"葬者，乘生气也。气乘风则散，界水则止。古人聚之使不散，行之使有止，故谓之风水。"这就是风水一词的最早来源。

再到唐宋时期，风水得到了高度的发展，唐朝国师杨筠松传承并发展了郭璞的"乘生气"理论，并经其弟子曾文辿等的进一步发扬光大，形成了较完整的易理勘察环境的"郭杨曾古法风水术"，并同时运用于阴阳二宅的选择勘察。

令人遗憾的是，到了明清时期，风水术虽然达到昌盛的发展时期，但却出现了杂乱和混杂的状态，许多后学者对传统的郭杨曾古法风水术进行众多版本的诠释和创新，形成了大大小小不下百种的风水门派，有些门派还掺杂了占卜、巫术、命理、神学等内容，使原本作为选择人居环境的实践学说发展成为掺杂着浓厚神秘色彩的玄学。所以从某种意义上讲，明清时期的风水术不但没有得到较好的传承和发展，相反却出现了杂乱无章的倒退现象。正因如此，笔者认为，对于当前流行的各种门派的风水术，不必妄加评论，其实质都源于易学的思维观念和古法郭璞的"乘生气"理论，都离不开易学所包含的阴阳、五行、八卦、九星之理的系统运用，都离不开易理所含的"象、数、理"之间的逻辑关系运用。只要真正理解了《易》作为中国传统哲学思想的源头，并能够运用易理的思维观念和哲学观念察审自然环境，按照“天人合一”“顺应自然”的环境选择观，正确勘察和选择人居环境，就达到了易理相地的目的。

本卷内容是对家父六十多年研习易理，从事风水相地实践经验的总结，拙撰本卷旨在将家父的实践经验发扬光大，并将笔者研易的感悟与读者共同分享，力求从博大精深的风水理论中总结归纳出一套简明易懂的技术方法。为便于对这些技术方法的描述，本卷也参照传统风水学以“盘局”论环境的形式，将易理环境选择技术划分为五个方面（或者说五个步骤），分别定义为“形势判局、乘气定局、规划布局、飞星证局、化煞护局”，并编入本书的第八至第十二章，构成本卷的主要内容。

第八章《形势判局》从介绍风水理论中的“气”开始，阐释环境的构成特征，提出易理环境选择中的形势构成要点，并对每一要点的构成、吉凶特征进行分析说明，总结观测自然环境空间的宏观思路和方法。第九章《乘气定局》主要阐释如何正确运用“乘生气”理论，以确定环境空间的坐山和朝向，拟定环境空间整体规划思路，这章是本卷的重点，是易理环境选择过程中最重要的步骤。第十章《规划布局》主要提出如何结合已选好的环境空间内部构造特征和外在自然环境物态特征等因素，进行科学、合理的综合规划与详细布局，重点阐释了环境空间布局过程中心点和轴线坐标的确定方法、整体平面的规划布局思路，以及立面启门的思路和步骤。第十一章《飞星证局》主要是运用九星学理，对确定的环境空间结构进行易理吉凶上的再论证，并适当调整、优化细部的布局。第十二章《化煞护局》主要是综合运用易学的阴阳、五行、八卦之理，对已成型的人居环境进行装饰、美化，趋利避害，使环境空间既达到满足人居功能需要的理想效果，又达到易理环境选择“藏风聚气”的要求，切实实现人居环境与宇宙自然环境的和谐统一。

面对千变万化、纷繁各异的自然环境，本卷所述的每章内容既能成为一种独立的易理环境选择方法，又是一个有机的整体，遵循着环境选择的一定逻辑顺序。从实践操作上看，五章内容可分为三个不同阶段：第一阶段为勘察环境，或者称选址，由第八章构成，主要从宏观上以目测的方式勘察环境，察审环境空间在形势上是否具备成龙就穴的条件。第二阶段为修造环境，或者称规划环境，由第九、十章构成。第九章是实现自然环境向人居环境规划布局过渡的最重要手段，一方面从微观上对环境空间的龙脉形势和水流水系进行了气理上的勘察，另一方面又根据易理勘察结果，确定人居环境修造的基本方位准则（即坐度分金和整体盘局）。第十章是人居环境规划和布局的主要方法，阐述如何进行环境空间的坐标体系确立，如何进行功能的划分，如何进行立面效果的处理等等。这两章是易理环境选择的核心，通过这两章所述的技术手段的运用，完成自然环境向人居环境的转化。第三阶段为优化环境，或者称美化环境，由第十一、十二章构成。第十一章主要是易学理气方面的综合运用，借助于九星学说，从宇宙时间范畴考察拟定的环境空间各个功能分布的吉凶状态。第十二章主要是通过装饰手段，以移动物态的形式，改变环境空间的乘气效果。这两章是从不同的角度对环境空间起优化和美化作用。

风水学说在实际运用过程中，通常包含“看风水”和“做风水”两方面。所谓“看风水”就是观察山川河脉哪处有结穴的可能，并将其选为人居使用的环境空间；所谓“做风水”就是通过人为的建筑活动，在选定的局部自然环境空间中，修造出适合人居和为人使用的环境空间。从这个意义上讲，本卷中的第一章属于“看风水”的内容；而后四章则属于“做风水”的内容。

# 第八章 形势判局

“形势”就是人们对宇宙世界自然环境的视觉感官而形成的认识效果，也就是人们通常所说的地形、地势。所谓“形”是指近观的、局部的、个体的、细节的，较低矮、较细小的自然环境空间视觉感官效果；所谓“势”则是指远观的、全局的、整体的，较高突、较强大的自然环境空间视觉感官效果。“形”与“势”既有区别，又有联系；既相辅相承，又可以相互转化，是相对概念，“形”因势而得，“势”因形而生。“势”不具，“形”难成；“形”不具，则“气”不止；“气”不止，则“穴”难成；“穴”不成，则“风”无藏，就无谓之风水。“势”之吉凶，要通过“形”进行判断；“形”之成败，要以“势”为依托，有“势”无形，则不能就穴，有“形”无势，则不能固穴，所以“形、势”都非常重要。对于理想的环境空间，“形”与“势”二者缺一不可。

“形势判局”就是指通过对自然环境的形势状态进行观察、判断和分析，从而推断拟选择的某个环境空间是否具备易理所述的“藏风纳气”的效果。在易理环境选择实践中，通常将拟选的某个环境空间称为“局”或“盘局”，并通过对自然环境的形势判断，分析所选的“局”是否符合最佳的人居环境要求，因此“形势判局”也被称为“形势判断”。

根据家父和笔者多年研习易理的经验，“形”更多地表现为局部的、隐蔽的、相对较小的环境空间，这个空间往往容易因人的因素而发生改变，可以通过人为因素进行造“形”，使之达到易理上的吉“形”要求。当然，也不排除自然界先天生成的吉“形”的存在。而“势”则更多地表现为全局的、外露的、相对较大的环境空间，这个空间往往是自然天成的，无法通过人为的因素进行造“势”。为便于表达在人居环境选择过程中的形势状态，笔者引入现代物理学中的“变量”概念，将自然天成的、非人为因素而形成的环境空间的物态构成称为“局外变量”；将人为因素进行造“形”而产生的环境空间的物态构成称为“局内变量”。由此，不难看出，“形”兼备局内变量和局外变量两个因素，不但可以自然生成，也可通过人为因素进行创造；而“势”则更多的只具备局外变量，人的因素很难对其进行改造。认识易理的“形势”，就需要对自然环境的各种物态进行描述和判断，并对自然环境物态可能对人居环境产生的影响状态进行揭示。那么，如何认识环境物态，如何揭示环境物态对人居环境的影响呢？中国传统的易理观念强调宇宙万事万物的发生、发展和变化都离不开“阴阳二气”，影响人居环境的各种因素最终都统一归于“阴阳二气”。所以，认识环境“形势”要从“气”说起。

## 第一节　易理之“气”

易理之“气”（或者称风水之“气”）不同于人们通常认识的空气，而是易理观念下的一种存在于宇宙世界中的元素，这种元素从唯物论角度看，可能是构成宇宙世界最本原的元素；从唯心论角度看，则是一种精神和意识的派生物。正是由于人们未能对“气”有科学的认识，导致了传统风水学说被披上神秘的面纱，往往被人们误认为是一门巫术、是迷信。其实，在广大的宇宙世界之中，物质构成是复杂多变的，而人类的认识总是有限的。人类认识世界的有限性与物质构成的无限性正是推动人类不断发展、进步的源动力，也正因此才促使人类成为地球的主人。然而，易学将“气”作为探索人类与自然环境关系的核心要素，在于易理倡导的哲学观念认为宇宙万事万物的形成、发展、变化、灭失都是由阴阳二性不断生克制化的结果，而这种阴阳二性的生克制化的基本元素就是“气”或称“阴阳二气”。中国古人对宇宙世界的这种认识，并不是空穴来风，而是建立在长期与自然环境抗争的实践总结的基础上，是长期仰观天象、俯察地理的结果，是对物候变化、四季更替、天体运行等宇宙变化规律的总结。所以，易理之“气”是抽象概念，是阴阳二性的载体，是研究人居环境的基石。

## 一、中国传统对“气”的研究

中国古代先贤普遍认为“气是构成万物的本源，是不断运动变化着的”。很多古文献都对“气”有过描述，如《老子》中就有“万物负阴而抱阳，冲气以为和”的记载；又如宋代张载所著的《正蒙·太和》也有“太虚无形，气之本体，其聚其散，变化之客形尔”的记载。

从易学的角度对“气”进行比较系统论述，首先应属晋代堪舆大师郭璞，在其所著的《葬经》中有如下一系列的记载，如“葬者，乘生气也。夫阴阳之气，噫而为风，升而为云，降而为雨。行乎地中而为生气，行乎地中发而生乎万物。”又如“气感而应鬼福及人，是以铜山西崩，灵钟东应，木华于春，栗芽于室。气行乎地中，其行也，因地之势；其聚也，因势之止。丘陇之骨，冈阜之支，气之所随。”再如“气乘风则散，界水则止，古人聚之使不散，行之使有止。”这一系列的论述，都是在阐述“气”在环境选择中的地位与作用。

其次，在文献《管氏地理指蒙》中，对“气”的根源也有较系统的论述，其卷一中的《有无往来》章节就有“未见气曰太易，气之始曰太初……一气积而两仪分，一生三而五行具，吉凶悔吝有机而可测，盛衰消长有度而不渝”的记载。这段话表明，物质世界从无到有是因“气”而始，气是本源，相当于太极，它可分化出阴阳两仪，又可生化为“金木水火土”五种元素，以致宇宙世界对人类表现出的吉凶悔吝有据可测，宇宙万事万物的此消彼长和盛衰消长有节有度。

再次，明代缪希雍在《葬经翼》中对“气”与自然环境的形势关系也有比较系统的论述。书云“凡山紫气如盖，苍烟若浮，云蒸蔼蔼，四时弥留，皮无崩蚀，色泽油油，草木繁茂，流泉甘冽，土香而腻，石润而明，如是者，气方钟而未休。云气不腾，色泽暗淡，崩摧破裂，石枯土燥，草木零落，水泉干涸，如是者，非山冈之断绝于掘凿，则生气之行乎他方。”明末清初著名易理大师蒋平阶所著《水龙经》中也论述了“气”与“水”的关系。经云“太始唯一气，莫先于水。水中积浊，遂成山川。”说明“气”的变化，能成水成山。

综上所述，在中国传统的相地理论体系中，任何一个分支都离不开论“气”，都强调了“气”的重要性。因此，“气”是宇宙环境中最基本的核心元素，通过对“气”表象的观测来选择人居环境是易理环境选择的要旨。

**二、现代科学对“气”的研究**

在现代社会，也有许多学者从物理学的角度对“气”进行了许多研究，甚至有些外国学者提出了“认识气便懂得中国风水的全部”的论断。现代物理学中有这样的观点，认为“气”就是存在于自然界中的超微粒子及其场，就是如同被人们认识的“电场”“磁场”一样，也是存在于宇宙世界中的一种基本物质，具有和电场、磁场一样的属性，也包括了两种形态：其一是基本粒子以及可能更小的基本单位构成的实体；其二是各种实体之间相互联系而产生的“场”。在这里场与实体都是存在形式，是同一事物的两个方面，二者不可分割，并在一定条件下可以相互转化。

现代科学观察表明，在宇宙世界之中确实存在着一种螺旋式的宇宙场影响着地球上的万事万物。不论是天体的运行、植物的生长、动物的生理结构以及人体的生命特征等都受到这种螺旋式的、旋转的“场”的影响。这是否与中国易学理论提出的“阴阳二气”一致呢？目前尚无定论。但从中国古代先贤对图腾的描述，似乎可以得到一定的感知和认同，如在中国的吉祥图案中，常常运用云卷、舞龙等图案，这些图案验证了“曲屈有情、曲则生吉”“吉气走曲、煞气走直”的观点，与现代科学研究发现的“螺旋式的、旋转的场性”有异曲同工之处。

然而“气”到底是什么呢？直至今日，不论是科学界、哲学界，还是易学界都未能给出一个比较准确的定义。笔者不才，不敢对宇宙之“气”妄加评论，本书所涉之“气”，仅为更好地说明在易理环境选择过程中，如何围绕纳“气”这个重要环节，去探求“天、地、人”相结合的最佳时空集合处，这也是易理观念指导下的人居环境选择追求的目标。

## 第二节　形势要点

理想的人居环境，离不开科学的规划和合理的布局。但是仅有规划和布局是不够的，人居环境源于自然环境，相对于广袤的自然环境，人居环境是一个小环境，只有小环境与大环境相适应、共和谐，才能构筑人与自然相融、相和、相通的理想境界。因此，易理环境选择的首要任务是察审整体环境，或称之“大环境”。那么如何对千变万化的自然环境进行科学、合理的分析、判断和选择呢？易理认为，成就大自然千姿百态的特质，都源于宇宙之“气”的运动。换言之，自然界的环境状态是宇宙之“气”不断运动变化的外在表现。笔者结合传统风水理论对环境考察的概念，将涉及易理环境选择中的形势判断要素用“形势要点”予以概括，并着重突出认识“龙、穴、砂、水”四大要点。

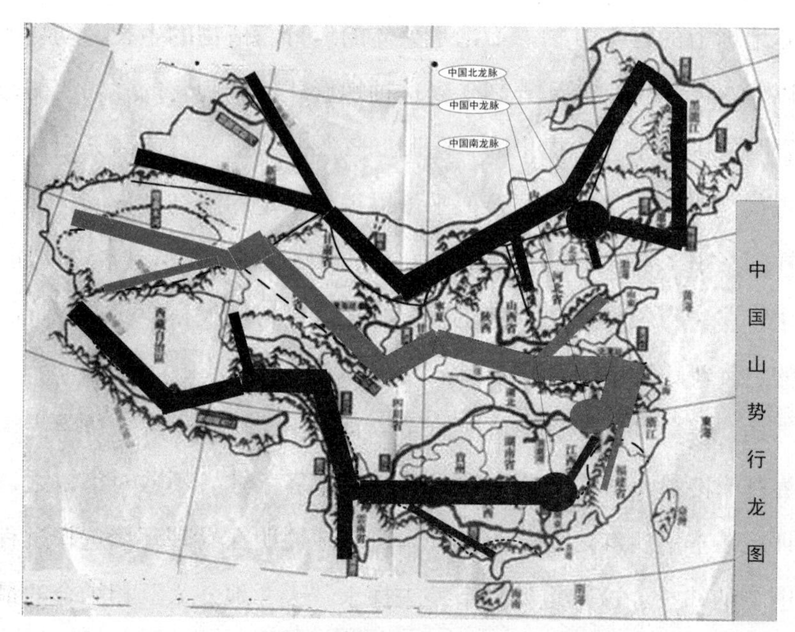


8.1 中国山势行龙图

## 一、龙

龙，亦称龙脉，是易理之“气”流动、行走、运行的承载躯体。它的表现形式既可以是实实在在的具有龙之形态的山脉、河流，也可以是绿化、水池、道路、建筑物、构筑物等人为修造的物态而组成的具有龙之形态的物象群。概括地说，易理环境中“龙”是一个泛词，只要能够承载易理之“气”的物态都能够成为“龙”。在具体实践中，针对不同的自然环境和大小不一的人居环境，对龙脉属性的判断也不同。在山区之地，以山势为龙，把山势绵亘起伏、逶迤曲折的脉络称为龙脉。山之龙起于远方、高处，而止于水口，如就中国版图看，山势之龙总体上构成北、中、南三条龙脉，如图 8.1 所示。在探龙过程中应以山寻龙，以水定龙，有山无水则龙不止，不能聚气，所以判断山区之地的龙脉，一定要与河流、溪泾或低矮的山坳相结合。在平洋之地，以水势为龙，把蜿蜒曲折的流水称之为龙脉，水势之龙起于水之源头，而止于水汇之处。山龙大家容易理解，而水龙不太容易理解，其实在广袤宇宙世界，从地理形势上看，水龙往往比山龙更具形势特点，如位于葡萄牙的奥德莱蒂就有两条被称为大小蓝龙河的河脉，其外在形势就具备非常典型的龙脉形势，如图 8.2 所示，在探龙过程中以水寻龙，以水汇定龙，有水流而无汇处，则不能成龙。在现代城市中，以绿地、道路和城市建筑群之间构成的相对走势为龙，起于远处的最高物态，而止于成穴的人居环境空间。在现代城市中寻龙，要察审其外在环境是否存在能够组成具备龙之形态的物象群。龙是环境形势中最重要的因素之一，人居环境选择的第一步就是从寻找龙脉开始。

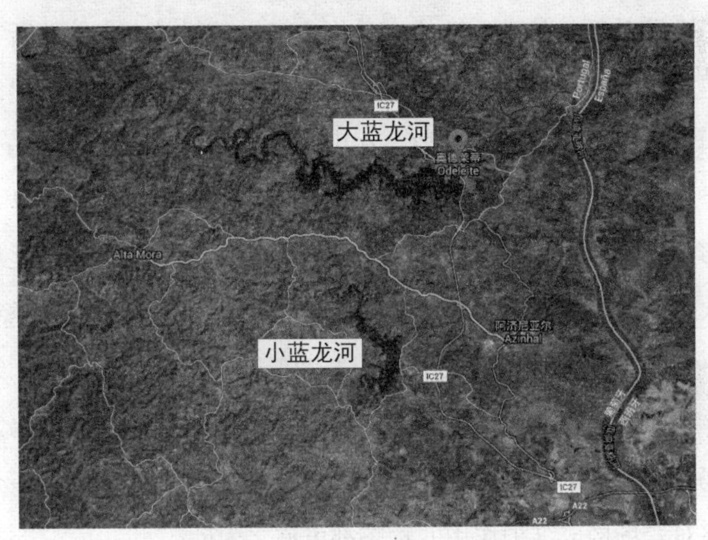


图 8.2 大小蓝龙河的河脉图

二、穴

穴，亦称龙穴、穴位，是指易理之“气”汇聚所在之处，是汇聚生气的极点。围绕这个极点而形成的一定范围的空间结构就是穴场。人居环境的选择，就是在自然环境空间中选择一定范围的空间结构作为人类起居、生活、生产活动的场所，所以人居环境的选择就是对穴场的选择，人居环境的规划布局就是对穴场的规划布局。易理认为，不论是山区还是平洋，龙脉止行停顿之处即为龙穴，山龙止于水而成穴，水龙止于汇聚而成穴，物象龙止于居所而成穴。明末清初蒋平阶所著《水龙经》对龙穴有这样的记载“聚水成池，砂水双双回头于左，此亦横来而侧结穴也。”当然，这种成穴的形势物态大多在于自然环境之中，并不一定处于已成熟的人居大环境空间之中，《水龙经》的龙穴描述侧重在于相地过程中墓相的选择，而不是指活人的居住环境，但它所描述的成穴方法一样适用于人居环境的选择。

### 三、砂

砂，亦称砂环、护砂、砂峰，是指穴场以外的除水之外的所有物象，砂可以是山势、山脉、地形等自然物象，也可以是人类修造的建筑物、构筑物、道路、绿化、景观等物象。在山区之地，砂更多体现为先天的自然山脉，是环绕在穴场四周的辅山、次山和案山，这种环绕可以是一层、也可以是多层。在实践中通常以目视可以观测到的最远山脉为砂之尽头，凡人立于穴场中能够目视到的所有物态都构成了穴场的砂。在平洋和现代城市之中，砂则更多体现为后天的人为造“形”，可能是小丘陵、绿化带、建筑物、构筑物、道路、树木、景观等等，相对于平洋之地的水龙而言，凡是穴场外围突起的任何物象都能构成砂。砂与龙一样，也是一个泛词，凡是能够对穴场构成维护作用的物态都可称之为砂。

### 四、水

水，亦称水口、气口，是指对穴场乘气起止息作用的水流物态。不论山区还是平洋，水可能是池塘、溪涧、河流、湖泊、海洋，也可能是相对于穴场更低矮可以纳水的凹地、道路、绿地等。易理环境选择中的“水”不同于人们认识中的现代化学元素所表示的$H_2O$，它也是一个泛词，泛指相对于穴场而较低矮的外在环境状态。在实践中，对“水”的察审更突出其运动的行走路径，探索水流的属性，更关注于水的流入口和流出口，探索易理之“气”在水流作用下的运行和止息状态。水的进口，也称“来水”“来气”，处于穴场外环境中水位的最高处，水的进口可以是一个，也可以是多个。水的出口，也称“去水”“出气”或“水口”，处于穴场外环境中水位的最低处，在易理环境选择中，水口往往是多条水流汇合之后形成的最低点。一般情况下，对于一个拟定环境空间，水的进口可能有多个，但是水的出口只有一个。

在中国传统风水理论体系中，易理形势已形成一个独立的、并具强大影响力的门派，通常称之为形势派（或峦头派）。形势派风水理论将“龙、穴、砂、水、向”称之为“地理五诀”，清代易学大师赵九峰所著《地理五诀》对“龙、穴、砂、水、向”有较为详细和系统的论述。笔者认为，从环境空间的构成要素看，“向”不应纳入其中，因为“向”属于环境勘察过程中人们主观确定的因素，不具备形势中提到的变量概念，也就是说“向”与“龙、穴、砂、水”并不属于同一类别的环境选择属性。“龙、穴、砂、水”四大形势要点是自然的环境空间构成要素，而“向”是在确立龙首之后，人们根据易理的阴阳、五行、八卦之理而确定的穴场的启口或开口方位。所以定向（或称立向）并不是形势要点，自然也就不是形势判断的要点。因此，本文所说的四大形势要点不包含传统地理五诀中的“向”。

## 第三节　形势四象

“四象”是易理环境选择中非常重要的概念，它至少包含了两个方面的含义：一是“阴阳二气”生化发展的结果。《周易·系辞上传》记载“太极生两仪，两仪生四象，四象生八卦。”这不难看出，“四象”是“阴阳二气”生化之后而产生的，是易理之“气”的表现形式。易理认为，宇宙万事万物始于太极，由太极生化为阴阳二性，进而生化为“四象”。从两仪的纯阴、纯阳生化为“太阳、少阳、太阴、少阴”即构成了“四象”。所以“四象”的易理本质属性是阴阳生化而产生的四种元素，是宇宙“阴阳二气”在运动过程中的另一种表现形式。二是易理“在天成象，在地成形”的物态表现形式，是“天象”对应于地球而呈现出的自然环境物态形势，或者说是宇宙星象映射到地球上的“成形”表现。易理认为，宇宙天象中存在着“青龙、白虎、朱雀、玄武”四种星象，分别处于东西南北四方，代表四方神兽，这种天象映射于地球之上，就形成了环境空间的四方物象。在人居环境选择中，处于所选择环境空间（即穴场）四方的物态即是易理中的“四象”，而“四象”最终是通过形势状态的形式表现出来，所以也称之为“形势四象”。

### 一、“四象”的来源

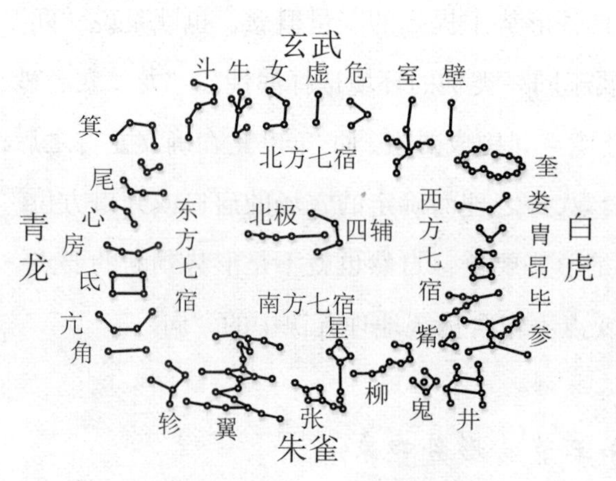


图 8.3 古代二十八宿星象图

从中国易学的发展脉络看，“四象”来源于中国古人对天体观测的实践。中国古人在观察天体星辰时，以黄道（赤道附近）的二十八个星宿作为坐标，并以此确定东西南北的方位，根据古文献记载，二十八星宿的星象构成如图 8.3 所示。从图 8.3 不难看出，二十八宿是星区的划分，每一宿中都有若干星体组成，将这些星体联成一片，并按照易理的类象化思路，将其类象为不同的动物神态，就构成了“四象”。同时，易学将宇宙星象在地球上的表现形式类化为易理阴阳的渊源，用“太阳、少阳、太阴、少阴”的阴阳行气观念对天体四象进行解释。

需要强调，古人观测天象的二十八宿星象图，存在着一定的不足，毕竟古代没有现代化的观测工具，但其星体在宇宙星空中的方位和布列基本正确，只是真实的宇宙星空其星体的构成数量远远大于古人所描绘的二十八宿星区构成的星体数量。在古人观测的二十八宿星区域范围内，可根据现代天文学的观测，绘制出如图 8.4 所示的现代版的二十八宿星区图。

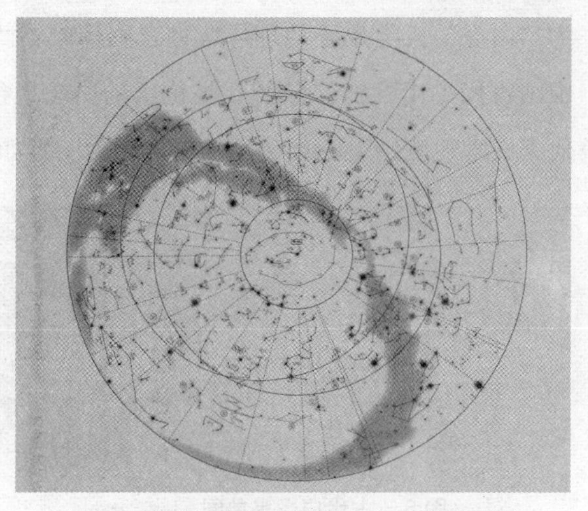

图 8.4 现代天文学观测的二十八宿星区图

### （一）青龙

在二十八星宿中，位于东方的有“角、亢、氐、房、心、尾、箕”七宿，将这“七宿”连成一体进行观测，可以发现：角宿构成了“龙角”，亢、氐、房、心四宿构成了“龙身”，尾、箕两宿构成了“龙尾”，将它们连起来，正像一条腾空而起的飞龙，于是将东方的七星宿称为“青龙”，类象于地理环境物态则构成了“东方木”“左青龙”。根据中国古代二十八宿星象图，类化出的青龙星象图案如图 8.5 所示；根据现代天文学观测结果，类化出的青龙星象图案如图 8.6 所示。

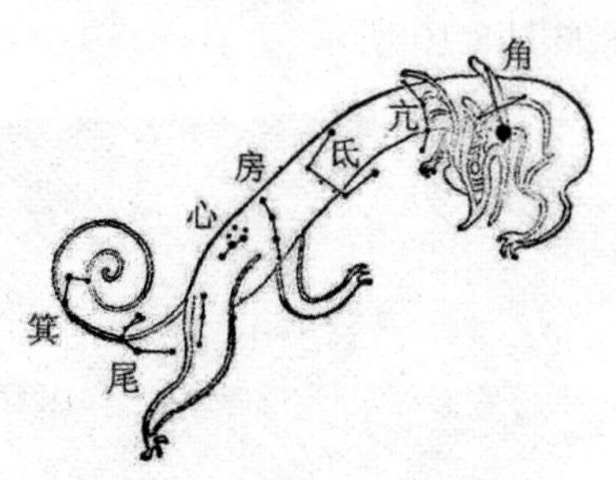


图 8.5 古代青龙星象图

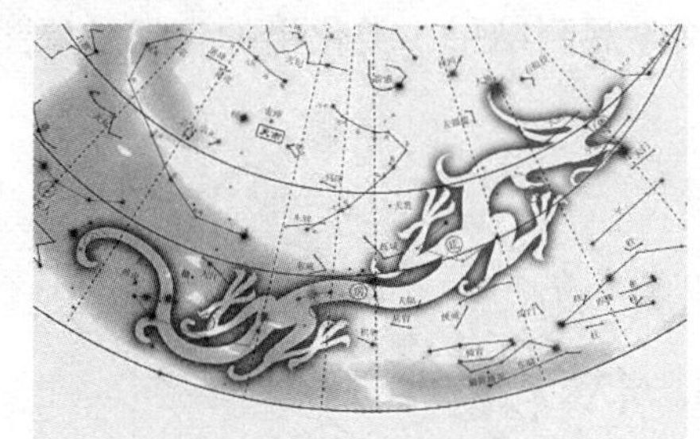

图 8.6 现代青龙星象图

### （二）白虎

在二十八星宿中，位于西方的有“奎、娄、胃、昴、毕、觜、参”七宿，将这“七宿”连在一起就像一只跃步前行的白虎，于是将西方的七星宿称为“白虎”，类象于地理环境物态则构成了“西方金”“右白虎”。根据中国古代二十八宿星象图，类化出的白虎星象图案如图 8.7 所示；根据现代天文学观测结果，类化出的白虎星象图案如图 8.8 所示。

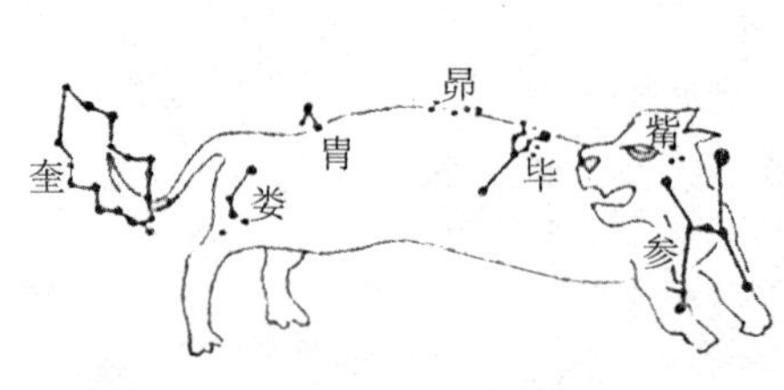


图 8.7 古代白虎星象图

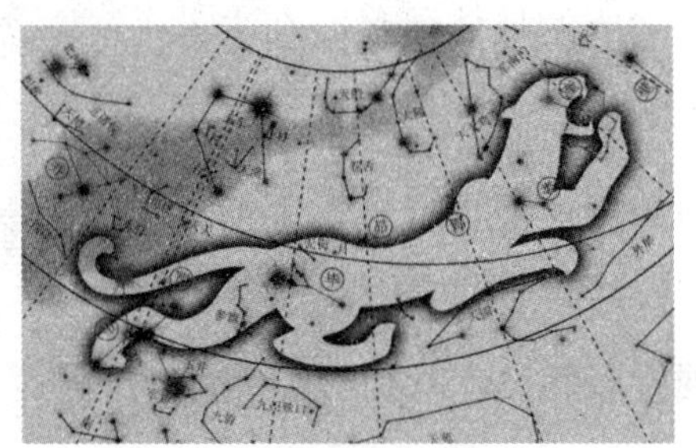

图 8.8 现代白虎星象图

**（三）朱雀**

在二十八星宿中，位于南方的有“井、鬼、柳、星、张、翼、轸”七宿，将这“七宿”连成一体进行观测，可以发现：柳为鸟嘴，星为鸟颈，张为嗉，翼为羽，它们连起来就像一只展翅飞翔的大鸟，于是将南方的七星宿称为“朱雀”，类象于地理环境物态则构成了“南方火”“前朱雀”。根据中国古代二十八宿星象图，类化出的朱雀星象图案如图 8.9 所示；根据现代天文学观测结果，类化出的朱雀星象图案如图 8.10 所示。

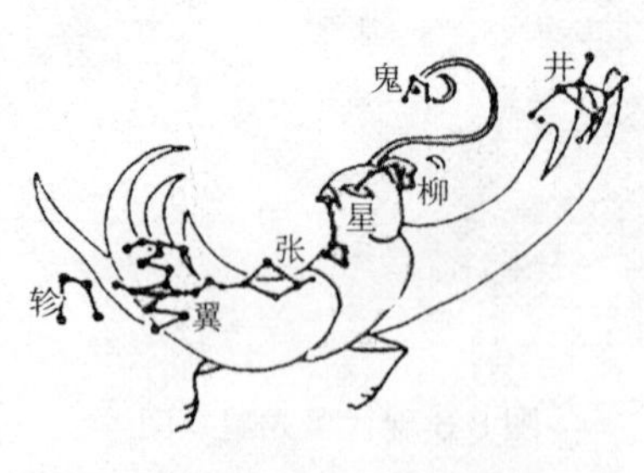


图 8.9 古代朱雀星象图

图 8.10 现代朱雀星象图

**（四）玄武**

在二十八星宿中，位于北方的有“斗、牛、女、虚、危、室、壁”七宿，将这七宿连在一起就构成了一幅龟蛇相互缠绕图案，又因居于北方，而“北”统称“玄”；龟身有鳞甲，称为“武”，合称“玄武”，类象于地理环境物态则构成了“北方水”“后玄武”。根据中国古代二十八宿星象图，类化出的玄武星象图案如图 8.11 所示；根据现代天文学观测结果，类化出的玄武星象图案如图 8.12 所示。

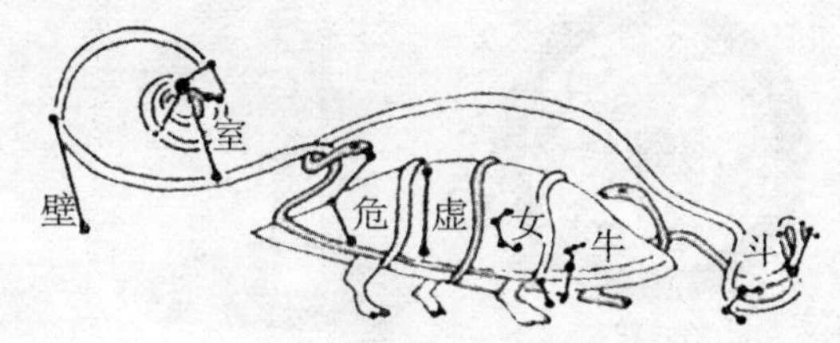


图 8.11 古代玄武星象图

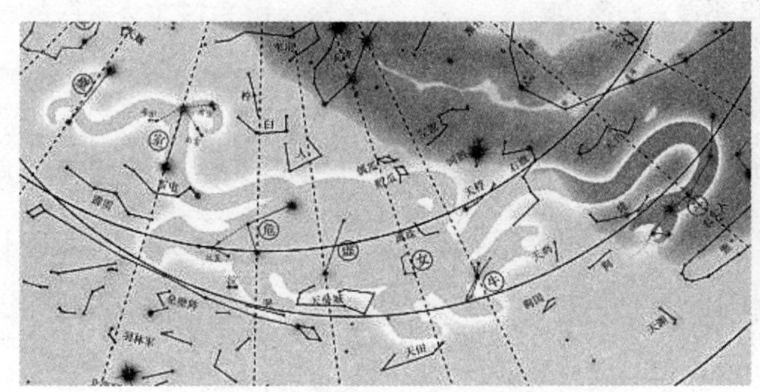

图 8.12 现代玄武星象图

借助于“青龙、白虎、朱雀、玄武”这四种动物的名称，对宇宙星空中的四方星象进行命名，进而将其类象于地理环境空间中的四方物态，这就是易理环境选择中“四象”的最早来源。在易理环境选择实践中，人们常常根据“四象”的特点，将其物化为具体的形态，制作成可移动的物象，并作为环境空间规划布局中的化煞镇物使用。通常有平面式和立体式两种，平面式的四象物态如图 8.13 所示，常被制作成磁砖、壁纸等，常用于环境空间装饰；立体式的四象物态如图 8.14 所示，常被制作成摆件，作为化煞镇物使用。

图 8.13 平面式四象物态　　图 8.14 立体式四象物态

## 二、四象与形势要点的区别

形势要点包含“龙、穴、砂、水”四大要素，在易理环境选择过程中都是围绕着“穴”这一要素进行的。“穴”属于环境空间的内在变量，可以通过人为的因素对其进行创造和改变，在易理形势中属于“形”的范畴，与“势”不产生直接关系。而“龙、砂、水”不但从环境空间的外围，甚至从很远的地方延绵而来，从不同的方位影响着“穴场”，所以这三个要素既是局内变量，也是局外变量，兼具“形”与“势”两种属性。而“四象”处于“穴场”的外围，与“穴场”不存在重叠，形势要点中的“龙、砂、水”也处于“穴场”之外，那么就有可能与“四象”重叠。所以了解形势要点与“四象”的关系，主要是察审形势要点中的“龙、砂、水”与“四象”之间的关系。

形势要点中的“龙”是穴场乘内气（或龙气）的直接承载者，是勘定坐穴的主要依据，穴场的坐山直接来源于龙脉；而“四象”中的玄武则位于穴场的后方，与形势要点中的“龙”在方位上有可能构成了一定区域的重叠区，也有可能是独立的。如果构成了重叠，那么玄武与龙脉的入首龙一阶是相同的，也对穴场起直接乘气作用；如果不重叠，那么玄武应位于入首龙的后方，对穴场和入首龙都起到后方护卫作用。

形势要点中的“砂”是穴场乘气的护卫者，位于穴场的左右两边和前方；而“四象”中的青龙、白虎则位于穴场的左右两方，也对穴场起护卫作用。可见，“砂”与青龙、白虎也存在重叠，而且对穴场的作用也一样，都起护卫作用。在实践中，对于穴场的左右护砂，往往是与青龙、白虎之象合并考察，并不需进行严格的划分。但对于穴场前方的护砂则不能看着青龙、白虎之象进行考察。

形势要点中的“水”是穴场乘外气（或堂气）的直接承载者，位于穴场的周围，但汇聚于穴场的前方（或向方）；而“四象”中的朱雀也位于穴场的前方，对穴场同样起到乘外气的作用。因此，形势要点中的“水”与朱雀象也存在重叠，这种重叠和龙与玄武的重叠类似，也处于穴场前方的位置，但形势要点中的“水”并不仅限于穴场前方，而是围绕于整个穴场，只有位于穴场前方的汇聚部分才与朱雀重叠。在实践中，对“水”的察审不但涉及龙水交会格局的判断，还涉及穴场外环境所有水系的纳水过程；而对朱雀的察审则是对穴场前方明堂吉凶的判断。所以朱雀之象的吉凶主要看穴场的外明堂，而形势之“水”的判断则突出龙水交会格局的构成和纳水的过程。

另一方面，从形势的变量构成看，“四象”与形势要点有较大区别。“四象”属于局外变量，“四象”的吉凶属于自然天成的先天之体，在形势中完全属于“势”的范畴，其能否成“势”也依赖于自然界的先天生成，不能通过后天对其影响而造势。但形势要点中的“龙”与“水”具有局内、局外两种变量兼备的属性，如入首龙就具有局内变量的属性，可通过人为的修造加以优化，又如水的汇聚处也具有局内变量的属性，有的房地产开发项目可以通过人工引水的方式，改变穴场的纳水效果。从形势与穴场的距离看，形势要点中的“龙”与“水”是直接与穴场相连的；而“四象”则是影响“穴场”的局外变量，是离开“穴场”一定距离的物象状态。

## 第四节　形势类型

形势类型是指“龙、穴、砂、水”四大形势要点的类型。在易理环境选择过程中，应针对不同类型的形势要点，采取不同的环境空间定位、规划和布局思路，以使被选择的环境空间达到最佳的乘气效果。

### 一、龙的类型

不论山龙、水龙，还是物象龙，龙脉的构造总是遵循易理的流线形规律。换言之，在自然界众多的山川河脉之中，只有遵循易理的阴阳流行和旋曲流线的山川河脉才能成为龙脉。然而，形成龙脉的山川河脉也因各自形态不同而有所不同，也有主次、大小之分，如山脉就有主脉与分支脉之分，河流也有主流、支流之分，物态龙也有成形成象与不成形不成象之分。因此，形势判断的寻龙过程，首先是划分龙脉类型。根据笔者多年的易理实践，以龙脉固有的内在属性为依据，将龙脉按照下述两种方法进行划分。

#### （一）按龙脉的行走顺序划分

按照龙脉的行走顺序和其呈现的空间体态进行划分，可分为祖龙（太祖龙）、干龙、支龙和入首龙。

##### 1. 祖龙

祖龙或太祖龙（也称祖山或太祖山）是指龙脉始发开源之处的山岳，对穴场而言，应该是坐落于最高、最远之处的山脉或水流的源头。如中国传统的风水学说将昆仑山称为神州大地的太祖山，从昆仑山发脉后延绵至整个中原大地，向北往东北发脉，向南往广东、海南发脉。然而，在当今社会由于人类对自然环境的破坏（如开矿、修路等），使许多原本成形成势的山脉成了断臂山头，破坏了自然生态的形势龙脉。因此，在现代社会寻找龙脉的源头应与时俱进，应随着空间结构的变化而相对缩小范围。在易理环境选择实践中，通常以穴场所在位置能够目测的山脉河流紧密相连的山势或水势为祖龙。

**2. 干龙**

干龙（也称正龙）是指龙脉行走的主干道。对穴场而言，应该是来龙成势的主体部分，虽然离穴场较远，但其势态可以在穴场准确目测。干龙是成势的主体，是形势判断中寻龙定势的主要依据，是易理环境选择中重点考察和分析的龙脉。

**3. 支龙**

支龙（也称穴龙）是指龙脉行走至止息成穴前的那一段山脉或水流。对穴场而言，应该是可以成穴的那一段行龙躯体。支龙是定穴的基础，在形势判断的寻龙过程中处于关键考察点，一条龙脉如果有很好的祖龙、干龙,但却没有优良的支龙,那么也不能成穴,不能成为人居环境的理想空间。

**4. 入首龙**

入首龙就是龙脉通过不断的驳换后，直接进入结穴的龙脉最末端，入首龙是支龙的一部分，是离穴场最近的那一段支龙。入首龙是格定穴场乘气和确定穴场坐度的基础，是易理环境选择审龙、格龙的核心要素。

祖龙、干龙、支龙和入首龙的划分是相对概念，是基于一个特定区域，按照离穴位的远近距离进行的划分。如果区域扩大了，祖龙有可能变成干龙，干龙也可能变成支龙。需要强调，山龙与水龙的成龙过程不同，其产生穴位的方式也不同，山龙遇水止息之处成穴，水龙则是水汇之处成穴；山龙是以高大为祖，低矮为支；而水龙则是以窄小泄流为祖，宽大平缓为支。对于城市中的物态龙，就不存在成龙的过程，而完全依靠易理环境选择的实践者根据形势龙脉的构成机理，进行分析判断，最终确定龙脉的走向。

**（二）按龙脉体态特征划分**

运用五行属性描述宇宙万事万物的变化，是中国传统哲学观念下人们认识物质世界的普遍方法。在人类选择人居环境过程中，也离不开五行学说的运用，对于自然界存在着千姿百态的空间构造，易理则运用简单明了的五行属性加以描述和概括，并根据形势龙脉的体态特征，将其划分为“金、木、水、火、土”五种不同的龙脉。

1. 金龙

五行“金”义指“顺从、服从”与“变革、改革”两重性。根据五行“金”的特质，将自然界中具有固守、稳固，又能延长、变革特征的山川河脉称为金龙，类象为具体物态则表现为肥满平正、光圆凝重，又蜿蜒曲行的体态特征。具体地说，山龙应具备顶部弓起呈圆孤状，底部肥满平正呈方状，躯体蜿蜒绵长的特征；水龙应具备流势较大，水体宽阔，行水呈孤，聚水呈方的特征。在环境空间中，对于金龙成穴之地，最宜有金星或土星作为玄武，符合五行属性中的“金金相和”或“土生金”；最忌火星入玄武，若玄武之象为火星，那么则出现“火克金”，玄武克龙脉，不利于对龙脉的护卫。

2. 水龙

五行“水”义指湿润、滋润和向下发展。根据五行“水”的特质，将自然界中具备向前发展、内涵深厚、能滋润万物的山川河脉称为水龙，类象为具体物态应表现为圆曲柔和、钟灵隽秀、层波叠泡的体态特征。具体地说，山龙应是顶部波曲起伏，景色秀丽，郁郁葱葱，有水灵灵之感，底部应波层叠起，灵曲动人；水龙应是回波荡漾，蜿蜒而行，聚水呈盆状，圆曲灵动，有玉带环腰之感。在环境空间中，对于水龙成穴之地，最宜有水星或金星作为玄武，符合五行属性中的“水水相和”或“金生水”；最忌土星入玄武，若玄武之象为土星，那么则出现“土克水”，玄武克龙脉，不利于对龙脉的护卫。

3. 木龙

五行“木”义指直曲，既有正直、耿直一面，也有弯曲、委婉一面。根据五行“木”的特质，将自然界具有垂直向上、高耸秀美，又蜿蜒曲折、有节有度的山川河脉称为木龙，类象为具体的物态应表现为端庄秀美、郁郁光润、蜿蜒向上的体态特征。具体地说，山龙应是顶部端正耸秀，景色秀丽，底部清秀光润，精彩圆净；水龙应是清新细流，略带湍急，聚水呈长条状，秀丽光澜。在环境空间中，对于木龙成穴之地，最宜有木星或水星作为玄武，符合五行属性中的“木木相和”或“水生木”；最忌金星入玄武，若玄武之象为金星，那么则出现“金克木”，玄武克龙脉，不利于对龙脉的护卫。

**4. 火龙**

五行“火”义指炎上，是炎热、温暖、上进之意。根据五行“火”的特质，将自然界中具有向上进取、高拔挺立、含热藏温的山川河脉称为火龙，类象为具体的物态应具备尖锐峭拔、高耸入云、层层叠高的体态特征。具体地说，山龙应是顶部尖锐挺拔、直入云宵，底部应是丰厚饱满，威严庄重；水龙应是来水有多条细流，清细飞泄，聚水呈湖，丰厚饱满。在环境空间中，对于火龙成穴之地，最宜有火星或木星作玄武，符合五行属性中的“火火相和”或“木生火”；最忌水星入玄武，若玄武之象为水星，那么则出现“水克火”，玄武克龙脉，不利于对龙脉的护卫。

**5. 土龙**

五行“土”义指稼穑，是播种与收获之意，体现为载物的过程，从播种到收获是宇宙阴阳生化藏纳万物的过程，因此“土”是五行中的总领和归宿。所以从这个意义上讲，“土”可类象于自然界中的各种山川河脉，其形势表现为具有归藏万物的形态。在易理实践中，将不能判断为“金、木、水、火”四种龙脉的山川河脉全部归入“土”龙。就狭义的土龙而言，根据五行“土”的特质，将体态特征厚实臃肿、平滑充盈的山川河脉称为土龙。具体地说，山龙应是顶部平滑似土，端正宽敞，底部厚实臃肿，权威坚固；

水龙应是宽厚缓流，平滑充盈，聚水深厚博大，水域宽广。在环境空间中，对于土龙成穴之地，最宜有土星或火星作玄武，符合五行属性中的“土土相和”或“火生土”；最忌木星入玄武，若玄武之象为木星，那么则出现“木克土”，玄武克龙脉，不利于对龙脉的护卫。

## 二、穴的类型

不同的环境空间形势将产生不同的穴场，对于千变万化的自然界龙脉走向，何以结穴，结成什么样的穴，在中国传统的风水体系中，各个门派也众说纷纭。但万变不离其宗，无非是各派的侧重点不同，使用的名称不一而已。穴是龙脉行气汇聚和止息之处，只要能够真正掌握断龙的方法，沿着龙脉生气行走的路径寻找，就可以找到穴位所在之处。“气”的生化过程离不开阴阳平衡，只有“阴阳二气”达到平衡状态，才有“生气”可乘，阴来阳受，阳来阴受，平衡前行，并于止息之处聚而结穴。根据笔者的实践，自然界中的结穴之地可以按照其外在的形态概括为四大类，分别为窝穴、钳穴、乳穴和突穴。当然，有些风水学派提出了正穴、变穴、怪穴之说，其实都是上述四种形态结穴的变化、生化或转化。在环境空间的形势判断过程中，只要按照“阴阳二气”互化之理和其形成的空间外在形态，就容易判断穴的类型。

### （一）窝穴

窝穴，顾名思义就是形如鸟窝的穴。其四周弯环，窝口圆净，似鸡巢、鸟窝的外型。如果窝口聚中，四方圆滑且郁郁苍苍，那么此形必能窝内融融，生气合聚于中，便是吉穴。在实践中，常常按照不同的成穴过程，将窝穴划分为多种不同类型，如按成窝的深浅程度划分为深窝、浅窝、狭窝、阔窝；按其成窝的形态划分为正格与变格；按其窝口的形态划分为藏口和张口等等。不论怎样细分窝穴，其大体的形势就如同鸟窝。

### （二）钳穴

钳穴，顾名思义就是形态像钳子、老虎钳一样的穴。该穴后形如卧虎，前方左右两边有双脚护砂，是形势成穴中最普通、最常见的一种。在实践中，也可根据具体的形势状况，按照穴前双脚的长短划分为长钳、短钳、边长边短三种类型；按双脚的曲直状态划分为直钳、曲钳、边直边曲三种类型。

**（三）乳穴**

乳穴，顾名思义就是形态像女性乳房的穴。该穴的外在形象就像女性上半身的一部分，左右有双臂伸出抱卫，中间如胸厚实平稳，同时有突出成乳之形，乳穴也是形势成穴中比较普遍的一种穴位。在实践中，常常根据成乳的形态划分为长乳、短乳、大乳、小乳、双垂乳、单垂乳等等。

**（四）突穴**

突穴，顾名思义就是在形势成穴过程中，四周平坦，但中间有突起，形如鸡心、鱼泡、鹅卵、龙珠等等形态的穴。这种成穴方式在平洋地区尤为突出，在水龙定穴中最常见。当然，在山区之地也会有突穴存在，只是没有平洋地区那么常见。在实践中，通常根据中间突起的大小形态将其划分为大突、小突；根据中间突起的个数分为单突、双突、三突和多突等等。

其实，在大千世界之中地形地貌复杂多变，穴形千变万化，要正确点穴不是一件容易之事。古人云“三年寻龙，十年点穴”，足以证明点穴是易理环境选择中的难点。对穴的形态认识，起源于中国古人对墓相的勘察，所以从传统的风水理论看，论穴多是指阴宅之穴。然而在当今社会，墓葬的方式已完全不同古代，现代社会实行以火葬为主的集中成片墓园建设，这也使得传统风水理论的“点穴”“论穴”发生了重大的变化。对于人居环境的阳宅而言，穴已转化为环境空间的立极点，易理环境选择的范围往往都集中在现成的、有限的空间（如城市房地产楼盘规划）内，是在现成的穴场中进行穴位的确定和整个穴场的规划布局，这也使传统的“点穴”“论穴”失去了原本的意义。但并不是说在现代社会的人居环境选择中不需要“点穴”，而是将“点穴”的方法转化为确定环境布局的立极点。换言之，在现代社会的人居环境选择中，确定拟选环境空间的立极点，就是“点穴”的过程。

需要强调，在易理环境选择实践中，对于环境形势因素的分析，更多是利用了易学的类象之法，无论是寻龙还是点穴，都需要有丰富的空间想象能力，能够根据现有的自然环境，按照上述的“窝、钳、乳、突”四种类型成穴的特点进行推演和类象，这才是“点穴”的真谛所在。

### 三、砂的类型

形势要点中的“砂”是形势判断过程中最复杂的环节，一方面砂相对穴场较远，涉及面广，形态复杂；另一方面相比于龙脉，砂处于穴场的外环境，是局外变量，对穴场而言，察审之后的重点是进行消砂，吸纳吉砂，消除凶砂。从传统的风水理论看，并没有对砂的类型进行系统的划分，大多都是根据砂的形态，直接判断其对穴场的影响。笔者认为，察砂作为易理环境选择的重要环节，首先需要对砂的本身固有属性进行识别和认识，所以对砂进行分类就非常有必要了。

#### （一）按砂本身的固有属性划分

本书根据家父的实践经验，对砂进行了概括，并引用“九星”易理进行类象，将自然界的砂划分为九类。

##### 1. 贪狼砂

一白贪狼星在易理中类象财富、文职和智慧，五行属水。所以贪狼砂的特质类似于水龙，具有秀美葱蓉、圆曲柔和、钟灵隽秀、层波叠泡的体态。在实践中，山区或丘陵地带的贪狼砂多表现为波曲起伏、景色秀丽、郁郁葱葱的山脉。在平洋地带，则以垣堵起伏、屋脊秀美、四檐圆润的建筑物态成砂。贪狼星为吉星，位列坎宫，为正北之位，洛书数一。因此，贪狼砂以秀美水润为最佳特质。

##### 2. 巨门砂

二黑巨门星在易理中类象病符和死亡，五行属土。所以巨门砂的特质类似于土龙，具有厚实臃肿、平滑充盈、形状高大的体态。在实践中，山区或丘陵地带，巨门砂的特质多表现为端正宽敞、四平八稳、厚实臃肿的山脉。在平洋地带，则以屋宇方正，四檐齐平，墙无缺陷的建筑物态成砂。巨门星为凶星，位列坤宫，为西南之位，属于阴阳杂合之土，洛书数二。因此，巨门砂以厚实阳显、体态端庄为最佳特质。

### 3. 禄存砂

三碧禄存星在易理中类象好斗好勇，口舌是非，枭雄气质，五行属木。所以禄存砂的特质类似于木龙，既表现出垂直向上、高耸秀美，又表现为蜿蜒曲折、有节有度。在实践中，山区或丘陵地带，禄存砂的特质多表现为端庄秀美、郁郁光润、蜿蜒向上的山峦。在平洋地带，则以造型奇异，高耸纤细、檐牙错落的建、构筑物成砂。禄存星为凶星，位列震宫，为正东之位，属阳木，洛书数三。因此，禄存砂以秀丽阳显、厚重有曲为最佳特质。

### 4. 文曲砂

四绿文曲星在易理中既类象聪慧文昌、文化科甲，又类象风流桃事、直曲是非，五行属木。所以文曲砂的特质与禄存砂一样，类似于木龙，具有两重属性。在实践中，山区或丘陵地带，文曲砂的特质多表现为婉曲幽长、体势柔顺、延绵而行、以低平为主的山峦。在平洋地带，以平层无楼、檐披低矮，且能成片的建筑物成砂。文曲星为二重星，有凶有吉，位列巽宫，为东南之位，属阴木，洛书数四。因此，文曲砂以秀丽柔美、出水芙蓉、类似青春少女之形象为最佳特质。

### 5. 廉贞砂

五黄廉贞星在易理中既类象至高无上、权高位贵，又类象大祸大煞、消亡毁灭，五行属土。所以廉贞砂的特质具有土龙的特性，但又不完全类同于土龙，其表现形式多为高大耸拔、厚实臃肿、充盈巍峨。在实践中，山区或丘陵地带，以高大挺拔、宽大臃肿的大山为砂。在平洋地带，以屋脊尖耸、坦墙高平、披檐露椽的建、构筑物成砂。廉贞星为最凶星，位列中宫，属于万物归藏之土，洛书数为五。因此，廉贞砂为无态之砂、或者称万态之砂，在环境选择中应尽可能避开之，否则容易犯五黄煞。

6. 武曲砂

六白武曲星在易理中类象权威、财富、富贵，五行属金。所以武曲砂的特质类似于金龙，具有刚柔并济的二重性，既具备固守、稳固的特质，又具备延长、变革的特质。在实践中，山区或丘陵地带，武曲砂多表现为肥满平正、光圆凝重，又弯延曲行的山脉。在平洋地带，则以屋宇光明，墙垣高大，四檐相照的建筑物成砂。武曲星为吉星，位列乾宫，为西北之位，属阴阳杂合之金，洛书数六。因此，武曲砂以方圆有度、弯延有常为最佳特质。

7. 破军砂

七赤破军星在易理中类象消杀流血、刀光剑影，五行属金。所以破军砂的特质也类似于金龙，具有二重性，既具备固守、固执的特质，又具备变革、革新的特质。在实践中，破军砂与武曲砂有相同之处，但破军砂以凶相体现。在山区或丘陵地带，破军砂多表现为肥满平正、光圆凝重，但不见弯延曲行的山脉。在平洋地带，则以屋宇光明，墙垣高大，但四檐不照、筹矢披散的建筑物成砂。破军星为凶星，位列兑宫，为正西之位，属阴金，洛书数七。因此，破军砂也以弯延曲行、方圆有度为最佳特质。

8. 左辅砂

八白左辅星在易理中类象太白财富，忠良孝义，五行属土。所以左辅砂与巨门砂一样，其特质类似于土龙，具有厚实臃肿、平滑充盈的体态。在实践中，山区或丘陵地带，左辅砂的特质多表现为端正宽敞、前高后低、枝脚低平而行的山峦，并多以伴山的形式出现，没有确定之形。在平洋地带，则以清新秀丽之屋物、丰润起伏的公园、景观小品等成砂。左辅星为吉星，位列艮宫，为东北之位，属阴土，洛书数八。因此，左辅砂以厚实阴隐、体态秀美为最佳特质。

9. 右弼砂

九紫右弼星在易理中类象荣显、姻缘，风流桃色，五行属火。所以九紫砂的特质类似于火龙，具有上进、进取之势，保温供暖之性，体现为尖锐峭拔、层层叠高的体态。在实践中，山区或丘陵地带，九紫砂多表现为丰厚饱满、低矮成焰、如梭如丝的山脉。在平洋地带，则以公园绿地、景观小品或低矮又如梭有形的平房建筑成砂。右弼星为二重星，有吉有凶，位列离宫，为正南之位，属阳火，洛书数九。所以右弼砂以如梭如丝的建筑景观和低矮绵延的小山脉为最佳特质。

### （二）按砂所处的位置划分

按照砂处于穴场的位置可以将砂划分为青龙砂、白虎砂和案砂三种类型。青龙砂就是处于形势四象青龙位的护砂，位于穴场的左边，对穴场起护卫作用；白虎砂就是处于形势四象白虎位的护砂，位于穴场的右边，也对穴场起护卫作用。这两种砂对穴场起护卫作用，所以也称之为护砂。案砂则是处于穴场正前方明堂以外的砂峰，一个理想的穴场往往有好几层案砂，分别将其称为第一层案、第二层案、第三层案。案砂并不对穴场起护卫作用，而是对穴场前方的明堂起护卫作用。它是穴场纳堂气的重要因素，穴前明堂必须要有案砂环抱，并对整个穴场构成瞻俯之势，才能成为吉祥的明堂。如果离开了案砂，穴前明堂就失去了护卫环抱作用，那么堂气就四处横流，穴场将失去乘外气的效果。

## 四、水的类型

水流的构成是宇宙世界赐予人类的最好礼物。“无水不能生”是被现代科学所证实的真理，任何宇宙生命体都离不开水，水是宇宙万事万物发生、发展的根源。易理认为，自然界中水的流动将对“阴阳二气”的汇聚与流泄产生直接的影响，唐代易学大师杨筠松曾说过“未看山，先看水，有山无水休寻地。”可见水在地理环境中的重要性。然而，形势要点中的“水”并不是实实在在的水，而是指环境空间中水的流系、流势，对于有实实在在水体存在的环境物态，则称之为水系或水流；对于没有实实在在水体存在的环境物态，则称之为水的流势。易理认为，自然界中不同的水流、水系和水势，将对穴位产生不同的纳气效果，只有山水相济的环境空间，才能成就阴阳动静相和、催生旺气的吉穴。纵观中国几千年来的城市发展轨迹，但凡能保持千百年长盛不衰的城市村郭，都因有自然环境中的水流环绕，这些长盛不衰之地无一不是依山傍水、天地造化、山水相济的环境空间。但是，并不是有水就成吉，在形势立穴过程中还应对水的状况进行分析，而且根据水流的形势，趋利避害，使水系、水势与穴场纳气相结合。

自然环境中的水系、水势可谓千奇百态，传统风水学对“水”有着许许多多不同的论述，对水的类型也进行了各种各样划分。笔者认为，易理环境选择过程中的“水”应主要围绕穴场乘气展开，并按照与穴场的相对位置进行划分，对于与穴场无关的水流、水系并不是易理环境选择需要察审的要素。笔者根据家父勘察环境的经验，以穴场为中心点，按照水流、水势对穴场空间构成的相对位置，将易理环境选择中的“水”划分为以下六大类型。

**（一）天心水**

天心水是指位于外明堂正前方的水系。天心指穴位前方的正中心。在环境形势中，天心属于“形”的范畴，天心之水多为人为的造“形”而成。具体地说，就是指离穴位最近的、大多数为人工修造的池塘、引河、内河、喷泉等构成的水体。

**（二）玉带水**

玉带水（亦称环抱水）是指环抱于穴位左右及前方的自然水流或水势。其形态为向穴位所在方向弯曲，水流舒缓，宛若一条玉带环绕于穴位之前。

玉带水可根据水流方向划分为“左倒右”或“右倒左”两种类型，是环境形势中最常见的水系类型。



**（三）反弓水**

反弓水是象弓弦一样背向穴位的左右及前方的自然水流、水势。反弓水与玉带水相仿，都是弯曲型，只是所使用的参照物和观察水系的角度不同而产生的不同结果。从地理构造的形成上看，玉带水与反弓水是同一种水系，仅是观察的角度不同罢了。如一条由东向西流去的河道，如果是环绕着南面而行，那么在河之北面观水，则为玉带水；反之，在河之南面观水，则为反弓水。与玉带水一样，反弓水也可以根据水流方向划分为“左倒右”或“右倒左”两种类型，也是空间环境形势中常见的水系类型。

**（四）直箭水**

直箭水是指形如飞箭一样穿行于穴位四周的水系。根据与穴场的相对方位关系，可分为穿心水、横行水（左横、右横之分）、跨脚水等类型。穿心水是直指穴位而来的正前方的直箭水系；横行水是指与穴位平行而过的直箭水系，根据横行水流方向的不同可划分为左横或右横；跨脚水是指与穴位成斜线角度的直箭水流。根据水流方向与穴位的顺逆关系，直箭水又可分为川行水和飞泄水，水流向着穴位而来为川行水；水流逆穴位而去为飞泄水。根据“曲而聚、直而泄”的易理聚气原则，直箭水对穴场的聚气极为不利，它将对穴位产生泄气的影响。所以，在环境勘察中，如果遇到直箭水，则需避而弃之，或者进行人为的修造改“形”。

**（五）集散水**

集散水是指两条或两条以上的水流汇合或发散而形成的区域较为广阔的水系。根据水流的数量不同可分为双集散、三集散和多集散。根据水流的方向可分为汇聚水和发散水。在环境形势中，这类水系也很常见。集散水系大多都能聚气成穴，在具体实践中，应以不同的空间极点为穴场坐标，判断水流走向及成池的状态，进而确定立穴的中心点。在平洋地区，集散水系往往是龙脉生气最旺的区域，如江南水乡就是典型的集散水系成龙立穴的范例。

（六）引申水

引申水是一种虚拟水，即以水势的形态来确定易理环境中的“水”，是在缺少实实在在水的环境空间中，按照地势的水平面高低来确定环境空间的水势走向。传统的易理环境选择中经常有一句俗话，叫“高一寸为山，低一寸为水”，这就是引申水的形成。引申水也是环境形势中常见的水系，尤其是随着社会进步的不断发展，城镇化水平越来越高，城镇集聚面积越来越大，使自然之水越来越少，引申水将在人居环境选择中成为越来越重要的“水”形态。在具体实践中，通常将平地、广场、道路等相对低凹之处看成虚水成池，构筑引申水系。

## 第五节　形势物象

形势物象是指照按易学“在天成象，在地成形”的类象之理，将自然界中的各种山川河脉类象为人类可以直接感知的各种动、植物的形态、相貌。在环境形势中，不论近形，还是远势；也不论是高耸入云的雄峰，还是低矮暗流的溪涧，只要有相似之处，就可以想象成各种物象，这也是形势判断中的关键要点之一。当然，形势物象一般在山区、丘陵地带比较多见，在已开发成熟的城市或平洋地带比较少见。需要强调，形势物象只是觅穴的一种方法，而不是说有了物象，就不需要进行形势要点的分析判断。物象只是更好地帮助人们进行觅穴，在确定穴位之后，仍然需要进行形势要点的分析判断，最后推定是否为吉穴。一般情况下，形势物象过程有两种类型：一类是以鸟兽等动物的形态为标志进行类象；另一类是以房屋、宫殿的结构形态为标志进行类象。

## 一、鸟兽物象

鸟兽物象就是将自然界的环境空间形势想像为某种特定的动物，并从这种动物的形态入手，进行穴位的分析。在实践中，如果发现某个形势可以进行物象，那么就要对该动物的体态特征进行分析，并从其最具藏密或最强劲之处去寻找穴位。比如某个环境空间形势类似一个盘腿而坐的人的形象，那么下腹之处为藏密之处；如果是侧卧之身，胸乳之处为藏密之处，这些地方便是形势点穴的穴位所在。再如某个环境形势类似于一只爬行中的蟹，那么蟹钳是最强劲之处；如果类似于一只在水中飞游的鱼，那么它的尾鳍是最强劲之处，这些地方就是形势点穴的穴位所在处。《管氏地理指蒙》对形势物象有如下记载“蜈蚣钳抱兮，口乃分明；驯象准长兮，鼻乃端的。鱼额脱兮，尾鬣扬波；马耳峭兮，唇口受勒。”这段话详细说明了形势物象过程中点穴的方法，指出了形如蜈蚣双钳抱拢之势，结穴在口齿之处；形如大象之势，结穴在鼻端之处；形如飞鱼之势，结穴在尾鳍扬波之处；形如奔马之势，结穴在唇口之处。由此可见，鸟兽物象觅穴，需要读者领会其理，触类旁通，才能领悟其中的奥秘。

## 二、宫室物象

宫室物象是将某个自然环境空间形势想像为一种宫殿的模式，并按照宫殿的建筑构造进行穴位的分析。采用宫室物象，首先应对建筑构造有所了解，明确哪些部位是身躯，哪些部位是手足，哪些部位是大脑等等。以中国古代最简单的四合院建筑为例，在一座四合院中，有门屏、厢房、客厅、主屋、明堂、围栏等等基本建筑构造，四合院的这些构造均围绕着院内中心点而展开。因此，明堂相当于四合院的大脑中枢，辐射四方，这正是穴位所在之处。再以中国南方村落中普通的二进三植民居为例，有进房大门、边门、内明堂、外明堂、厢房、客厅、东西卧室、橱房、餐厅等建筑构造分布。在这些建筑构造中，客厅处于房屋的中心位置，而栋梁之处正是整座房屋最重要的结构支撑，直接影响着一栋房屋的稳定性和安全性，因此栋梁所在之处正是穴位之地。

需要强调，随着人类社会现代化水平的不断提高，以形势物象的方式寻找确立环境空间穴位已越来越少。在一些偏远的山区，选择墓地还经常运用到形势物象方法；而对于现代人居环境，形势物象已基本没有可用之处，尤其是在现代化水平较高的都市，土地使用已达到了最大极限，已不可能通过形势物象的方式寻找环境空间的穴位了。

## 第六节　形势判断

形势判断是易理环境选择的第一要领，其根本目的在于寻求穴场所在的环境空间位置，所以形势判断的全过程都是围绕点穴这一中心环节而展开。在四大要点中，穴场是环境空间易理规划布局的范围，只要找准了穴位，就完成了形势判断的全过程。本书总结家父六十多年来的易理环境选择实践，将形势判断的基本原则概括为“先审势，再点穴”六个字。所谓“审势”，就是对形势要点中的龙、砂、水和四象的形势状态进行详细分析、判断，并按照先观水，再断龙，先析象，再判砂的步骤，从其外在形态上判定其对穴场的影响。所谓“点穴”，就是在审势的基础上，确定构成穴场的大体区位。对于在自然环境中选择所需的有限空间而言，点穴就是确定拟选的环境空间的占地面积和外在形状；对于已确定的环境空间而言，点穴则是选择出最符合外在形势要求的核心点。

### 一、观水

古人云“入山观水口”，易理环境考察的第一步就是观水。易理认为，气行遇水则止，不论是山龙还是水龙，其气行止息之处必是遇水或水聚之处，只有这样的环境空间才有可能成为结穴之地。因此，形势要点中的水是成穴必不可少的因素，无水不成穴。然而，如何考察环境空间的水呢？简言之，就是围绕拟选的穴场，察看其周围环境空间中水系或水势的分布状态，一方面察审水的来源和流向，确定水系行游的路径，尤其是归流的水口出处；另一方面察审水的质量，分辨清沌、污浊的状态。对于实实在在的水，上述两个方面只要目视即可判断；而对于虚拟的水，通常要借助于实水，如在雨天观察雨水的流动方向，或在实地以浇水的形式判断水流的方向等进行水向的分辨。对于虚水的质量判断，主要看构成水势的环境物态是否清晰、整洁、崎岖而有情。观水作为形势判局的第一要领，在具体实践中，一般按照三个步骤进行。

**第一步：观水源，定水口**

观水源就是察审拟选环境空间四周的水流、水系、水势的形势状态，明确水流、水势的源头和运行态势。易理环境选择的根本目标是寻找“藏风聚气”的环境空间，所以水系、水势的考察要围绕“气”这一根本元素展开。大地之生气是随着水流而行走的，气遇水止息之处即是成穴之处，所以只要准确判断水系、水势的运行方向，就能寻找到生气的源头。在具体实践中，应视拟选环境空间的穴场实际情况而采用不同的观察方法：在穴场未定的大自然环境中观水，应以眼观的方式，从大自然环境中初步确定拟选的环境空间（即穴场）的大概范围，并步入到这个范围内，扫视周围，察看四周水流、水势的形势状态及流动方向，进而确定水源进入穴场的大体方位；在已确定穴场的房地产、新城规划等环境中观水，则可直接步入已选址的范围内，扫视周围，察看四周水流、水势的形势状态及流动方向，确定水源进入已选址区域的大体方位。定水口就是在明确了水源的基础上，确定拟选环境空间（或者穴场）的出水口。易理认为，穴场纳水源的来气，是外气、是堂气，而不是龙气，外气需要有止息和归墓之处，才能对穴场起到乘气的作用。这个乘气过程就如同一个生命体，有吸收，则必有排泄。吸收可以是多种方式，多条渠道，即水源可以是多条的，但排泄只有一处，即水的出水口应该归流于一处。在具体实践中，应逐条分析各路水源的流势，寻找到水流汇聚之处后的出水口，初步确定该出水口处于穴场的大体方位。水口不但是水流来气的排泄处，也是龙脉来气的排泄处，所以形势判断中的观水，最重要的是准确寻找水口所在的方位。

**第二步：察水流，定水向**

察水流、定水向就是明确水流的行走态势和运行方向处于穴场的什么位置，对穴场是否构成环抱之势。在具体实践中，应以穴场为观测点，并将穴场看着一个方型，观察水流的走向或走势处于穴场的相对位置。具体而言有四种情况：一是从穴场左边流经穴场前方后向穴场右边流去的称为“左倒右流向”；二是从穴场右边流经穴场前方后向穴场左边流去的称为“右倒左流向”；三是顺着穴场向穴场的前方流去的，还可分为两种情况，一种是从穴场右后方向穴场正前方流去，另一种是从穴场左后方向穴场正前方流去，这两种水向称为“逆穴水”；四是向着穴场的方向流来的，可分三种情况，一种是从穴场正前方流来，一种是从穴场左前方流来，还有一种是从穴场右前方流来，这三种水向称为“顺穴水”。

**第三步：观水势，析水性**

观水势，就是观察水流、水系的形势。首先，根据“水走曲而载气，水行直而泄气”的易理原则，观察水势的流行轨迹，环抱曲幽之水能纳气，平流直泄之水不纳气，通过观察水势的流行轨迹，分析判断水流的吉凶，以抱为吉，以泄为凶。其次，考察水流的势态，是缓流之水还是冲泄之水，以缓流为吉，冲泄为凶。析水性，就是分析判断水的质量。水质不同说明水内微量元素的含量不同，良好的水质适合人类使用，必促人类健康；浊劣的水质往往带给人疾病。水质清明、味觉甘甜为吉，水质浊暗、味觉苦涩为凶。

需要指出，山区地形与平原地形在观水的过程中有所不同，山区地形只观穴前之水，穴后之水因被入首龙相隔，不在考察之列；而平原地形则不同，穴之四周都可能有水系，那么全部都需进行考察。概括地说，观水就是以穴场为观测点，环顾四周，凡事能够眼观的水系均在考察的范围之内。



## 二、断龙

断龙就是对龙脉的真假良莠作出判断。针对拟选的环境空间(如村落、墓地)，或已确定的环境空间（如城市房地产楼盘、已划定的开发区），首先需要通过目测，观察该环境空间是否具备易理中所述的龙脉形势，这个过程称为“寻龙”。寻龙要从势态入手，寻找因势得形的山脉、河流，以探明龙脉的运行路径。就山龙而言，成龙之山应该是绵亘起伏、逶迤曲折、延绵不断、缓缓而来，具备人类对龙的体态特征的基本认识。如果一座山非常高，起伏落差过大，四处都是悬崖峭壁，隆起过高，凹陷过低，这样的山就不成脉，则更不能成龙。所以山之真龙以延绵不断为佳，以郁郁充盈为真，只有走势趋缓、植被茂密、不太高、也不太低的山脉才是“真龙”的象征。就水龙而言，成龙之水应流淌舒缓、水势蜿蜒、错落有致。如果一条河川直泄千里，横冲直撞，这样的水势就不能成龙。所以水之真龙以流淌舒缓为佳，以蜿蜒曲折为真，只有水势缓缓而流，水面宽、窄错落有致的水流才能成就“真龙”。而物态龙无常势，需要实践者结合对龙的认识，以类象之理进行充分的想象后作出评价。根据笔者的实践经验，断龙过程也分三步进行。

**第一步：确定入首龙**

以拟选的环境空间（即穴场）为中心，观察判断距离穴场最近的龙脉，分析其体态特征，判断其属于上文所述的五种龙脉类型中的哪一种，并初步确定穴场入首龙的类型。

**第二步：划分龙脉段落**

观察入首龙从何方而来，确定龙脉的长度，并按照龙脉行走的驳换程度，将整条龙脉划分为祖龙、干龙、支龙、入首龙等若干段落。当然，有些龙脉形势理想，可能不止划分为四段，可以划分为五段、六段，甚至更多段；而有些龙脉形势较差，可能不具备划分四段，那么也可划分为三段、两段或直接成一段。

**第三步：分析龙脉五行属性**

分析判断各段龙脉之间的五行生克关系，包括分析祖龙与干龙、干龙与支龙、支龙与入首龙之间的五行生克关系。如果只有一阶龙，就以龙的形态特征确定其五行属性。由于每段龙脉都存在着“金、水、木、火、土”五种可能，且段与段之间存在着五行的多种生克关系，可能相生、相克、相和等等，因此五行属性的判断过程比较复杂。具体判断时，应从最远处一阶龙（祖龙）开始，逐一与其相连的另一阶龙进行五行属性的分析。如以祖龙为金龙的山脉为例，那么与其相连的干龙就有“金、木、水、火、土”五种可能。如果干龙为水龙，那么祖龙生干龙，是龙脉相生驳换，行气在延续；如果干龙为火龙，那么干龙克祖龙，是龙脉杂乱驳换，行气无法延续；如果干龙为木龙，那么祖龙克干龙，是龙脉相泄驳换，行气在延续，但效果不佳；如果干龙为金龙，那么干龙与祖龙相和，是龙脉相和驳换，行气也在延续；如果干龙为土龙，那么干龙生祖龙，是龙脉倒置驳换，行气无法延续。可见，只有祖龙“生出、克出、相和”这三种情况才能推动龙脉行气延续，而“克入、生入”两种情况不能推动龙脉行气延续。因此，在龙脉五行属性分析时，主要是寻找“生出、克出、相和”这三种五行制化关系，并直至入首龙。其中，龙脉“相和”延续是最理想的同宗之脉，有利于真龙结穴；龙脉“生出”延续是旺龙之脉，也有利于真龙结穴；龙脉“克出”延续是衰龙之脉，属于可用之龙，亦可结穴；而龙脉“克入、生入”则不延续，属逆龙，不能结穴，在易理环境选择中弃之不用。需要强调，这里所指的五行属性是指龙脉外在形势所具备的五行属性，就是上文所述的金龙、水龙、木龙、火龙和土龙，而不是易理的方位五行。

### 三、析象

析象，就是分析拟定的或确定的环境空间四周的“四象”状况。郭璞所著《葬书》有这样的记载“地有四势，气从八方。故葬以左为青龙，右为白虎，前为朱雀，后为玄武。玄武垂头，朱雀翔舞，青龙蜿蜒，白虎驯頫。形势反此，法当破死。故虎蹲谓之衔尸，龙踞谓之嫉主，玄武不垂者拒尸，朱雀不舞者腾去，土圭测其方位，玉尺度其遐迩。以支为龙虎者，来止迹乎冈阜，要如肘臂，谓之环抱。以水为朱雀者，衰旺系形应，忌夫湍流，谓之悲泣。”这段话对四象形态的吉凶做了比较详细的描述，指出了四象吉凶判断的标准。《葬书》所描述的四象形态特征虽然指阴宅墓相选择的判断依据，但同样适用于阳宅和区域性环境空间结构布局。因此，不论是阴宅还是阳宅，对环境空间四象的判断始终遵循着《葬书》的这套判断标准。青龙以明净舒展，蜿蜒柔顺，欢腾起舞，拥握明堂为吉。在山区地带，青龙可以是山势，亦可以是水势；在平洋地区，则以水势为主。白虎以低缓俯伏，柔和坐卧，端祥含笑，拱护穴场为吉。在山区地带，白虎以延绵环抱的山势或者平缓的道路成形成势；在平洋地区，则以平缓的道路成形成势。同时，白虎应与青龙互相呼应，形成左拥右抱之势。朱雀以水势为主，以宽敞平阔、环抱有情、延绵舒缓，向穴场含情朝揖，行云翔舞的形态为吉。玄武以低头俯伏，逐渐向穴场低垂而行为吉，在形势上类似水龙的形态最佳。

### 四、判砂

砂所处的方位相对较远，判砂首先看砂的整体，然后做具体分析。从总体上看，砂应具备环抱有情、环抱有度的特质，只有环抱有情且适度的护砂才有利于护卫穴场。如果护砂虽也环抱而行，但环抱过度，则对穴场起不到护卫作用，反而对穴场构成压抑之势，这样的护砂从形势上看就不利于护卫穴场，属于凶砂。从具体上看，判砂是分析判断不同类型的砂与穴场入首龙脉之间的五行生克关系。需要强调，这里的五行属性分析是以砂的外在形势所具备的五行属性为基础，而不是按照五行的方位属性判别砂的情况。在《规划布局》章节中所述的砂与穴场之间的关系，是以五行的方位属性为基础，以穴场极点为中心，判断处于什么方位的砂与穴场所在的方位之间形成的生克制化关系。此二者描述的标的不一，前者是描述物态，后者是描述方位；所用的五行机理也不一，前者是坐山五行，以罗盘正针为依据，后者是二十八宿五行，以罗盘的中针为依据。

**（一）贪狼砂**

贪狼砂，为吉砂，五行水。以秀美葱蓉、圆曲柔和、钟灵隽秀、层波叠泡、婉曲幽长、体势柔顺为真砂；以形散错断、飘落无致、体势零乱为假砂。贪狼砂最有利于以水龙、木龙入首结穴的环境空间，易理上体现为“砂和穴”和“砂生穴”；对火龙入首结穴的环境空间最不利，为“砂克穴”，但此砂为吉砂，对穴位影响相对较小；对土龙入首结穴的环境空间，为“穴克砂”，使砂性用隐，起不到吉祥砂的作用，但可以立穴；对金龙入首结穴的环境空间，为“穴生砂”，使砂性用显，立此穴，不利于龙穴根基，但有利于穴场乘外气、聚外财和利后人，是祖屋、祖房选择的理想穴场。贪狼砂为吉砂，所以不论什么龙脉入首都可立穴。

**（二）巨门砂**

巨门砂，为凶砂，五行土。以厚实臃肿、平滑充盈、形状高大为真砂；以形体欹斜，生断裂摺、低矮短小为假砂。巨门砂最有利于以土龙、金龙入首结穴的环境空间，为“砂和穴”和“砂生穴”；对水龙入首结穴的环境空间最不利，为“砂克穴”，且此砂为凶砂，对穴位影响较大，不宜立穴；对木龙入首结穴的环境空间，为“穴克砂”，使砂性用隐，凶砂的作用将大大减弱，一般不需消砂即可立穴；对火龙入首结穴的环境空间，为“穴生砂”，使凶砂用显，必须进行消砂处理，否则不可立穴，这种穴场也不利于龙穴根基，在实践中尽量少用。

### （三）禄存砂

禄存砂，为凶砂，五行木。以垂直向上、高耸秀美、蜿蜒曲折、端庄隽秀、郁郁光润为真砂；以崩塌尖险、身形歪斜、恶石起突为假砂。禄存砂最有利于以木龙、火龙入首结穴的环境空间，为“砂和穴”和“砂生穴”；对土龙入首结穴的环境空间最不利，为“砂克穴”，且此砂为凶砂对穴位影响较大，不宜立穴；对金龙入首结穴的环境空间，为“穴克砂”，使凶砂用隐，可以减弱凶性，不需消砂即可立穴；对水龙入首结穴的环境空间，为“穴生砂”，促其凶砂用显，不可立穴。

### （四）文曲砂

文曲砂，为二性砂，五行木。以婉曲幽长、秀丽柔美、出水芙蓉、类似青春少女之形象且绵延而行的为真砂；以体态丑陋、身形歪斜、皮面褶皱、乱石起突为假砂。文曲砂最有利于以木龙、火龙入首结穴的环境空间，为“砂和穴”和“砂生穴”；对土龙入首结穴的环境空间最不利，为“砂克穴”，但该砂为二性砂，凶性较小，进行适当处理，也可立穴；对金龙入首结穴的环境空间，为“穴克砂”，使砂性用隐，起不到砂性的作用，可立穴；对水龙入首结穴的环境空间，为“穴生砂”，砂性用显，既吉又凶，需要消砂处理方可立穴。

### （五）廉贞砂

廉贞砂，为特凶砂，五行土。以高大耸拔、厚实臃肿、充盈巍峨为真砂；以低矮平滑、松软瘦弱、粗大蠢笨为假砂。廉贞砂最有利于以土龙、金龙入首结穴的环境空间，为“砂和穴”和“砂生穴”，若盘局龙真、砂真，则将利出官贵、皇权，从实践考察看，但凡出现皇权之贵的盘局，多出此砂；对水龙入首结穴的环境空间最为不利，为“砂克穴”，且此砂为特凶砂，必须弃穴，不能立穴；对木龙入首结穴的环境空间，为“穴克砂”，虽砂性用隐，凶性减弱，但在实践中通常也是弃用此穴；对火龙入首结穴的环境空间，为“穴生砂”，砂性用显，不能立穴。

### （六）武曲砂

武曲砂，为吉砂，五行金。以肥满平正、光圆凝重，方圆有度、弯延有常为真砂；以错落无致、险峻坑陷、壁立断裂为假砂。武曲砂最有利于以金龙、水龙入首结穴的环境空间，为“砂和穴”和“砂生穴”；对木龙入首结穴的环境空间最不利，为“砂克穴”，但此砂为吉砂对穴位影响相对较小；对火龙入首结穴的环境空间，为“穴克砂”，使砂性用隐，起不到吉砂的作用，可以立穴；对土龙入首结穴的环境空间，为“穴生砂”，砂性用显，不利于龙穴根基，但有利于穴场乘外气、聚外财和利后人，也较适合作为祖房使用。因武曲砂为吉砂，所以不需消砂都可立穴。

### （七）破军砂

破军砂，为凶砂，五行金。以肥满平正、光圆凝重、弯延曲行为真砂；以错落无致、险峻坑陷、不能曲行为假砂。破军砂最有利于以金龙、水龙入首结穴的环境空间，为“砂和穴”和“砂生穴”；对木龙入首结穴的环境空间最不利，为“砂克穴”，且此砂为凶砂对穴位影响较大，一般不宜立穴；对火龙入首结穴的环境空间，为“穴克砂”，使砂性用隐，凶性减弱，一般可以立穴；对土龙入首结穴的环境空间，为“穴生砂”，促砂性用显，不能立穴。

### （八）左辅砂

左辅砂，为吉砂，五行土。以小巧清秀、光圆稳重、厚实有度为真砂；以形体歪斜、生断裂摺、体态高大为假砂。左辅砂最有利于以土龙、金龙入首结穴的环境空间，为“砂和穴”和“砂生穴”；对水龙入首结穴的环境空间最不利，为“砂克穴”，但此砂为吉砂对穴位影响较小；对木龙入首结穴的环境空间，为“穴克砂”，起不到吉砂的作用，可以立穴；对火龙入首结穴的环境空间，为“穴生砂”，使砂性用显，不利于龙穴根基，但有利于从此空间结构走出的人事，也是祖房的理想选择。

### （九）右弼砂

右弼砂，为二性砂，五行火。以丰厚饱满、低矮成焰、如梭如丝为真砂；以形无定势、突兀乱起为假砂。右弼砂最有利于以火龙、土龙入首结穴的环境空间，为“砂和穴”和“砂生穴”；对金龙入首结穴的环境空间最不利，为“砂克穴”，但该砂为二性砂，凶性较小，进行适当处理，即可立穴；对水龙入首结穴的环境空间，为“穴克砂”，起不到砂性的作用，可立穴；对木龙入首结穴的环境空间，为“穴生砂”，促砂性用显，既吉又凶，应通过消砂处理方可立穴。

为便于读者理解，本书将各砂与脉龙的生克关系以表格的形式列出，供读者学习时直接查用，如表 8.1 所示。

**表 8.1 穴场龙脉与护砂生旺关系表**

| 砂与龙 | 金龙 | 木龙 | 水龙 | 火龙 | 土龙 |
|---|---|---|---|---|---|
| 一白贪狼砂（水） | 生出（泄砂） | 生入（吉砂） | 相和（旺砂） | 克入（凶砂） | 克出（财砂） |
| 二黑巨门砂（土） | 生入（吉砂） | 克出（财砂） | 克入（凶砂） | 生出（泄砂） | 相和（旺砂） |
| 三碧禄存砂（木） | 克出（财砂） | 相和（旺砂） | 生出（泄砂） | 生入（吉砂） | 克入（凶砂） |
| 四绿文曲砂（木） | 克出（财砂） | 相和（旺砂） | 生出（泄砂） | 生入（吉砂） | 克入（凶砂） |
| 五黄廉贞砂（土） | 生入（吉砂） | 克出（财砂） | 克入（凶砂） | 生出（泄砂） | 相和（旺砂） |
| 六白武曲砂（金） | 相和（旺砂） | 克入（凶砂） | 生入（吉砂） | 克出（财砂） | 生出（泄砂） |
| 七赤破军砂（金） | 相和（旺砂） | 克入（凶砂） | 生入（吉砂） | 克出（财砂） | 生出（泄砂） |
| 八白左辅砂（土） | 生入（吉砂） | 克出（财砂） | 克入（凶砂） | 生出（泄砂） | 相和（旺砂） |
| 九紫右弼砂（火） | 克入（凶砂） | 生出（泄砂） | 克出（财砂） | 相和（旺砂） | 生入（吉砂） |
| 砂与龙 | 金龙 | 木龙 | 水龙 | 火龙 | 土龙 |

## 五、点穴

观水、断龙、析象、判砂都是围绕着“点穴”这一中心环节而展开的，或者说上述四个方面的审势都是为点穴服务。那么，如何进行点穴呢?《葬书》记载“气行乎地中，其行也因地之势，其聚也因势之止。”所以，在山脉遇水之处或水流汇聚之处，往往就是生气凝聚的结穴之处。在环境选择实践中，通过定穴和分析判断穴的类型等方法，分析穴场的良莠，以完成点穴的全过程。

### （一）定穴

定穴一般有两种方法，分别是以龙定穴或以物象定穴。

#### 1. 以龙定穴

龙是承载地气之躯，穴则是聚气之位，龙首吐气之处即为结穴之处。判断穴位首先应从龙脉入手，在自然环境中寻求行龙止息之处；然后依据观水、析象、判砂的结果，分析判断拟选穴场是否具备聚气的条件，只要具备聚气条件，那么说明所选的环境空间能够成穴；最后根据穴场所在之处的形势特点，分析判断穴的类型。

#### 2. 以物象定穴

物象是对形势的形象化，也是确定穴场的一种方法。对环境空间的物象化，需要实践者有丰富的想象力和对自然界超强的观察力。否则物象不对，定穴肯定不对。物象定穴的机理就是以物象的藏密之处或强劲重要之处为点穴之处。当今社会，在人居环境选择过程中，运用物象定穴之理进行定穴的已越来越少，只有在少数的偏远山区，才可能出现物象化的环境空间。因此，以龙定穴已成为当今社会易理环境选择中最主要的定穴方法。

### （二）判断穴型

判断穴型就是将上述第一步初步确定的穴位与上文所述的“窝、钳、乳、突”四大类型穴位进行比较分析，然后判断其成穴的真假。

#### 1. 窝穴判断

窝穴以四周弯环，穴口圆净、窝内融融、窝环郁郁为真；以四周突兀、穴口方利、窝内崩陷、窝环光突为假。就深窝、浅窝而言，要观其仰俯程度，如为俯，窝宜浅，窝中微有乳突，则为真；如为仰，窝宜深，中间有乳突，则为真。就狭窝、阔窝而言，狭窝宜开小口，如燕巢鸡窝，窝中圆净，弦棱分明，两掬弯抱为真；阔窝宜开大口，左右交会，窝中有微突为真。

2. 钳穴判断

钳穴以钳中生乳、钳周环抱为真；以钳内凹陷、钳周散扩为假。就直钳而言，宜穴顶圆正，两脚婉媚，左右有案为真。就曲钳而言，宜形如牛角而内抱，左右交牙为真。就长钳而言，宜两脚稍长，婉转前行，低案横抱为真。就短钳而言，宜两脚粗短合适，外有抱卫为真。就边曲边直而言，宜曲边逆水，直边沿水为真。

3. 乳穴判断

乳穴以乳头居中光圆，两掬环抱，界水分明为真；以饱肚肿脚、瘦弱尖细、偏斜外阔为假。就乳穴的长短大小而言，应以适中为宜，过长、过短、过大、过小均非所宜；就双乳而言，两乳大小、长短均匀为宜；就三乳而言也是以均匀，大小、长短、肥瘦相仿为宜。

4. 突穴判断

突穴以左右环抱、两臂周遮、界水分明、水势注聚为真；以高低不明、两臂无遮、界水矿阔、微弱无依为假。其大小宜适当，大者以不显粗肿顽懒，突面光圆，形体颖异为吉；小者以不至微弱无力，突面光肥，形体自然为吉。

在人居环境选择实践中，形势判断的基本方法就是观水、断龙、析象、判砂、点穴五个方面。通过这五个方面的全面考察，可以初步判断拟选的环境空间是否符合易理所述的吉地要求；如果不符合，且无法通过人为的造形、造势加以改造，那么一般就放弃使用。

在现代社会，人类对自然环境的利用导向更多趋于提高土地资源的利用效率，往往忽视了环境承载能力，背离了“天人合一”的理念，从而使易理观念指导下的环境选择观难以在具体实施过程得以真正贯彻落实。对于现成的环境空间（地块），形势判断中的观水、断龙、析象、判砂过程尚可以较完整地执行，而点穴过程往往难以执行。在现成的环境空间内，点穴往往转化为确立现成环境空间的几何中心位置，失去了穴型判断的基础，也就根本无法实施“点穴”的技法了。因此，在易理环境选择实践中，形势判断的五方面技法，应视拟选环境空间的具体情况，灵活运用，而不能教条地照搬套用。

# 第九章　乘气定局

“乘气”就是收纳、乘纳生气，这里的“乘”是收纳、吸纳的意思；这里的“气”是指易理之气，也就是阴阳之气，包括“龙气”和“堂气”。龙气也称为“内气”，是指龙脉所固有的止息或固聚于穴场的生气；堂气也称为“水气”，是指穴场外在的明堂之气，相对于内气而言，堂气是狭义的“外气”，广义的“外气”还包括外环境的吉砂、吉水以及社会软环境所包含的生气。乘气定局是在形势判局的基础上，按照易理的“乘生气”理论，以阴阳、五行、八卦之理，对拟选的环境空间进行成穴过程的易理分析，从而确定环境空间的坐穴和盘局。“乘生气”理论源于晋代风水大师郭璞所著的《葬书》，书云“葬者，乘生气也。夫阴阳之气，噫而为风，升而为云，降而为雨。行乎地中而为生气，行乎地中发而生乎万物。”又云“气乘风则散，界水则止，古人聚之使不散，行之使有止。”从《葬书》的论述看，“乘生气”理论的初始是用于阴宅墓相的选择，然而其所涉及的生气是“夫阴阳之气”，是宇宙之气，所以适用于任何环境空间的选择，自然也就适用于活人的居住环境（即阳宅）选择。

易理认为，宇宙万事万物的发生、发展、变化，都是阴阳二气在对立统一、相互作用的运动过程中而产生的，当生气的运动变化达到一定程度后，就可能盈而外溢，而成为“风”，进一步运动到更高程度，就可能升而为“云”，再进一步就降而为“雨”，这个过程反映了生气在自然气象变化过程中的表现形式。“生气行乎地中，发而生乎万物。”这表明生气在运行过程中存在着两种不同的形式，一种是“行乎地中”的所有元素的总称，是运动变化于地球内在的生气，这种生气通过龙脉的行走路径呈现于宇宙世界之中，所以也称之为“龙气”或“内气”；另一种是“发而生乎万物”的生气，是展现于地表之外万物之中所收纳的生气，这种生气通过形势之中的“水”“砂”“四象”等多种方式呈现于宇宙世界之中，通常称之为“堂气”或“外气”。易理认为，理想的环境空间，不但可以收纳内气，也可以收纳外气，只有二气兼收，内乘龙气、外纳堂气的环境空间，才是最理想的人居环境。然而，如何进行环境空间的“乘气”呢？首先要了解生气的运动变化情况，明确生气的来源和行乎地中的运动轨迹；然后通过现代建筑的手段，以适应、利用和改造生气运行轨迹，使之成为“为我所用，为我服务”的最佳境界，这就是易理环境选择最重要、最根本的目的。家父通过多年的易理环境选择实践，将人居环境的乘气方法规纳为两个方面：一是审定“龙气”，让拟选的环境空间适应其龙脉的行气要求；二是消纳“堂气”，通过易理的综合运用，将影响环境空间的所有堂气进行良莠甄别，趋利弊害，吸纳旺气，排除煞气，以达到环境空间最佳的“藏风聚气”效果。从生气的两种表现形式不难看出，龙气的审定是适应生气运动轨迹的过程，所以龙气的形成是先天的、自然的。某个环境空间龙气的良莠，需要人们借助于易理思维的指导进行寻找和判别，对良好的龙气进行顺从和适应，对浊劣的龙气进行规避；而堂气的消纳则是后天的，可以通过人为的因素进行利用和改造，使之达到为我所用的目标。所以，在人居环境空间的选择过程中，如果以乘龙气为主，那么一定是人与自然和谐共生的最理想选择；如果以乘堂气为主，那么就需要人类充分认识环境的承载能力，而不是无序的过度开发。从易理倡导的天人合一观看，易理环境选择应更注重突出乘龙气，以乘龙气为主，乘堂气为辅；但从人类利用自然环境的实践看，往往受人类私欲观念的影响，更注重突出乘堂气，有的甚至忽略了乘龙气。

“定局”是对环境空间进行整体规划的初始，这个整体规划的过程是建立在五行学说的基础上。在乘龙气过程中，将龙脉所承载的生气外化为“金、木、水、火、土”五种状态，如果环境空间所乘为金气，那么就定立该环境空间为“金局”，如果所乘为木气，就定立该环境空间为“木局”，其余仿此。定局仅仅是对环境空间由自然条件向人为改造（建筑手段）过程的初始，定下什么样的局，那么就应朝着这个方向进行环境的布局和修造。

需要强调，易理环境选择中只强调“金、木、水、火”四大局，而没有“土”局。因为土为五行之集成，从方位上看，土居中央，寄旺其他四行；从四季更替上看，土杂合于四季之中，就是说金、木、水、火四行中都包含着土行，因此土为无形之行。

## 第一节　乘龙气

《葬书》云“土行气行，物因以生。”所以龙气是穴场来脉（龙脉）之土运行过程中而产生的生气，穴场龙气的旺衰主要由穴场的来龙地脉决定；《葬书》又云“五土四备，土者，气之母，有土斯有气。气者，水之母，有气斯有水。”这里强调了“土为气之母，气为水之母”，明确了在环境空间选择过程中“土”（即龙脉或坐山）与“水”（即水向或朝向）的关系，突出了龙脉是生气的主载，为气之母；而水是生气的派生，为气之子，所以有水则必有生气。因此，乘龙气除了重点察审穴场的龙脉（气之母）运行轨迹之外，还需要察审穴场的随龙水（气之子），只有龙水相和的生气才是穴场的旺气。在易理环境选择实践中，主要通过审龙、格龙和定龙三个步骤，考察穴场乘龙气的良莠状态。

## 一、审龙

审龙就是考察穴场来龙是否符合易理的阴阳平衡和五行生旺之理，通过察审龙脉的运动轨迹，分析生气随龙脉行走过程中的表现形式，从而确定穴场来龙的优劣。易理认为，不论是山龙还是水龙，其成形的过程是宇宙万事万物运动过程中相互作用的结果。地球上呈现出的高山、平洋、山川、海河是地壳运动的结果，这种自然环境的表现形态正是生气运行的外在表现形式。因此，审龙首先是察审龙脉行走的态势；其次是分析龙脉行走过程中蕴含的易理制化关系。从形势上看，龙脉的行走是呈现流线型的蜿蜒起伏过程，从祖龙、干龙再到支龙，是一个不断运动、变化、调整、更换的过程，这个过程通常被称为“驳换”。驳，就是驳夺、兑换的意思，像蛇的蜕皮过程；换，就是调换、调整、更改的意思。从易理上看，龙脉的每一次驳换是否符合乘生气要求，就是判断龙脉真假吉祥的标准。所以，驳换在形势上体现为行龙的轨迹，在理气上体现为生气内在的量与质之间的相互转化。换言之，龙脉驳换在形体上表现为地脉行走过程呈承现出来的蜿蜒、起伏、过峡等各种态势，这种态势可由大变小、由粗变细（如山龙），也可由小变大、由细变粗（如水龙）；在乘气上表现为生气随着“土行气行”的规律，不断产生质与量之间的互换，从而生发宇宙万物。

### （一）龙脉驳换

龙脉行气过程中的驳换是一个复杂的系统，不但涉及到龙脉本身的驳换，还涉及龙脉入宫的驳换；不但涉及驳换的节数多少，还涉及驳换过程的五行生克制化关系。一般情况下，将龙脉的驳换划分为两大类型：其一为生气驳换；其二为杂气驳换。所谓生气驳换是指龙脉驳换过程中，从祖龙到入首龙都遵循五行相生、相和之理的驳换方式。相生的驳换方式是指从祖龙起至入首龙都按照金、水、木、火、土的五行相生顺序驳换，相和的驳换方式是指从祖龙起直至入首龙都是同一五行的驳换，如祖龙为金龙，那么干龙、支龙和入首龙都是金龙。当然，如果在驳换过程中同时出现了相生和相和的情况也属于生气驳换。所谓杂气驳换是指龙脉驳换过程中，从祖龙到入首龙其行气过程杂乱无序，不遵循五行相生、相和的驳换方式，如祖龙为金龙，而干龙为木龙，支龙又为水龙等等。

**1. 生气驳换**

根据行气的形式不同又可分为一气清纯驳换、生气循序驳换和生气综合驳换三种类型。

一气清纯驳换是指从祖龙到入首龙不论划分几节，每一节龙脉的五行属性均相同，是五行一气流行到底的龙脉驳换。如祖龙为火龙，那么干龙、支龙、入首龙均为火龙；祖龙为水龙，干龙、支龙、入首龙均为水龙。这样的龙脉驳换方式称为“一气清纯驳换”。

生气循序驳换是指从祖龙到入首龙不论划分几节，每一节龙脉的五行属性均为相生过程，是五行顺序相生到底的龙脉驳换。如从祖龙起第一节龙脉为金龙，第二节为水龙，第三节为木龙，第四节为火龙，第五节为土龙，第六节又回到金龙……直到入首龙都是五行相生的循环体。根据循环体的长短，生气循序驳换可分为五气循序（如金、水、木、火、土的相生顺序）、四气循序（如水、木、火、土的相生顺序）、三气循序（如水、木、火的相生顺序）、二气循序（如水、木的相生顺序）等等。

生气综合驳换是指一气清纯驳换与生气循序驳换的结合。例如某一龙脉可划分为五阶段，前两个阶段为一气清纯驳换（如金、金，五行相和），而从第三阶开始又转换为生气循序驳换（如水、木、火，五行相生）。

**2. 杂气驳换**

根据杂气驳换形式的不同，可以分为假杂气和真杂气两种类型。假杂气驳换是指不同阶段的龙脉在连续驳换过程的五行属性是无序的，但如果去掉中间的某一节或合并其中的某两节则成为有序的驳换。这类杂气驳换称为“假杂气驳换”或“虚假杂气驳换”。对于虚假的杂气驳换，如果驳换的卦宫良好，那么仍然是可乘气的吉龙。

真杂气驳换是指无论如何归并不同阶段的龙脉，其驳换的五行属性总是无序的驳换。对于真杂气驳换的龙脉，就不具备乘气的功能，不能成为承载生气的躯体，所以这种形势的龙脉哪怕外形再美，也只能是假龙。

综上所述，只要是一气清纯到底的龙脉、或是五行相生循序的龙脉、或是生气综合驳换的龙脉都是真龙，都能乘生气，结吉穴；凡是不能一气清纯或五气相生驳换的龙脉则不属于真龙，但也不能全部认定为假龙，如虚假的杂气驳换龙脉，如果行龙的宫卦良好，那么也可以乘气，在实践中也属于可以选用的真龙。所以察审龙脉驳换过程，需要具体问题具体分析。

**（二）龙脉审查**

龙脉审查是在分析龙脉驳换的基础上，通过易理的综合运用，全面考察对拟选环境空间形成乘生气的龙脉形势范围和驳换节点。审查的过程一般分三步进行：首先是确定来龙的躯体（龙体）范围，要按照“源其所始，乘其所止”的原则，取定龙脉驳换的长度，将从祖龙开始至龙尽界水为止（穴场）的整个龙脉作为其龙体的长度。其次确定龙脉的驳换点，将龙脉进行阶段划分，一条行龙至少存在二个以上驳换点，可划分出三阶龙（即祖龙、干龙和支龙）或者更多阶，否则就不能成脉。最后用罗盘逐节审查龙脉驳换过程是否遵循五行相生、相和之理。具体的审查方法有两种方式，分别是顺审法和逆审法。

**1. 顺审法**

顺审法就是从祖龙开始，顺着龙脉的行走路径，逐节审视，直至入首龙为止的龙脉审查方法。具体分三步进行。

第一步：人立穴场，在形势判断所确立的预选点处下罗盘，并将罗盘十字红线正对可以目视的最远最高处的祖山之顶，然后移动罗盘的内盘，使指南针与天池海底红线相吻合，然后观察十字线压于二十四山地盘之中的哪一山，并记录下此山的正五行和该山所属八卦宫的宫位正五行。如红线压于未山，即祖山之顶落于预选穴位的未向上，未山的二十四山向正五行属土，则记录下未山属土；同时未山处于八卦宫中的坤宫也属土，则记录下坤宫属土。

第二步：移动罗盘，将罗盘十字红线对准祖山下一节（少祖龙或干龙）的最高顶，然后用同样的方法移动罗盘的内盘，使指南针与天池海底红线相吻合，再观察十字线压在二十四山地盘之中的哪一山，并记录下此山的正五行和此山所在卦宫正五行。

第三步：比较分析两个测量点所记录五行属性的生克关系。如测得少祖龙之顶落于酉向上，那么酉山正五行属金，并在八卦宫中的兑宫也属金，那么说明这节龙脉从龙脉本身而论是土生金的生气驳换过程，从宫卦论也是土生金的生气驳换过程；如果测得二节龙为戌山，戌山正五行为土，位于乾宫属金，那么从龙论为土和土，从宫卦论为土生金，都是生气驳换；如果测得二节龙为亥山，亥山正五行为水，位于乾宫属金，那么从龙论是土克水，是泄气驳换，从宫论是土生金，是生气驳换，这阶龙脉驳换有生有泄，带着杂气，虽然也形成了龙脉，但属于弱龙。

**2. 逆审法**

逆审法就是与顺审法相反的一种审龙方法，是从龙脉入首一节开始，逆行而上直至祖龙，进行逐节审视。具体的操作步骤与顺审法基本一致，就是将顺审法的五行生克制化关系倒着推，从入首龙推至祖龙。多在平洋之地使用。

需要强调，实践操作过程中“审龙”是易理环境选择的难点，是非常复杂的过程，历代风水师都没有比较系统的论述和归纳，基本上是泛泛而谈。笔者拙撰的龙脉本身和宫卦同步考察的审龙方法，是对家父六十多年来从事易理环境勘察审龙实践的经验总结，旨在为广大读者提供一种对中国传统龙脉学说进一步深入探索的实践尝试。

## 二、格龙

“格”是指变革、纠正之意，“格龙”就是对审龙确定的穴场来龙进行纠正、纠偏和调整，格龙的目的是调整穴场的分金度数，最终确定穴场的坐向。就某个具体的环境空间而言，格龙就是对入首龙脉的五行之气进行再划分、再调整，并最终确定该环境空间的中轴线占度，为环境空间的规划布局奠定基础。

### （一）格龙的易理基础

易理认为，宇宙世界能够藏风纳气的地理环境，才是人类生存繁衍栖息的最佳环境。藏风纳气的成穴过程在易理上表现为阴阳交合，在形势上表现为龙水交会。所以要察审穴场的良莠，首先要察审穴场的外在体态是否符合龙水交会的形势表现；其次要察审穴场内在的生气是否符合阴阳相配、雌雄相会，只有形理相合，才能构筑理想的人居环境。

#### 1. 成势之理

形势上的“龙水交会”是生气行走的外在表现形式。《葬书》记载“气行乎于地中……，土行气行……，土生气，气生水”。可见“土”与“水”是生气的两种不同表现形式。这里的“土”不是指易理之中的五行元素，也不是字面意义上的泥土之“土”，而是指示龙脉；这里的“水”也不是五行元素，是泛指宏观概念上的水，指示生气，是与龙脉相伴相行的生气，而不是字面意义上的“水”。易理认为，在宇宙世界之中，以龙脉（即土）承载的“生气”和以随龙水（即水）表现的“生气”总是相伴相行，二者相融相会之处就是“乘生气”之地，生气相交融会在形势上表现为“龙脉遇水止息”或“水流会聚”，在易理上表现为阴阳交融、雌雄交会。格龙在形势上就是对环境空间之中的“龙水交会”的区域进行综合评价，并确定最佳穴场坐度分金。

#### 2. 行气之理

五行学说强调五行具有相对性，是阴阳二气生化的另一表现形式，是以“气”的形式游行于宇宙世界的万事万物之中。在二十四维的环境空间结构中，以河图之理确立的八卦方位五行是北水、东木、南火、西金，这只是宇宙空间的整体方位属性，说“北水”是一个整体概念，并不是说北方除水之外，就不具备其他五行属性。就某个具体方位而言，其五行属性不是唯一的，而是在任何一行之中都包含着其他五行属性，也就是说在每一行之中还可以不断地细分五行，这是五行相对性的体现，符合“一物一太极”的易理宇宙观。按照一物一太极的易理宇宙观，对入首龙所在的坐山进行五行属性的再划分、再分解，并从中寻找“龙”与“水”五行相合、阴阳相配的环境空间纬度，这就是格龙过程中的理气体现。

### （二）格龙的实践理论

从格龙的易理基础不难看出，环境空间的“乘生气”过程涉及到阴阳二气的制化过程，决定环境空间乘生气的因素不仅取决于行龙驳换这一种因素，还涉及到行龙的随龙水属性，通过对龙脉行气过程的格定，才能真正发现阴阳交融的理想生气会聚点。因此，确定环境空间的最终坐度分金，取决于龙脉和随龙水两方面因素。那么如何进行龙脉的格定呢？根据家父的实践经验和自身的学习感悟，笔者认为，格龙的实践操作过程应借助于缝针双山五行、七十二龙理论和一物一太极之理。

#### 1. 缝针双山五行

缝针双山五行在《罗盘》章节有所介绍，在此不妨重温一下。缝针双山五行系统以十二地支为基础，以日景方位为依据，位于罗盘三针中的最外层，也称外盘或天盘。在二十四山向中，以十二地支为主，按照两山归一宫的方式，将二十四山划入十二宫，并按照子宫配“壬、子”二山，丑宫配“癸、丑”二山，寅宫配“艮、寅”二山，……直至亥宫配“乾、亥”二山，分配完二十四山。逢针双山体系是一个独立系统，不能将其包含的双山分开对待，也就是说在双山体系之中，如“坤申”即称为“申宫”，而不能分开称“坤宫”和“申宫”。缝针双山五行遵循长生十二宫之理，以“生、旺、墓”为合局。如以壬水为例，在十二地支之中，正五行的壬水长生在申、帝旺在子、墓库在辰，构成“申子辰”三合水局；那么在缝针双山中，壬水长生在“坤申”双山、帝旺在“壬子”双山、墓库在“乙辰”双山，同样构成“申子辰、坤壬乙”三合水局。依此类推，在缝针双山五行中“艮寅、丙午、辛戌”六山构成三合火局，“乾亥、甲卯、丁未”六山构成三合木局，“巽巳、庚酉、癸丑”六山构成三合金局。因此，从严格意义上讲，缝针二十四山向五行，应该称为“地支三合双山五行”。

**2. 七十二龙理论**

从传统的风水理论和相地术的发展看，格龙的方法多种多样，比较成体系的就有三种类型：一是七十二龙理论，也称穿山七十二龙；二是透地六十龙理论；三是一百二十龙理论。这三种格龙理论虽然用法不同，但其创制的理论基础是一致的，都是源于“一物一太极”的易理观念，都是对正针二十四维空间结构的再划分，对五行属性的再定义。然而，从笔者的实践经验看，这三种格龙理论当属唐代国师杨筠松创制的七十二龙理论最具易学基理，最符合客观实际。所以本书所述的格龙方法就是以七十二龙理论为总纲。

七十二龙的概念在《罗盘》章节已有所述，是指在罗盘正针二十四山的基础上，将每一山再进行三等分，每一个等分占5度，共划分为七十二个方位，使易理的二十四维空间上升为七十二维空间。据传，七十二龙是杨公根据长期的易理实践经验，对正针二十四山正五行的修正，并采用纳音五行对七十二龙的五行属性进行定义，具体的方法是在正针二十四山的十二支地支下赋予纳音五行的五子龙，并将五子龙的首龙和末龙分配到十二地支两边的干维之中；同时，在八干四维的正中间以十二个空格代替，命名为“十二空亡龙”，将这七十二格分布合称为“七十二龙”。为正确运用七十二龙理论进行环境空间龙脉的格定，有必要对其理论内涵和理论构成进行简要的阐释。

**（1）七十二龙的易理内涵**

七十二龙理论的创制是易理环境选择中风水理气的综合运用，笔者认为至少包含以下五层含义：

第一，七十二龙是河图理论在五行属性中的体现。七十二龙对二十四山正五行进行再划分，在每个地支下分配“金、木、水、火、土”，这就确立了每个地支的河图构造。河图之数以单数为阳，偶数为阴，北方一阳水杂合中五土而成六阴水；东方三阳木杂合中五土而成八阴木；南方二阴火杂合中五土而成七阳火；西方四阴金杂合中五土而成九阳金。土居中央，为太极点，东南西北四方皆有土的成份，形成“五土四备”。这就是七二十龙只格定“金、木、水、火”四大局，而没有“土”局的真正内涵。

第二，七十二龙是易理时空结合的具体表现。在天盘双山体系中，以一干维辅一地支，如壬子双山的正中，就是地盘的子山正中，所以壬子双山实际上就是“子山”。可见，天盘是以十二地支的本气论五行行气的，亥为阳木甲之长生宫，寅为阳火丙之长生宫，巳为阳金庚之长生宫，申为阳水壬之长生宫，午为阴木乙之长生宫，酉为阴火丁之长生宫，子为阴金辛之长生宫，卯为阴水癸之长生宫。根据“阳气顺行，阴气逆行”的行气规律，可以得出如下的双山五行行气规律：

五行“木”之阳局“亥、卯、未”，阴局“午、寅、戌”；

五行“火”之阳局“寅、午、戌”，阴局“酉、巳、丑”；

五行“金”之阳局“巳、酉、丑”，阴局“子、申、辰”；

五行“水”之阳局“申、子、辰”，阴局“卯、亥、未”。

从上述双山五行的行气规律可知，木之阳局与水之阴局互为生旺，同归于未；火之阳局与木之阴局互为生旺，同归于戌；金之阳局与火之阴局互为生旺，同归于丑；水之阳局与金之阴局互为生旺，同归于辰。这不但体现宇宙万事万物在时空中阴阳制化的普遍规律，有生必有死，阳生阴死，阴生阳死的“生旺休囚死”循环规律；也说明了在空间结构中，方位五行是相对的，每个方位五行再划分后，同样遵循阴阳二气相互制化的基本规律。

第三，七十二龙以“龙水交会”格局确定入首龙的坐穴是易理环境选择中“形理结合”的具体表现。七十二龙的定局方法以“乙丙交而趋戌，辛壬会而趋辰，斗牛纳丁庚之气，金羊收癸甲之灵”四句歌诀为基础，这里的“乙”是指阴木局，这里的“丙”是指阳火局，“乙与丙”相交在形势上体现为“龙水交会”，在易理上体现为“阴阳交媾”。由此可见，这种阴阳相会并不是人为指定的，而是天地间的真阴阳分布。

第四，七十二龙的水土合局源于河图之理。河图之“天一生水居北，地二生火居南，天三生木居东，地四生金居西”分居四方，而五土居中。中央土为太极点，水从土中来，土乃水之母，母子同宫，故不用五，而将五寄于一，只用“金木水火”四局，这是七十二龙中将“土龙”视为“水龙”的易理依据。

第五，七十二龙的分布源于五行的行气之理。易理认为，生气流行于土中，而土属于地元系统，所以七十二龙作为环境空间乘生气的载体，源于十二地支，以地支为主，以一干维辅一地支而构成，在每一地支之下分布五行行气的“生、旺、相”之气，而将五行行气的“余气”和“初气”分布于两边的干维体系之中，这种分布形式体现了五行行气过程的旺衰属性。七十二龙用六十甲子的纳音五行定义五子龙的五行属性，而对于八干四维正针下方的空亡龙则以其本身的正五行确定其五行属性。所以，空亡龙并非真空，只是没有六十甲子龙的分布，其五行属性应根据其所在的二十四山正五行确定。

**（2）七十二龙的五行内涵**

七十二龙的创制包含了五行学说的综合运用，是五行学说在易理环境选择中的集中表现，至少包含三层含义：

一是体现了“五行”的相对性。在方位五行之中，任何一行都不是绝对的，五行之中还含有五行，这是易理“一物一太极”的本质表现。

二是体现了地理环境的乘生气之理。五行之气行呼于地中，藏风纳气的理想环境空间要遵循地气的运行轨迹，而八干四维属于天系统，不具地气属性。因此，以地支体系为主，干维体系为辅，再定义五行是环境空间乘气之理的本质体现。

三是体现了五行行气过程中的旺衰关系。五行游行于环境空间之中始终遵循生命周期规律，有旺衰的表现。因此有“初气、生气、旺气、相气、余气”之分，在二十四维的正针十二地支方位中，一干维辅一地支，干维之向只纳地支之初气和余气，也就是说在干、维所指的方位上可乘之气为地支之初气或余气。

**（3）七十二龙的构成**

在七十二龙中，除了十二空亡龙之外的其他六十甲子龙分别是金、木、水、火、土龙各十二只。在易理实践中，将环境空间划分为“金、木、水、火”四局，并按照“水由土生”的原则，将土龙划入水龙看待，使七十二龙之中的龙属性与环境空间的四大局完全一样。具体运用时，七十二龙之中的土龙视同水龙看待，即水龙有二十四支，而不体现土龙。以坎宫为例，坎宫包含壬、子、癸三山，从顺时针方向看，壬山下依次是癸亥水龙、空亡龙、甲子金龙；子山下依次是丙子水龙，戊子火龙，庚子土龙；癸山下依次是壬子木龙，空亡龙、乙丑金龙。可见坎宫壬子癸包含九龙，其中金龙二只、木龙一只、水（土）龙三只、火龙一只、空亡龙二只。其他宫卦依此类推。用七十二龙格定环境空间坐度，就是指按照七十二龙的纳音五行，凡格到了什么龙，就立什么穴，定什么局。如格到了金龙，就立金穴，定金局；格到木龙，就立木穴，定木局。

**3. 阴阳交会之理**

阴阳交会是生气运行的基础，环境选择中的“乘生气”就是要查找阴阳交融的最佳结合处。根据“阳顺阴逆”的行气之理，在五行游行地支十二宫的规律之中，甲阳木、庚阳金、丙阳火、壬阳水顺行十二宫；而乙阴木、辛阴金、丁阴火、癸阴水则逆行十二宫，这一顺一逆的排布，必然会出现二者同归于墓库的状况，这正是易理环境选择中所要寻找的阴阳交融的最理想之处，也就是成穴之处。生气在形势上表现为“龙脉”与“随龙水”，其实质是生气的阴阳二性划分，龙脉作为承载生气的载体，其本身不会运动，以静态形式存在，在阴阳属性上以“阴”而论，故逆行十二宫；而随龙水作为生气运行的表现形式，其本身是运动着的，以动态形式存在，在阴阳属性上以“阳”而论，故顺行十二宫。所以，在考察龙脉的生旺状态时，五行属性应逆行十二宫，而考察随龙水的生旺状态时，五行属性则应顺行十二宫。这种一顺一逆的五行行气过程，造就了阴阳二气同归墓库的格局，在这种格局中“龙”的长生即是“水”的帝旺，“水”的帝旺即是“龙”的长生，最终都同归于一个墓库。

然而，宇宙世界变化万千，不可能处处都存在如此相配的“龙水交会”格局，也就是说不可能任何一个环境空间都能达到这种理想状态。在二十四维的环境空间结构中，只有“辰、戌、丑、未”四个山向属于五行藏纳十二宫的墓库之位。那么如果一个环境空间的龙脉与随龙水之间的五行“阳顺阴逆”的行游过程无法构成共同的归墓方向，又将如何处理呢？其实，从五行藏纳十二宫的宇宙万事万物生长周期看，除了墓库所在时节为生命周期归藏收纳时期外，“绝、胎”时节同样具有归藏属性，“绝”属生命周期的最末端；而“胎”属于孕育新生命的初始端，都具有归藏收纳的属性。所以，在易理环境选择实践中，将随龙水出绝宫的称之为第二水口，出胎宫的称之为第三水口，而出墓宫自然就是第一水口。因此，在实践操作过程中，只要勘察到随龙水的水口流入上述的三个水口之中的任何一个水口，就可判断为该环境空间具备“龙水交会”的格局。

根据上述“龙水交会”之理，在易理环境选择实践中，将环境空间的盘局划分为“金、木、水、火”四大局，而对应于地支的“丑、未、辰、戌”四大水口，丑为金局之第一水口（墓库），与之相连的寅为金局之第二水口（绝），卯为金局之第三水口（胎）。其他三局依此类推。将五行行气过程引入到缝针双山体系之中，就可以得出环境空间“金、木、水、火”四大局的水口分布状态。

金局，墓宫（第一水口）“癸丑”，绝宫（第二水口）“艮寅”，胎宫（第三水口）“甲卯”。养宫“乙辰”，生宫“巽巳”，沐宫“丙午”，冠带“丁未”，临官“坤申”，帝旺“庚酉”，衰宫“辛戌”，病宫“乾亥”，死宫“壬子”。

木局，墓宫（第一水口）“丁未”，绝宫（第二水口）“坤申”，胎宫（第三水口）“庚酉”。养宫“辛戌”，生宫“乾亥”，沐宫“壬子”，冠带“癸丑”，临官“艮寅”，帝旺“甲卯”，衰宫“乙辰”，病宫“巽巳”，死宫“丙午”。

水局，墓宫（第一水口）“乙辰”，绝宫（第二水口）“巽巳”，胎宫（第三水口）“丙午”。养宫“丁未”，生宫“坤申”，沐宫“庚酉”，冠带“辛戌”，临官“乾亥”，帝旺“壬子”，衰宫“癸丑”，病宫“艮寅”，死宫“甲卯”。

火局，墓宫（第一水口）“辛戌”，绝宫（第二水口）“乾亥”，胎宫（第三水口）“壬子”。养宫“癸丑”，生宫“艮寅”，沐宫“甲卯”，冠带“乙辰”，临官“巽巳”，帝旺“丙午”，衰宫“丁未”，病宫“坤申”，死宫“庚酉”。

根据上述五行行气在环境空间四大局的分布状况，只要判定随龙水的水口归入缝针双山中的哪一宫位，即可确定环境空间的盘局。凡归入“辛、戌、乾、亥、壬、子”六山向，宫卦处于西北（乾），即称为“火局”；凡归入“癸、丑、艮、寅、甲、卯”六山向，宫卦处于东北（艮），即称为“金局”；凡归入“乙、辰、巽、巳、丙、午”六山向，宫卦处于东南（巽），即称为“水局”；凡归入“丁、未、坤、申、庚、酉”六山向，宫卦处于西南（坤），即称为“木局”。

**（三）格龙的实践技法**

在环境选择实践中，首先以缝针双山五行之理对随龙水进行察审；其次以七十二龙理论对坐山的分金度数进行格定；再次以一物一太极之理分析环境空间龙脉与随龙水之间的阴阳交融状况，寻找符合阴阳交融、雌雄相会的“龙水交会”之地。具体操作方法按以下三个步骤进行。

**1. 确定龙脉入首**

根据审龙确定的环境空间龙脉入首方位，用罗盘测定该入首龙属于天盘缝针双山体系中的那一山，并将其记录下来。如果格定的入首龙为二十四山中的十二地支山，那么审龙审到什么龙即为缝针双山中的什么龙，因为缝针双山的正中央对应正针十二地支的正中央，如缝针中的“壬子”双山正对着正针的“子”山中央；如果格定的入首龙为二十四山中的八干四维山，那么就要对照缝针确定出该入首龙属于缝针双山体系中的哪一山。如审龙确定入首龙为正针“壬”山，那么正针“壬”山有可能对应缝针的“壬子”双山，也有可能对应“乾亥”双山，这就需要具体问题具体分析。当然，这个过程可能出现一种特殊情况，就是审龙确定的入首龙正好落于正针二十四山的八干四维正中央，对应于缝针双山的分隔线上。对于这种情况，应结合环境空间的外在形势进行适当的调整，使之落于缝针双山体系中。

**2. 确定水口**

以上述第一步测定的入首龙所在的双山空间占度（30度）为观测范围，从中寻找最有利的形势状态，并在此下罗盘，测定随龙水的水口方位。具体操作时，应将罗盘十字红线对准水口，移动内盘，直至罗盘指针与天池底线重叠后，观测罗盘十字红线压于缝针双山五行十二宫中的哪一宫，凡压于“辛戌、乾亥、壬子”六方为“火”局，压于“癸丑、艮寅、甲卯”六方为“金”局，压于“乙辰、巽巳、丙午”六方为“水局”，压于“丁未、坤申、庚酉”六方为“木局”。

**3. 寻找五子龙**

根据上述第二步确定的盘局，在第一步确定的入首龙所在的缝针双山中寻找与盘局相配的五子龙。找到了相匹配的五子龙，那么就格定此龙为整个环境空间的坐穴。再判断坐穴与整体盘局的外在形势（龙、穴、砂、水、四象）是否达到了形理上的交相呼应，如果达到了较理想的效果，就格定此坐穴； 如果形理上达不到理想效果，那么就需要在第一步确定的入首龙的天盘缝针范围内重新下罗盘，调整观测方向，重新上述第二步操作，测定新的水口，直到寻找到形理交相呼应的五子龙为止。

通过上述三个步骤，完成了整个环境空间的格龙过程，为环境空间的规划布局定立了中轴线。在易理环境选择实践中，对于格龙确定的中轴线有专门的名称，即称之为环境空间的坐山或坐穴并以罗盘正针的二十四方位名称予以命名，如“亥山巳向”“艮山坤向”“亥山巳向兼乾巽”“艮山坤向兼寅申”等等。需要强调，这里所述的环境空间坐山或坐穴，不但包含着易理的二十四维方位，而且包含着七十二龙的方位属性，即通常所称的罗盘的坐度分金。如“亥山巳向”“艮山坤向”是指立亥山、艮山正中央下的己亥龙、空亡龙分金；而“亥山巳向兼乾巽”“艮山坤向兼寅申”是指立亥山、艮山下的丁亥龙、丙寅龙分金。在通常情况下，将环境空间立二十四山正中央的称为“立正向”，而有偏离的，称为“立兼向”，具体的划分是以五子龙的占度为标准，在二十四山正中的5度以内为正向，左、右两边偏离超过2.5度以上的都为兼向。下文以艮龙入首为例，对格龙过程的三个步骤进行实例说明。

首先，确定龙脉入首。经现场测定某环境空间，龙气来脉入首龙落于正针艮山上，并对应于缝针双山体系中的“艮寅”，五行为火。

其次，确定水口。在入首龙所在的坐度范围内下罗盘，经测定该环境空间的水口从“辛戌”方出水，正好是火局的正库水口，据此可确定该环境空间为火局。

第三，寻找五子龙。在艮山下有“癸丑木龙，空亡土龙，丙寅火龙”

共三条龙，而只有“丙寅龙”五行为“火”，与盘局相同，因此应格定该环境空间的坐度为“艮山坤向兼寅申”的丙寅火龙分金。格定丙寅龙坐穴之后，通过现场分析判断，该坐穴与整体盘局的外在龙、穴、砂、水形势达到了形理交相呼应的理想效果。于是，格定该环境空间的坐穴为“艮山坤兼寅申”的丙寅火龙分金。

## 三、定龙

定龙是对龙脉吉凶良莠状况进行分析判断，并最终确定环境空间的整体规划思路。龙脉在易理环境选择中处于静态，其本身并没有吉凶良莠之分，但其不同的形态表现或者处于不同的环境空间方位则决定了其承载生气效果的不同。所以严格意义上讲，龙脉的吉凶良莠是指其承载生气效果的好坏。在具体实践中，定龙主要包括三个方面内容：一是龙脉形势的判定；二是五子龙乘气效果的分析；三是龙脉行气效果的分析。关于龙脉形势的判断，在上章《形势判局》中已有专门阐释，不再赘述。下文只对五子龙和龙脉行气效果进行分析。

### （一）五子龙乘气效果分析

易理认为，五行行气是按照时间运行轨迹进行的，在十二地支下分布的五行之气由于所处的时间节点不同，其表现出的旺衰状态不一，分别有初气、生气、旺气、相气、余气五种状态，其中初、余气辅之以八干四维，而生、旺、相气则处于地支之中。气行之初、余时节效果较差，气量较少，对环境空间的乘气效果也较差；气行之生、相时节，其行气效果最好，气量不多不少，最容易被环境空间吸纳；气行之旺盛时节，气量太大，不易被全部吸纳。根据这种行气之理，将七十二龙按其所处的方位划分为生相龙、阴差阳错龙、龟甲空亡龙（旺龙）和大空亡龙四大类型，其中生相龙最有利于乘气，阴差阳错龙和龟甲空亡龙次之，而大空亡龙最差。所以，理想的环境空间应选择“生、相”龙作为其坐度分金。

1. 生相龙

生相龙处于罗盘正针十二地支下方三龙中的左、右两边，如子山下的“丙子”和“庚子”龙就是生相龙。生相龙在每一地支中有2条，共24条，是七十二龙中最有利于环境空间乘气的龙脉。

2. 阴差阳错龙

阴差阳错龙处于罗盘八干四维下方三龙中的左、右两边，如壬山下的“甲子”和“癸亥”龙就是阴差阳错龙。甲子龙所乘之气为子支的初气，癸亥龙所乘之气为亥支的余气，两气都不纯正，或者说其气脉都较弱，左边的甲子龙属阳龙，右边的癸亥龙属阴龙，在同一山之中这两龙正好阴阳相错，所以称之为“阴差阳错龙”或“阴阳差错龙”。阴差阳错龙是五行之气处于行气初始和结束的时节，行气的能量较差，对环境空间的乘气效果较弱。阴差阳错龙在八干四维下都有2条，总计24条。

3. 龟甲空亡龙

龟甲空亡龙是指处于罗盘正针十二地支下方正中央的那条龙，如子山下的“戊子”龙，共有12条。由于该龙处于地支的正位，龙脉行气直冲正中心而使气的融合度较差，又因处于地支坐山之正中，形如龟甲而不易被收纳，所以形象地称为“龟甲空亡龙”。龟甲空亡龙是五行之气最旺时节的行气表现，所以对环境空间有较强的乘气效果，但此气不聚，如果盘局的“外气”不能较好地收纳，那么这种坐度分金就不可取。当然，毕竟龟甲空亡龙处于五行行气的旺盛时节，如果龙真穴就，从此环境空间走出的人们往往能成就一番大事业，但长期住在此环境空间的人们则不会发达。根据笔者的考察，众多坐度分金为龟甲空亡的祖宗房，虽就地不能发达，但往往从此房走出去的子孙后代都能成就大事业，这也是龟甲空亡龙有利于生气流动的表现。

4. 大空亡龙

大空亡龙是指处于罗盘正针八干四维下方正中央的空格，共计12条，如“丁山癸向、乾山巽向”等等环境空间就是大空亡龙的坐穴。这十二个方位处于八干四维的正中间，属于天元系统，所以不纳地气，以此坐穴的环境空间，一般不适合人类长期居住。但并不是说这种坐穴都没有用处，如用于寺庙、国家暴力机关等场所就比较适合。因为寺庙倡导四大皆空，不接地气；国家暴力机关具有绝对性和强制性，不以纳生气而促万物生发，而以暴力的权威性果断处事。

需要强调，环境空间的龙脉走向并不一定都落于七十二龙之中，有时恰恰落于24维的分隔线上，尤其是对已成型的盘局(如已建成的建、构筑物)进行核验时，时常会遇到这种情况，通常称之为落入“小空亡”。这是一种不吉的表现，因为两山骑线，左右都不靠，没有占度，就没有乘气可言。当然，在实践中，对于新的环境空间，只要测量和规划得当，一般不容易落入小空亡；而对于一些没有进行任何测量就直接修造的环境空间，则有可能在不知情的情况下落入了小空亡，尤其是在大城市，由于土地有限，挤地造房，就比较容易犯上小空亡的错误。根据笔者的经验，对一些陈旧的环境空间进行核验时，比较容易遇到小空亡，这是因为受地球引力和磁场的影响，一个原本确定的环境空间经过了时间的更替，原方位发生变化，使之落入了小空亡，这也印证了中国的一句古话“风水轮流转”。可见，环境空间的坐穴不是一成不变的，随着时间的运行也可能发生变化，而对于已发生变化的坐穴就需要进行易理上的化解、调整，或者弃之不用。

**（二）龙脉行气效果分析**

龙脉行气效果是指环境空间的来脉入首处于长生十二宫的不同宫位而对环境空间形成的不同乘气影响，其易理基础是五行寄生长生十二宫之理。在实践中，首先将格定的龙脉纳入缝针的双山五行体系中，看其处于十二宫的哪一宫中，并以“生、临、旺、胎、养、冠”六个方位来龙为三吉六秀的强龙，以“衰、病、死、墓、绝、沐”六方来龙为凶煞的弱龙。具体判断时，应以格龙时勘定的盘局为基础，按照龙脉主静、属阴的特性，逆布长生十二宫，并确定出“金、木、水、火”四大局的龙脉分布状况。如以火局为例，火局之墓方为“辛戌”，逆布长生十二宫，那么从辛戌方开始，逆时针排布十二宫，即可得出以下对应关系：辛戌对应墓宫、乾亥对应死宫、壬子对应病宫、癸丑对应衰宫、艮寅对应旺宫、甲卯对应临宫、乙辰对应冠宫、巽巳对应沐宫、丙午对应生宫、丁未对应养宫、坤申对应胎宫、庚酉对应绝宫。可见，火局的龙脉如果从“丙午”方来龙则为长生龙入首，从“甲卯”方来龙则为临官龙入首，从“艮寅”方来龙则为帝旺龙入首，从“坤申”方来龙则为胎龙入首，从“丁未”方来龙则为养龙入首，从“乙辰”方来龙则为冠带龙入首，这六个方位，共36只五子龙都为吉龙入首。而从“癸丑、壬子、乾亥、辛戌、庚酉、巽巳”六方来龙则分别为“衰龙、病龙、死龙、墓龙、绝龙、沐浴龙”，是不吉之龙入首，不宜定穴。

其他三局，依此类推。

## 第二节　乘堂气

堂气就是明堂之气，是环境空间聚气的集中体现，与环境空间的龙气直接相关，其在形势上表现为环境空间前方是否具备宽阔平坦的空地、水池、水塘，是否具备完美的朱雀之象；在理气上则表现为环境空间乘纳随龙水的生气状态，是狭义的“外气”。环境空间的外环境生气是对内环境聚气的补充，与环境空间龙气不直接相关，但对内环境空间的整体乘气影响较大。环境空间的广义外气，不仅仅包括堂气，还包括了消砂、纳水过程可以收纳的生气，在形势上表现为穴场外围“砂、水、象”的物态是否完美有形有势；在理气上则表现为对外围“砂、水、象”所包含的生气、旺气的收纳和煞气、死气的规避情况。然而，随着人类社会对自然环境开发利用的深入，往往在一些人居聚集区会形成一种不同于传统易理环境选择的“生气”，即社会的软环境，如教育、医疗、交通、文化、商贸等设施，这种社会软环境对现代人居环境的选择影响也很大，但它不直接作用于环境内空间，也属于“外气”的一种形式。因此，易理环境选择应与时俱进，应按照现代社会的普遍环境状态进行综合分析审查，尤其是对环境空间的乘外气状态考察，除了察审明堂之气和外环境的“砂、水、象”之外，还应考察社会软环境。但是，从定局的角度看，乘“外气”主要是乘“堂气”，是指乘纳对环境空间最直接影响的明堂之气。所以本章从定局的角度谈“外气”，主要是分析明堂之气；对于穴场外环境和社会软环境的“外气”将在下一章《立极布局》中论述。在实践中，乘纳明堂之气的主要手段是立明堂和立方向两个方面。

### 一、立明堂

明堂是生气集聚的场所，其物态表现形式可能是绿地、水池、道路、广场等相对较平坦低矮的空间，也可能是相对平坦宽阔的建筑群，如在一栋高楼前方有一片高度相仿的平房或多层建筑群，那么也构成了这栋高楼的明堂。在环境选择实践中，对明堂的存在形式要具体问题具体分析，但就其在环境空间中的分布方位看，一般只有两种状态：一种是分布于环境空间中央或核心位置，称为“内明堂”；另一种是分布于环境空间前方与外界相连的位置，称为“外明堂”。明堂是易理环境选择中非常重要的因素之一，中国有句谴责人的俗话，叫“你这个人没明堂”，这句话的原意就是出自易理的环境选择，表明一个没有明堂的环境空间不是好环境空间。立明堂就是在环境空间规划中确定明堂所在位置。

#### （一）内明堂

内明堂位于环境空间的中央，是龙气释放的场所。对于拟进行布局的环境空间，内明堂应设立于龙脉的坐穴分金线上。在规划布局时，沿着龙脉坐穴分金线，选择一块空地，构筑一个内明堂。对于已定型的环境空间，只要沿着龙脉坐穴分金线，寻找到相对宽阔平坦的空地，这块空地就是内明堂。所以内明堂的确立比较简单，在环境空间的布局时根据实际使用功能需要进行设立。环境空间的大小、结构、面积因地形、地势和使用者的要求而呈现出多样化，这就决定了内明堂的表现形式并不一样，面积也可大可小，大的内明堂可能是中心广场、中央花园、中心湖等等，如在城镇规划中设立一个中心广场，而其他相关的建筑物围绕着这个中心广场进行建造，那么这个中心广场就是该城镇的内明堂；又如房地产规划时在小区的中央设置中心绿地，而所有房屋都围绕着这个中心绿地进行建设，那么这个中心绿地就是小区的内明堂；再如在中国传统的四合院建筑中，内庭院就是四合院房屋的内明堂。小的内明堂可能就是几平米的空地，如在一间办公室内，办公桌前方的空地就是内明堂；又如在一套公寓房内，客厅所在的空地就是内明堂。

**（二）外明堂**

外明堂位于环境空间的外环境，但与环境空间内环境紧密相连，是环境空间乘“外气”的场所。在一般情况下，外明堂处于龙脉坐穴的正前方，但由于环境空间的形态千差万别，有些环境空间的外明堂因其地势地貌的影响或者使用功能的需要，也不一定位于龙脉坐穴的正前方，需要具体问题具体分析。外明堂的物态表现形式更是多种多样，既可以是平原、河流、湖泊等自然物态，也可以是人工修造的绿化、公园、广场、池塘等等。外明堂的定立不同于内明堂，内明堂位于环境空间之内，是人们按照易理环境选择的要求，主动进行设立，而且内明堂是龙气释放的场所，是易理环境布局中的必要步骤，任何一个环境空间都一定有内明堂。而外明堂位于环境空间之外，一般人们无法进行创造，只能对自然形成的物态进行调整和改造，所以定立外明堂是顺应自然的过程，只有具备了外明堂形势表现物态的环境空间，才有外明堂的存在，并不是所有的环境空间都具有外明堂。在实践中，应通过对拟选环境空间外环境的实地观察，察审其地形地貌，寻找、发现外明堂，进而修造、调整外明堂，使之达到为人居环境乘气服务的目标。

## 二、立方向

立方向也称立向，就是确定环境空间与外界联系的通道。通俗地说，立向就是确定穴场与外界联系的第一道大门开启在哪里，朝向哪个方位。通过立向，确定环境空间结构的出入口，以达到最佳的吸纳“外气”效果。《辩论三十篇》记载“阳宅首重大门者，以大门为气口也。”环境空间的大门是居者唯一进出的地方，所以被称为“气口”。易理认为“气为水之母”“有气斯有水”。水行则气行，水界止则气聚，所以环境空间乘“外气”最重要的是乘水之生气，尤其是随龙水之生气。那么如何收纳水之生气呢?在易理环境选择实践中，通过立向实现环境空间的乘外气。换言之，立向是环境空间乘外气的主要手段,其核心在于察审环境空间周围的水流水系。水是龙脉的血液，是产生生气的本源，通过立向确立环境空间龙气与水气相融相通的介质，使环境空间达到阴阳二气交媾，内乘龙气、外纳堂气的最佳效果。

### （一）易理之“向”

所谓“向”就是指方向、朝向，传统的风水学有一种将“向”作为地理术最重要因素的发展趋势，历来都有“千里江山一向间”的说法。尤其到明清时期，一批风水学大师，如明末清初大和尚王澈莹所著《地理原真》、清代风水大师赵九峰所著《地理五诀》等都对“向”的重要性进行了系统的论述，将“向”提升到高于地理形势中的“龙、穴、砂、水”的高度进行认识，认为“向”是“龙、穴、砂、水”大相会的结果，通过立“向”可以达到“龙、穴、砂、水”为我所用，让生气聚而不散。并强调，只有立向之后，才能推断龙、水之“生、旺、死、绝”，才能判断砂是否得位、穴是否纯真。然而，古人对“向”与“坐”没有进行分辨，“向”与“坐”处于同一直线上，立了“向”，就定了“坐”。所以古人将“向”列为“龙、穴、砂、水”之上，也可以说是将穴场的坐穴，即确定穴场的坐度分金列为首要环境选择的手段，从这个意义上讲，立“向”就相当于确定环境空间的坐度分金，这与上文所述的格龙并不矛盾。但是，本节要阐释的易理之“向”是针对现代人居环境布局中的启门方向，它与“坐”不一定在同一条直线上，所以本书所指的“向”与传统风水理论所述之“向”有着较大的差别。只有当“向”与“坐”处于同一直线上时，那么这个“向”与传统风水理论之“向”是一致，可见传统风水理论之“向”仅是本书所述之“向”的一个特例。

**1. 向坐识别**

在论述立向法则之前，有必要对传统风水学中“坐、向、门”的概念作一识别，传统风水理论常常都是坐、向、门不分。按照传统的地理之法，环境空间的坐穴分金确定后，自然就确定了穴场的向方，因为坐山与向方是在一条直线上，如果门也朝向开，那么坐山、朝向与大门三者就都在一条直线了。因此立了坐，也就立了向，开了门，这或许与中国传统的“坐北朝南开中门”的居家环境设计理念有关，但凡对中国文化有深厚影响的传统建筑（如宫故、寺庙）大多都是以坐北朝南开中门的设计理念进行规划布局。笔者认为，从环境空间的乘气看，龙脉是形势要点中的第一要素，以龙定局才符合易理的统一和谐观，但环境空间的坐穴分金确定之后，并不意味着其对立方就一定是向方，将“向”定义为环境内空间与外界联系的通道所指示的方位应更符合环境空间选择的客观实际。在中国的南方，有很多带有庭院的古民居，其坐与向完全不在同一直线上，房屋可能坐北朝南，但庭院的大门却开启在东方或西方。纵然许多环境空间开启多扇大门，尤其在许多大城市的商务办公大楼，既有南门也有北门，有的还有东门和西门；但就易理环境选择而言，不论一个环境空间开启多少道外门，都有主次之分，确定主门的开启方位则是易理环境选择过程中立向的主要准则。

### 2. 立向类别

立向的核心点在于察审环境空间周围的水流水系，尤其是随龙水对环境空间的影响，进而确定启门的方向，因此在易理环境选择实践中常常将立向称为“水法”，并通过对形势要点中“水”的察审和分析，确定立什么向、开什么门。从中国相地术的发展看，易理相地水法已成为一门独立的学科，被许许多多学者不断地诠释和创新，流传于后世的水法种类繁多、理论复杂，但比较流行和较成体系的水法应属玄空五行水法、洪范五行水法、三元水法、辅星水法、三合水法等五大类。玄空五行水法以玄空五行论“金木水火”四大局，并按五行的生克制化关系进行消纳水；洪范五行水法讲求以坐山洪范五行论水，以“来水生旺、去水墓绝胎”为要旨进行消纳水；三元水法以河洛数理为依据，讲求净阳净阴的一脉同源；辅星水法以九星学理为基础，通过卦爻的变化确定环境空间外在水流对环境空间乘气的影响；三合水法以五行长生十二宫为基础，讲究龙水交配，阴阳交媾。综观上述各类水法，虽然其操作技法有所不同，易理运用的方向也不一样；但其内涵都是源于易理的“天人合一”理论，都是按照“天人合一”的思想观念对人居环境进行布局，无非就是有的重形势，突出峦头；而有的重理气，突出五行。笔者认为，对于不同门派的水法，没有必要争论不休，非要分出子丑寅卯、谁是谁非，作为易学爱好者更重要的是应充分理解领会易理观念提供的勘察和布局环境的方法论，并结合环境的实际状况，活学活用，灵活掌握。从笔者和家父的实践经验看，上述诸多水法中以“三合水法”的运用效果最佳，其理论体系也最为复杂，传承的广度和深度也最大。经过对众多古村落、古建筑的启门立向情况的核验，三合水法最符合现实状况。因此，本书重点阐释“三合水法”的立向法则。

### （二）三合水法

三合水法以五行之气寄生十二宫为基础，是易理在环境选择中综合运用的具体表现，其理气的总纲集中于《玉尺经》记载的四句歌诀“乙丙交而趋戌，辛壬会而聚辰，斗牛纳丁庚之气，金羊收癸甲之灵”。这四句歌诀，后人有着许许多多不同的解释，但不论如何解释，最终都归于“火、水、金、木”四大盘局，此歌诀也被易学界公认为三合水法立向总纲。

**1. 三合水法总纲释义**

根据笔者的学习体会，按照阴阳、五行之理，这四句歌诀至少包含着四层内涵：

第一层，歌诀中的“乙丙、辛壬、丁庚、癸甲”八天干包含着易理的阴阳五行属性，而不是天干方位属性。如“乙”不是指方位上的东方“甲卯乙”中的乙山，而是指五行木中的阴木，是河图之数的“八木”；“丙”不是指二十四山中的丙山，而是指五行火中的阳火，是河图之数的“七火”。

第二层，歌诀中“交、会、纳、收”包含着易理环境选择中最重要的龙水交会要义。环境空间乘气是阴阳交会的结果，阴阳二气在就穴聚气过程中，以静态的龙脉为载体，以运动的水流为轨迹，通过二者的交融交会而成就聚气的穴位。因此歌诀中的“乙与丙交而趋戌”是指在某个环境空间中，如果来龙与水流之间构成了阴木“龙”与阳火“水”之间的相互交融，那么其五行的行气将同归于戌方的墓库。

第三层，歌诀中“戌、辰、丑（金牛）、未（金羊）”是指“龙”与“水”的生气运动轨迹的共同终点。龙之生气与水之生气构成了一阴一阳，阴逆阳顺的游行顺序，这样将产生出“乙丙交”“辛壬会”“丁庚交”“癸甲会”四种同墓库的格局，在这四种格局中，水之长生为龙之帝旺，水之帝旺为龙之长生。以火局为例，乙木属阴逆布十二宫，从午上起长生；丙火属阳顺布十二宫，从寅上起长生，将上述龙脉的行气过程与水的行气过程相结合，就会发现龙水行气同墓于戌宫，且互为生旺。

第四层，歌诀所包含的龙水交会之理具有深刻的人伦观念。龙水交会是龙气与水气在不同轨迹行气过程中相遇后形成的相融、相和的环境空间格局，歌诀所表达的“乙丙交”“辛壬会”“丁庚交”“癸甲会”是易理统一和谐观的表现，这种表现形式就如同人伦的婚姻观一样，“龙”与“水”构成了一对真夫妻，是阴阳交配、雌雄交融的结果。为了便于解释龙水交会的人伦观，本文将四大局龙水交会的五行行气各个重要阶段以表格的形式列出，如表 9.1 所示。

**表 9.1 龙水交会五行行气的重要阶段表现形式表**

| 天干 | 游行路径 | 五行行气的重要阶段 | | | | | |
|---|---|---|---|---|---|---|---|
| | | 长生 | 帝旺 | 墓库 | 冠带 | 养 | 衰 |
| 甲木 | 左旋 | 乾亥 | 甲卯 | 丁未 | 癸丑 | 辛戌 | 乙辰 |
| 乙木 | 右旋 | 丙午 | 艮寅 | 辛戌 | 乙辰 | 丁未 | 癸丑 |
| 丙火 | 左旋 | 艮寅 | 丙午 | 辛戌 | 乙辰 | 癸丑 | 丁未 |
| 丁火 | 右旋 | 庚酉 | 巽巳 | 癸丑 | 丁未 | 辛戌 | 乙辰 |
| 庚金 | 左旋 | 巽巳 | 庚酉 | 癸丑 | 丁未 | 乙辰 | 辛戌 |
| 辛金 | 右旋 | 壬子 | 坤申 | 乙辰 | 辛戌 | 癸丑 | 丁未 |
| 壬水 | 左旋 | 坤申 | 壬子 | 乙辰 | 辛戌 | 丁未 | 癸丑 |
| 癸水 | 右旋 | 甲卯 | 乾亥 | 丁未 | 癸丑 | 乙辰 | 辛戌 |

从表 9.1 所示的龙水交会表现形式中不难看出，“乙丙、辛壬、丁庚、癸甲”四种组合为“同冠同墓、互为生旺”；而“乙壬、丁甲、辛丙、癸庚”四种组合为“同衰、同养”。传统的风水理论认为，前四种“同冠同墓、互为生旺”的组合为真夫妇，而后四种“同衰、同养”的组合为“半路夫妻”。真夫妇是阴阳交配、雌雄相交的结果，是孕育宇宙万事万物的完美格局；而半路夫妻虽不具备法律规范上的婚姻关系，但同样具备阴阳交配、雌雄相交的特性，也能孕育后代，产生生气。这种观点的形成不论是在古代、还是在现代都符合人类的思维观，毕竟在婚姻之外还存在着婚外情。但笔者认为，这种半路夫妻的创制并不符合易理倡导的天人合一的和谐观，带有较多的主观性，所以在环境选择中对于这种格局尽量少用。然而，正是有了这种“半路夫妻”的龙水交会格局，才使得水法立向的方式变得多样化。

2. 三合水法立向要旨

三合水法立向要旨源于《葬书》，书云“朱雀源于生气，派于未盛。朝以大旺，泽于将衰。流于囚谢，以返不绝。”这段话表明，朝堂朱雀之水从长生之地发源，派于未盛者，合诸水经过沐、冠、临而来，并朝向大旺，而后至衰、病，再流于墓绝，最后从返胎养生息。所以，所立之向或开启的大门要有利于吸纳生旺方之生气，并使之流于囚谢而归墓库。根据这段文字的论述，结合易理环境选择实践，笔者将环境空间的启门立向要旨概括为“观水口、防流破、查水向”三个方面。

第一要旨：观水口。水属何气？宜立何向？均由水口定之。首先，通过观水口，对环境空间盘局进行初步划分，凡处于“辛戌、乾亥、壬子”六山的水口即为火局；处于“癸丑、艮寅、甲卯”六山的水口即为金局；处于“乙辰、巽巳、丙午”六山的水口即为水局；处于“丁未、坤申、庚酉”六山的水口即为木局。其次，结合环境空间形势状态，确定最理想的水口。在实践中，往往某个环境空间的外围会有多个低洼处或有多条水流从不同方向流出，针对这种情况就需要结合形势要点进行综合比较分析，并从中选择最有利于环境空间乘气的水流或水系的出水口，再观其属于四大局的哪一局。

第二要旨：防流破。所谓“防流破”就是指环境空间外围的水流、水系不能流破长生十二宫中的生气成长方。在五行行气过程中，“气”由生方开始进入生命的活体期，并由衰方开始进入衰落期，因此生气的成长方始于十二宫的长生位，而止于帝旺位，即处于“长生、沐浴、冠带、临官、帝旺”这五个阶段上的气是成长方上的生气，要通过立向将其收纳于环境空间之中，而不能使之被水流所冲破。

第三要旨：查水向。自然界的水流、水系无常态，以环境空间的极点为观测点，察审外环境的水流水系，可能出现左边之水流向右边，也可能出现右边之水流向左边，还有可能出现二水互流而会聚等多种情况。不同的水向应启不同的门向，以保证环境空间能吸纳水流处于成长期的生气。

如顺行的左边之水向右边流（左水倒右），那么立十二宫之旺向的“壬子、丙午、甲卯、庚酉”最理想，可收纳左起的长生、沐浴、冠带、临官和本位之帝旺的所有成长期的生气，而且从衰、病、死、墓、绝方流去；如逆行的右边之水向左边流（右水倒左），那么立十二宫之生向的“坤申、艮寅、乾亥、巽巳”最理想，可收纳右起的帝旺、临官、冠带、沐浴和本位之长生的所有成长期的生气；如水从环境空间左右两边流来，并于环境空间前方会聚而后流出，那么立十二宫之墓向的“乙辰、辛戌、丁未、癸丑”最理想，这样可收左旋而来的临官、帝旺的成长期生气，还可以收右旋而来的沐浴、长生的成长期生气，虽然这种情况下，左旋之水要流过“衰、病、死”的生气衰弱阶段；右旋之水要流过养、胎、绝的生气藏纳阶段，但这种格局是两水会聚，必定在环境空间前方形成水系明堂，而明堂之位将覆盖衰、绝两个阶段，仍然使生气旺盛，也是一种非常理想的取向方案。

**3. 三合水法取向原则**

根据上述的立向要旨，取向的原则就是尽可能使环境空间的启门方向能够顺利收纳五行十二长生宫中行气成长阶段的生气，尽量避免因立向而使成长阶段的生气被流破。在实践中，应根据自然环境中的水流、水系、水势的具体流向特点，以拟选的环境空间为观测点，将外环境的水流、水系、水势划分为“过堂水、朝堂水、斜堂局、顺堂水”四大类型，并按照不同的取向原则，采用不同的立向启门思路。

**（1）过堂水的立向原则**

过堂水就是指从环境空间堂前横向流过的水流、水系或水势，分左水倒右、右水倒左和两水会聚三种状态。凡左水倒右，首立“丙午、甲卯、壬子、庚酉”四旺向，次立“丁未、乙辰、癸丑、辛戌”四衰向，三立“坤申、巽巳、艮寅、乾亥”四病向，四立“庚酉、丙午、甲卯、壬子”四死向。

凡右水倒左，首立“艮寅、乾亥、坤申、巽巳”四生向，次立“癸丑、辛戌、丁未、乙辰”四养向，三立“壬子、庚酉、丙午、甲卯”四胎向，四立“乾亥、坤申、巽巳、艮寅”四绝向。

两水会聚是水流从环境空间前的左、右两边来，而会聚于环境空间前方的明堂内，针对这种水流分布状态，立“辛戌、丁未、乙辰、癸丑”四墓向。

**（2）朝堂水立向原则**

朝堂水就是指从环境空间的明堂前方直接流来，然后从环境空间左后方或右后方流去的水流、水系或水势。凡朝堂水向右后方流去，视为“左水倒右”，宜立“丙午、甲卯、壬子、庚酉”四旺向，并根据环境空间的实际情况，确定在“东、南、西、北”四方中的任一具体方位启门，从哪方启门，即立哪方为向，如正东开门，即立卯向。

凡朝堂水向左后方流去，视为“右水倒左”，宜立“乾亥、坤申、艮寅、巽巳”四生向，并根据环境空间的实际情况，确定在“西北、西南、东北、东南”四方中的任一具体方位启门，从哪方启门，即立哪方为向，如西北开门，即立乾向。

**（3）斜堂水立向原则**

斜堂水是指从环境空间的左、右后方来，并向右、左前方流去的水流、水系或水势。如果水从左后方来向右前方流去，视为“左水倒右”，宜立“丙午、甲卯、壬子、庚酉”四旺向，并根据环境空间的实际情况，确定在“东、南、西、北”四方中的任一具体方位启门，从哪方启门，即立哪方为向，如正南开门，即立午向。

如果水从右后方来向左前方流去，视为“右水倒左”，宜立“乾亥、坤申、艮寅、巽巳”四生向，并根据环境空间的实际情况，确定在“西北、西南、东北、东南”四方中的任一具体方位启门，从哪方启门，即立哪方为向，如西南开门，即立坤向。

**（4）顺堂水立向原则**

顺堂水是指由环境空间的右后方或左后方来，向环境空间的前方直流而去的水流、水系或水势，没有过堂。对于未过堂的水流、水系或水势，原则上不使用这种环境空间。但如果一定要使用，则视为“两水会聚”，立“乙辰、辛戌、癸丑、丁未”四墓向。在实践中，一般水从右后方来，再由前方直去，则视为“右水倒左”，立“辰、戌、丑、未”四阳墓向；凡水从左后方来，再由前方直去，则视为“左水倒右”，立“乙、辛、丁、癸”四阴墓向。

综上所述，不论是哪种水流、水系或水势，在实践操作过程中最终都归为过堂水的三种情况，即“左水倒右”“右水倒左”和“两水会聚”。

**（三）立向方法**

根据上述的立向要旨和立向原则，立向的具体操作方法应分五个步骤进行：一是定盘局，以环境空间的外环境水流的水口为依据，确定拟选择的环境空间属于“金、木、水、火”四大局中的哪一局；二是绘制龙水交会图，按照五行三合之理，以罗盘缝针二十四山为基础，按照左旋论水、右旋论龙的阴阳属性，绘制龙水交会图，通常将龙气置于内圈，水气置于外圈；三是从龙水交会图中寻找水气成长阶段所占的空间方位；四是判断水流方向，确定可立之向和不可立之向；五是结合环境空间的实际情况，在可立之向中选择最佳的方位进行启门立向。下文按照不同盘局的龙水交会构成，分别阐释环境空间的立向方法。

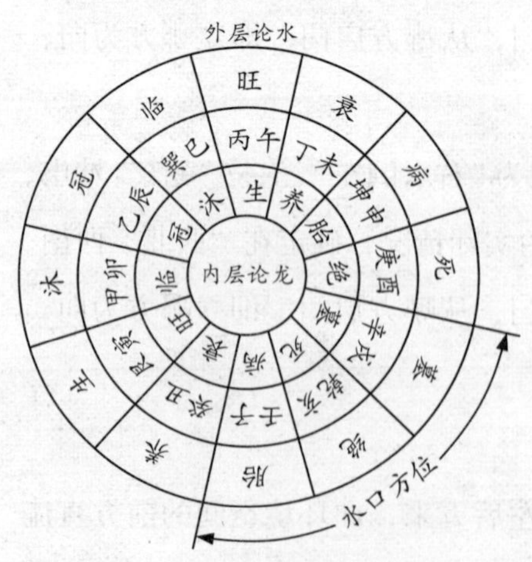

图 9.1 火局龙水交会格局图

**1. 火局——乙丙交而趋戌**

首先，构筑龙水交会格局图。按照火局的属性，戌为阳丙火之墓库，故称“火局”。以罗盘的缝针天盘为基础，按“丙火左旋论水、乙木右转论龙”的形式，构筑火局的龙水交会格局图，如图 9.1 所示，其中内圈右旋为龙气，外圈左旋为水气。从图 9.1 不难看出，火局生气的成长期为长生艮寅、沐浴甲卯、冠带乙辰、临官巽巳、帝旺丙午五位双山共十个方向。

其次，分辨不可立向的方位。位于生气成长期中间的“沐浴甲卯、冠带乙辰、临官巽巳”三方六向，不论水流由左倒右，还是由右倒左，均出现流破“生旺”位的情况，如果水流由左倒右流，则流破丙午帝旺位；如果水流由右倒左流，则流破艮寅长生位，所以这三方六向均不能作为火局的立向启门方向。

第三，判断水流方向，分析三种不同水流方向下可立之向的良莠状况。一是左水倒右，可立丙午旺向、丁未衰向、坤申病向、庚酉死向。此八方中，以立丙午旺向为最吉，称为“正旺向”，立庚酉死向为次吉，借金局之旺向以达到“化死为旺”的消水目标，称为“自旺向”；立丁未衰向、坤申病向属于不凶不吉的可用之向。二是右水倒左，可立艮寅生向、癸丑养向、壬子胎向、乾亥绝向。此八方中，以立艮寅生向为最吉，称为“正生向”，立乾亥绝向为次吉，借木局之生向以达到“绝处逢生”的消水目标，称为“自生向”；立癸丑养向、壬子胎向属于不凶不吉的可用之向。三是两水会聚，如果水流由环境空间的左右两边来，并于环境空间前方会聚成明堂，那么则立辛戌墓向为吉，两水中左水大于右水，则视为“左倒右”，宜立阴向之辛；若右水大于左水，则视为“右倒左”，宜立阳向之戌。

**2. 水局——辛壬会而聚辰**

首先，构筑龙水交会格局图。按照水局的属性，辰为阳壬水之墓库，故称“水局”。以罗盘的缝针天盘为基础，按“壬水左旋论水、辛金右旋论龙”的形式，构筑水局的龙水交会格局图，如图 9.2 所示，同样是内圈右旋为龙气，外圈左旋为水气。从图 9.2 不难看出，水局生气的成长期为长生坤申、沐浴庚

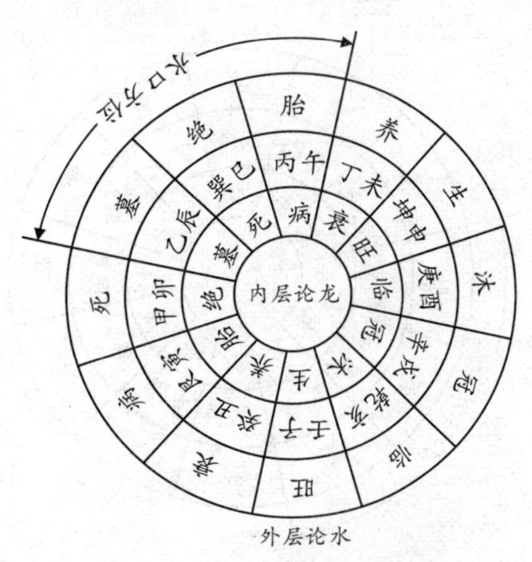

图 9.2 水局龙水交会格局图

酉、冠带辛戌、临官乾亥、帝旺壬子五位双山共十个方向。

其次，分辨不可立向的方位。位于生气成长期中间的“沐浴庚酉、冠带辛戌、临官乾亥”三方六向，不论水流由左倒右，还是由右倒左，均出现流破“生旺”位情况，如果水流由左倒右流，则流破壬子帝旺位；如果水流由右倒左流，则流破坤申长生位，所以这三方六向均不能作为水局的立向启门方向。

第三，判断水流方向，分析三种不同水流方向下可立之向的良莠状况。一是左水倒右，可立壬子旺向、癸丑衰向、艮寅病向、甲卯死向。此八方中，以立壬子旺向为最吉，称为“正旺向”，立甲卯死向为次吉，以借木局之旺向来达到“化死为旺”的消水目标，称为“自旺向”；立癸丑衰向、艮寅病向属于不凶不吉的可用之向。二是右水倒左，可立坤申生向、丁未养向、丙午胎向、巽巳绝向。此八方中，以立坤申生向为最吉，称为“正生向”，立巽巳绝向为次吉，以借金局之生向达到“绝处逢生”的消水目标，称为“自生向”；立丁未养向、丙午胎向属于不凶不吉的可用之向。三是两水会聚，如果水流由环境空间的左右两边来，并于环境空间前方会聚成明堂，那么则立乙辰墓向为吉，两水中左水大于右水，则视为“左倒右”，宜立阴向之乙；若右水大于左水，则视为“右倒左”，宜立阳向之辰。

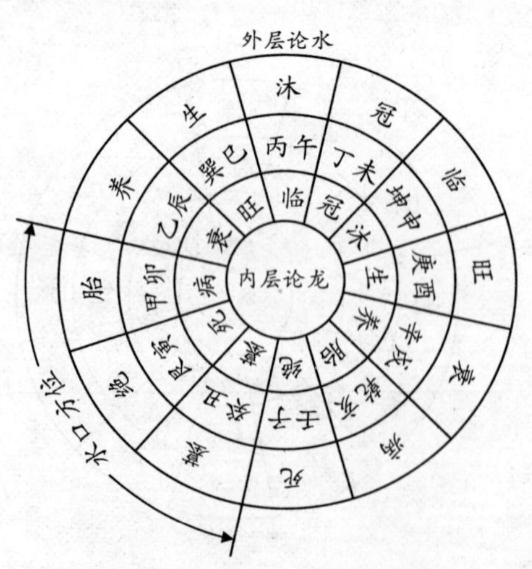

图 9.3 金局龙水交会格局图

### 3. 金局——斗牛纳丁庚之气

首先，构筑龙水交会格局图。按照金局的属性，斗牛为丑，是阳庚金之墓库，故称“金局”。以罗盘的缝针天盘为基础，按“庚金左旋论水、丁火右旋论龙”的形式，构筑金局的龙水交会格局图，如图 9.3 所示，同样是内圈右旋为龙气，外圈左旋为水气。从图 9.3 不难看出，金局生气的成长期为长生巽巳、沐浴丙午、冠带丁未、临官坤申、帝旺庚酉五位双山共十个方向。

其次，分辨不可立向的方位。位于生气成长期中间的沐浴丙午、冠带丁未、临官坤申三方六向，不论水流由“左倒右”，还是由“右倒左”，均出现流破“生旺”位的情况，如果水流由左倒右流，则流破庚酉帝旺位；如果水流由右倒左流，则流破巽巳长生位，所以这三方六向均不能作为金局的立向启门方向。

第三，判断水流方向，分析三种不同水流方向下可立之向的良莠状况。一是左水倒右，可立庚酉旺向、辛戌衰向、乾亥病向、壬子死向。此八方中，以立庚酉旺向为最吉，称为“正旺向”，立壬子死向为次吉，以借水局之旺向来达到“化死为旺”的消水目标，称为“自旺向”；立辛戌衰向、乾亥病向属于不凶不吉的可用之向。二是右水倒左，可立巽巳生向、乙辰养向、甲卯胎向、艮寅绝向。此八方中，以立巽巳生向为最吉，称为“正生向”，立艮寅绝向为次吉，以借火局之生向达到“绝处逢生”的消水目标，称为“自生向”；立乙辰养向、甲卯胎向属于不凶不吉的可用之向。三是两水会聚，如果水流由环境空间的左右两边来，并于环境空间前方会聚成明堂，那么则立癸丑为吉，两水中左水大于右水，则视为“左倒右”，宜立阴向之癸；若右水大于左水，则视为“右倒左”，宜立阳向之丑。

#### 4. 木局——金羊收癸甲之灵

首先，构筑龙水交会格局图。按照木局的属性，金羊为未，是阳甲木之墓库，故称“木局”。以罗盘的缝针天盘为基础，按“甲木左旋论水、癸水右旋论龙”的形式，构筑木局的龙水交会格

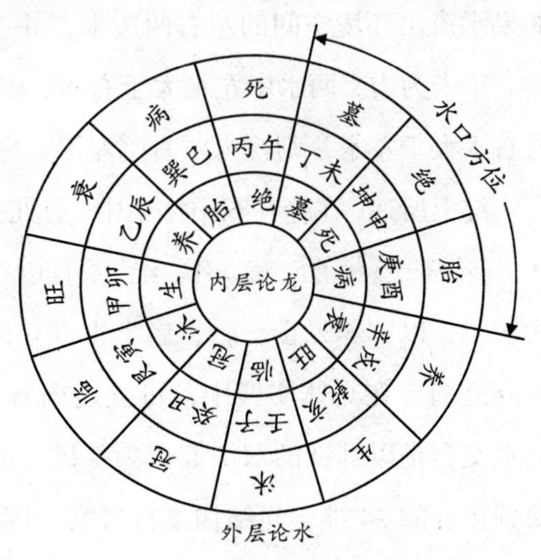


图 9.4 木局龙水交会格局图

局图，如图 9.4 所示，同样是内圈右旋为龙气，外圈左旋为水气。从图 9.4 不难看出，木局生气的成长期为长生乾亥、沐浴壬子、冠带癸丑、临官艮寅、帝旺甲卯五位双山共十个方向。

其次，分辨不可立向的方位。位于生气成长期中间的沐浴壬子、冠带癸丑、临官艮寅三方六向，不论水流由“左倒右”，还是由“右倒左”，均出现流破“生旺”位的情况，如果水流由左倒右流，则流破甲卯帝旺位；如果水流由右倒左流，则流破乾亥长生位，所以这三方六向均不能作为木局的立向启门方向。

第三，判断水流方向，分析三种不同水流方向下可立之向的良莠状况。一是左水倒右，可立甲卯旺向、乙辰衰向、巽巳病向、丙午死向。此八方中，以立甲卯旺向为最吉，称为“正旺向”，立丙午死向为次吉，以借火局之旺向达到“化死为旺”的消水目标，称为“自旺向”；立乙辰衰向、巽巳病向属于不凶不吉的可用之向。二是右水倒左，可立乾亥生向、辛戌养向、庚酉胎向、坤申绝向。此八方中，以立乾亥生向为最吉，称为“正生向”，立坤申绝向为次吉，以借水局之生向达到“绝处逢生”的消水目标，称为“自生向”；立辛戌养向、庚酉胎向属于不凶不吉的可用之向。三是两水会聚，如果水流由环境空间的左右两边来，并于环境空间前方会聚成明堂，那么则立丁未为吉，两水中左水大于右水，则视为“左倒右”，宜立阴向之丁；若右水大于左水，则视为“右倒左”，宜立阳向之未。

综上所述，在缝针双山体系中，有九个方位可以立向启门，分别是“生、旺、墓、养、衰、胎、病、死、绝”，且以“生、旺、墓”为最吉，以“死、绝”为次吉，以“养、衰、胎、病”为可立；而“冠、临、沐”三个方向为不可立之向。在具体实践中，可立之向有 18 个，不可立之向有 6 个，因为龙水交会是以缝针的双山五行为基础，而环境空间选择最终的启门立向要回到正针的 24 维空间结构进行考察，因此缝针双山要转化为正针 24 山后确定启门立向的方位。为便于读者理解四大局的立向启门吉凶方位，笔者以表格的式形将四大局的启门立向方位吉凶状况予以列出，如表9.2所示，供广大读者学习参考。

表9.2 四大局龙水交会立向启门吉凶表

| 四大局 | 五行行气十二宫 | | | | | | | | | | | |
|---|---|---|---|---|---|---|---|---|---|---|---|---|
| | 长生 | 帝旺 | 墓库 | 死 | 绝 | 衰 | 病 | 胎 | 养 | 沐浴 | 冠带 | 临官 |
| | 大吉 | | | 吉 | | 平 | | | | 凶 | | |
| 火局 | 艮寅 | 丙午 | 辛戌 | 庚酉 | 乾亥 | 丁未 | 坤申 | 壬子 | 癸丑 | 甲卯 | 乙辰 | 巽巳 |
| 水局 | 坤申 | 壬子 | 乙辰 | 甲卯 | 巽巳 | 癸丑 | 艮寅 | 丙午 | 丁未 | 庚酉 | 辛戌 | 乾亥 |
| 金局 | 巽巳 | 庚酉 | 癸丑 | 壬子 | 艮寅 | 辛戌 | 乾亥 | 甲卯 | 乙辰 | 丙午 | 丁未 | 坤申 |
| 木局 | 乾亥 | 甲卯 | 丁未 | 丙午 | 坤申 | 乙辰 | 巽巳 | 庚酉 | 辛戌 | 壬子 | 癸丑 | 艮寅 |

### （四）水法立向局限

立向是环境空间乘外气的主要手段和方法，任何一个环境空间都离不开立向。然而，面对千变万化的自然环境，应实事求是，尊重客观事实，依据空间结构的使用功能和便利条件，科学合理地确定环境内空间与外界的联系通道，以完成立向启门的环境规划布局程序，而不是按部就班地套用书本所提供的框框，这样往往会使易理环境选择走入死胡同。笔者认为，易理观念下的环境选择，关键在于理解易学提供的思维方式和认识自然的方法，而不是照本宣科。三合水法立向作为环境空间乘外气的有效方法，也存在着以下三方面明显的局限性。

其一，三合水法以龙水交会为基础，强调了“龙气”与“水气”之间的相生相合关系，但这种龙水交会格局的确定是以格龙确定的盘局为基础，而格龙主要考察随龙水的归墓水口，并未对环境空间外围所有水流、水系进行详细考察，这样就容易导致因水口判定不准确而错误确定盘局。

其二，三合水法以八干游寄地支十二宫的固化模式判断环境空间外围的物态形势有其明显的局限性。因为千奇百态的自然环境是处于不断运动变化之中的，以八干游寄地支十二宫的固定顺序描会变化的自然环境，难免顾此失彼。

其三，三合水法启门立向适用范围受限。中国传统带有院落的宅厝和阴宅，三合水法比较容易自如使用，而对于当今城市的单元房往往受限制。由于城市单元房的门窗开启方向都是固定的，而且很难进行改动，因此在实践中，也常会出现按照龙水交会之理确立了一个很好的启门立向方位，但却不一定能够真正的开门或开窗。

## 第三节　盘局评定

通过乘龙气确定了环境空间的坐度分金（即定坐山），通过乘堂气确定了环境空间的启门方向，坐与向确定之后，在通常情况下也就完成了盘局的确定。那么，为什么还需要进行盘局评定呢？其实，格龙过程确定了环境空间的盘局，称为“龙局”；而立向过程又一次对环境空间进行盘局的确定，称为“水局”。这二者之间，在龙水交会之后出现了“同冠同墓”的状况，或者说“龙”与“水”通过长生十二宫的行气之后都同归于“墓库”的情况下，那么龙局与水局必然是相同的盘局，这种情况就没有必要进行盘局的评定了。但是，在实践中某个环境空间的“龙”与“水”通过长生十二宫的行气过程不一定同出墓库，可能存在行气出“绝、胎”的第二、第三水口情况，这种客观存在的行气结果，可能导致出现龙局与水局不一致的状态，于是就需要对环境空间的最终盘局进行评定。在盘局评定过程，首先看是龙局和水局是否构成“同冠同墓”的“真夫妇”状态，如果构成，那么就不再进行评定；如果不构成“同冠同墓”的“真夫妇”状态，则应按照环境空间具体使用功能取舍龙局或者水局。

格龙确定的龙气与立向确定的堂气是否达到阴阳交融的真夫妇状态主要是看两种不同的五行行气结果是否同归于墓库。乘内气是按照七十二龙理论，格定环境空间的龙气属于“金、木、水（土）、火”四大局中的哪一局；而乘外气是按照长生十二宫之理确定环境空间的水气属于“金、木、水、火”四大局中的哪一局。这两种考察环境空间方法是从不同的形势要点“龙”

与“水”出发，分别分析判断环境空间的整体乘气效果，乘内气考察环境空间的来脉，借助于随龙水的水口确定盘局；乘外气考察环境空间的外围水流水系，也是借助于水流、水系的出水口确定盘局。当龙局与水局相同时，那么其水口必定落于长生十二宫的墓库，这就是龙水交会最理想的格局，这种情况下龙为阴逆行，水为阳顺行，龙与水互为生旺，并同冠同墓。

在龙局与水局不一致情况下，就需要结合环境空间的具体特点，对盘局做出选择。在实践中，常常根据传统风水理论中的“山管人丁水管财”的属性，视环境空间的具体使用功能选择最终盘局。如果所勘察的环境空间是居家环境（如套房），那么应选择龙局，突出以乘内气为主，以格龙确定的盘局作为环境空间的最终盘局；如果是办公房或商业用房（办公楼、商场等），那么应选择水局，突出以乘外气为主，以立向确定的盘局作为环境空间的最终盘局。这种选择表面上带有一定的主观性，但从易理环境选择的内涵分析，完全符合易理倡导的天人合一的宇宙和谐观。易理认为，形势要点中的龙脉属阴，处于静态，作为承载生气的身躯，是自然天成的，所以龙是环境空间的乘气之本，只有具备龙气的环境空间才能达到长久的、均衡的乘气效果，进而影响居于该环境空间内的人们一生的富贵，所以龙气旺盛的环境空间更有利于人居，更有利于人类的健康、生存和发展。形势要点中的水属阳，处于动态，是不断运动和变化着的，水作为生气运行的表现形式，对环境空间的影响并不是均衡的，而是时强时弱，因此以立向确定的盘局不能保证对环境空间的持续乘气，但正是这种时强时弱的乘气特点，给环境空间带来物质流、信息流、财富流等快速地集聚和快速地流动，更有利于人类事业的发展、财富的聚散，这样的环境空间更适合作为人类的活动空间，如作为办公场所、商贸场所等等。

需要强调，从自然环境的构造分布上看，但凡理想的人居环境空间必然是龙水交会之后出现“同冠同墓”的互为生旺格局。笔者通过对家父60多年来勘定的近300个案例以及100多个古墓、古民居的核验，从中发现

90% 以上的理想的环境空间都符合龙水交会之理，符合龙局与水局“同冠同墓”的阴阳行气之理。因此，只要有条件，选择人居环境空间首要的就是寻找龙水交会的“同冠同墓”的真夫妇格局。

# 第十章 规划布局

规划布局是对已选择好的环境空间进行详细规划和功能布局，是环境空间从自然原生态转化为服务于人类要求的人居生态的过程。在当今社会，环境规划布局早已成为专门的学科，在许多综合性高校，尤其是建筑院校，规划布局是重点的科研学科，它不但涉及某一地区的环境生态、资源、地质等自然属性，还涉及一个地方的人文、历史、民俗等社会属性。然而，从易理环境选择的角度看，规划布局的重点在于处理“人与自然”的和谐关系，讲究将“人”作为宇宙万事万物中的一员，纳入到环境选择的全过程；强调不以人的意志为转移，不是随心所欲地修造环境，而是紧紧围绕环境空间的乘气要求，按照天人合一、顺应自然的法则进行环境空间的规划布局。根据家父和笔者的实践经验，本书将规划布局的主要技术方法划分为三个方面：一是立极，就是确定环境空间的整体规划布局坐标体系；二是平面布局，就是按照阴阳、五行和八卦之理，确定环境空间内部各种功能、结构的划分；三是立体布局，就是按照易理的乘气理论，确定环境空间与外界环境之间的联系和沟通方式，实现人居小环境与自然大环境的和谐相融相通。

## 第一节　立极

所谓“极”就是太极，也称极点、核心点、中心点。立极就是在拟选的环境空间内确定极点，进而完成整体规划布局坐标体系的设置。从字意上理解，立极简单明了，就是在环境空间中确定一个点，并以此点为中心绘制出环境空间整体规划布局的坐标体系。然而，从易理环境选择的角度看，这个“点”并非随便一点就行，而是要遵循一定的原则、采用特定的方法、按照既定的步骤进行。立极对整个环境空间的规划布局起核心和统领的作用，极点确定不准确，将影响到整个环境空间的乘气效果，就达不到理想的人居环境要求，所以立极是环境空间规划布局中最重要的环节。上一章《乘气定局》以二十四山向和七十二龙的坐度分金描述了环境空间的坐向，表面上看已解决了环境空间的坐山和朝向问题，但格龙确定的分金线在一个圆周中占 5 度，如格定环境空间为戊子龙分金，那么落于正北向南左右两边各 2.5 度范围内的轴线都属于戊子龙分金。从几何学的角度分析，穿越环境空间的五子龙轴线在这 5 度范围内可自由移动，并可以产生出无数条不同的轴线，因此格龙只解决了环境空间规划布局坐标体系中的竖轴线，而且这条竖轴线还在 5 度的圆周范围内移动，并没有完成环境空间平面坐标体系的建设。而立极的具体工作就是在格龙确定的竖轴线基础上，定立环境空间的中心点，并完成横轴线绘制，从而形成完整的环境空间平面直角坐标体系。

### 一、极点的内涵

极点是环境空间整体规划布局的中心点，是整体平面直角坐标体系的原点。从广义上看，极点是指环境空间中能够体现集中乘气的位置，这个位置可能是一个点，也可能是一片区域，可大可小，大可成为环境空间的内明堂，小则可成为内明堂中的具体某个点。所以，广义的极点是指某个环境空间区域内一定的范围，而不是一个点。狭义的极点就是指环境空间中最能乘气的某个点，它必然落在环境空间来脉的入首龙的坐度分金线上。由此可见，极点至少包含两层意思：

其一是龙脉乘气的要点，必须是龙脉入首最具乘气的那个区域，一般情况下应与来脉的入首龙处于同一直线上。需要强调，对于一个可分割为多个独立平面小空间的较大环境空间，往往以每个独立小空间为单位定立极点，但是即使在较大的环境空间内，规划布局已将其分割为若干个小空间，那么以小空间为考察对象确立的极点，也需要尽可能考虑龙脉生气对每个小空间的影响。

其二是环境空间乘气的核心，必然是“内乘龙气、外乘堂气”的最佳区域，因此它不一定处于环境空间的几何概念上的中心位置。当然，在有规则的环境空间（如方形的房地产楼盘、办公房等）中，极点往往就落于环境空间的几何中心点上。易理环境选择中的极点，就如现代社会行政区划的地图一样，如以福建省地图为例，福建省所占区域的几何中心点落在三明市辖内的尤溪县一带，这往往就是形势判断过程中被认为的穴位所在位置；但从乘气上看，福建省的核心点（即极点）应是省会城市福州，而福州市却位于福建省的东偏北部。又如北京城地图，从几何平面上看，北京中心点基本上落在天安门上；而从乘气上看，天安门广场就是北京最大的内明堂，与北京城的龙脉入首在同一轴线上，可见天安门广场既是北京城的几何中心点，也是北京城的极点。

**二、立极原则**

立极应从形势判断入手，察审形势要点中“穴”的状况，分析穴的体态特征，并通过形势判局手法的综合运用，初步确定出穴位的大体位置。然后，借助于易理环境勘察专用工具罗盘和鲁班尺，对整体环境空间进行初步勘察，拟定环境空间的出水口。最后，要结合具体环境空间的不同用途和体态特征，进行综合比较，权衡利弊后确定出立极点，进而完成环境空间平面坐标体系的设计。笔者结合自身的实践和家父勘察环境的惯用手法，归纳总结了立极过程应遵循“先形势后定点、先阴阳后动静、先整体后局部”三大原则。

**（一）先形势后定点**

先形势后定点是指对拟选的环境空间，如果能够通过形势判断确定穴位的体态特征，那么就先使用形势判断的方法确定穴位在整个环境空间中的大体位置，然后用罗盘进行测量，最后结合入首龙的坐度分金确定极点的位置，从而完成环境空间平面坐标的设计；如果拟选的环境空间不具备形势要求，无法通过形势判断的手段进行确定穴位所在的大体位置，那么就直接采用罗盘进行具体位置的定点测量，并综合比较不同的测量点，最终确定立极点的位置。在实践中，将前一种方式称为“形势立极”，后一种方式称为“定点立极”。这条原则的实质就是人们通常所说的“看风水”与“做风水”的界定，通过形势立极的方法确定环境空间的立极点是以“看风水”为主的操作过程；而定点立极是在现成的环境空间条件下，通过易学理论的综合运用，最终确定环境空间的中心点的过程，更多地体现了“做风水”的过程。因此，这条原则也可称为“先看后做”原则，能够通过“看”解决的问题，就不采用“做”的方法。

**（二）先阴阳后动静**

先阴阳后动静是指在拟定的环境空间中，应先判断环境空间的阴阳关系，然后观其周围的动静状态，并按照“阳以纳气，阴以养气”“动以迎气，静以聚气”的原则确定环境空间的立极点。这条原则主要用于现成环境空间的立极，是定点立极过程必须坚持的首要原则。阳以纳气是指在环境空间布局中属阳的方向为纳气方，宜为向方；阴以养气是指在环境空间布局中属阴的方向为聚气方，宜为坐山。通俗地说，就是以阳为向，以阴为背，如在某栋建筑物内，向阳一方宜为向方，附阴一方宜为坐山。动以迎气是指环境空间的四周存在动态的物象（如水）为纳气的方位，宜为阳为向；静以聚气是指环境空间的四周存在静态的物象（如山）为藏气的方位，宜为阴为坐。如某栋房屋外围有一条河流和一条马路，则应以河流为向，因为河流的动态强于马路；如果只有路与其他建筑物，则以路为动为向，因为畅通的道路车水马龙，给人的视觉感观是动态的；如某栋房屋的一面是一座比自身更高大的建筑物，而另一面是河流、道路或较低矮的建构筑物，则以有高大建筑物这一面为坐，以另一面为向。

**（三）先整体后局部**

先整体后局部是指在立极过程中，应先测定环境空间的整体方位，确定整个环境空间的立极点；然后对各个分区或各个层次进行测定，确定不同分区或不同层次的立极点。这一原则主要运用于可以分区域、分层次（即不同平面）的环境空间。以现代城市中的复式房为例，首先应测定房屋所在楼栋在小区或更大范围内所处的位置，明确楼栋的立极点，这个过程通常采用形势立极；其次对复式房进行立极，通常采用定点立极；最后对该房屋内不同楼层和功能分区（如客厅、主卧室、厨房、卫生间等）进行立极，也采用定点立极。

**三、立极方法**

立极方法就是以阴阳、五行、八卦之理为依据，按照一定的程序和步骤，通过特定的工具对已经确立的环境空间进行测量，并确定环境空间的立极点，构筑平面直角坐标体系。下文分别就形势立极和定点立极的具体操作过程进行阐释。

**（一）形势立极**

对于未经人为改造的占地面积较大的自然环境空间或者具备易理环境选择中形势物象特征的环境空间，如城市规划选址、开发区建设、整体村落建设、大型房地产楼盘等，通常采用形势立极的方法进行立极。在实践中，形势立极基本上与格龙乘气过程同步进行，尤其对于全新的城市选址规划，立极点的确定与格龙乘气是互为同步地进行，往往通过形势判断，确定极点可能出现的范围，然后再进行格龙乘气，最后在格定的坐度分金范围内调整、比较，最终确定立极点。笔者根据自身的实践经验，将形势立极的操作过程概括为放样飞线、预选极点和比较分析三大步骤。

**1. 放样飞线**

放样飞线就是在格龙确定的龙脉坐度分金范围（5 度）内，以龙脉入首处为起点，沿环境空间中央划出若干条直线，使这些直线尽可能覆盖整个环境空间，这些直线就称为“飞线”。在具体操作过程中，通常采用皮尺测量或者借助于经纬仪、全站仪等现代测量工具进行测定。飞线的条数应视环境空间占地面积大小而定，较小的环境空间通常划二至三条，较大的环境空间就需要多划几条。

**2. 预选极点**

结合对环境空间的形势要点分析，在飞线上分段预选极点。通常视飞线的长短，将其划分为若干段，在每一段上选取一个预选极点。预选之后，就以这些点为坐标，观测整个环境空间的形势状态，并用罗盘测量外环境中“龙、砂、水、四象”等因素对环境乘气效果的影响状况，然后将这些物态的形势走向和所处方位一一记录下来，进行综合比较分析，最终确定最有利于整体环境空间乘气的那个点所在的飞线段作为环境空间极点的初选位置。

**3. 比较分析**

结合整体环境空间的物态状况，比较不同飞线上的预选极点，分析各个预选极点是否处于整体环境空间较理想的穴位位置；然后结合整体环境空间的功能需求，从预选极点中选择出最适合环境空间综合规划布局要求的那个点，作为整个环境空间的立极点，并以该立极点为原点，绘制出整个环境空间的平面直角坐标体系。当然，环境空间的坐穴占度范围为 5 度，如果环境空间较小，那么一般通过一至二次就可以确定出极点所在位置；如果环境空间较大，那么5度的变化对于整个环境空间的布局也将产生较大的影响，通常还需要进行两次、三次，甚至更多次地重复上述第一步和第二步操作，并将每一次测量结果进行比较分析，最后选择出最有利于环境空间乘气的那条飞线作为环境空间竖轴线，最有利于环境空间乘气的预选点作为环境空间平面坐标体系的原点，构建该环境空间的平面直角坐标体系，从而完成形势立极。

**（二）定点立极**

对经过人为改造后而形成的相对较小的环境空间，如已建成的房屋、套房、楼面、办公室或已建成的陵墓等，通常采用定点立极的方法进行立极。对于已经定型的环境空间，在乘气定局过程中格定了五子龙，一般就确定了环境空间的中轴线，不需要进行多条飞线的测定，立极点一般就落在确定的中轴线上。因此，对于这种定型的环境空间，只要结合其具体构造，可以直接在中轴线上确定出立极点，并以该中轴线为竖轴，以极点为原点，构筑该环境空间的平面直角坐标体系，从而完成定点立极。具体操作过程分两步进行。

**1. 定极点**

定点立极首先需要将拟勘察的环境空间划分为整栋楼房和单元房屋分别采用不同的操作方法：对于整栋楼房的环境空间，应结合格龙过程进行确定，一般情况下整栋房屋的龙气格定是在该房屋的入口（如大门入口、楼梯入口等）处离建筑物外墙约49寸至84寸鲁班尺（合现代国际标尺约1.26米至2.10米）的范围内进行，这个位置基本上就可以确定为整栋楼房的极点。因为独栋房屋与外围空间相连的乘气明堂就落于屋檐滴水处前方，所以这个观测点就是该房屋的极点所在位置。对于单元房（如一个楼面、套房或单间）的环境空间，则需要观测者进入到房屋的内部，以形势判断的手法，观察其四周相连的环境状况，并分析龙、砂、水及四象状态是否成形成势，尤其是水口的方向是否归墓。如果能成形成势，即以此观察点作为预选极点，进而在此下罗盘测定其内部空间的相对方位关系，并确定该空间结构的盘局；如果不能成形成势，那么则运用几何学的方法，确定套房（一个楼层、一个房间）的中心点，并以中心点为预选极点，在此下罗盘测定其内部空间的相对方位关系，同时结合外围的水口归墓方向，格定该空间结构的盘局，并以下罗盘的预选点为极点。

2. 定坐标

极点确定之后，即以该极点为原点，以格定的龙脉的坐度分金为竖轴线，确定出横轴线，建立整个环境空间的规划布局坐标体系。

定点立极仅限于在现成的有限的环境空间内进行，与形势立极不同，其自由选择的余地较小，一般通过格龙之后，极点就可以找到。定点立极虽不同于形势立极那么复杂，但它的运用却比形势立极广泛，尤其是在当今社会，随着城镇化发展的不断深入，在人口高度聚集的城镇，老百姓生活、工作、学习的环境空间越来越有限，形势立极的运用就越来越少，而定点立极的运用则越来越广。

需要强调，形势立极与定点立极是易理环境选择过程中两种不同的立极方法，但这两种方法不是对立的，而是互为表里的关系。往往在一个环境空间的立极过程中，先进行形势立极，然后进行定点立极，整个立极过程是由宏观到微观、由大到小、由粗到细的过程。所以不能将两种立极方法立对起来，在具体实践中，二者是相互交融、结合使用。

综上所述，在环境空间的规划布局过程中，通过立极，将拟选的环境空间构筑为以极点为原点、以环境空间坐穴轴线为垂直坐标、以通过极点并垂直于坐穴轴线的横向线为水行坐标的平面坐标体系，这个坐标体系的构筑就是立极的全过程，有了这个坐标体系，环境空间的规划布局就有了结构和功能分布的基础。

### 四、城市单元房立极

在现代化城市里，人们居住的环境随着城市的发展变化呈现出越来越拥挤的状态，各式各样造型新奇的建筑物不断地从城市的各个角落里成长起来，让人耳目一新。然而，面对这些难以确定方位的楼房，很难运用易理的乘气理论格定楼房的坐穴，也难以用立极方法确定环境空间的平面直角坐标体系。尤其是传统易理环境选择布局中，将“大门”“城门”作为立向的法则根本不能适应日新月异的城市楼宇变化。城市里的单元房，进门开在楼梯间，已完全背离了中国传统庭院式建筑风格中的大门概念，最多只能算是一个出入口。因此，有必要按照易理的本质属性，对现代城市单元房立极方法进行专门介绍。

城市单元房一般都具有面积小、空间有限、结构恒定的特点，如许多内部隔墙属于承重墙不能改动，有的房屋购买时就已是精装修标准，也无法进行空间结构的改造。针对这些特点，给现房乘气定局和立极都带来了许多不便。多年来，笔者应亲戚、朋友、同事之邀，对众多城市单元房室内空间装饰装修和整体布局进行易理环境选择的优化，形成了一套符合易理观念的基本乘气方法和立极思路，将之拙撰于本书之中，供易学爱好者学习和实践参考。具体而言，城市单元房的立极过程可归纳为以下四个步骤。

#### 1. 确定中心点

单元房结构千变万化，确定房屋的中心点应视具体的房型而定。在实践中，通常借助于平面几何学的理论进行中心点的确定。如方形无缺的套房（如正方型、长方型），以四角交叉点为中心点，如图 10.1 所示；曲尺形的房型应分别将其分为两个方形，再从两个方形中取定中间线，以两线相交点为中心，如图 10.2 所示；多边形的房屋，则需分别以多条对角线的交叉点为中心点，如图 10.3 所示；凹凸不平的房屋，应将凸出部分去除，将凹入部分补平，再以四角交叉点为中心点，如图 10.4 所示；缺角的房屋宜用虚线填补，然后仍以对角交叉点为中心点，如图 10.5 所示；转角型房屋，如果可以划分两个区域的则分别立极，不能划分两个区域的，仍用虚线填补，而后以对角交叉点为中心点，如图 10.6 所示。

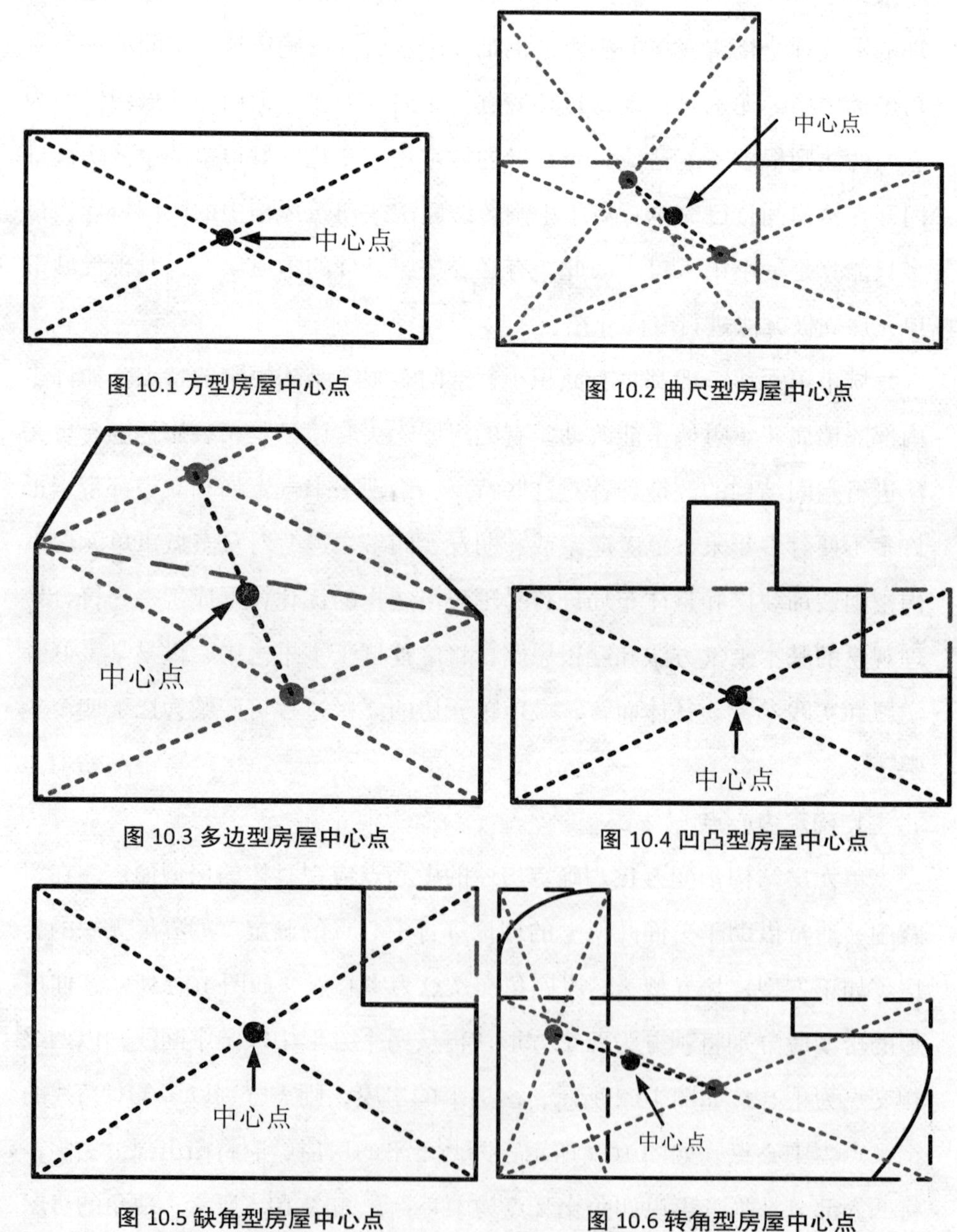


图 10.1 方型房屋中心点

图 10.2 曲尺型房屋中心点

图 10.3 多边型房屋中心点

图 10.4 凹凸型房屋中心点

图 10.5 缺角型房屋中心点

图 10.6 转角型房屋中心点

2. 定立小太极

定立小太极就是以上述确定的中心点为原点画出一个圆，圆的大小应视房屋的大小、房屋结构（如窗、门、柱）、房屋外在因素（砂、水）以及房屋空间的实用性、便利性等综合考虑确定。

3. 环境空间定局

小太极确定之后，即可在小太极内下罗盘，先通过目测的方式确定影响该空间结构的外围形势环境，尤其是水口归墓的方向，确定房屋的坐度分金，明确房屋的盘局，完成环境空间定局。

4. 确定立极点

环境空间盘局确定后，仍然要划出中轴线（飞线），并在小太极范围内分析房屋内可以目视的外围砂、水状况，并通过罗盘测量，比较分析后，确定立极点。极点确定后，按照立极的方法构筑该房屋内空间的平面直角坐标体系，完成单元房的立极。

综上可知，城市单元房的立极过程是与乘气定局过程一并进行的。因为城市单元房结构固定、空间面积小，对外围的砂、水只能通过固定的窗、门、阳台的方向进行察看，不像在自然的较大的空间结构中需要进行龙脉驳换过程的察审，环境空间坐穴的确定，才能开始进行立极。现代城市建筑密度高，一般不存在可以进行龙脉驳换的类象物态，所以城市单元房的龙气来脉过程往往是一节龙入首直接定脉。在具体操作过程中，将乘气与立极一并进行，不但提高了易理环境选择的效率，也能较好地保证立极点的准确性。

需要强调，在易理环境选择实践中，立极是非常复杂的过程，需要读者理解掌握易理的系统理论，能够综合运用阴阳、五行、八卦和乘气之理，对飞线进行科学合理的分段测量，将消砂、纳水、格气过程中锁定的吉砂、生水、旺气全部收纳到极点所在区域，并做好方位标记；将消砂、纳水、格气过程中判定的凶砂、恶水、煞气尽可能地规避，实在无法规避的应予以记录，并在整体布局过程中通过建筑、装饰等手段进行调整。立极是复杂的系统工程，不但需要从形势上划定若干条飞线，并对各条飞线进行分段，逐段测量；还要从易理上对环境空间周围的砂、水、四象等进行分析判断，并综合形、理两个方面因素，进行综合平衡、统筹兼顾后才能完成立极的全过程。

## 第二节　平面布局

平面布局是在立极建立的环境空间平面直角坐标体系基础上对环境空间进行平面上的详细规划和使用功能的详细布置，是对整个环境空间进行系统的规划和各种功能区域的划分。平面布局是易理环境选择的重点和难点，其重点是因为规划布局直接影响环境空间的使用功能，易理环境选择的最终目标是对拟选的环境空间进行优化布局，使之达到天人合一、藏风纳气的效果。如果某个环境空间的布局只求面积最大化、使用空间最大化，那么就难以发挥“龙水交会”格局的乘气作用，易理观念指导下的环境选择就失去了现实意义。其难点是因为规划布局是在环境空间拥有者（业主）的经济需求与易理环境选择的乘气要求两者之间进行的权衡利弊、综合平衡的结果。从环境空间拥有者的意图看，实现有限环境空间的最大经济效益是第一目标，如房地产开发商总是希望在有限的土地范围内尽可能产生更多的房屋面积，以带来最大的经济效益，于是就要求设计师尽可能加大项目的建筑密度，提高项目的容积率；而从易理环境选择上看，对环境空间的规划布局是追求乘气效果最大化，其主要目标是遵循宇宙时间和时空制化之理，实现人与环境的和谐共生，于是就要求环境空间的规划布局要按照卦象的本质属性和阴阳五行的制化之理，尽可能做大明堂空间，以达到最好的内乘龙气、外接堂气的效果。在实践中，环境空间的规划布局既要按照易理的乘气理论进行，也要兼顾业主的具体使用功能要求和经济利益目标，做到既尊重客观形势，顺应环境生态，又要力求尽可能满足开发者的最大经济效益要求，达到最佳的人居效果。

**一、平面布局原则**

《周易》序记载“得之于精神之运、心术之动，与天地合其德，与日月合其明，与四时合其序，与鬼神合其吉凶……”这是易学的核心价值体系，强调了将人与天、地、日、月、四时、鬼神等各要素之间相融合关系，蕴含着对自然的顺应、遵循和融合的朴素唯物主义思想，形成了独特的“天人合一”“人与自然和谐统一”的环境选择观，这就是环境空间规划布局的最基本原则。

按“与天地合其德”之理，将环境空间规划布局的着力点放在顺应自然上。各种不同的环境空间都是天地造化的结果，只有顺应于自然、融合于自然，才能达到“与天地合其德”之效。在具体的规划布局过程中，首先要察审周围的自然环境，并以不破坏自然环境、优化美化自然环境为规划布局的着力点。

按“与日月合其明”之理，将规划布局的关键点放在以人为本上。人类选择环境空间的最终目的是为人类服务，要达到“与日月合其明”的理想境界，必须强调规划布局过程中的“以人为本”，要紧密结合环境拥有者或使用者对环境空间的使用要求、审美要求，以及居于其中者的生活习惯、文化取向，因人而异、因地制宜地进行。

按“与四时合其序”之理，将规划布局的着眼点放在时空对应与转化上。《周易·说卦传》记载“帝出乎震，齐乎巽，相见乎离，致役乎坤，说言乎兑，战乎乾，劳乎坎，成言乎艮。”在宇宙时空之中，空间有周游四方之意，时间有迭旺起伏之理，任何一个环境空间都是一个小太极、小宇宙，对其进行人为的规划布局应符合时空之理，应按易理的时空对应与转化规律进行。

按“与鬼神合其吉凶”之理，将规划布局的根本点放在环境优化上。

易理认为，人类是宇宙万事万物的组成部分，人类应顺应自然规律，追求“自然之道”与“人为之道”的和谐统一，顺应自然天道则为吉，逆行自然天道则为凶。易理对吉凶鬼神的论述是对人类利用自然环境的警示，引导人类对自然环境应有敬畏之心。在规划布局环境空间时，应时刻警示自己，怀着对自然环境的敬畏之心，按照人与自然和谐发展理念，通过小空间的选择和利用，达到大空间的优化和美化。

## 二、平面布局方法

环境空间的大小不同，方位不一，具体的布局思路也不相同。易理观念指导下的环境空间布局，始终离不开“天人合一”和“人与自然和谐共生”的宇宙和谐观。因此，在环境空间的平面布局实践中，一方面应突出易理观念的运用，结合阴阳、五行、八卦之理，按照“象、数、理”的本质属性，通过分析环境空间的形势条件，采取具体的布局方法；另一方面应充分考虑环境空间的具体特性，按照土地效用最大化原则，力求环境空间布局结构既满足乘气要求，又达到充分利用空间的效果。本书结合家父六十多年的易理环境选择实践经验和笔者的学易感悟，将环境空间的平面布局分为易象布局、易数布局、易理布局三种类型。

### 1. 易象布局

易象布局是根据易理的成象理论，结合空间结构的形势特点，按照类象化的具体形态特征或者易卦的平衡构造特征进行环境空间的整体布局。这种布局方式在遵循易理“八卦相错、五行相生、阴阳平衡”的基础上，突出了易学之中的类象化构思，通常以环境空间的外在形态特征为依据，按照形势点穴的原理，确定环境空间的穴位中心，进而结合具体的物象特征和易理内在的生克制化关系，进行环境空间的规划布局。易象布局主要在两种环境空间中运用：一种是在平洋、盆地等平坦的、较大的环境空间中建设城池、集镇或开发区、新区等运用，如北京、洛阳古城的布局就是运用易理的“在天成象、在地成形”之理进行的布局；又如古徽州的诸葛八卦村（如图 10.7 所示）、新疆特克斯县（如图 10.8 所示）、上海松江钢材城（如图 10.9 所示）等则是直接采用八卦的空间平衡结构进行布局。另一种是在丘陵、山区等区域建设集镇、村落或阴宅中运用，如徽州地区的绩溪龙川村就是按照一叶扁舟（小船）的形态进行布局；又如著名古村落宏村就是按照牛肚的形态进行布局；在古代阴宅布局中更多的采用类象化，如通常所说的“蛇龟相会”“白虎入川”“仙人翘脚”“雏鹰出洞”等等都是在阴宅建造过程采用易象布局的具体表现。

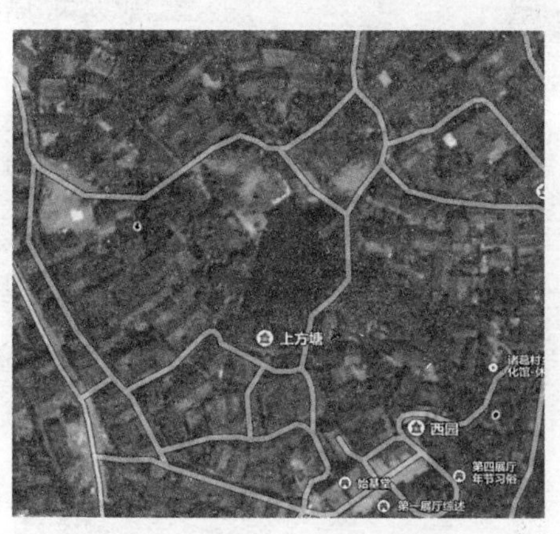


图 10.7 诸葛八卦村俯视图

图 10.8 新疆特克斯县俯视图

图 10.9 松江钢材城俯视图

### 2. 易数布局

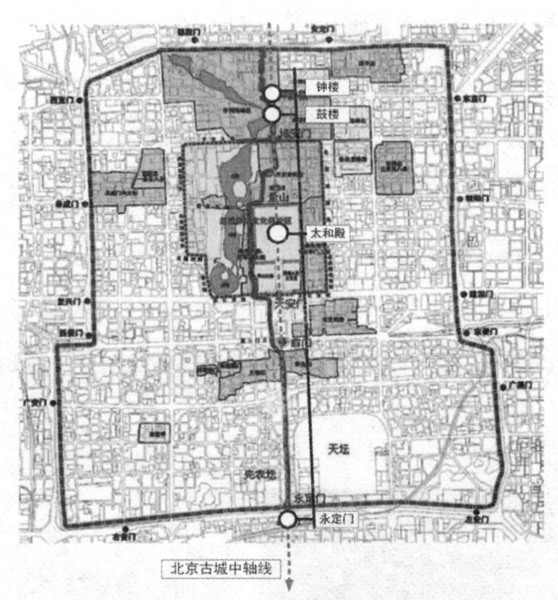


图 10.10 北京古城总体规划布局图

易数布局是运用易学的数理观对环境空间进行规划布局。这种布局思路是按照环境空间的面积分布形态，在具体的功能区域划分过程中，结合易学数理，进行空间尺寸的确立和定型，如北京古城的规划布局用尺就是典型的易数布局范例。北京城中轴线依次沿永定门——太和殿——鼓楼——钟楼等进行分布，各个物象之间的距离依次为九里、五里、一里，全长共十五里，正合洛书中线“戴九履一”和后天八卦方位常数为“十五”的理念，整个北京古城就是以这条轴线为基础进行规划布局，北京古城整体规划布局如图 10.10 所示。又如紫禁城的建筑用数，以“间”为基本空间单元，大多数按照“三、五、七、九”阳数进行开间、开植设计，体现了传统易理“合白”的设计理念，紫禁城的整体规划如图 10.11 所示。其实，在现代建筑设计中，建筑模数的运用也充分体现了易数布局之理。更为典型的易数布局如北京天、地、日、月四坛用尺设计：天坛为祭天的场所，天为阳，其内部的建筑用数大多为奇数，天坛主体构造为三层，最上一层直径 9 丈，第二层 15 丈，第三层 21 丈，天坛整体模型如图 10.12 所示；地坛为祭地的场所，地为阴，其内部的建筑用数大多为偶数，地坛中心建筑为正方形二层，上层坛面为 6 丈的正方形，下层为 10 丈的正方形，两层之间的台阶为偶数 8 阶，地坛整体模型如图 10.13 所示；日坛为阳，其内部建筑用数均为奇数，如一层祭台尺寸 5×5 丈，高 5 尺 9 寸，9 级台阶；月坛为阴，其内部建筑用数多为偶数，其祭坛坛面为 4 丈方形，高 4 尺 6 寸，台阶为 6 级。可见，天、地、日、月四坛建筑用数完全是按照《周易·系辞上传》记载的“天一、地二、天三、地四、天五、地六、天七、地八、天九、地十。天数五、地数五，五位相得而各有合”的易数之理进行布局和规划的。

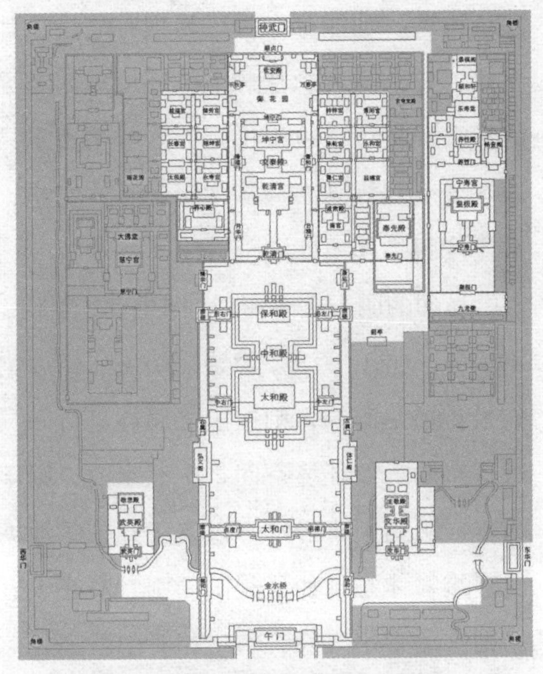

图 10.11 紫禁城总体规划布局图

### 3. 易理布局

易理布局就是按照阴阳、五行、八卦之理，通过分析空间结构各个具体方位相对于立极点的来龙盘局之间的阴阳平衡关系、五行生克制化关系、八卦相错关系，进而确定环境空间各个方位的空间用途、

图 10.12 天坛模型图

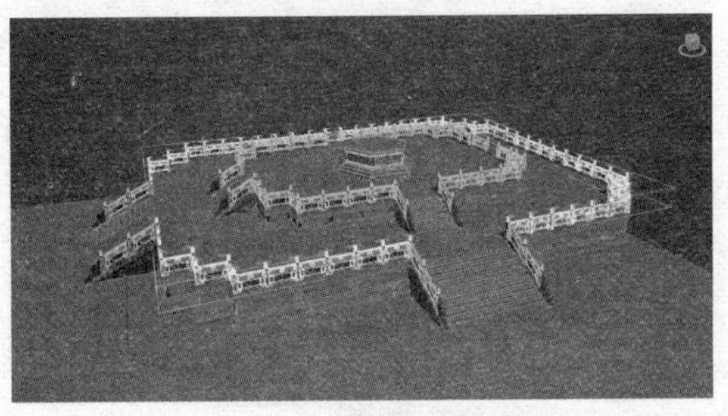
图 10.13 地坛模型图

建筑构造、功能分布等。易理布局是易理环境选择过程中最基本的布局思路，是易理观念指导下的环境规划布局的最直接体现。不论空间结构的形态、特征，也不论是否已经采用了易象或易数进行了整体布局，人居环境空间规划布局从构思到具体实施，以致达到最终使用功能要求，都应按照易理属性进行。

易理的阴阳关系布局。阳主动，为显，为天，为高，为大，向上，向前；阴主静，为隐，为地，为矮，为小，向下，向后。在具体的环境空间布局中，如果盘局是阳局，则按阳之属性进行布局；如果是阴局，则按阴之属性进行布局。如环境空间之中有水流，则阳局宜动水，以自然形成的河流为吉，阴局则宜静水，以人工开挖的池塘、泳池为吉。又如环境空间中的建筑物体态，如果是阳局则宜高宜大宜显，布于显目位置，如果是阴局则宜矮宜小宜隐，布于相对隐蔽之处。再如在中国南方有许多江南水乡建筑规划布局会设计很多管廊，将各个独立建筑物相连，而在管廊的尽头或转弯处采用漏空窗设计，使得管廊内空间的阴属性与管廊外空间自然界的阳属性相调和，不但解决了管廊内空间的采光、通风问题，更重要的是这种漏空设计体现了易理阴阳平衡性，使内环境空间自然地融入外环境空间，达到了“天人合一”的效果。其实，这种阴阳关系布局，在现代国际建筑设计中也随处可见，例如位于美国华盛顿的国际货币基金组织（IMF）办公大楼改造设计中，就改变了原方案的阴阳不协调问题，而采用了内部连廊走道漏空设计理念，这正好与中国传统江南水乡管廊设计理念异曲同工，体现了易理阴阳关系布局在现代建筑设计中的普遍性。IMF 办公楼原方案平面布局如图 10.14 所示，IMF 办公楼装修改造新方案的平面布局如图 10.15 所示。

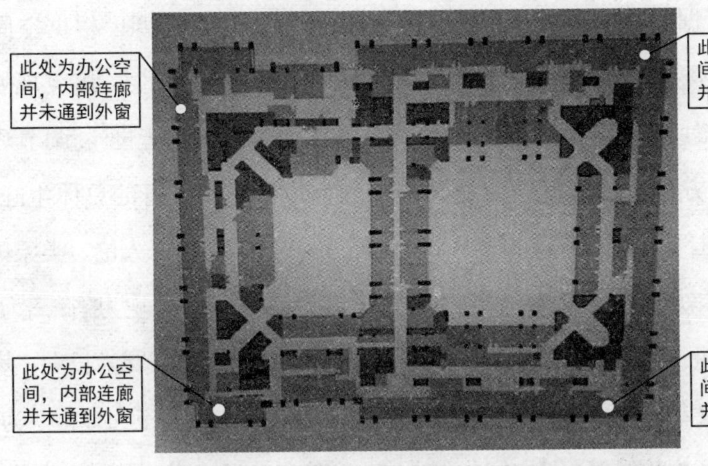


图 10.14 IMF 原方案办公楼层平面规划布局图

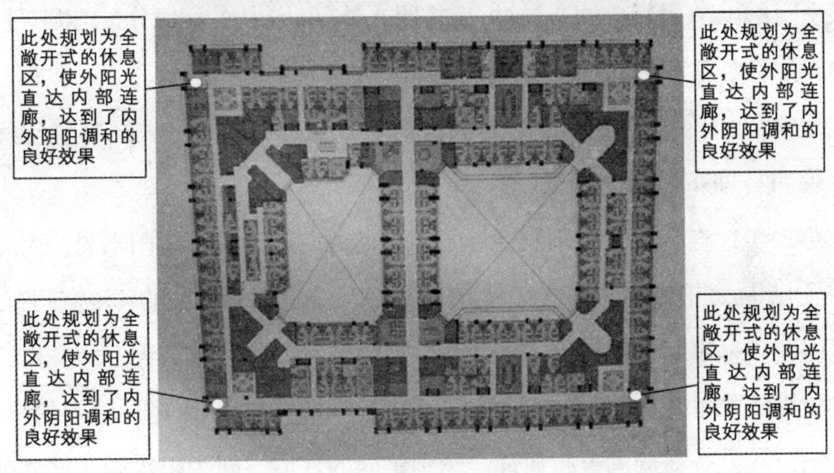


图 10.15 IMF 改造后新方案办公楼层平面规划布局图

易理的五行关系布局。首先，以极点为中心，对整个空间结构按照后天卦位进行划分，四正之位“坎为水、离为火、震为木、兑为金”，四隅之位“乾为金、巽为木、坤为土、艮为土”，中宫之位为五行土，具寄旺四隅、藏纳八方之性。其次，以坐度分金确立的五子龙坐山之五行属性为基础，按照五行“旺、相、休、囚、死”的行气之理，分析各个具体方位相对于五子龙之间的生克制化关系。第三，以“和我者旺、生我者相、我克者财”为依据，确定空间布局的五行制化吉祥方位；以“我生者泄、克我者死”为依据，确定空间布局的五行制化凶险方位。第四，根据空间结构的总体功能要求，按照“金、木、水、火、土”五行属性，相应规划各个具体位置的使用功能。第五，按照五行的生克制化之理，通过调节环境空间各个细部方位，使环境空间达到阴阳的整体平衡和五行的总体生旺。

易理的八卦关系布局。《周易·说卦传》对八卦的性情、人伦、类象等都有全面的论述。就性情而言，乾为健，坤为顺，震为动，巽为入，坎为陷，离为丽，艮为止，兑为悦；就人伦而言，乾为父，坤为母，震为长男，巽为长女，坎为中男，离为中女，艮为少男，兑为少女；就类象而言，如乾为玉为金为寒为冰，坤为布为釜为吝为均等等，其内容非常丰富。八卦在空间结构的布列方式是“相错关系”，所以在环境空间布局时，要按照八卦空间结构的相错分布，以其性情、人伦和类象之理为依据，具体规划布局每一个方位的使用功能。

下文以中国传统中最常见的坐北朝南（子山午向）的人居环境空间为例，说明易理布局的全过程。

第一步：查盘局的阴阳属性。子山午向的空间结构，为阳水局，因此水局用显。此局之中的建筑构造宜大、宜高、宜显，如北京紫禁城的环境空间布局，不但体现了皇家园林建设的宏伟壮观、权威气派，代表至高无上的皇权；同时完全符合易理中阳水局的布局要求，体现为阳动、向上、向前、显目的特点。

第二步：查盘局的五行属性。子山午向的环境空间为阳水局，整个布局要围绕“水”的五行属性展开。五行之水居于坎宫，处正北之位，所以立极之点落于环境空间靠北之位为宜，并以此为中点，正东震卦、东南巽卦五行为木，对本局而言为“水生木”，是坐度分金（局）生方位（向），是我生者为泄气之位；正西兑卦、西北乾卦五行为金，对本局而言为“金生水”，是向生局，是生我者为相气之位；正北为水和水，为旺气之位；正南为水克火，为财气之位；东北、西南和中间为土克水，为囚气之位。所以，子山午向的环境空间，宜强化北面、西面和西北面，将最重要的使用功能区（如人居、陵墓、行政、文化、金融等）布于此三个方位上；将具流动性功能的设施（如物流、贸易、商业等）布于泄气之位的正东和东南方向；将囚死之功能的设施（如军事、暴力机关等）布列于西南、中间和东北五行土之属性中；将藏纳聚财功能设施（如制造业、工业等）布列于“我克”的南方鬼财之位上。从建筑技术手段上看，应强化北方，宜按来龙入首的要求，通过建筑物的高低层次差别、建造公园假山或利用自然的来龙之脉体现其生气的自然之理；正南为财气之方，不宜建造高大建筑物，宜低矮，宜作为环境空间的聚水明堂，以起藏纳鬼财作用；正东、东南为泄气之方，以相对低矮、草木平直为宜，宜开门、放水口，在功能区上宜商业、贸易、物流等流动性强的行业；正西、西北为旺气之位，宜布置重点和核心功能设施，且宜大、宜高；东北、西南和中间为囚气之位，以相对低平，以静为宜。

第三步：查盘局的八卦布列。子山午向坎卦水局，卦为中男，以此为“我”，相对地进行人伦分布状态的布列，如为男之长辈宜布于乾位；女之长辈宜布于坤位；与我相当之男宜布于坎位，之女宜布于离位；我之兄姐宜布于震、巽位；我之弟妹宜布于艮、兑位等等。

易理布局是一个复杂的系统，是易理在环境选择过程中的综合运用。所以，只有真正理解了易学的本质属性，按照上述布局的基本原则，并结合环境空间的结构特点和实际情况，灵活运用阴阳、五行、八卦之理，才能真正规划布局“天人合一”的理想人居环境。

需要强调，上述三种布局方法不是并列关系，而是相互融通、相互渗透的关系。易象布局是基于易理的成象理论对较大的或受限较小的空间结构开展的宏观层面的布局，在此基础上，应按照易数或易理的布局思路对空间结构进行详细的布局；易数布局是提供环境空间布局的准尺，是对空间结构内部功能分布的尺寸划分；易理布局则是对空间结构的具体细节布置。由此可见，易象布局与易理布局是宏观与微观、整体与局部的关系；而易数布局则是环境布局的准尺，不论是易象布局还是易理布局，在具体功能区域的划分过程中都应按照易数布局提供的准尺进行。

在具体的环境空间布局过程中，尤其是对于城市单元房的布局，往往不具备易象布局的条件，即便是易数的布局，有时候也因为环境空间结构已定型，很难取到准确的易数准尺，因此易理布局就成了现代社会环境空间布局的主要思路。通常情况下，城市规划者往往根据环境空间的结构特点和土地面积的局限性，采用定点（围绕立极点而展开的布局）、均衡（基于整个穴场形态而展开的布局）、独立（单体建筑物或构筑物的建造）等方式进行环境空间的布局，而将易理布局贯穿于上述空间结构布局的全过程。可见，掌握易理布局的基本思路是现代社会环境空间布局的重点。从中国传统的建村造城历史看，但凡能成为帝王之都的地方（如北京、西安、洛阳等），其造城过程都遵循着易学的象、数、理的内在关系，综合运用了易象布局、易数布局和易理布局三种布局方法，使空间结构的环境布局与易理的象、数、理相融合，真正体现了“顺应自然、天人合一”的宇宙观。

## 第三节 立体布局

立体布局就是明确环境空间内结构与外界联系节点（如开窗、开门的位置等）的处理方法。如果说平面布局解决了环境空间的内部各功能分布问题，那么立体布局则是处理环境内空间结构与外在环境之间的关系。易理环境选择中的立体布局不同于现代建筑学概念中的立体布局，它不是确定建筑物态的立面造型，而是处理人居环境与外界自然环境的关系，是环境空间“乘外气”的手段。因此，立体布局的重点是察审环境空间的外环境，是按照天人合一的易理理念，处理人居内在使用环境与外在自然环境之间的关系，并通过一定的技术手段（如建筑改造、装饰装潢等）消纳环境空间外在因素的影响，吸收对人居内环境有利的生气，消除或规避对人居内环境不利的煞气。在实践中，环境空间的立体布局主要通过消砂、纳水、格气三种手段实现。消砂就是察审除龙脉之外的环境空间外在山脉、地形、物象等对环境内空间的影响；纳水就是察审除随龙水之外的环境空间外在所有水流、水系、水势对环境内空间的影响；格气就是察审环境空间周围的社会软环境（即社会环境因素）对环境内空间生气状况的影响。

## 一、消砂

在形势判局章节对砂的概念及类型已进行了叙述，本章主要讲述如何通过察审环境空间周围的砂锋，以达到对环境内空间乘纳外气的最佳效果。历代以来，中国地理术门派众多，各个门派的消砂方法不尽相同，众说纷纭，至今易学界仍没有统一定论。根据笔者多年的研究实践和现场验证，准确性最高的消砂法应属南宋易理大师赖文俊创制的人盘中针二十八宿五行消砂法（简称赖公人盘消砂法），因此本书只介绍赖公人盘消砂法。至于以地盘长生十二宫、九星翻卦或以单独的二十八宿星象为标准的消砂法在此再赘述，有兴趣的读者可以参考相关的其他易学研究成果。

### （一）赖公人盘消砂法的易理基础

赖公人盘消砂法的易理基础是二十八星宿，也称二十八宿。二十八宿是中国古人创制的星空划分理论，中国古人在长期的仰观天象过程中，将日、月和金、木、水、火、土五星运行轨迹划分为二十八个星区，并以此确定日、月、五星运行所到的位置。这二十八个星区就称为“二十八宿”，每宿包含若干颗星星，在这些星区之中，最明显的是东方有“角、亢、氐、房、心、尾、箕”七宿；北方有“斗、牛、女、虚、危、室、壁”七宿；西方在“奎、娄、胃、昴、毕、觜、参”七宿；南方有“井、鬼、柳、星、张、翼、轸”七宿。二十八宿的来源，至今没有统一定论，史学界公认的看法是源于古代天文学。古天文学认为，中国古人通过比较分析日、月、五星的运动规律，从浩瀚的宇宙星空中选择了二十八个星象作为观测时间运动的标记，并按照易理成象理论，将东方的角、亢、氐、房、心、尾、箕七个星宿组成的图案类象于“龙”的形象，春分时节出现在东部的天空，称之为东方青龙七宿；北方斗、牛、女、虚、危、室、壁七个星宿组成的图案类象于“龟蛇互缠”的形象，冬至时节出现在北部的天空，称之为北方玄武七宿；西方的奎、娄、胃、昴、毕、觜、参七个星宿形成的图案类象于“虎”的形象，秋分时节出现在西部的天空，称之为西方白虎七宿；南方的井、鬼、柳、星、张、翼、轸七个星宿形成的图案类象于“鸟雀”的形象，夏至时节出现在南部的天空，称之为南方朱雀七宿。由此，将以上七宿组成的四个动物的形象合称为“四象”，并按照中国传统坐北向南的方位定位思维，称之为“左青龙、右白虎、前朱雀、后玄武”。经过上述的类象化推理，将天文学中用于标记时间的星区划分理论与易理的“太极生两仪，两仪生四象”的阴阳制化之理相结合，从而为星区划分理论的二十八宿在易理环境选择中的运用奠定了基础。

**（二）二十八宿五行**

二十八宿是对星区的划分，而星象在宇宙空间中的运动和分布并不是呈对称或等分的状态，所以二十八宿类象于地理环境中的砂峰也不是呈对称或等分状态分布，这就导致了二十八宿星象的“成形”之理无法与易理方位的二十四山一一对应。那么作为描述方位空间的五行属性自然也无法与二十四山正五行一一对应，因此，二十八宿五行是一组独立的五行体系，是中国古人根据星象出没的时间运行规律，赋于二十八宿五行属性而形成的一种引五行表达方式。二十八宿五行在地理环境平面空间中的布列方式，是以人们观测到的星象在宇宙空间之中运行轨迹为标准，呈不等分的形态分布，相对于二十四山而言，有的星宿占度两个或三个山，而有的星宿只占度不到一个山，具体的分布规律可直接参见罗盘的外圈层。

古人为了便于记忆二十八星宿五行属性，就以“禽兽”和正五行相结合的方式对二十八星宿进行了命名，东方的角、亢、氐、房、心、尾、箕七宿分别命名为“角木蛟、亢金龙、氐土骆、房日兔、心月狐、尾火虎、箕水豹”。这些名称中含有“日、月”的星象均看成五行火，而其他含有“金、木、水、火、土”的则直接体现其五行属性。可见，在东方七宿之中，角为“木”，亢为“金”、氐为“土”、房为“日”即是“火”、心为“月”即是“火”、尾为“火”、箕为“水”。其他三宿分别是：北方七宿为“斗木獬、牛金牛、女土蝠、虚日鼠、危月燕、室火猪、壁水貐”；西方七宿为“奎木狼、娄金狗、胃土雉、昴日鸡、毕月乌、觜火猴、参水猿”；南方七宿为“井木犴、鬼金羊、柳土獐、星日马、张月鹿、翼火蛇、轸水蚓”。

根据上述二十八宿五行属性，将其反映到空间结构中，并构筑二十八宿五行与平面空间的人盘中针二十四山对应的五行分布结构，则形成了“甲、庚、丙、壬、子、午、卯、酉”八山对应二十八宿五行属火，甲对应尾火虎，庚对应觜火猴，丙对应翼火蛇，壬对应室火猪，子对应尾火虎，午对应翼火蛇，卯对应心月狐，酉对应昴日鸡。

“乙、丁、辛、癸”四山对应二十八宿五行属土，乙对应氐土貉，辛对应胃土雉，丁对应星日马（柳土獐），癸对应虚日鼠（女土蝠），丁、癸对应两星。在占度上星日马、虚日鼠较多，但在五行属性取舍上取柳土獐、女土蝠的五行土。

“辰、戌、丑、未”四山对应二十八宿五行属金，即辰对应亢金龙，戌对应娄金狗，丑对应牛金牛，未对应鬼金羊。

“寅、申、巳、亥”四山对应二十八宿五行属水，即寅对应箕水豹，申对应参水猿，巳对应轸水蚓，亥对应壁水貐。

“乾、坤、艮、巽”四山对应二十八宿五行属木，即乾对应奎木狼，坤对应井木犴，艮对应斗木獬，巽对应角木蛟。

**（三）赖公人盘消砂的实践意义**

首先，从所处的环境方位看，砂属于形势判断中的局外变量，是远离环境空间的外在物态，外在物态对环境空间的影响，不同于龙脉乘内气的“土行气行”结果，而是取决于宇宙阴阳制化过程中各个星象运动对地球环境的影响。因此，赖公提出以宇宙星空的二十八星宿为标尺，进行环境空间的外环境“砂象”考察，符合环境空间乘外气的客观要求。

其次，从宇宙星象对地球环境的影响看，最直接最重要的是日照，而砂是远离环境空间之外的高突物态，是最早接受阳光的地方。因此，相对于环境空间而言，砂是与二十八星宿在空间和时间两个范畴中相关性最强的，以二十八星宿为标尺的消砂法符合易理的天地定位原则。

第三，从易理乘气理论上看，外气给环境空间带来的影响体现为在环境空间内在的人为感知，人的感知效果是消砂的根本目的所在。因此，消砂过程应坚持以人为本的理念，易理环境选择所讲究的环境吉凶祸福，都是针对人而言，离开了人的因素，就无所谓“环境的吉凶祸福”了。而二十八宿位于远离人类生存的地球环境之外的宇宙星空，其对地球环境的影响最终要通过人的行为感知而得以体现。所以将人盘中针与二十八宿星象相结合的消砂法符合现代科学理念。

**（四）消砂方法**

赖公人盘消砂法是以二十八宿五行为基础，按照五行的生克制化关系和砂所处的方位与环境空间的对应关系，将砂划分为五种类型，分别是“生砂、旺砂、奴砂、杀砂、泄砂”，并以“生砂、旺砂、奴砂”为吉，“杀砂、泄砂”为凶。在具体实践中，逢吉砂则吸纳之，逢凶砂则趋避之。砂的“生、旺、奴、杀、泄”是按照五行的生克制化关系确定，以环境空间的坐山所在的人盘中针二十四山向为“我”，穴场周围的砂峰为“客”，以二十八宿五行为依据，按照“客生我为生，客同我为旺，我克客为奴，客克我为杀，我生客为泄”的原则进行判断。具体步骤如下：首先，将环境空间的坐度分金转化为人盘中针的二十四坐山，并测定该坐山在二十八宿五行体系中属于哪一行；其次，逐一判断环境空间四周可以目视的砂峰，并以砂峰的最高处为罗经指向标准，确定每一砂峰在二十八宿五行体系中属于哪一行；第三，按照上述“我与客”的五行生克关系判砂原则，判断哪些砂峰属于吉砂，哪些砂峰属于凶砂；第四，结合环境空间的定局思路，以建筑的技术手段，迎纳吉砂（如在此方向开门、开窗等），消除凶砂（如在此方向砌墙、封堵等）。以“亥山巳向”的环境空间为例进行说明，如图 10.16 所示。

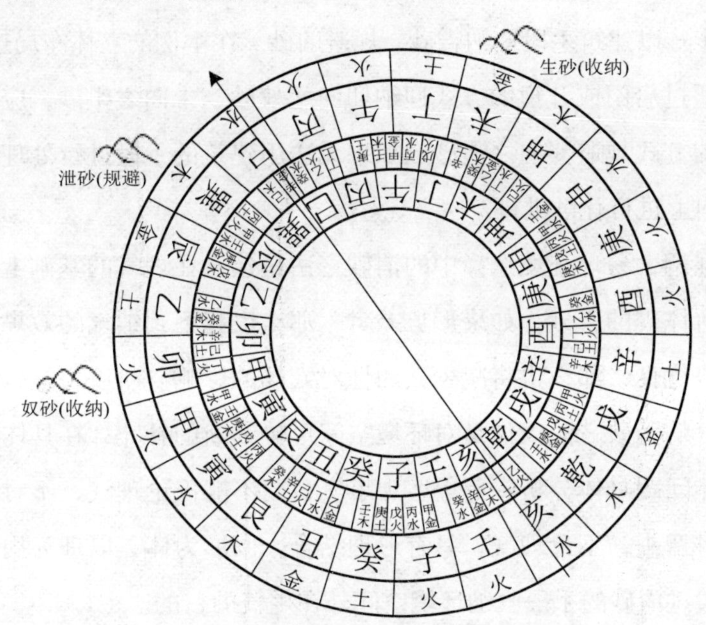


**图 10.16 亥山巳向（丁亥分金）消砂图**

第一步：转化环境空间的坐度分金。地盘“亥山巳向”的环境空间在人盘中可能处于壬山，也可能处于亥山，如果格定辛亥龙，则处于人盘中针的壬山上，其二十八宿五行为火，那么则以火之五行为“我”；如果格定丁亥龙，则处于人盘中针的亥山上，其二十八宿五行为水，那么则以水之五行为“我”。

第二步：测定环境空间外围的砂峰分布状态，并确定其二十八宿五行属性。经测量，位于人盘中针的卯方、巽方、未方都有砂，处于卯方之砂的二十八宿五行为“火”、巽方为“木”、未方为“金”。

第三步：判断“我与客”的五行生克关系：丁亥龙处于人盘中针的亥山上，二十八宿五行为水，所以该环境空间的坐山以五行“水”为我；并分别与上述第二步测定的外砂进行五行生克制化关系对比，卯向之砂为火，与坐山五行之水构成“我克客”，所以卯向之砂为奴砂，是财神之砂，应予收纳；巽向之砂为木，与坐山五行之水构成“我生客”，为泄砂，应予规避；未向之砂为金，与坐山五行之水构成了“客生我”，是生砂，应予收纳。

第四步：以建筑手段迎纳吉砂、规避凶砂。在本例的立体布局过程中，应尽可能通过启门或开窗的方式迎纳卯向之奴砂、未向之生砂，应通过砌墙、封堵的方式规避巽向之泄砂。如果无法用建筑的手段进行处理，那么应该在启向上进行化煞处理。

需要强调，易理环境选择中的消砂之法是建立在理气的基础上，对于在理气中所体现的吉砂，如果形势差劣，那么也起不到纳气的效果；而凶砂如果形势优良，那么也将减少其凶性对穴场的影响。所以，笔者认为，作为乘外气的消砂之法仅仅是对环境空间形势判断的补充，在具体的实践中，应具体问题具体分析，尊重客观事实，而不能仅论理气，不看峦头，亦不能只讲峦头，不论理气，只有形理结合，以形为体，以理为用，才能真正达到通过消砂的手段收纳环境空间外在生气的目的。

**二、纳水**

纳水就是察审除随龙水之外的外环境所有可能对环境空间乘气产生影响的水流、水系、水势。所谓“纳”就是吸纳、收纳、消纳之意，既指吸纳、收纳对环境空间有利的水，也指消除、规避对环境空间不利的水。所谓“水”是指环境空间外围的水流、水系、水势，既包括具备实物形态的实实在在的河流、池塘、湖泊之水，也包括不具备实物形态的引申水而形成的水势。在通常情况下将“消砂”与“纳水”并称，但并不是说消砂就是消除砂，纳水就是吸纳水，而是砂、水都有消有纳，消凶纳吉。

与消砂一样，历代以来，中国地理术各个门派对纳水方法也有许多不同的阐释，而且传统地理术对“水”的关注度大大超过了“砂”，因此直接针对“水”而成文的地理典籍就不胜枚举。笔者认为，纳水是研究外环境对内环境的影响因素，而水作为流动着的物态，采用五行游行地支十二宫之理是最符合外环境水流、水系、水势对内环境影响的实际。因此，本书所述“纳水”的理论基础就是长生十二宫之理。

需要强调，受中国传统地理术中“坐”与“向”不分的影响，许多对易理一知半解的所谓“大师”往往将环境空间“纳水”与“立向”直接联系起来，甚至强调以水流的方向直接确定环境空间的坐山，而将环境空间乘气最重要的龙脉予以忽略，这种做法不但严重错解了易理环境选择中“纳水”与“立向”的区别，而且背离了易理基于环境选择中的乘气思想，忽视了龙脉在环境空间中乘纳气的核心作用，实为不可取。因此，有必要在此重复一下传统风水理论中的“坐”与“向”的关系：

罗盘的盘面上体现的“山”与“向”是对立的两个方向，即立了什么山，其反方向就自然是什么向，如通常人们讲的“甲山庚向、庚山甲向，乾山巽向、巽山乾向”等等。其实，并不是说立了甲山就一定确立了庚向，对于某个具体的环境空间，“山”与“向”不一定是在一个平面上的对立的两个方向，如在中国传统的四合院式的建筑中，分三堂四植（四进），有内明堂、外明堂之分，建筑的坐度与开启的大门往往不在一条直线上，所以并不是说立了哪个山就确定了哪个向，或者说立了哪个向，就定了哪个坐山。地理典籍中的“甲山庚向、庚山甲向，乾山巽向、巽山乾向”等等表述，仅仅是因为在二十四山向之中有兼向的存在，为了能够准确表达环境空间的坐度分金而采取的一种习惯表达方式。如果只说“甲山、庚山、乾山、巽山”，那么就无法准确表达环境空间的分金度数。以甲山为例，其下还有甲寅龙、空亡龙、丁卯龙三个不同的坐度，如果环境空间立甲寅龙，则表达为“甲山庚向兼寅申”；如果立空亡龙，则表达为“甲山庚向”；如果立丁卯龙，则表达为“甲山庚向兼卯酉”。由此可见，若不加上甲山的对立面，就无法准确表达环境空间的真正坐度，因此山向一同说仅仅是描述坐度分金的一种习惯表达方式，与易理环境选择中的“立向”、“纳水”没有直接关系。“立向”是环境空间乘气定局的重要步骤，属于环境空间定局的范畴，在上章已有专述；而“纳水”则是环境空间广义上乘外气的方法和手段，所以不能因为受到环境空间坐度分金表达方式的影响，而将“纳水”与“立向”等同起来，明确了“纳水”与“立向”的区别，环境空间乘外气的纳水方法就简单了。

**（一）纳水的易理基础**

纳水的易理基础源于五行游行地支十二宫的乘生气之理和缝针双山五行之理。纳水以五行游行地支十二宫的规律来度量生气的“旺、相、休、囚”关系。在十二宫之中，养宫水为土行气行，生发万物之始；长生水为万物始生之水；沐浴水为万物生气柔脆之水；冠带水为万物渐荣、生气渐旺之水；临官水为生气临旺初潮之水；帝旺水为生气正旺之水；衰宫水为生气渐次衰弱之水；病宫水为生气衰弱临病之水；死宫水为生气消亡之水；墓库为第一水口，生气入墓，意味着随龙水出明堂；绝宫为第二水口，生气绝处逢生，是生气随着水流的转择方位；胎宫为第三水口，随着土行气行，生气游行至胎宫之位，意味着新一轮生气开始萌芽发展。

纳水过程中的五行属性是缝针双山五行。纳水所考察的水流、水系或水势，属于环境空间的外在因素，是局外变量，多属于“势”的范畴；而且在环境物态中，“水”是动态的，属阳。因此，纳水的五行属性应采用居于外势的、动态的缝针天盘系统，而不能运用居于内势、静态的正针地盘系统。

**（二）纳水的方法**

纳水是消纳环境空间外在的任何水流、水系和水势，只要在环境空间范围内可以目视的广义上的“水”都应纳入考察。主要的考察对象是水的来源是否处于对环境空间有生旺意义的方位，而水的去方是否处对环境空间有归墓或藏纳意义的方位。根据笔者的实践经验，纳水的过程一般分三个步骤进行：

**第一步：定宫位**

以环境空间的龙水交会图为标准（如为火局，即用“乙丙交而趋戌”图），分析判断环境空间外在的水流、水系、水势处于五行长生十二宫的哪一个宫位上，如果水流、水系、水势处于十二宫的长生位上，就称为长生水；处于帝旺位上，就称为帝旺水；处于病位上，就称为病水，依此类推，逐一确定各条水流、水系或水势所处的宫位。

**第二步：观水向**

以环境空间的立极点为观测点，察审各条水流、水系或水势的流动方向，水流顺着极点而来的称为“来水”，逆极点而去的称为“去水”。通过察审水的运动轨迹，明确哪些宫位之水为来水，哪些宫位之水为去水。

**第三步：定吉凶**

以“生、临、旺”为三吉，“胎、养、冠”为六秀，“衰、病、沐”为三平，“死”为黄泉，“墓、绝”为八煞。并按照“迎生接旺纳秀为吉，破旺冲生消秀为凶；流破黄泉八煞为吉，迎纳黄泉八煞为凶，衰病沐宫水流平”的原则，逐一判断各条水流、水系、水势的吉凶状态，具体的吉凶推断标准是：处于“生、临、旺”宫位若有来水则为大吉，若有去水则为大凶；处于“胎、养、冠”宫位若有来水则为中吉，若有去水则为中凶；处于“死、绝、墓”宫位若有来水则为大凶，若有去水则为大吉；处于“衰、病、沐”宫位不论来水或去水，吉凶持平。明确各个宫位吉凶之后，应结合环境空间的整体布局，以建筑、装饰的手段，对不宜来之水进行规避，对宜来之水进行收纳。

以“子山午向”火局的环境空间为例，进一步说明纳水的具体操作过程：

首先定宫位，“子山午向”为火局正旺向，从寅上起长生顺布十二宫，分别是艮寅长生、甲卯沐浴、乙辰冠带、巽巳临官、丙午帝旺、丁未衰、坤申病、庚酉死、辛戌墓库、乾亥绝、壬子胎、癸丑养。

其次观水向，“子山午向”火局的环境空间十二宫吉凶分布是：“艮寅、巽巳、丙午”六方为“生、临、旺”三吉；“壬子、癸丑、乙辰”为六秀；“庚酉”两方为“死”宫黄泉；“辛戌、乾亥”四方为“绝、墓”八煞；“丁未、坤申、甲卯”六方为“衰、病、沐”三平。

第三定吉凶，三吉的“艮寅、巽巳、丙午”六方若来水为大吉，应予以收纳，若去水为大凶，应予以规避；六秀的“壬子、癸丑、乙辰”六方若来水为中吉，应予以收纳，若去水为中凶，应予以规避；黄泉八煞的“庚酉、辛戌、乾亥”六方若来水为大凶，应予以规避，若去水为大吉，应予以收纳；三平的“丁未、坤申、甲卯”六方，水流可来可去，吉凶持平，不收纳亦不规避，维持自然状态为宜。

“子山午向”火局的环境空间纳水吉凶图如图 10.17 所示。

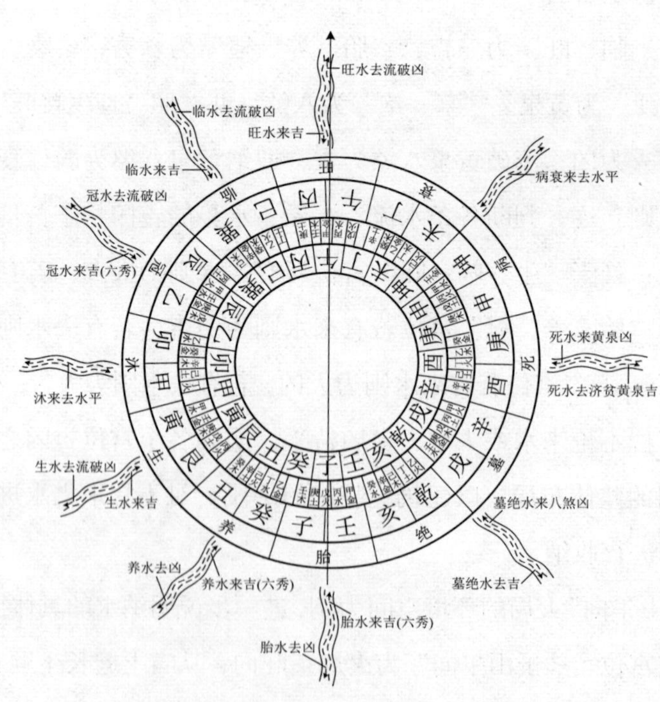


图 10.17 子山午向（戊子分金）纳水图

### （三）长生水法吉凶歌诀

水法吉凶歌诀是古人对环境空间纳水过程的经验总结，在环境空间立体布局过程中可以作为参考使用。当然，由于时代的变迁和发展，传统的水法吉凶歌诀存在着许多与新时代不相符的地方，尤其是水法吉凶歌诀中涉及到的男尊女卑，对于现代社会的独生子女家庭，已完全失去了意义。本书将古法的长生水法吉凶歌诀列于其中，供易学爱好者在环境空间规划布局中参考使用，但需强调，在实际操作过程中，不能以此歌诀替代上述的纳水方法。

**1. 养、生二宫——贪狼水**

第一养生水到堂，贪狼星照显文章，

长位儿孙多富贵，人丁昌炽性忠良。

水曲朝来官爵重，水小弯环福寿长，

养生流破终须绝，少年寡妇守空房。

**2. 沐浴宫——文曲水**

沐浴水来犯桃花，子女淫乱不由他，

投河自缢随人走，血病目灾破败家。

子午方来田业尽，卯酉流来好赌奢，

若还冲破长生位，胎堕淫声带锁枷。

**3. 冠带宫——文昌水**

冠带水来人聪慧，也爱风流好赌奢，

七岁儿童能作赋，文章博士万人夸。

水神流去最为凶，髫龄儿童死不休，

更损深闺娇态女，此方停蓄乃为佳。

**4. 临官宫——武曲水**

临官位上水来吉，禄马朝元喜气新，

少年早入青云路，贤相筹谋佐圣君。

最忌此方出水去，成材之人早归阴，
家中寡妇常啼哭，财谷空虚彻骨寒。

5. 帝旺宫——武曲水

帝旺水来聚面前，一堂旺气发庄田，
官高爵重威名显，财库丰盈多有钱。
最怕休囚来击散，石崇富贵不多年，
旺方流去根基薄，家道贫寒怨上天。

6. 衰宫——巨门水

衰方管局巨门星，朝堂水到发聪明，
少年及第文章贵，长寿星高金谷盈。
出入起居乘驷马，宴游歌舞玉壶春，
旺极总宜来去吉，也须弯曲更留情。

7. 病、死二宫——廉贞水

病死二方水莫来，天门地户不为开，
纵有科名官爵重，水若斜飞起大灾。
损妻毒药刀兵祸，血症风瘫女堕胎，
必主其家生此祸，瘠痨枯死瘦形骸。

8. 墓宫——破军水

墓库之方水莫临，破军流去反为祯，
阵上扬兵文武贵，池中停蓄富春申。
荡然直去家资薄，久债终年不了人，
水来充军千里外，三男二女总凋零。

9. 绝、胎二宫——禄存水

绝胎水到不生儿，无孕无胎绝后嗣，
纵使有胎难养育，夫妻父子各分离。
水大妇人淫乱走，水小私情暗会期，

此方只宜为水口，禄存流尽佩金鱼。

### 三、格气

环境空间的外气除了砂、水之外，社会软环境的影响也是一个非常重要的因素，尤其是在城市或集镇，往往砂、水等外在的自然因素并不具备易理之中的形势效果，但社会软环境（如交通、教育、卫生等）的配套设施却很成熟，很适合于人类集聚，这些社会软环境也能给环境空间带来无形的生气。因此，在确定环境空间的立体布局时，除了强调消砂纳水的重要性之外，也不能忽视社会软环境对环境空间乘气的影响。社会软环境是经过一定的时期积淀而形成的一种影响人类居住的特殊因素，这些特殊因素是人类活动对自然环境空间进行改变、修造、创制之后而形成的教育、医疗、文化、经贸等无形的物态，在一定的时间周期内大多是固定不变的。笔者将察审社会软环境对环境空间乘气的影响称为“格气”，在具体实践中通常采用四象格气和功能格气两种方法。

#### （一）四象格气

四象格气就是按照易理的“左青龙、右白虎、前朱雀、后玄武”的四象之理，对环境空间四周人为的社会软环境物态进行考察，并结合环境空间的立体布局，趋利避害。青龙居于左，五行木，色为青，主活跃，宜动，如果处于环境空间左边的人为物态，如水池、道路、工厂等动态的人为物象较多，则有利于环境空间乘气。白虎居于右，五行金，白色，主厚重，宜静，如果处于环境空间右边的人为物态，如马路、绿化景观、图书馆等人为的静态物象较多则有利于环境空间乘气。朱雀居于前方，五行火，主财气，宜宽广，因此处于环境空间前方的人为物态最好为广场、静态水池、绿地、小区中心绿化等洁净、宽广的物象。玄武居于后方，与龙脉入首相重叠，得有形有势，如果平洋之地，应借助于人为的环境物态（如较高的建筑物、重叠多排的建筑体态等）形成来龙之势，则有利于环境空间乘气。

### （二）功能格气

功能格气就是根据环境空间的用途推定社会软环境的影响，这种方法在现代化都市之中运用非常广泛。现代化都市土地资源匮乏，项目规划的容积率非常高，传统易学倡导的理想环境选择目标往往因为土地的有限性而无法实现。因此，以环境空间的功能用途为标准，察审周围的人为物态是环境选择的又一重要方法。那么，如何按环境空间的用途格定其四周的物态影响因素呢？其实就是从环境空间使用功能的便利性上进行分析，而不是按照人们通常的惯性思维，一遇到寺庙、医院、监狱等给人以不良印象的物态因素就推定对环境空间不乘气；而一遇到学校、政府办公楼等人为感观好的物态就推定对环境空间乘气。例如选择某个环境空间用于经营香烛生意，那么其社会软环境中如果有寺庙则效果肯定最理想；如果选择某个环境空间以小孩念书为主要目标，那么就应该选择学区附近的房子，即学区房；如果选择某个环境空间是专为老人安度晚年的，那么社会环境中的医院适当近些，文化设施完善，交通相对不发达，环境清幽安静即为上选。所以，社会软环境是易理环境选择，尤其是成型的、较小的环境空间选择必须加以考量的重要指标。

# 第十一章　飞星证局

飞星证局是运用九星理论，从宇宙的时间范畴对人居环境空间进行考察和论证，从而对环境布局进行修正。当然，这里的修正是微环境的调整，并不能因为星象飞伏的不利而推翻整体的规划布局。易理认为，宇宙万事万物都有生命周期；而为人所用的人居环境空间是宇宙万事万物的组成部分，同样也有生命周期。运用九星理论对环境空间的生命历程进行分析判断，并通过调整环境空间细微处的结构布局，以达到趋利避害、延长环境空间生命周期的目的。笔者认为，如果一个环境空间的整体盘局不完美，形势状态不佳，乘气定局又不能达到龙水交会的结果，那么星象飞伏效果即使非常完美，也无法改变整体盘局的缺陷。因此，飞星证局对环境空间只是起到优化、美化作用，是环境空间规划布局的补充手段和修正手段。

## 第一节　九星定盘

定盘就是按照易理的时空转换之理，将环境空间坐度分金所在的24山向转化为九星学理中的飞星数序，并按照九星学理飞度九宫，同时将环境空间修造时间或启用时间所在的元运飞星数一并纳入九宫盘中进行飞伏，从而确定出山盘、向盘、运盘三盘合一的综合九宫盘图，其实就是通常人们所述的宅命盘或宅运盘的制作。宅命盘的绘制过程在《九星学说》章节已有详述，为了便于详细说明飞星证局的全过程，下文以当前的下元八运为环境空间修造时间，以“子山午向”的阳宅为例，对宅命盘的制作过程进行重新温习。具体分三个步骤：

**第一步：制定运盘**

| 七 | 三 | 五 |
|---|---|---|
| 六 | 八 | 一 |
| 二 | 四 | 九 |

图 11.1 下元八运盘图

制定运盘就是查找该环境空间的修造时间处于三元九运中的哪一运，然后将该运所对应的飞星数布入中宫，顺飞度位，得出一个九宫盘图。在本例中，该阳宅修造于八运，此时将八白星放入中宫，按顺飞方向飞度九宫，就得出如图 11.1 所示的九宫图（运盘通常用汉字的数字表示），这就是“子山午向”环境空间的八运盘图。

**第二步：制定山盘**

| 七 3 | 三 8 | 五 1 |
|---|---|---|
| 六 2 | 八 4 | 一 6 |
| 二 7 | 四 9 | 九 5 |

图 11.2 八运子山午向山盘图

将环境空间坐度分金所在的 24 山作为该盘局的坐山，找出该坐山处于八卦宫的哪一卦，查看该卦在上述第一步排出的运盘中飞临了什么星象，并以此星象入中宫飞伏；然后判断该坐山所处的三元龙的阴阳属性，按照“阳顺阴逆”原则确定星数的飞伏顺序，绘制九宫盘图。在本例中，该阳宅坐子山，子山属于坎卦，根据上述第一步推定的八运九宫图，坎卦为四绿星占盘，因此该空间结构的坐山飞星数为“4”。然后，将“4”的飞星数与元旦盘进行比较，在元旦盘中找到“4”所在八卦宫位为巽，对应的三元龙为天元龙巽山，阴阳属性为阳，需顺飞此星，制定出如图 11.2 所示的九宫盘图（山盘用阿拉伯数字表示，并写于上述运盘的汉字飞星数的右下角），这就是“子山午向”环境空间的山盘图。

**第三步：制定向盘**

以环境空间坐山所在的24山的对面山为向方，找出该向方处于八卦宫的哪一卦，查看该卦在上述第一步排出的运盘中飞临了什么星象，并以此星象入中宫飞伏；然后判断该向所处的三元龙的阴阳属性，同样按照“阳顺阴逆”原则确定星数的飞伏顺序，绘制九宫盘图。在本例中，该阳宅分金向方为午向，属于离卦，根据上述第一步的八运九宫图，离卦为三碧星占盘，因此该环境空间的向方飞星数为“③”。然后，将“③”的飞星数与元旦盘进行比较，在元旦盘中找到“③”所在的八卦宫为震，对应的三元龙为天元龙卯山，阴阳属性为阴，需逆飞此星，制定出如图11.3所示的九宫盘图（向盘通常用带圈的阿拉伯数字表示，并写于上述运盘汉字飞星数的左上角），这就完成了八运期间“子山午向”环境空间宅命盘图的绘制。

<table>
<tr><td>④<br>七<br>3</td><td>⑧<br>三<br>8</td><td>⑥<br>五<br>1</td></tr>
<tr><td>⑤<br>六<br>2</td><td>③<br>八<br>4</td><td>①<br>一<br>6</td></tr>
<tr><td>⑨<br>二<br>7</td><td>⑦<br>四<br>9</td><td>②<br>九<br>5</td></tr>
</table>

图11.3 八运子山午向宅命盘图

制作宅命盘需要注意两个要点：一是环境空间的向方不是乘气定局中“立向”所确立的向方，而是以环境空间坐度分金线为标准确立的坐山的对立方。换言之，宅命盘的向方是按照易理盘局名称中所包含的“向”为依据认定的，如“子山午向”“丙山壬向”“乾山巽向”的环境空间盘局，其向方就是“午向”“壬向”“巽向”。二是确定飞星顺序时，遇到五黄星入中飞伏，就形成与元旦盘完全一样的运盘，而五黄星居于中宫，没有对应的八卦宫，此时就应按照易理的时间运行之理，以环境空间修造时所处的不同时间周期为依据，将五黄运划分归入六白运或四绿运，进而通过寻找六白星或四绿星所在的八卦宫，以确定星象的飞伏顺序。具体的划运方法是：如果环境空间修造时处于下元，则将五黄归入六白，上元则归入四绿，中元前十年归入四绿，后十年归入六白。但是飞星数不能改，仍然是五黄星入中宫飞伏，只是借助于六白运和四绿运确定其飞伏顺序。

## 第二节　山向合局

山向合局是按照九星学理，通过分析判断某一环境空间在特定的修造或启用元运内其山盘或向盘的当令之星在九宫中的飞伏状况，进而分析该元运对环境空间的吉凶影响。具体地说，就是通过分析宅命盘中山星或向星的飞伏状况，查看当令的元运之星飞伏到哪个卦宫，从而推定该运当令时对环境空间不同方位吉凶状况的影响。需要强调，山向合局中的“坐山”与“向方”是在一条直线上，只要确定环境空间的坐山，向方就自然确定，所以山星与向星飞伏到山或向所在的宫卦只有四种情况：一是山盘的当运之星飞到坐山所在宫卦，向盘的当运之星飞到向方所在宫卦，这种情况称为“旺山旺向”；二是与“旺山旺向”相反，山盘的当运之星飞到向方所在宫卦，而向盘的当运之星飞到坐山所在宫卦，这种情况称为“倒山倒向”；三是山盘与向盘的当运之星同时飞到坐山所在宫卦，称为“双星到坐”；四是与“双星到坐”相反，山盘与向盘的当运之星同时飞到向方所在宫卦，称为“双星到向”。这四种宅命盘统称为“山向合局”。下文以当前的下元八运（2004 年 –2023 年）为当运周期，分别对二十四山向不同坐山的环境空间“山向合局”情况进行阐释。

### 一、旺山旺向

当山盘的当令元运之星正好飞入坐山所在宫位，向盘的当令元运之星正好飞入向方所在宫位，就形成了旺山旺向盘局。易理认为，旺山旺向的盘局是最理想的盘局，因为以坐山为基础的当运之星直接飞入坐山所在的宫卦，说明在该元运下修造或启用该环境空间，正好处于星象与坐山相和当旺的时节，非常有利于环境空间龙脉行气，也就有利于环境空间乘龙气。同时，以向方为基础的当运之星又直接飞入向方所在的宫卦，也说明在该元运下修造或启用该环境空间，正好处于星象与朝向相和当旺的时节，有利于环境空间的乘外气、纳堂气。所以旺山旺向局是环境空间“内乘龙气、外纳堂气”的最佳选择，说明在当令的元运周期（20 年）内，宇宙星象对环境空间正能量影响最佳。当前所处的下元八运共有“亥山巳向”“巳山亥向”“乾山巽向”“巽山乾向”“丑山未向”“未山丑向”六个盘局是旺山旺向局。

以下元八运“亥山巳向”环境空间为例，排定宅命盘，以诠释旺山旺向局的形成。首先以“八”为当令之星放入中宫，顺飞度位九宫，用汉字数字表示星数，绘制如图 11.1 所示的八运九宫盘图。其次确定“亥山巳向”盘局的山星和向星入中飞伏数字，“亥山”属乾卦，在八运九宫图中乾卦由九紫星占盘，因此九紫星就是山星，那么将阿拉伯数字“9”写在中宫的右下角，表示坐山的飞星数；“巳向”属巽卦，在八运九宫图中由七赤星占盘，因此七赤星就是向星，那么将阿拉伯数字“⑦”写在中宫的左上角，表示向方的飞星数。再次确定山星和向星的飞伏顺序，“亥山”的三元龙属性为人元龙，星象数为“9”，在元旦盘中山星“9”占盘于离宫，而离宫对应的人元龙为丁山，阴阳属性为阴，因此确定该山星为逆飞；“巳向”的三元龙属性也为人元龙，星象数为“⑦”，在元旦盘中向星“⑦”占盘于兑宫，而兑宫对应的人元龙为辛向，阴阳属性为阴，因此确定该向星也为逆飞。据此绘制如图 11.4 所示下元八运“亥山巳向”宅命盘图。

| | | |
|---|---|---|
| ⑧ 七 1 | ③ 三 5 | ① 五 3 |
| ⑨ 六 2 | ⑦ 八 9 | ⑤ 一 7 |
| ④ 二 6 | ② 四 4 | ⑥ 九 8 |

**图 11.4 八运亥山巳向宅命盘图**

从图 11.4 不难看出，下元八运“亥山巳向”的环境空间宅命盘中山星当令元运“8”正好飞入乾宫，是亥山所在宫位；向星的当令元运“⑧”正好飞入巽宫，是巳向所在宫位，这样就构成了旺山旺向盘局。旺山旺向的环境空间是一卦清纯的环境空间，不需要对规划布局进行修正或调整。

## 二、倒山倒向

当山盘的当令元运之星正好飞入向方所在宫位，向盘的当令元运之星正好飞入坐山所在宫位，就形成了倒山倒向局。易理认为，倒山倒向局是最不理想的盘局，因为以坐山为基础的当运之星飞入了向方所在的宫位，说明在该元运下修造或启用该环境空间，其龙脉乘气受星象影响而背离了原本所在的位置，转而到向方所在的外环境，处于星象与坐山相克的时节，对环境空间龙脉行气产生不利影响，也就不利于环境空间内乘龙气。同时，以向方为基础的当运之星又飞入到坐山所在的宫位，使环境空间外乘堂气也背离了原本所在的位置，不利于环境空间乘外气。这种“山向合局”必须进行规划布局的调整或修正，如以人为造形造势进行补救，在坐山方位设立水池等相对低洼的建筑小品，以纳向方之“水气”；在向方则适当提高水平面，或构筑相对较高的具有龙脉形势的物态，以纳坐山之“龙气”。在传统的地理术中，将这种盘局称为“山上山神下了水，水里龙神上了山”，说明是一种阴阳倒置的格局。山神要飞到见到山的位置，而却飞入了水向，有浸死之祸；水里的龙神应在水中自由翱翔，而却飞入坐山，有渴死之祸。因此，倒山倒向局在当运中属凶局，如果不加以修正，不宜进行修造。在实践中，遇到这种盘局，如果条件允许就弃之不用，如果条件不允许，那么要在坐山方位构筑水流、水系或水势，在朝向方位构筑龙脉，以使“水气”和“龙气”都有归属；或者不进行修造，维持原样，待元运转移后再行动土。当前所处的下元八运共有“坤山艮向”“艮山坤向”“寅山申向”“申山寅向”“辰山戌向”“戌山辰向”六个盘局是倒山倒向局。

以下元八运“坤山艮向”的环境空间为例，排定宅命盘，以诠释倒山倒向局的形成。首先也是绘制八运九宫盘图。其次确定山星和向星入中飞伏数字，“坤山”属坤卦，在八运九宫图中坤卦由五黄星占盘，因此五黄星就是山星，那么将阿拉伯数字“5”写在中宫的右下角，表示坐山的飞星数；“艮向”属艮卦，在八运九宫图中由二黑星占盘，因此二黑星就是向星，那么将阿拉伯数字“②”写在中宫的左上角，表示向方的飞星数。再次确定山星和向星的飞伏顺序，“坤山”的三元龙属性为天元龙，星象数为“5”，在元旦盘中山星“5”占盘于中宫，没有对应的龙元属性，因此需要进行分运处理，本案在下元八运修造，应将五黄运归入六白运，在元旦盘中六白星处于乾宫，而乾宫对应天元龙为“乾山”，阴阳属性为阳，因此确定该山星为顺飞；“艮向”的三元龙属性也为天元龙，星象数为“②”，在元旦盘中向星“②”占盘于坤宫，而坤宫对应的天元龙为坤向，阴阳属性为阳，因此确定该向星也为顺飞。据此绘制如图 11.5 所示下元八运“坤山艮向”宅命盘图。

| | | |
|---|---|---|
| ① 七 4 | ⑥ 三 9 | ⑧ 五 2 |
| ⑨ 六 3 | ② 八 5 | ④ 一 7 |
| ⑤ 二 8 | ⑦ 四 1 | ③ 九 6 |

图 11.5 八运坤山艮向宅命盘图

从图 11.5 不难看出，下元八运“坤山艮向”的环境空间，山星的当令元运之星“8”正好飞临到艮宫，是艮向所在宫位；向星的当令元运之星“⑧”正好飞临到坤宫，是坤山所在宫位，这样就构成了“山运之星到向方，向运之星到坐山”的倒山倒向局。倒山倒向的环境空间是阴阳差错的环境空间，如果条件不允许一定要使用，则必须进行人为的造形造势，改变九星对环境空间乘气的影响。

### 三、双星到坐

当山盘的当令元运之星和向盘的当令元运之星同时飞入环境空间的坐山所在的宫位，就形成了双星到坐局。易理认为，双星到坐局是旺龙局，按照传统地理术“山管人丁水管财”的原则，这种盘局是旺丁之局，但不利财气，因此这种盘局适合于龙脉形势不理想但水流水系形势较理想的环境空间，可以借助于星象的能量强化环境空间的乘内气效果；而对于水流水系形势不理想的环境空间，就需要进行修正和调整，否则就不利于环境空间外乘堂气。这种盘局的“水气”也飞到山上，要使之成为“活龙”，通常在坐方布局水池、水缸等，以使向方的“水气”变活。当前所处的下元八运共有“壬山丙向”、“甲山庚向”“丁山癸向”“酉山卯向”“午山子向”“辛山乙向”六个盘局是双星到坐局。

| ② 七 5 | ⑦ 三 9 | ⑨ 五 7 |
|---|---|---|
| ① 六 6 | ③ 八 4 | ⑤ 一 2 |
| ⑥ 二 1 | ⑧ 四 8 | ④ 九 3 |

图 11.6 八运壬山丙向宅命盘图

以下元八运“壬山丙向”的环境空间为例，排定宅命盘，以诠释双星到坐局的形成。首先也是绘制八运九宫盘图。其次确定山星和向星入中飞伏数字，“壬山”属坎卦，在八运九宫图中坎卦由四绿占盘，因此四绿星就是山星，那么将阿拉伯数字“4”写在中宫的右下角，表示坐山的飞星数；“丙向”属离卦，在八运九宫图中由三碧星占盘，因此三碧星就是向星，那么将阿拉伯数字“③”写在中宫的左上角，表示向方的飞星数。再次确定山星和向星的飞伏顺序，“壬山”的三元龙属性为地元龙，星象数为“4”，在元旦盘中山星“4”占盘于巽宫，而巽宫对应的地元龙为辰山，阴阳属性为阴，因此确定该山星为逆飞；“丙向”的三元龙属性也为地元龙，星象数为“③”，在元旦盘中向星“③”占盘于震宫，而震宫对应的地元龙为甲向，阴阳属性为阳，因此确定该向星为顺飞。据此绘制如图 11.6 所示下元八运“壬山丙向”宅命盘图。

从图 11.6 不难看出，下元八运“壬山丙向”的环境空间，山星的当令元运之星“8”正好飞临到坎宫，是壬山所在宫位；向星的当令元运之星“⑧”也正好飞临到坎宫，也是壬山所在宫位，这样就构成了“山运之星和向运之星都到坐山”的双星到坐局。双星到坐局是利坐山、凶朝向的盘局，在实践中，如果遇到龙脉形势不佳而朝向形势理想的环境空间，多采用这种盘局进行优化调整。

### 四、双星到向

双星到向局与双星到坐局正好相反，是指山盘的当令元运之星和向盘的当令元运之星同时飞临到环境空间的向方所在的宫位。易理认为，双星到向局是旺水局，按照传统地理术“山管人丁水管财”的原则，这种盘局是旺财之局，但不利人丁，因此这种盘局适合于龙脉形势理想但水流水系形势不理想的环境空间，可以借助于星象的能量强化环境空间乘外气效果；而对于龙脉形势不理想的环境空间，就需要进行修正和调整，否则就不利于环境空间内乘龙气。这种盘局的“山气”飞到向方上，有浸死之祸，所以通常在向方布置假山或构筑山龙形势，以使飞临的“山气”有承载之躯。当前所处的下元八运共有“丙山壬向”“庚山甲向”“癸山丁向”“卯山酉向”“子山午向”“乙山辛向”六个盘局是双星到向局。

以下元八运“丙山壬向”的环境空间为例，排定宅命盘，以诠释双星到向局的形成。首先也是绘制八运九宫盘图。其次确定山星和向星入中飞伏数字，“丙山”属离卦，在八运九宫图中离卦由三碧星占盘，因此三碧星就是山星，那么将阿拉伯数字“3”写在中宫的右下角，表示坐山的飞星数；“壬向”属坎卦，在八运九宫图中由四绿星占盘，因此四绿星就是向星，那么将阿拉伯数字“④”写在中宫的左上角，表示向方的飞星数。再次确定山星和向星的飞伏顺序，“丙山”的三元龙属性为地元龙，星象数为“3”，在元旦盘中山星“3”占盘于震宫，而震宫对应的地元龙为甲山，阴阳属性为阳，因此确定该山星为顺飞；“壬向”的三元龙属性也为地元龙，星象数为“④”，在元旦盘中向星“④”占盘于巽宫，而巽宫对应的地元龙为辰向，阴阳属性为阴，因此确定该向星为逆飞。据此绘制如图 11.7 所示下元八运“丙山壬向”宅命盘图。

从图 11.7 不难看出，下元八运“丙山壬向”的环境空间，山星的当令

| | | |
|---|---|---|
| ⑤ 七 2 | ⑨ 三 7 | ⑦ 五 9 |
| ⑥ 六 1 | ④ 八 3 | ② 一 5 |
| ① 二 6 | ⑧ 四 8 | ③ 九 4 |

图 11.7 八运丙山壬向宅命盘图

元运之星“8”正好飞临到坎宫，是壬向所在宫位；向星的当令元运之星“⑧”也正好飞临到坎宫，也是壬向所在宫位，这样就构成了“山运之星和向运之星都到向方”的双星到向局。双星到向局是利朝向、凶坐山的盘局，在实践中，如果遇到水流水系形势不佳而坐山形势理想的环境空间，多采用这种盘局进行优化调整。

需要强调，上述山向合局的判定是以理想的环境空间形势和传统的山水合势为基础，主要适合于山区地势的“以山定龙”的环境空间，是建立在传统风水理气倡导的“坐满朝空”的基础之上。如果是平洋之地，则“以水定龙”，环境空间取向上是“坐空朝满”，那么如“倒山倒向”局正好弥补了平洋之地“以水定龙”而形成的“坐空朝满”形势状态的不足，就是理想的环境空间修造或启用日课。因此，九星证局的环境空间修造元运选择，需要结合具体环境空间的地理形势而定，不能就理论理、教条地理解山向合局的优劣。

## 第三节　星象加会

星象加会是指在宅命盘中，运星与山星、或运星与向星加会在一起而产生的吉凶旺衰关系。星象加会是易理时间与空间两大范畴相互交融的具体表现，其实质是运用时间属性检验空间布局的合理性。需要强调，这里的“加会”是指环境空间的坐山或朝向（空间范畴）与修造或启用元运（时间范畴）之间星象的加会，是“空间”与“时间”之间的加会，体现宇宙时空的相互转换，不能将坐山与朝向之间的星象进行加会。宇宙时间周期划分是以“三元九运”为基础，一个大元有九运构成，在易理环境选择实践中，一般以一个元运20年为时间周期。因此，星象加会将产生九九八十一种结果，下文以一运为例，阐释一运之星与环境空间山星或向星加会而对环境空间产生的吉凶影响。

一白贪狼星为魁首文章之星，财富智慧之星，是吉星，阴阳属性为阳，五行属水。其当令时促名气官位、文武双全、科甲官名、财富丰裕；失令时则为桃花劫，易因酒色而破财损家。一白星与其他星象加会产生的吉凶结果分析如下。

“一一”加会为比和。一运之星与一白星加会的阴阳属性为双阳相会，阳过重，而阴不足，在环境空间布局过程中应适当强化阴的属性。五行为水水相和，为大吉，说明环境空间与元运相和生旺，又因一白贪狼星为吉星，所以不论其当令还是失令，该元运对环境空间都产生正能量，如当令为吉上加吉，如失令也为吉。

“一二”加会为克入。一运之星与二黑星加会的阴阳属性为阴阳相会，不论当旺当衰，阴阳二气平衡，说明在该元运修造或启用环境空间是阴阳调和的时节，有利于环境空间乘气。五行为土克水，环境空间克元运，说明在该元运内修造或启用环境空间，元运起不到作用，可以修造或启用，为不凶不吉。

“一三”加会为生出。一运之星与三碧星加会的阴阳属性为双阳相会，阳过重，而阴不足，在环境空间布局过程中应适当强化阴的属性。五行为水生木，是元运生环境空间，为大吉，加之元运之星为吉星，不论其当令还是失令，一运与三碧星加会，对环境空间的修造或启用将是大吉大利。

“一四”加会为生出。一运之星与四绿星加会的阴阳属性为阴阳相会，不论当旺当衰，阴阳二气平衡，说明在该元运修造或启用环境空间是阴阳调和的时节，有利于环境空间乘气。五行为水生木，与“一三”加会相同，也为元运生环境空间，加之阴阳属性为平衡关系，所以一运与四绿星加会，对环境空间也是大吉大利，而且阴阳平衡，这种加会方式比“一三”加会效果更好。

“一五”加会为克入。一运之星与五黄星加会的阴阳属性为双阳相会，阳过重，而阴不足，在环境空间布局过程中应适当强化阴的属性。五行为土克水，与“一二”加会一样，是环境空间克元运，说明在该元运内启用或修造环境空间，元运起不到作用，可以修造或启用，为不凶不吉，但环境空间的当令之星为五黄最凶星，这种克入的效果比二黑更强，更适宜启用或修造环境空间。

“一六”加会为生入。一运之星与六白星加会的阴阳属性为阴阳相会，不论当旺当衰，阴阳二气平衡，说明在该元运修造或启用该环境空间是阴阳调和的时节，有利于环境空间乘气。五行为金生水，是环境空间生元运，为泄气，在此时节修造或启用环境空间，不利于环境空间乘气，但六白星为吉星，这种影响相对较小。

“一七”加会为生入。一运之星与七赤星加会的阴阳属性为双阳相会，阳过重，而阴不足，在环境空间布局过程中应适当强化阴的属性。五行为金生水，也是环境空间生元运，为泄气，且七赤星为凶星，这种泄气效果强，对修造或启用环境空间将带来凶象，不宜修造或启用。

“一八”加会为克入。一运之星与八白星加会的阴阳属性为阴阳相会，不论当旺当衰，阴阳二气平衡，说明在该元运修造或启用该环境空间是阴阳调和的时节，有利于环境空间乘气。五行为土克水，是环境空间克元运，说明在该元运下修造或启用环境空间，对环境空间不构成影响，且八白星为吉星，环境空间克元运代表鬼财，说明在该元运下修造或启用环境空间有利于财富。

“一九”加会为克出。一运之星与九紫星加会的阴阳属性为双阳相会，阳过重，而阴不足，在环境空间布局过程中应适当强化阴的属性。五行为水克火，是元运克环境空间，对环境空间不利，不宜修造或启用环境空间。

综上可知，在九星中，元运之星与环境空间的坐山或向方之星为比和关系（如“一一”加会），或者元运之星生环境空间的山星或向星（如“一三”

加会、“一四”加会），这两种情况是理想的星象加会，对环境空间的修造和启用起大吉作用。其次，环境空间的山星或向星克元运（如”一二”加会、“一五”加会、“一八”加会），为鬼财，属于不凶不吉，可以进行修造或启用。第三，环境空间的山星或向星生元运之星（如“一六”加会、“一七”加会），或者元运之星克环境空间的山星或向星（如“一九”加会），这两种情况对环境空间的修造或启用不利，为凶，一般以维持原状，不进行修造或启用为宜。

其他八运，仿上述方法推理，不再赘述。

## 第四节　星象数理合局

星象数理合局是指在宅命盘中，运星、山星、向星的星数之间存在着特定数理关系的盘局。星象数理合局是按照河洛数理的合局思路推断环境空间八个方位的吉凶状况，这也是修正环境空间布局的常用方法之一。由于数理关系非常复杂，不同的数理蕴含着不同的逻辑内涵，在易理环境选择实践中，常用的星象数理合局主要有星数合十、三般卦两种形式，本书就这两种常用的星象数理合局情况进行阐释。

### 一、星数合十

星数合十是指在宅命盘中，山星与运星的星数相加合十，或向星与运星的星数相加合十，这种盘局称为“星数合十”。易理认为，星数合十是洛书数理的吉祥表现之一，如果出现这种盘局，则说明在此元运下，该环境空间的坐山龙脉处于旺运或朝堂向水处于旺运。处于旺运的环境空间，必然有利于环境空间内乘龙气，外纳堂气，以此运所在的时间周期修造或启用环境空间，必将为居于其中的人们带来旺运和吉祥。如当前的下元八运中的“丑山未向”环境空间就是山星与运星合十的星数合局，这种盘局的宅命盘如图 11.8 所示。从图 11.8 不难看出，位于九宫中的每一宫，山星与运星的飞星数相加都为十。又如当前的下元八运中的“未山丑向”环境空间就是向星与运星合十的星数合局，这种盘局的宅命盘如图 11.9 所示。由图 11.9 可知，位于九宫中的每一宫，向星与运星的飞星数相加都为十。

| | | |
|---|---|---|
| 七 3 | 三 7 | 五 5 |
| 六 4 | 八 2 | 一 9 |
| 二 8 | 四 6 | 九 1 |

图 11.8 丑山未向坐山合十盘图

| | | |
|---|---|---|
| ③ 七 | ⑦ 三 | ⑤ 五 |
| ④ 六 | ② 八 | ⑨ 一 |
| ⑧ 二 | ⑥ 四 | ① 九 |

图 11.9 未山丑向朝向合十盘图

## 二、三般卦

三般卦是指在宅命盘中出现山星、向星、运星三组飞星数在数理序列上的有序排列组合，最常见有父母三般卦和连珠三般卦两种类型。

### （一）父母三般卦

父母三般卦是指当宅命盘中出现了山星、向星、运星组成的飞星数字构成等差数列的形式，如在同一宫卦中出现“一四七”“二五八”“三六九”等这样的等差数列，则称该盘局为“父母三般卦”。易理认为，如果某个环境空间的宅命盘图出现了父母三般卦的数理布列，则说明该环境空间处于大吉大利的元运之中，以此元运修造环境空间或启用环境空间，将大富大贵泽被后世好几代。如当今的下元八运“申山寅向”的环境空间，虽然在山向合局中为倒山倒向盘局，但却是一个父母三般卦，这种三般卦如果配合形势上对“倒山倒向”不利的修正和改造，那么将构筑惠及几代人的理想环境空间。下元八运“申山寅向”的宅命盘如图 11.10 所示。从图

11.10 不难看出，巽宫的向星为①、山星为4、运星为七，组成了“一四七”格局；中宫的向星为②、山星为5、运星为八，组成了“二五八”格局；乾宫的向星为③、山星为6、运星为九，组成了“三六九”格局。传统的相地术认为，得此卦可使每宫元运贯通上中下三元，能得贵人相助，财运茂盛，泽被后世。

| ① 七 4 | ⑥ 三 9 | ⑧ 五 2 |
|---|---|---|
| ⑨ 六 3 | ② 八 5 | ④ 一 7 |
| ⑤ 二 8 | ⑦ 四 1 | ③ 九 6 |

**图 11.10 八运申山寅向父母三般卦宅命盘图**

**（二）珠连三般卦**

珠连三般卦是指在宅运盘中出现了山星、运星和向星组成的飞星数构成连续数列的形式，且运星数处于三个星数的中间，如在同一宫卦中出现“一、二、三”“四、五、六”“七、八、九”等这样的连续数列，则称该盘局为“珠连三般卦”。易理认为，如果某个环境空间的宅命盘图出现了珠连三般卦的数理布列，则说明该环境空间处于大吉大利的元运之中，以此元运修造环境空间或启用环境空间，也将会大富大贵泽被子孙好几代。如下元七运“亥山巳向”的环境空间，虽然在山向合局中也为倒山倒向局，但是在星数合局中是珠连三般卦，这种三般卦的吉利也将冲破倒山倒向的不吉影响，再配合形势上的修造，将构筑惠及几代人的理想环境空间。下元七运“亥山巳向”的宅命盘如图 11.11 所示。从图 11.11 不难看出，离宫的向星为①、运星为二、山星为 3，构成了连续的“一、二、三”格局；坎宫的向星为②、运星为三、山星为 4，也构成了连续的“二、三、四”格局；坤宫的向星为③，运星为四，山星为 5，还构成连续的“三、四、五”格局，在该盘中每个宫都构成了三位连续数，

| ⑤ 六 7 | ① 二 3 | ③ 四 5 |
|---|---|---|
| ④ 五 6 | ⑥ 七 8 | ⑧ 九 1 |
| ⑨ 一 2 | ② 三 4 | ⑦ 八 9 |

**图 11.11 七运亥山巳向珠连三般卦宅命盘图**

就如同一串珠宝，故名珠连三般卦。传统相地术认为，得此局者，必运通三元，在事业、学业、财富等多方面都将能得到格外收获，福至后代。

## 第五节　九星优化护局

运用飞星进行环境空间的优化护局，就是按照环境空间的宅命盘图，分析其山向合局、星象加会和星数合局的具体情况，进而决定调整环境空间的细节规划布局。易理认为，星象是远离人居环境空间的外在宇宙影响因素，其对人居环境的影响是通过星象的运动而形成的。因此，如果环境空间处于“动态”，那么受星象吉凶的影响较大；如果处于“静态”，那么受星象吉凶的影响较小。在易理环境选择实践中，九星优化护局一般分为两种情况：一是星象当令时的优化护局；二是星象失令后对环境空间规划布局的调整。

### 一、星象当令对布局的优化

星象当令对布局的优化调整是针对拟修造或启用的环境空间而言，宇宙时间的运动不以人的意识为转移，任何一个拟进行修造或启用的环境空间总是处于一定的元运之中，而这个元运就是当令之星对应的星数元运。在实践中，通常按照以下五个步骤处理星象当令时对环境空间的布局优化：一是将环境空间按照宅命盘的制作方式划分为九宫分布；二是判断山向是否合局；三是分析各个宫卦的星象加会；四是察看是否构成星象数理合局；五是针对山向合局、星象加会的具体情况，分别进行规划布局的调整和优化。需要强调，在星象对环境空间吉凶影响因素中，最重要的是星象数理合局。如果遇到了星象数理合局的环境空间，那么将不再进行星象当令或失令的规划布局优化。

#### （一）山向合局的布局优化

山向合局共有四种形式，分别是旺山旺向、倒山倒向、双星到坐和双星到向。如果是旺山旺向局，那么就不需要进行特别的布局优化，这种盘局其本身就体现了元运与坐山或向水的相和相生，是最符合形理要求的理想盘局。

如果是倒山倒向局，那么说明所处元运与环境空间出现背离，“山气”下水，“水气”上山，针对这种情况，就需要相应的调整环境空间中的细节规划布局，在向方构筑山龙的形势物态，如规划相对较高的建筑物，或建造假山，使“山气”在向方有容身之地，从而使下水的“山神”变活；同时在坐方构筑“水气”的容身场所，如修造水池、放置鱼缸等，使上山的“水龙”变活，可见这种盘局适合于“坐空朝满”的形势环境。

如果是双星到坐局，那么关键是强化向方的乘纳外气形势，使环境空间不因运星到坐而影响环境空间自身的乘纳堂气，同时也可以在坐方构筑“水气”的活动场所，使坐方龙脉更加旺盛。

如果是双星到向局，那么正好与双星到坐局相反，将重点放在强化坐山和龙脉上，加强环境空间内乘龙气，构成龙脉形态。当然，在具体的环境空间规划布局优化过程中，常常也借助于移动的物态，以达到上述优化的效果。

**（二）星象加会的布局优化**

星象加会是针对每一个宫卦而言，所以要分析宅命盘的九宫星象分布，对于吉祥的星象加会一般不需重新优化布局；而对于凶煞的星象加会通常有两种方法进行优化：一是按照下一章《化煞护局》的办法，以化煞镇物为手段进行布局优化；二是按照星象的动静之理，对存在加会为凶为煞的宫卦不进行修造，以保留原样，待元运转化后再进行修造，在功能上尽可能布置为库房、档案室等人流不常到、属于静态的用途。

## 二、星象失令对布局的调整

宇宙时间在不断运动过程中，使各个星象对地球环境的影响力量产生此消彼长的结果。当某星当令时对宇宙环境空间产生正能量影响，但随着时间的流逝，当令之星将逐渐转化为失令之星，这个过程必将会出现当令之星的不断更替，从而使原本修造环境空间时形成的山星或向星进入到当令时节，并飞入中宫，这种情况称之为“令星入囚”。如七运“戌山辰向”的环境空间，山星为8，向星为⑥，随着时间的变化，当元运进入到八运之后，那么该环境空间的原有山星（8）即进入了八运的中宫，这就是令星入囚。当出现令星入囚的情况，就需要对原布局进行调整，并按照新的星象飞伏状况，以移动物态、化煞镇物、装修改造等手段进行重新布局，否则将影响环境空间的整体乘气效果。

由此可见，在不同的元运，同样的环境空间也将产生不同的乘气效果。所以，人居环境空间将随着时间变化而产生不同的吉祥福祸，往往在当下是理想的环境空间规划布局，但随着时间的变化而使之成为不理想的环境空间规划布局；而在当下不理想的环境空间也可能随着时间的推移变成理想的环境空间，这就是人们通常所述的“风水轮流转”。这也表明任何一个环境空间不可能是永久的吉祥，有利则必有弊，这不但是易理倡导的环境选择阴阳平衡观和宇宙和谐观的表现，也是唯物主义辨证观的集中体现。

# 第十二章　化煞护局

化煞护局是对已经规划布局好的环境空间进行易理上的行气优化。阴阳二气在生化宇宙万事万物过程中，行曲而生气，行直而泄气，不同的行气路径，决定了气的优劣，有生气与煞气之分。环境空间规划布局的最终目标是收纳生气，规避煞气，从而使整个环境空间达到最佳的人居空间要求。然而，人居环境是宇宙空间的组成部分，不但需要适应人类居住的要求，还要适应整个宇宙时空的变化，面对千变万化的环境空间，如何达到收纳生气的同时又规避煞气呢？这就需要借助于“移动物态”，通过改变易理之气在拟定的环境空间中的行走路径，以达到环境空间最佳的乘气效果。笔者将这种借助于移动物态改变既定环境空间行气效果的过程称为“化煞护局”。在易理环境选择实践中，化煞护局的前提是判定不同的易理之气，区分生气与煞气，然后针对不同的煞气采用不同的移动物态进行规避。

化煞护局是易理环境选择的最后一个步骤，通过化煞使整个环境空间不论在使用功能上，还是在易理乘气上都达到最佳的效果。虽然化煞护局是整个环境空间选择的最后步骤，但对于现代都市中的单元结构房屋，化煞护局的作用比易理环境选择过程中的形势判局、乘气定局和规划布局等都显得更为重要。因为，在现代都市单元结构房屋中受其内部建筑结构的限制（如承重结构），或受外部环境的制约（如公共设施），仅依靠合理的规划布局往往很难达到易理环境选择所要求的理想乘气效果，所以借助于移动物态对不利于环境空间的各种因素进行化解，则成为城市单元房中规划布局的重要内容。

## 第一节　易理煞气

煞气是影响人居环境空间的所有不良因素的统称，这里所指的“不良因素”应包含两个方面：一是指通过环境空间本身的布局优化仍然不能改变的物态，包括外在物态和环境空间自身结构的缺陷；二是指按照易理观念分析环境空间时存在着无法进行建筑改变的缺陷方位。可见，环境空间的煞气由两个方面构成：一是物态煞，如经常可以见到的屋角、破山、路冲、铁塔、电线杆等形状不佳的物态，物态煞也称“有形煞”“峦头煞”；二是理气煞，就是按易理观念进行环境空间选择和规划布局过程中存在的缺陷方位，如乘外气过程遇到了八路黄泉水、九星飞伏中失令的凶星所飞临的方位等等，理气煞也称为“无形煞”。

在易理环境选择实践中，煞气是相对于生气而形成的概念，在有生气的地方，就一定有煞气存在。易理认为，宇宙世界万事万物都处于阴阳二性的平衡当中，任何环境空间都是生气与煞气之间的平衡。如果某个环境空间只有生气，而没有煞气，那么就如阴阳二气中的孤阴不长、独阳不生一样，不能成为可以长期旺盛的人居环境。所以，化解煞气只是改变煞气在环境空间中的运行轨迹，使之与生气更好地达到平衡，而不是消除煞气。

化煞是按照易理的类象之理，将影响环境空间的不利因素类象为人们可以感知的“凶象”，从而采取相应的克制方法，运用可移动的物态，将凶象予以克制。在实践中这种克制方法就是借助人们可以接受或感知效果良好的可移动物态，称为“镇物”或“化煞镇物”，并将其放置于凶象呈现的方位上，以使煞气的运行轨迹被镇物化解。笔者认为，这种化煞的理论基础源于“一物一太极”之理，宇宙时空是太极裂变的结果，宇宙时空中的万事万物都构成一个小太极，无数个小太极的对立平衡就成就了精彩的宇宙世界。镇物虽然是人类创制的物态，但它也是一个小太极，通过镇物在环境空间中的布列，使煞气的运行轨迹发生变化，从而抵消其强度，以使之达到与生气平衡的结果。

煞气由物态煞和理气煞两方面构成，但其具体的表现形式却多种多样，认识易理环境中的煞气，首先就需要对其不同存在形式进行分类，并针对不同类型的煞气采用不同的化解方法。

### 一、物态煞的种类

物态煞是以物态的形式作用于环境空间而产生的不利影响因素。根据其来源不同可分为两类：一类是环境空间本身的结构缺陷而形成的煞气；另一类是外在物态由于结构特质、所处的空间方位对环境空间构成一种不利因素而形成的煞气。

#### （一）环境空间自身缺陷而形成的煞气

煞气虽然是环境空间的外在因素，但往往因为环境空间自身结构有缺陷、或者受其本身形态特征的限制，使之在环境空间规划布局过程中不可避免，从而形成易理环境选择中的缺陷。这种缺陷的形成可谓种类繁多，而且往往是以人们的感知予以表现。由于不同的人群，对外界的物态感知不一，所以形成的煞气类型就不同，有专门的学者对易理煞气进行研究，并提出上百种、上千种的煞气种类。笔者认为，环境空间因自身缺陷而存在的煞气，不论其具体表现形式如何，从本质特性看，可以归纳为以下四种类型。

##### 1. 尖角煞

尖角煞是指物态对环境空间构成直角对立直冲的观感视觉而产生的煞气。在某个特定环境空间的内部区域划分过程中，有时会存在某个分区（如

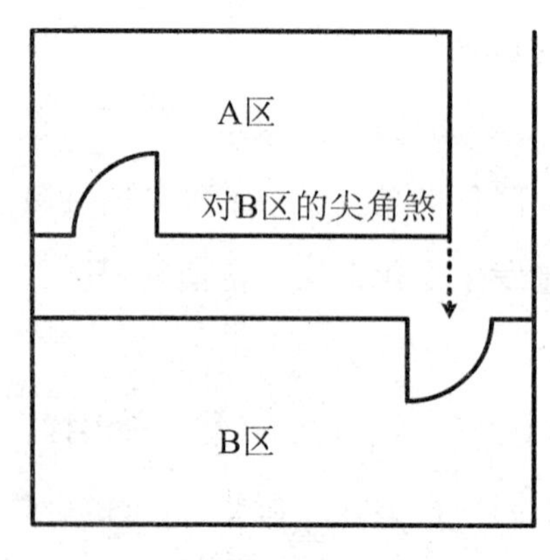

图 12.1 尖角煞

A 区）因外围结构所需而产生出尖利的转角，且这个转角正好对着其他分区（如 B 区）的入口，这种环境空间的结构分布状态，对 B 区而言就形成了尖角煞，如图 12.1 所示。从建筑学角度看，尖角煞的存在是维护一个分区的私密性或结构稳定性而损害了另一个分区的乘气效果，因此在建筑物室内功能分区过程中经常会出现尖角煞。

**2. 污口煞**

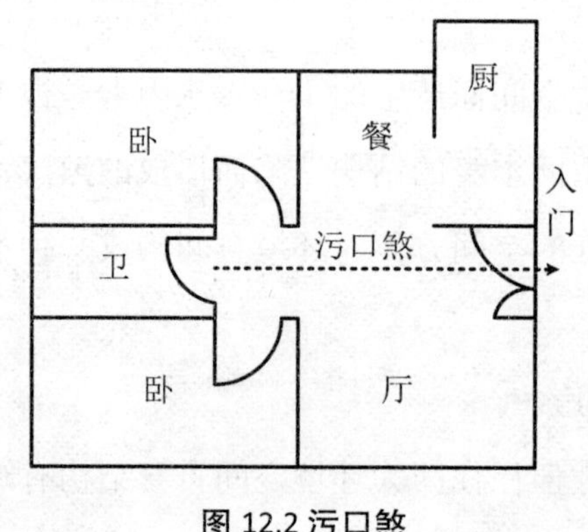

图 12.2 污口煞

污口煞是指具有排污纳秽功能的物态对环境空间的另一些功能物态形成观感视觉上的丑恶观感而产生的煞气。污口就是环境空间的污秽物收纳或排除的道口，如厕所、排污管道等等。任何一个人居环境都需要有污口，但往往有些建筑设计不合理，将污口置于与重要通道、入口对冲的位置，这样就容易在环境空间中的某些功能区产生煞气而形成污口煞，如图 12.2 所示的城市单元房就存在着污口煞。在现代城市单元房中常会遇到污口煞，尤其是上个世纪八、九十年代建造的房屋，由于当时的设计理念只重视房屋的面积和满足使用功能，而忽略居者的舒适度，所以经常会遇到污口煞。污口煞最不利的影响是正对着入户大门、主卧室门或厨房门。

**3. 开口煞**

开口煞是指环境空间启门方向正对着飞泄而去的物态而形成的煞气，也称门冲煞。如开门正对着电梯门、楼梯口，或者直面飞泄而去的水流、道路以及独立的尖角构筑物等等，这种空间结构布局状态，对环境空间构成了开门见煞的不良反应，形成了开口煞。如图 12.3 所示的房屋就存在着开口煞。

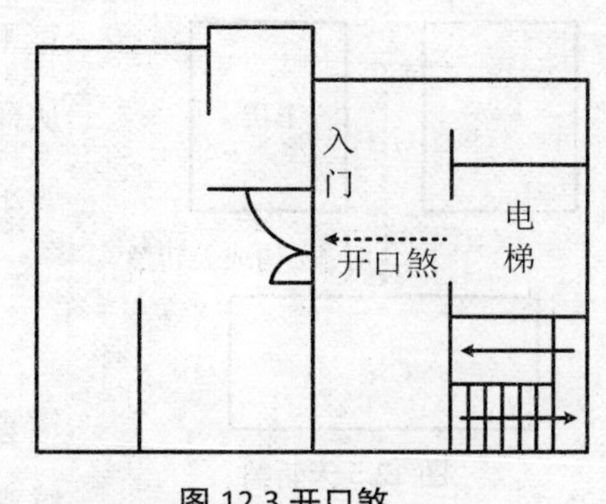

图 12.3 开口煞

4. 穿堂煞

穿堂煞是指在较小的局部环境空间（如房间、客厅等）内，出现门对门、门对窗、窗对窗的结构形态，使生气行直而对该环境空间形成的煞气。穿堂煞使生气进入该环境空间后就穿堂而过，从左边进右边出，不利于环境空间的聚气。穿堂煞在现代框架结构建筑中比较常见。如图 12.4 所示的房屋就存在着穿堂煞。

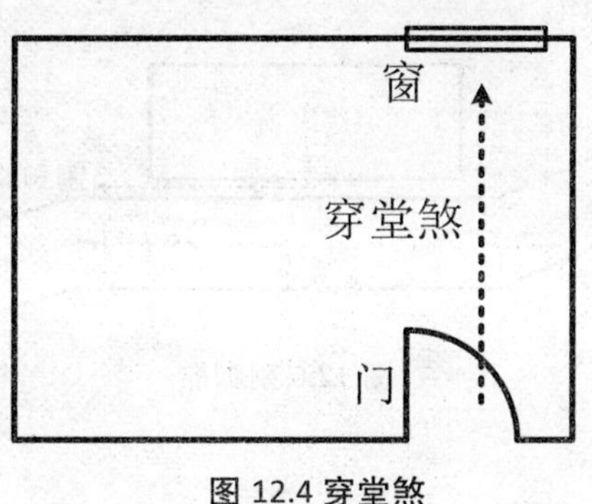

图 12.4 穿堂煞

（二）环境空间外在物态形成的煞气

由于环境空间外在物态的体态特征存在缺陷，或者外在物态所在的位置处于环境空间的不利方位，这将对环境空间乘气产生不利影响，从而形成煞气。这种煞气的形成过程非常复杂，形态也各式各样，认识这一类煞气，需要易学爱好者不断的实践，并结合易理环境选择的相关知识进行识别。下文列举现代城市中最常见的几种物态煞气，供读者参考。

1. 天斩煞

当某个环境空间（如一栋房屋）与笔直的水流或道路在平面构成上形成垂直角，或者正对着两座大厦中间所形成的细长的空隙，那么这笔直的水流、道路或细长空隙对该环境空间就形成了一种煞气，这就是“天斩煞”。这种煞气是因为两座大厦夹一缝（笔直的水流为两岸夹一缝）而使生气走

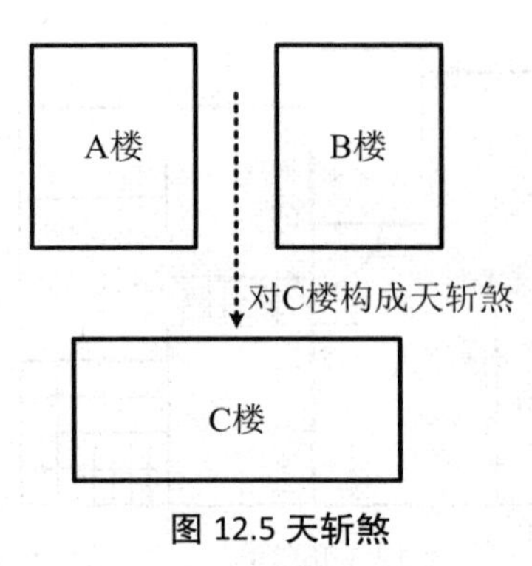

图 12.5 天斩煞

直不走曲，将原本的生气状态转化为泄气，从而对环境空间起不到乘气效果。如图 12.5 所示的建筑布局就形成了天斩煞。

**2. 割脚煞**

当某个环境空间（如一栋房屋）紧贴着笔直的道路或水流等，形成“水贴穴前”的感观，那么这笔直的道路或水流就对该环境空间形成了一种煞气，这就是“割脚煞”。这种煞气使环境空间的乘气效果不稳定，容易导致出现大起大落、财气反复、不易聚财的状况发生。如图 12.6 所示的建筑布局就形成了割脚煞。

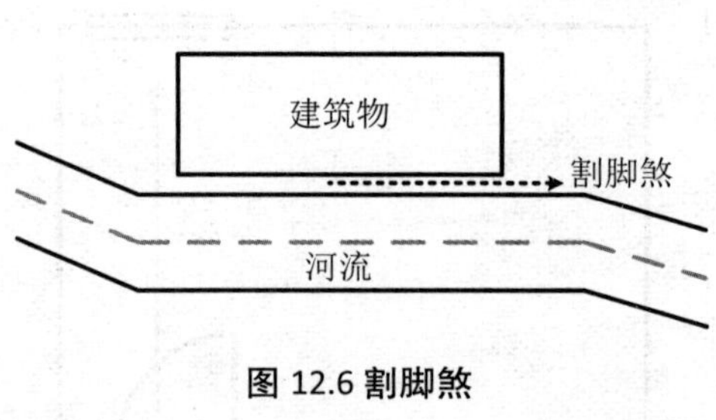

图 12.6 割脚煞

**3. 天弓煞**

当某个环境空间（如一栋房屋）明堂之前有形如反弓形状的道路或水流，就形成了“天弓煞”。这种煞气容易导致明堂之气聚散频率加快，出现大起大落现象。这样的环境空间作为商业、办公场所还是有利的，但作为居住场所则不利于健康。如图 12.7 所示的建筑布局就形成了天弓煞。

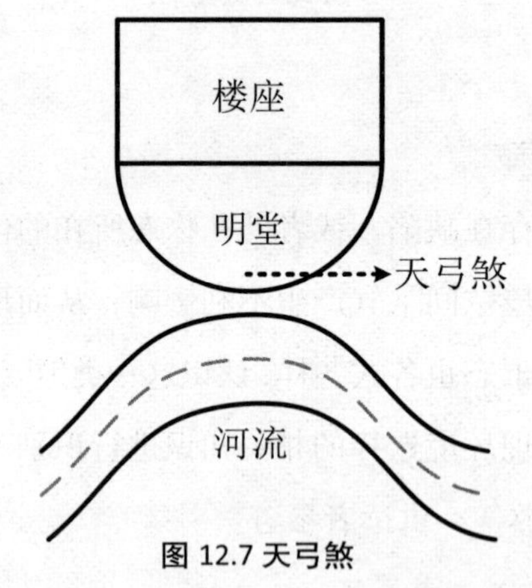

图 12.7 天弓煞

**4. 直冲煞**

当某个环境空间（如房屋）的四周有笔直而来的高架道路、十字路口、河流直冲等物态分布，那么这些物态对该环境空间就形成了一种气煞，这就是“直冲煞”。直冲煞对环境空间的乘气起破坏作用，在易理环境选择中必须进行规避，否则不宜启用。如图 12.8 所示的建筑布局就形成了直冲煞。

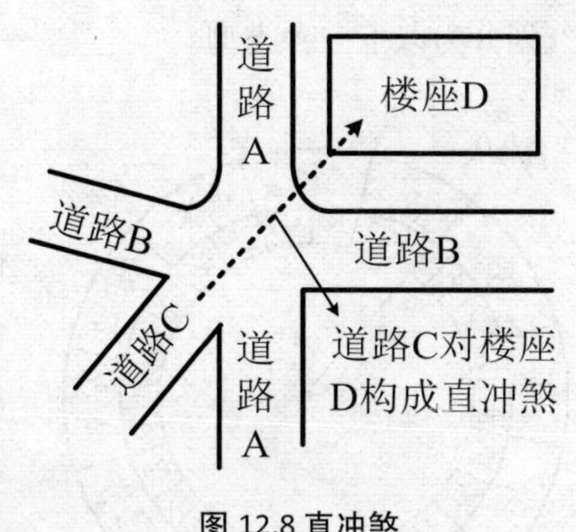

图 12.8 直冲煞

**5. 物态煞**

物态煞有广义和狭义之分，广义的物态煞是指对环境空间有影响的以物态形式存在的各种煞气的统称，上述各种类型的煞气都是广义的物态煞。而狭义的物态煞则是指环境空间周围破损的建筑物或形态独特无情的构筑物，正好处于易理环境选择中的来水方、向方或凶砂方等，那么这些破损的建（构）筑物对该环境空间就形成了物态煞。在城市中，最常见物态煞有电线杆、烟囱、破房子、高压线等等。

## 二、理气煞的种类

根据易理的阴阳平衡之理，某个环境空间通过乘气定局之后，必然存在着对环境空间乘气有利的方位和不利的方位，那么不利的方位就可能形成理气煞。所以，理气煞是一种无形的煞气，它的存在与是否有物态存在没有直接关系，是易理环境选择过程中自然形成的。但是，煞气作为宇宙之气的另一种表现形式，它的运行轨迹也如同生气一样，需要借助于自然界的物态形式予以展现。可见，辨识理气煞首先要明确其存在于环境空间的哪些方位上；其次要察看这些方位上以什么物态呈现，即煞气的表现形式如何。根据理气煞的上述特点，可以从以下两方面对其进行分类。

### （一）按环境选择结果分类

根据易理环境选择的结果，对环境空间不利的方位主要有三种情况：一是在龙水交会格局中处于凶的宫位；二是在九星证局中处于凶星失令的方位；三是立体布局中存在的八路黄泉所在方位。根据这三种情况，将煞气划分为以下三种类型。

金局“龙”之十二宫

**图 12.9 宫位煞**

**1. 宫位煞**

在易理环境选择过程中，龙水交会格局内必然存在着不吉利的长生十二宫宫位，这些不吉利的宫位就构成宫位煞。如格龙过程处于“死、病、绝”宫位有来龙；立向过程中处于“冠、临、沐”宫位有去水等等就形成了宫位煞，如图 12.9 所示。

**2. 凶星煞**

对环境空间进行九星度位后，四凶星失令时飞伏到的九宫位就形成了凶星的理气煞，这种类型的煞气可按星象划分为：二黑巨门病符之煞（也称巨门煞）；三碧禄存口舌之煞（也称禄存煞）；五黄廉贞灾祸死亡之煞（也称廉贞煞）；七赤破军灾伤盗贼之煞（也称破军煞）。

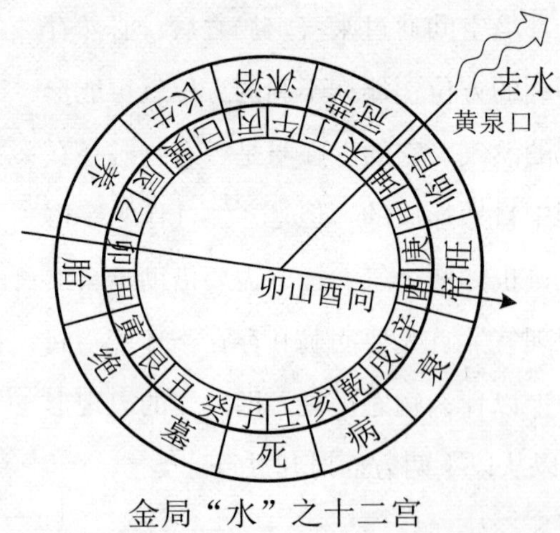


金局“水”之十二宫

**图 12. 10 黄泉煞**

**3. 黄泉煞**

在立向和立体布局的纳水过程中处于四墓的八方如果有来水对着环境空间的极点，那么对环境空间就形成一种煞气，称为“黄泉煞”。在实践中，凡立旺向的盘局，如果有水流临官位即构成了黄泉水；凡立衰向的盘局，如果有水流帝旺位即为黄泉水。如图 12.10 所示。

**（二）按煞气表现形式分类**

按照易理煞气的表现形式，可以将其划分为形煞、象煞和形象综合煞三种类型。

1. 形煞

形煞是指在易理环境选择过程中处于环境空间凶方的理气煞又呈现出形象丑恶、具有凶象的物态。如处于黄泉水的宫位有急流水或直泄水，那么就构成了理气形煞。理气形煞是一种凶煞，在易理环境选择实践中必须予以规避，不规避则不宜使用该环境空间。

2. 象煞

象煞是指在易理环境选择过程中处于环境空间凶方的理气煞没有丑恶的凶象物态表现，仅仅是易理环境选择结果所产的理气煞。如处于黄泉水的宫位没有水流，更不用说其流向了，那么这个方位的理气煞就称为象煞。象煞是环境空间气理过程中形成的煞气，一般凶性较小，通常不规避也可以使用。

3. 形象综合煞

形象综合煞就是上述形煞与象煞结合后产生的一种特定煞气，这种煞气对环境空间的影响非常之大，在易理环境选择过程中，一定要采取化煞处理，避开其对环境空间的不利影响。通常情况下，这种煞气多出现在环境空间结构与外界直接接触的部位，如房屋的大门和窗户等，这些方位是整个房屋与外界相通的唯一通道，也是接收环境空间外界空气和阳光的位置，一旦存在着形象综合煞，那么必须进行化解。如某一环境空间按三合水法立正旺向，那么临官位即存在着黄泉煞，这就是象煞；如果临官位有水并逆穴场流去，那么就成为形煞；如果环境空间正好又有门或窗朝着这个方向开出，那么这时的黄泉煞就成了形象综合煞。

## 第二节　化煞镇物

化煞镇物是人们按照易理的类象之法而创制的用于抵消煞气的一种装

饰品或称装饰摆件，就是前文所述的可移动的物态。在易理环境选择实践中，化煞镇物常常被称为“镇物”“吉祥物”或“风水吉祥物”。当今社会，易学已在全球范围内得到了广泛弘扬和发扬光大，不但在中国，就是在许多西方国家也有一大批的学者在研究中国的《易经》，尤其是易理在环境空间选择中的运用更是得到了广泛的发扬光大。正因如此，也为许多不法商家创造了可乘之机，他们创制了许许多多的化煞镇物，并远销国内外，打着《易经》研究的幌子，从中牟取暴利，严重损害了易理环境选择过程中的化煞镇物的严肃性。根据笔者调查，市面上流行的化煞镇物不下千种，形式各异，五花八门，着实让人不知所从，而且价格也从几十元、几百元至几千元，甚至上万元、几十万元。其实，从中国传统风水学的发展看，化煞镇物归纳起来就只有五种类型：一是在中国传统文化理念中被人们普遍认为代表吉祥的神兽，如龙、貔貅、麒麟等；二是在中国传统文化认识中代表公正、正义、正面、权威的动物，如狮子、大象、老虎、雕、龟等；三是以中国传统中的神化人物为基础而创制的神像或是佛教中的一些佛像，如财神像、关公像、弥勒佛像、观音佛像、生肖守护神像等；五是以人们日常使用的工具、器具为基础，并赋于一定神化寓意而创制的实物，如车轮、花瓶、船舵等。本书将结合易理环境选择实践，介绍一些日常生活中常用的化煞镇物的具体使用方法。

### 一、吉祥神兽化煞镇物

#### （一）龙

龙是中华民族的共同图腾，在传统的中国社会，龙始终是吉祥的象征，以龙作为化煞镇物在易理环境选择中非常普遍。同时，龙还是易理四象中的左青龙的象征。从龙作为中华民族共同图腾的意义上看，它可以作为任何煞气的化解镇物，但在具体实践中，以龙的体态为标志的镇物一般只用于两个地方：一是将其放置于环境空间龙脉入首的地方，用于化解环境空间乘气来脉过程中存在的煞气；二是将其放置于办公桌的左边，用于衬托环境空间中的青龙位。龙的物态形象如图 12.11 所示。

图 12.11 龙图

（二）凤

凤也是传说中的一种神兽，被称为鸟中之王。同时，在易理四象之中的朱雀象也可视为凤。凤作为一种化煞镇物，主要是取其“徵著欣喜、安宁高贵”之态，寓意为皓洁、纯正、美满，多指示爱情、亲情。古人对凤有“非梧桐不栖，非竹实不食，非清泉不饮”的美誉。所以，凤是纯洁、高贵的代表。在易理环境选择中，以凤凰的体态为标志的镇物多放置于涉及爱情、姻缘的方位（如新婚房等），以起到调和作用。同时，凤又被视为四象之中的朱雀象，因此也常常被放置于办公桌的正前方。凤的物态形象如图 12.12 所示。

图 12.12 凤图

（三）貔貅

貔貅也是一种神兽，此兽身无鳞，脚无毛，神态威武，寓意为招财进宝，广纳财富，被称为“招财天下第一神兽”。在易理环境选择实践中，以貔貅体态为标志的镇物主要放置于两个地方：一是放置于公共场所（如宾馆大堂、办公楼前厅）的纳财之方或大门口的左右方，以雌雄成对出现；另一种是放置于办公室的入口或整个办公区纳财的方位。在摆放时，以头朝向存在煞气的方向，寓意化解破财，收纳财富。貔貅的物态形象如图 12.13 所示。

图 12.13 貔貅图

（四）麒麟

图 12.14 麒麟图

麒麟也是一种中国传统的吉祥神兽，象征招财添丁之意。麒麟多在较大的环境空间的大门处摆放，如小区的入口、办公大楼的入口等，使用时以雌雄成对摆放于大门的左右两边，头朝向煞气所在方，以起镇宅化煞作用。当然，麒麟也可以制作成小物件，用于摆放在办公室内窗台、门口、办公桌上等等。麒麟的物态形象如图 12.14 所示。

**（五）金蟾**

图 12.15 金蟾图

金蟾是在动物蟾蜍基础上的神化，也称食财神，没有肛门，只进不出，是常用的招财、旺财吉祥物。其体态为三只脚，背托北斗七星，嘴衔两串铜钱，头顶太极两仪，脚踏元宝山，可谓一身聚宝。以金蟾体态为标志的镇物多放置于公司企业的办公场所，通常在总经理办公室、财务室、库房等处使用，摆放时，以头朝外，尾巴向着聚财的方位。金蟾的物态形象如图 12.15 所示。

## 二、吉祥动物化煞镇物

**（一）虎**

图 12.16 虎图

虎作为吉祥物，通常也称为白虎，与青龙一样是易理四象中的四神兽之一，寓意着对环境空间乘气效果的保护。白虎作为化煞镇物，多放置于窗外或屋檐外，在使用时，将虎的头朝向凶煞所在方位，多用于化解凶砂。当然，随着人居环境空间的不断精细化，白虎有时也被放置于办公室的办公桌右边，寓意“右白虎”。但用于办公桌上的摆件，白虎的形态宜为卧势，而不能是跃势。虎的物态形象如图 12.16 所示。

**（二）神龟**

在中华文化传统中，龟兽也被看作是一种神物，是长寿的象征，也是易理四象中的玄武象，是易理环境选择中最常用的一种化煞辟邪的吉祥物。尽管在现代社会因为龟的形象丑恶，也常被人曲解、嘲笑，但传说龟能吸纳山川灵气，是环境空间乘气的理想吉祥物。在环境选择化煞实践中，龟寓意为吸纳灵气而永恒长固，象征着长寿、永恒、持之以恒，它可以用于环境空间的任何方位。作为化煞吉祥物的龟象可以用各种不同的材料制作，有木龟、石龟、瓦龟、铜龟等品种。在易理化煞实践中，人们对现有动物鳖龟物态进行神化，制成龙头龟（龙头龟身），并将其置放于居家客厅、办公室写字台上，作为辟邪化煞的镇物。龙作为中国人的图腾，是秉持正义、制化小人、招贵招财的象征，而龟历来是健康、长寿、稳健、向上的象征，所以龙头龟作为化煞镇物，在摆放时其龙头应朝向环境空间的向方或迎气生旺方。神龟的物态形象如图 12.17 所示。

图 12.17 神龟图

**（三）狮子**

在中华传统文化中，狮子也被视为一种神兽，多为石制或铜制。在易理环境选择中，狮子是作为瑞兽使用，多摆放于环境空间的入口，如公司、机关办公大楼、独栋房屋的大门或庭院的入口等，用于化解来自环境空间外环境的多种形煞。在使用时，狮子以雌雄成对摆放，狮头朝外。狮子的物态形象如图 12.18 所示。

图 12.18 狮子图

### （四）鹿

图 12.19 鹿图

鹿因与“禄”同音，常被人们寓意为“福禄双全”而被当作化煞吉祥物。鹿作为吉祥物多摆放于居家的室内较小的环境空间。在方位上没有要求，可以随意摆放。通常人们也通过绘画的方式，在鹿的边上绘制一只“福鼠”，再加上“寿星公”，取意“福禄寿全”，并摆放在客厅或家中老人的卧房，用于化解小环境空间存在的煞气。鹿的物态形象如图 12.19 所示。

### （五）象

图 12.20 象图

象也是一种常用的吉祥物，在易理环境选择化煞中，象可以用于任何方位，既可摆放于室外，也可以摆放于室内。在室外摆放时，与狮子相同，也是以雌雄成对出现，头朝外摆放。在室内使用时，则可以独只使用，也可以成对使用，多摆放于门口、客厅，头朝向煞气产生的方位。象的物态形象如图 12.20 所示。

### （六）雕

图 12.21 雕图

雕是一种凶猛的飞鸟，也常被作为易理环境选择的化煞镇物，寓意正义、权威，灭除小人。通常被摆放于公司董事长、老总办公室前方的通道上。雕一般只放置于办公室场所，头朝向大门开启的方向，不宜放置于居家环境中。雕的物态形象如图 12.21 所示。

## 三、神、佛象化煞镇物

### （一）关公神像

图 12.22 关公神像

关公神像是人们对三国时期关羽人物的神化结果，代表着正义、公正、公平、权威，在环境选择化煞实践中，通常将关公神像摆放于办公室的入门处，以象征正义守护。关公神像一般不用于居家环境。关公神像如图 12.22 所示。

### （二）包公神像

图 12.23 包公神像

包公神像是人们对宋代包拯人物的神化结果，也代表着正义、公正、公平、权威，在环境选择化煞实践中，通常将包公神像摆放于办公桌的后方几案上或办公室的入门处，以象征正义、公平。包公神像一般也不用于居家环境。包公神像如图 12.23 所示。

### （三）弥勒佛像

图 12.24 弥勒佛像

弥勒佛是佛学中的未来佛主，象征着快乐、吉祥，是易理环境选择中常用的吉祥物，通常放置于办公室、住宅的入门处等，也可制作成小件放置于办公桌上。弥勒佛像如图 12.24 所示。

### （四）观音佛像

观音在佛学中虽是菩萨，但他大慈大悲、济世救贫，历来被人们看做是至高无上的救世之主，是大吉大祥的象征。在易理环境选择中，观音佛像可以放置于室内任何方位，

图 12.25 观音佛像

但面不朝向入口大门，也不能置于室外。观音佛像如图 12.25 所示。

（五）财神像

财神是汉民族普遍信奉的一种神像，指示主管财源的神明，主要有两类：一是道教赐封，二是民间信仰。道教赐封并不能称之为“神”，仅是在官职上加封神明，而民间信仰则为天官天仙，是为上天之“神”。在当今社会，经济飞速发展，许多暴富的人，更加注重守住自己的财富，从而民间信仰的财神也常常被作为易理环境选择中的化煞镇物使用。当前社会上普遍认可的财神主要有八位，分别是：北朝时期河北曲周县令李诡祖；端木赐，即子贡，被奉为儒商之祖；范蠡，被奉为浙商之祖；管仲，被奉为徽商之宗；白圭，被奉为晋商之祖；关公，即三国关羽加封，被奉为晋商之忠义； 比干，也称文财神，被奉为冀商之祖；另外还有财帛星君赵公明。财神作为化煞镇物，在环境空间中一方面起到装饰空间效果，另一方面也有利于改变环境空间的行气效果，但由于财神源于道教、佛教的教义思维，因此在具体排布时有讲究，通常认为有七种布施作用：一是为和颜施，就是财神在环境空间的排布，应起到对别人给予和颜悦色的效果； 二是为言施，就是在环境空间排布中应起到向人说好话，让人存好心、做好事、做好人、勉人切实力行的效果；三是为心施，就是要体现为对方设想的心思，达到体贴众生的布施效果；四是为眼施，就是要达到用慈爱和气的眼神看人看待事物；五是为身施，就是要达到身体力行帮助别人的效果；六是为座施，就是让座给需要的人的布施；七是为察施，就是不用问对方就能察觉对方的心，并给予相对其所需的方便的布施。在具体使用财神镇物时，应根据使用者不同的要求，采取上述七种不同的布施方法进行合理的安放，以达到既美化环境，又起到化解煞气的作用。财神像既可用于居家环境，也可以用于办公场所。最常用的财神像为五路财神像，如图 12.26 所示。

图 12.26 五路财神像

## 四、器具类的化煞镇物

器具类的化煞镇物非常多，许多人们常见的器具、用具往往被术家视为吉祥物看待，成为易理环境选择中的化煞镇物。笔者认为，从乘生气的易理行气之理看，气行曲而泄直，通常在不同的空间结构中摆设不同的物品，一方面起到了装饰效果，另一方面也有利于行气。从这个意义上讲，家庭或办公室内的各种家具、设备的摆放，都能对环境空间的煞气起到一定的化解作用。然而，专门为化煞镇物所创制的器具，往往是实物器具的综合化、象征化的结果，从化煞的效果看，并不一定强于普通的家具和装饰品。本书对当今社会常用的几种器具镇物进行简要说明。

（一）舵

舵是指引航船前行的重要设施，俗话说“大海航行靠舵手”，不论是在商海中前行，还是在漫漫人生路上行走，舵都代表着指引前进的方向。所以舵经常被作为一种吉祥化煞的镇物，被装饰于办公场所之中，寓意引领方向。

（二）轮

轮也是前行的重要器具，不论古人的马车、驴车，还是现代化的汽车，轮的作用都是一样的。而作为易理化煞镇物的“轮”多是指以水为引导的水轮，也称“风水轮”。目前，市场上经常可以看到的以钢盆、石盆、木盆或者仿制铜盆、石盆、木盆的塑料制品做成的水轮，它的装置是以能装水的盆为主，然后在中央制作一条柱，围绕着柱有多个小盆或小杯，通过电力作用，使水由中央的柱管引到顶部，当顶部的小兜盛满水后，便会自然地流到下一层的小兜，如此类推，最后流回到盆内，然后又开始循环。这种水轮是近年来颇为流行的居家装饰品，专门用于易理环境选择中的催财用品。在易理动静阴阳之理中，以水动为吉，有些水轮还外加了一盏灯胆，不但收到了良好的装饰效果，也寓意着光合阳、水主阳的阴阳一脉之理。

（三）塔

塔也是常见的化煞镇物，根据塔的制作方式不同，通常有两种塔常被人们作为化煞的镇宅之物：一种是风玲塔；一种是文昌塔。

1. 风铃塔

风铃塔就是将风铃与塔相结合，将迎风的风铃制作成塔的形状，它可以摆放于楼的顶层或大厅之中，是当今社会较流行的镇宅之物，象征着“旺财、高升”之意，常被用于居家环境中的化煞。

2. 文昌塔

文昌塔也是常用的镇宅之物，它有利于学习、读书、功名及事业。文昌塔大多放置于小孩房的床头，寓意小孩学业有成，金榜题名；成人则可将之放在书房、写字台上或书柜中，寓意有利于文思敏捷。在中国传统的易理环境布局中，文昌塔常常还被建造于村落的东南方向，象征极积向上、奋发有为，在我国有很多中小城市都能看到文昌塔。

**（四）鼎**

鼎是中国历代以来最重要的吉祥物之一，多用于帝王宫殿或权力部门的办公场所。同时，鼎也常常被作为一种“和平、发展、昌盛、团结”的吉祥物，成为国际交往中的重要馈赠之物。如1995年，联合国五十华诞，中国即以世纪宝鼎相赠；又如上个世纪末，香港、澳门先后回归祖国，中央政府均以“回归宝鼎”相赠，象征中国对香港、澳门主权的全面收复。

**（五）花瓶**

花瓶是家居常见的摆设物，不论花瓶的大小、形状、颜色，也不论瓶内插的是鲜花、塑花，还是纸花，对于居家环境而言，花瓶都具有一定的点缀功能和美化效果。在易理环境选择中，也经常借助于花瓶在环境中的点缀功能化解煞气。花瓶最大特点就是圆滑的外形，这正好可以使易理之气的运行轨迹由直变曲，起到了聚纳生气的作用。

器具类的化煞镇物非常多，除上述常用的五类之外，通常还有水晶制品，如水晶球；石制品，如石制九龙如意；木制品，如木鱼等等。

## 第三节　化煞

煞气有形煞与象煞之分，形煞是存在于宇宙世界之中对拟定环境空间构成视觉厌恶感和心理打击感的实实在在存在的物态；而象煞则是在环境选择过程中因易理观念的运用而形成的对拟定环境空间构成的方位缺陷，其表现形式可能是有形的，也可能是无形的。下文将按照形煞和象煞的不同特质，分别介绍其具体的化解方法。

## 一、形煞的化解

形煞是环境空间选择中最常见的煞气，也是历代以来易学爱好者热议的话题。尤其是在现代社会，似乎有一点易学知识的人，对形煞的化解都能够说出个“一二三四”。如在城市单元房的布局中，遇到入户门直对着卧室门，那么设计师往往会建议在单元房入户处加上屏风作为装饰，这当然是一种化煞方法。但是为什么说加了屏风就化了煞呢？这或许不是所有的人都知道的。“只知化解，不知为什么这样化解”是当前人们在居家装饰装修中普遍存在的问题。其实，运用易理观念对环境空间进行规划布局，始终都离不开阴阳、五行、八卦的制化之理，化煞也一样，对有形之煞的化解就分为阴阳化、五行化和八卦化三种方法。

### （一）阴阳化煞

阴阳化煞就是运用阴阳二气的行气之理和阴阳制化之理，对环境空间中存在的煞气进行化解。易理观念指导下的人居环境选择和规划布局，是以易理的乘生气理论为基础，而乘生气就是围绕着寻找阴阳二气的运动变化轨迹，以展开环境空间的选择和规划布局。阴阳化煞就是按照“生气行于曲泄于直，曲行而聚，直行而泄”的行气特点，改变易理之气在居家小环境中的运动轨迹，从而达到化解煞气的目标。上文所述的在入户门加屏风的化煞方法就是阴阳化煞的典型例子，作为家居的入户门就是该房屋的气口所在之处，如果入户门直接对着卧室门，那么生气行乎于入户之处就不易聚，所以就不利于房屋聚气。如果在入户处加上了屏风，通过人为的建筑装饰，将流行的直线空间转化为曲线空间，使阴阳二气的行气轨迹由直变曲，那么就起到了生气聚于居中的效果。同时，阴阳二气在运行过程中是相互制化、相互转化、相互抗衡的，并直至达到平衡后而进一步向前运动。宇宙万事万物的发生、发展都是阴阳二气平衡前行的结果，如果一个环境空间坐北向南，只有在南面开窗、开门，而北面不开窗、开门，那么南为阳火，火气盛极而使环境空间阴阳不平衡；如果北面也开窗、开门，那么北为阳水，水与火虽不相融，但水火既济则能达到阴阳平衡，使环境空间达到良好的乘气效果。所以，人们通常所说的房屋需要南北通透，这其实是阴阳制化平衡之理在环境空间设计中的具体表现。

**（二）五行化煞**

五行化煞就是运用五行的生克制化之理，对煞气进行化解。如对环境空间外围砂峰的化解，就是使用五行的生克制化之理。以环境空间坐山的赖公五行为“我”，以砂峰、砂体的赖公五行为“客”，通过比较“我”与“客”之间的五行生克关系，以化解环境空间外在的煞气，这就是五行生克制化之理在环境空间化煞中的具体表现。以“癸山丁向”的环境空间为例，根据赖公消砂之法，在该环境空间中，坐山之癸山赖公五行为土，而坤向五行为木，所以坤向之砂对环境空间构成了杀砂，是一种煞气。若此方有秀美砂峰，对环境空间没有人为感观视觉上的丑恶感，那么此砂对环境空间构成象煞，只要用简单的化煞镇物进行化解即可；若此方不是秀美的砂峰，而是有电线杆、烟囱或砂峰凶恶的山脉，且该环境空间在坤向上为开启结构，那么就构成了形象综合煞，就需要通过建筑手段使之闭合，如果实在无法闭合，那么应尽可能使开启面缩小，并借助于化煞镇物进行化解，这就是根据五行生克制化之理而进行的化煞方法。

**（三）八卦化煞**

八卦化煞是运用八卦的人伦之理、空间布列之理等八卦易理，对影响环境空间的煞气进行化解。例如在某个环境空间中，处于西北乾卦的外围有煞气，从八卦的人伦之理看，乾为父，即西北方向为父亲、男长辈之位，那么化煞就得针对这个方位的尊上尊老属性进行化解，而不能用化解少男少女所在方位的方法进行化解。又如在某个环境空间中，南方为先天之乾，为天，主向上、舒展；北方为先天之坤，为地，主向下、归藏，那么如果在北方有全开启的窗，那么就不利于生气之归藏，可能对环境空间构成煞气；而在南方如果全部闭合，则不利于乘纳生气，也可能对环境空间构成煞气，这两种情况都需要进行化煞处理，即北面不宜开全窗，而南面不宜不开窗。如果某个环境空间正好是北面开全窗，而南面不开窗，那么就需要借助于建筑手段，考虑缩小北面的窗户面积，而在南面尽可能考虑开门；如果这二者仍然做不到，那么应用化煞镇物对北面全开窗进行化煞处理，而在南面可以引入有形之“水”（如鱼缸、种植水植物等）对南阳火进行克化处理以化解煞气。这种化煞的方法就是运用了八卦的空间布列之理。

## 二、象煞的化解

象煞不同于形煞，是无法目视的煞气。它的化解完成是阴阳、五行、八卦、九星之理的综合运用。因此，象煞的化解是易理知识综合运用的结果。如通过九星飞伏，将环境空间进行八卦九宫（九星飞伏）的户型分区，就可以确定每个具体方位所处的飞星状态是失令还是当令，其加会结果如何，并根据九星当失令之理进行相应的化煞处理。又如在纳水过程中对五行游行长生十二宫的分布状态进行分析，判断哪些方位处于“生、旺、死、绝”，从而采用相应的化煞处理等等。

需要强调，化煞仅仅是对环境空间结构布局的优化，是环境空间规划布局的补充形式。这种优化虽然离不开易理的综合运用，但是借助于镇物以改变环境空间的乘气效果必然带有一定的主观色彩。笔者认为，环境空间是否具备易理上的藏风纳气效果，成为最理想的人居环境，最关键的是看其在自然形态上是否成形成势，在乘气上是否构成龙水交会格局，在规划布局上是否达到阴阳调和、五行相生和八卦相错。因此，人居环境选择的根本方法或者说判断标准，是通过“格龙”调整优化坐度分金，收纳龙气；通过“立向”察审外环境，收纳堂气；通过“立极”确定布局轴心点，达到内乘龙气、外纳堂气的目的。而化煞护局与九星证局一样，仅仅是易理环境选择的补充手段，如果某个环境空间根本不具备易理上的真龙就穴，那么仅通过一两件装饰摆件是不可能改变环境空间的乘气效果的。当前市面上流行的各种居家化煞书籍，大多都是抓住人们对易理环境选择的热衷心理，改头换面地在推销其各种各样、五花八门的所谓“风水镇物”。其实，化煞是一种心理的引导和暗示，不属于易理环境选择的核心内容，只是一种补充手段，所以不能将化煞玄乎化、神秘化。在具体的实践中，应该根据客观实际，更多地运用绿色植物进行人居环境的优化美化，化煞镇物作为人居环境布局中的点缀效果，要使用适当，而不是越多越好。

# 第三卷 案例篇

# 引 文

为更好地诠释上卷所述的易理环境选择技法，本卷将列举不同的环境空间实例，并逐一进行剖析，让广大读者真正理解易理环境选择的最终目的在于探求天人合一的理想人居环境。在现实生活中，因不同用途、不同功能和不同需求，人们对环境空间的要求也不同。从环境空间面积上看，可大可小，大至一座城市、一个区域，小则到一间卧房、一间办公室，这些都属于人居环境选择的范畴；从环境空间的构造上看，有的是新修造的人居环境空间需要选址，有的是在已经选址后的大环境中选择小环境，有的是现成的房屋需要进行装饰装修等，这些也都属于人居环境选择的范畴。因此，本书在案例的选择上，力求尽可能覆盖所有不同的环境空间结构。

根据现实生活中人居环境的特点，本卷从城镇选址、房地产楼盘规划、独栋房屋选择、现成房屋布局等四个方面列举实例，力求能够覆盖人类选择人居环境的全过程实践，并分别编入本书的第十三至第十六章。第十三章为《城镇选址和规划案例》，主要对现存的城市或集镇的选址过程及整体规划布局进行易理分析，揭示传统易学理论在人类生存环境选择过程中的运用。第十四章为《房地产楼盘规划案例》，主要说明在现代社会条件下，房地产开发过程中如何运用易理观念进行科学合理的规划布局，使房地产楼盘达到天人合一的理想效果。第十五章为《独栋房屋选择案例》，主要阐述在现代社会环境下，如何从现成的成片建筑群中选择最理想的独栋房屋，以及如何在已成型的集镇、乡村中修造独栋房屋。第十六章为《房屋内环境布局案例》，主要分析如何在形态千变万化的现代城市单元房和商用办公房中，科学运用易学理论，进行房屋内空间的规划布局。

本篇共收纳大大小小近20个案例，都具有一定的典型性，案例的来源主要有三个方面：一是古人对人居环境的选址，因为在现代社会，人类已主宰地球几千年，现代人已不具备在自然环境中选择人类集聚地的条件，所以第十三章《城镇选址和规划案例》均来源于现成的城镇，是古人选择的人类集聚地。在第十三章的案例中，笔者运用上卷的五大技法，对古人在城镇选址和整体规划过程中对易理知识的运用情况进行综合分析，从而揭示易理环境选择的操作过程。二是家父和笔者直接操作或参与勘定的案例，这类案例是对家父60多年易理实践的总结和笔者自身实践体会的归纳。三是笔者认为非常符合易理要求的现成环境空间布局，这类案例虽不知主事者当时是否进行过专门的易理勘察，但根据笔者的察审，其所呈现的物态特征和功能构造足以满足易理环境选择的要求。

需要强调，人居环境空间形态千变万化，仅凭本卷的几个实例，肯定难以诠释易理观念在人居环境选择过程中的全面运用，笔者抽撰这些案例，旨在抛砖引玉，引导广大易学爱好者在学习易理的过程中，能充分运用易学的思维观念，为人类规划布局自身栖息环境提供有价值的参考。

# 第十三章　城镇选址和规划案例

城镇是人类的集聚区，城与镇之差主要在于人口数量，集聚人口较多的环境空间称为“城”，较少的称为“镇”。城镇是人类群居活动的集中体现，在广袤的自然环境中选择人类集聚的生存和活动空间是人类生存繁衍的必然结果，所以不论在中国还是在外国，城镇的选址建设都受到人类活动的深刻影响。从易理环境选择的角度看，但凡能够成为城镇的环境空间，无不是依山傍水的龙水交会之地。在中国，依山而居、傍水而行已成为中华文化的一部分，深深地融入到华人的血脉之中，形成了华人圈固有的人居环境选择观念。从全球范围看，西方发达国家也有许许多多的人居环境空间符合中国传统易理观念指导下的人居环境选择要求，也坚持了“依山傍水”的“龙水交会”之理，例如美国的首都华盛顿就是典型的水局的“龙水交会”格局之地，山水相伴，主水流由西北向东南，次水流由北向南，二水合会于正前方之明堂；而龙脉形势更是双龙来脉，形成“双龙戏珠”式的山环水抱极美形势，华盛顿整体地形图如图 13.1 所示，核心区平面布局图如图 13.2 所示；又如位于加拿大温哥华的英属哥伦比亚大学（UBC）就选择了三面环水、一面环山的地理区域，形成“鳌鱼启航”之势，寓意该地理形势具备“独占鳌头”的文化体验，UBC 整体形势图如图 13.3 所示；再如素有全球最富人居区域的美国洛杉矶比华利山庄，在建筑选址过程中也严格遵循了中国传统易学倡导“阴阳调和”之理，是典型的“背山向洋”的形势状态，比华利山庄整体地形图如图 13.4 所示。

然而，随着人类社会的不断发展进步，现代人已不太具备重新选择人类集聚地的条件，即便是当今社会中的许多新城建设、新区开发，也仅仅是在老城基础上的发展壮大，并不具备易理环境选择所述的人居环境选址条件，因此本书选取的城镇选址和规划案例都是现成的城镇。为了能够较全面地阐释易理观念指导下的城镇选址和规划过程，本章按照都城（首都、京城）、区域性城市、集镇、乡村四个层次，分别选择具有典型性的北京城、福州城、清流县、宏村古镇四个案例进行解析。

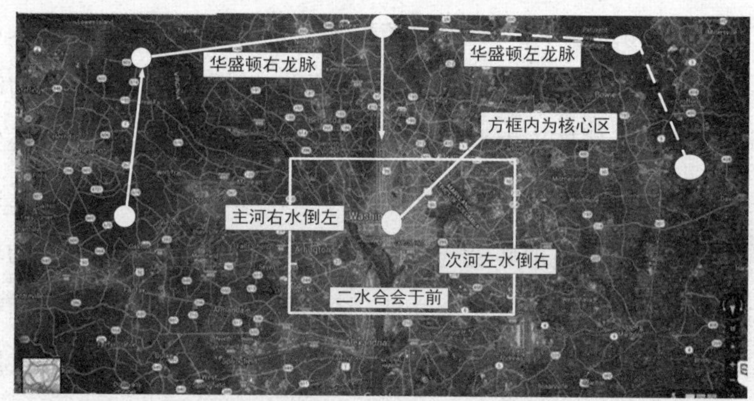


图 13.1 美国华盛顿总体形势图

图 13.2 华盛顿核心区平面规划图

图 13.3 加拿大温哥华英属哥伦比亚大学（UBC）整体形势图

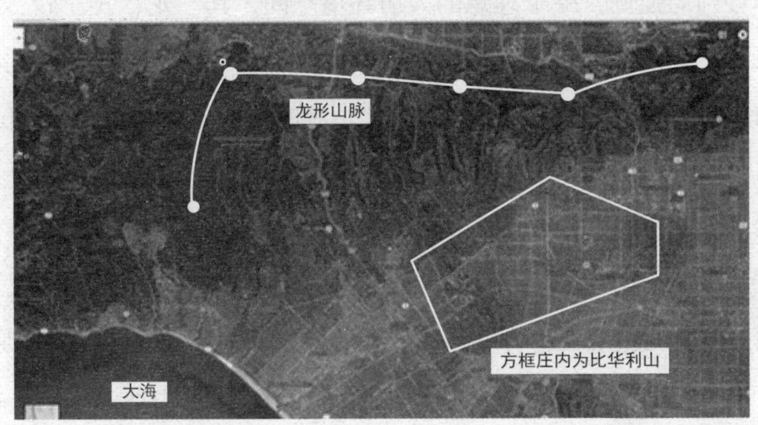


图 13.4 美国洛杉矶比华利山庄形势图

## 第一节　北京城选址和规划

北京有着悠久的历史，早在春秋战国时期，北京就是蓟、燕等诸侯国的都城，从秦始皇统一中国后，北京就一直是北方的重镇，是人类繁衍生息的理想环境。元朝定都北京之后，开创了北京作为全国统一政权的都城历史之先河，并历经元、明、清三个朝代700多年的发展，经久不衰。新中国成立后，北京仍然被选为中国的首都。北京城之所以能够成就至高无上的全国首都地位，这与之所处的自然地理环境分不开。按照易理的天人合一的理念和易理环境选择中的乘生气理论，对北京城所处的地理形势进行分析，就不难发现，北京城的选址是中国传统城镇选址的典型代表，它集成了中国几代堪舆大师的智慧，代表着易学理论在环境选择中的最高成就，是易理环境选择的典范之作。下文按照本书二卷阐述的五方面易理环境选择技法，对北京城的选址和规划过程进行解析。

## 一、北京的形势

形势判局强调，一个理想的人居环境空间，其“龙、穴、砂、水”四大形势要点要能够成形、成势，四象构成要符合“青龙腾跃，白虎驯服，朱雀翔舞，玄武垂头”的势态。而综观北京城的地形地貌和所处的区位环境，基本符合四大形势要点和四象的成形、成势要求。

### （一）北京的龙穴

在解析北京的龙穴之前，有必要对中国地理分布中的龙脉情况进行简要介绍，传统的相地理论将中国的地理形势划分为三大龙脉，分别是北龙、中龙、南龙。北龙从昆仑山发脉，通过青海、甘肃、山西、内蒙、河北至北京，再向东北方发脉，沿内蒙至东北大小兴安岭而去，而后由黑龙江隔断转折至朝鲜半岛，再转入沈阳大连入黄海而去，这条龙脉大体上以黄河流域为随龙水，延绵几千里，分布于中国的北方，在这条龙脉中的太原、北京、天津、沈阳、大连等处都是龙脉就穴的理想之地。中国北龙脉形势如图 13.5 所示。

中龙也从昆仑山发脉，经四川、陕西、河南、湖北、安徽、江苏、山东至上海，而后流入东海，这条龙脉大体上以长江流域为随龙水，也是绵延数千里，分布于中国的中部，在这条龙脉中的成都、西安、重庆、洛阳、南京、武汉、济南、上海等处都是龙脉就穴的典型代表。

南龙发脉于喜玛拉雅山，经西藏、云南、贵州、广西，而后折向北至重庆、湖南后，又向东进入安徽、江西，再向南转入浙江、福建，沿武夷山脉下广东，最后入南海而去，这条龙脉大体上以珠江流域为随龙水，也是绵延数千里，分布于中国的南方，在这条龙脉中的昆明、贵阳、长沙、南昌、杭州、福州、广州、香港等处就是龙脉就穴的理想环境空间。

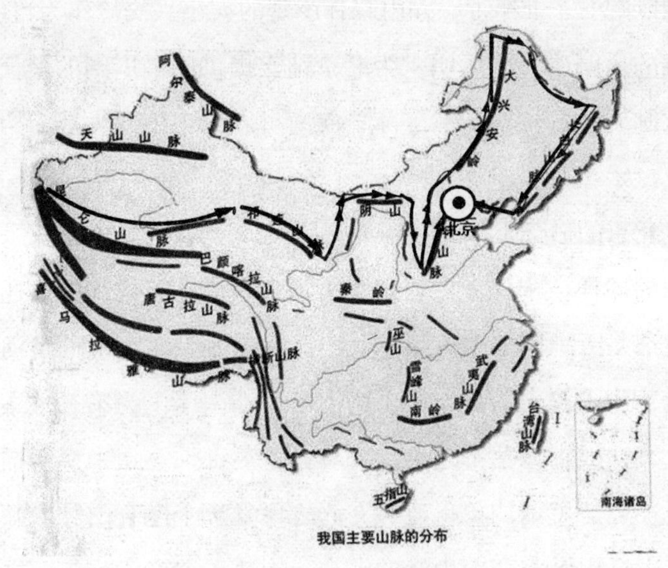


图 13.5 中国北龙脉形势图

从上述中国三大龙脉的分布情况看，北京城的选址位于中国北龙的中穴之位，从昆仑山发脉，由西向东延绵而来，并在山西河北境内形成了较为突起的太行山脉，而太行山脉由西南向东北行走，至北京地区的南口镇一带降伏而形成了北京平原，再向东北而去又形成了突起的燕山山脉。这种龙脉的行走态势，构筑了北京城西有太行山脉，东有燕山山脉，二脉合会于北京的北面，而构成了三面合围、一面向平原的总体形势。从易理物象上看，北京城属于“双龙戏珠”格局，北面的太行山脉由西南向东北行走，对北京城构成围拱之势；东面的燕山山脉则由东南向西北行走，也对北京城构成了围拱之势。这二脉合围以成穴，就构成了现在北京市所在的整个平原区域。

北京城的龙脉来势清晰，气势磅礴，延绵数千里，使北京所在区域形成了典型的窝穴形势，构筑成三面环山、一面向洋（华北平原）的天然宝座。这个宝座就像一座展开的扇形屏风，前方是广阔的华北平原，成为了天然的大明堂，并有海河、黄河、淮河、长江等多条水系环绕于穴前明堂；而后面又是广阔的东北平原，并由森林茂密的大小兴安岭作为自然的屏障，构筑了完美的后明堂。前后明堂为北京结穴提供的最广阔的聚气效果，向北有多重龙脉缠绕，构筑天然屏障；向南可以俯视中原大地，构筑天然的大明堂。

**（二）北京的砂环**

北京城的砂环，宋代大儒、理学大师朱熹早已有详细的描述，朱文公曾指出“冀都是天地间好个大风水。山脉从云中发来，前面黄河环绕，泰山耸左为龙，华山耸右为虎，嵩山为前案，淮南诸山为第二重案，江南五岭为第三重案，故古今建都之地，皆莫过于冀都。”从朱熹所描绘冀都形势看，其砂环之势可谓四象得位，玄武之象发源于昆仑山脉，并在北京所在区域形成太行山脉与燕山山脉的汇合，构筑了“玄武垂头”之势；左之青龙为泰山高耸，构筑了“青龙腾跃”之势；右之白虎为华山平俯，构筑了“白虎驯服”之势；前之朱雀是广袤的华北大平原，并有嵩山为前案，淮南诸山为二重案，江南五岭为三重案，同时有海河、黄河、淮河、长江等水流水系过堂，构筑了“朱雀翔舞”之势。历史往往就是如此的巧合，在朱熹称赞北京好风水仅仅过了大约 100 年，忽必烈建国大元并定都北京，开辟了北京作为全国统一政权的中心，成就了北京作为首都直至今天近千年的辉煌成就。

**（三）北京的水抱**

北京虽处于华北平原之北，但却有江南水乡的特质，位于整个北京盆地之内水系盘杂，纵横交错，但总体上都遵循着来龙来脉的走势形态，由西北向东南流，具有易理上的随龙水属性。从大形势上看，北京南有黄河、长江，北有鸭绿江、黑龙江，构成南北环抱之势，为北京成就帝王之都提供了宏观大形势上的水抱态势。就小形势上看，北京主要由五大水系构成，分别是永定河、大清河、北运河、潮白河和蓟运河，这五大水系融汇贯穿于整个北京地区，并都统一归墓于地处北京东南方的天津海河，最终汇入渤海。其中永定河水系和潮白河水系为北京左右两条大龙的随龙水，永定河水系发源于山西朔县，经山西、内蒙、河北而从北京城之西北方入北京地区，然后经石景山、房山、大兴等区县，从北京东南方流向天津海河，最后注入渤海，总体走势是从西北向东南，为北京太行山主龙脉的随龙水；潮白河水系由潮河和白河两条河流组成，潮河发源于河北丰宁县上黄旗北，经滦平县从北京的东北方入北京地区，并向西南流至密云县城南十里堡，汇合发源于河北省沽源县南大马群山的白河，二河交汇后，向西南经怀柔入顺义境内，沿通州东南流出，最终也至天津海河而注入渤海，总体走势是从东北向西南而后折向东南，为北京燕山次龙脉的随龙水。

从上述分析不难看出，北京城具有典型的“龙真、穴就、砂环、水抱”的形势特点，而且四象分明就位，使之成为了易理环境选择中理想的龙水交会之地。北京地区的原始地形如图 13.6 所示。

图 13.6 北京地区原始地形图

## 二、北京的定局

### （一）北京的龙气

北京城的龙脉由西南方的太行山脉来龙与东北方的燕山山脉来龙汇聚后，折而成正北方（坎卦）入首。从龙脉驳换上看，主龙脉由坤卦的坤（属土）、申（属金）龙起脉，再驳换至兑卦的庚（属金）、酉（属金）龙，又驳换至乾卦的乾（属金）、亥（属水）龙，最后由亥龙（属水）驳换至坎卦的子龙（属水）入首，这个驳换过程是五行之气“土生金、金和金、金生水”的相和相生的生气驳换，使北京城具备旺龙入首的条件。同时，次龙脉由艮卦的艮龙（属土）起脉，驳换至丑龙（属土），再转至密云水库后折而与主龙脉相会，其驳换过程为土土相和的生气驳换，并止息于密云水库，而后又从癸龙（属水）起脉，驳换至子龙（属水），这个过程是五行之气“水水相和”的生气驳换。可见，不论是主龙脉，还是次龙脉，其驳换过程都遵循着五行“相和相生”的生气驳换之理，是真龙就穴的体现。北京地区的龙脉驳换过程如图 13.7 所示。

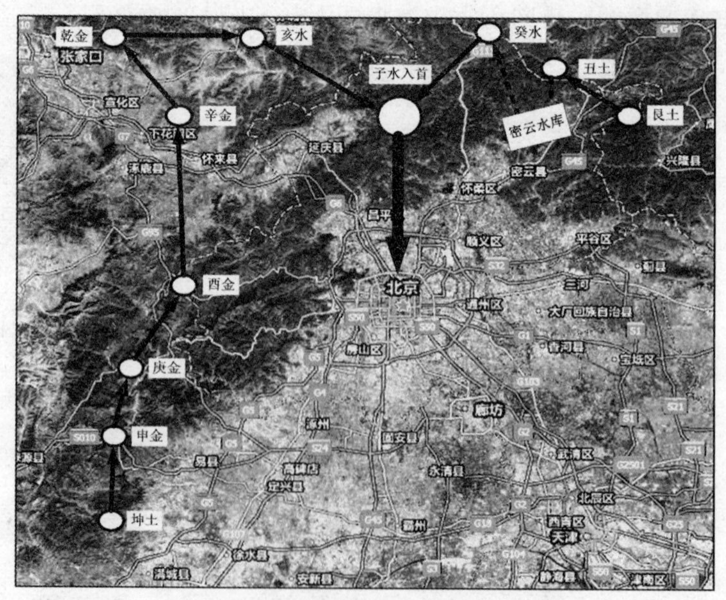


图 13.7 北京地区龙脉驳换图

从格龙上看，北京的水口归墓于东南方，即水系最终归流于天津海河而入渤海，这是易理24维方位中的“乙辰、巽巳”所在的巽卦方，属于水局的墓库出水口，而来龙入首为坎（子）龙入首，正好处于水局的长生龙“壬子”方位上。可见，北京城的就穴过程是水局龙水交会的结果，龙脉为长生龙入首，随龙水为帝旺水归库。按照龙水交会之理，处于壬子双山的水局坐穴，最理想的坐度分金为丙子水龙、庚子土龙两条，如果格定丙子水龙，则确立“子山午向兼壬丙”坐穴；如果格定庚子土龙，则确立“子山午向兼癸丁”坐穴。笔者对13幢北京老城四合院房屋坐度分金进行了测量，其中8幢为丙子龙分金，3幢为庚子龙分金，1幢为甲子龙分金，1幢为戊子龙分金。由此可见，老北京城内的房屋建设基本是按照易理的龙水交会之理确定坐穴，整个北京城的房屋总体布局基本上都是坐北朝南的格局。

### （二）北京的堂气

北京由五大水系构成，且各条水流纵横交错，融会贯通于整个北京地区。历朝历代修造京城时，又对内城的一些水域进行人为的改造，使水流走势更符合龙水交会的要求。这五大水系中的永定河和潮白河为主水系，永定河水系由西北向东南流，而潮白河水系先由东北向西南而后折向东南，最终水流都归墓于乙辰、巽巳方。因此，从永定河水系的流向看，是水局中的“右水倒左”运行的过堂水，宜立坤申生向、丁未养向、丙午胎向、巽巳绝向八个方向；从潮白河水系的流向看，是水局中的左后方而来的顺堂水，视为“左水倒右”，宜立壬子旺向、癸丑衰向、艮寅病向、甲卯死向。北京古城建设呈“凸”字型布局，并分为内外城，外城以象阳，为天，设七个城门；内城以象阴，为地，设九个城门，构成“内主外从”的格局，这不但基本符合龙水交会的立向法则，也符合八卦易理的阴阳变化原则。

综上可知，北京城的定局从格龙上看取水局之长生壬子龙入首，可以格定丙子土龙、庚子水龙两种坐度分金；从立向上看，取水局之“左水倒右”和“右水倒左”两种水流体系，分别可立多个城门。需要强调，细心的读者会发现，北京故宫（紫禁城）作为北京城的中心，其坐穴却为正南北向，格定戊子龟甲火龙，主门启“午”向，为水局之胎向，似乎不符合北京城作为水局的格龙和立向原则。其实，紫禁城作为皇城，是天子之城，可不纳地气，所以格定戊子龟甲空亡龙，以使地气发散，完全符合皇城的使用功能要求；而立正午向，一方面是取“天子向天而坐”的寓意，天子代表上天对人间发号施令，另一方面是以北京城龙脉是长生龙的旺龙入首为前提，立胎向，以平衡龙水交会的阴阳性。从城市布局上看，格定子山的戊子火龙，使之与火局的帝旺之向丙午五行相和，不但达到了阴阳相和的易理要求，同时也使整个环境空间的布局趋于中正、对称、和谐，以达到天人合一的理想效果。当然，如果作为普通百姓的房屋，还是取丙子土龙、庚子水龙两种坐度分金为宜，这也符合笔者实地测量得到的结果。

### 三、北京的规划布局

了解北京城规划布局应从元大都说起。元世祖忽必烈灭金后，经一代堪舆大师、时任太保的刘秉忠建议，决定在北京定都。刘秉忠及其弟子郭守敬详细勘察北京的地理环境，决定舍弃原金朝中都旧址（北京市西侧），重新勘定龙脉正穴，并决定将今天北京城什刹海区域确定为新北京城的中心位置，于公元1267年开始建设，历时16年，建成了中国历史上赫赫有名的元大都。

#### （一）北京的立极

刘、郭二师勘定什刹海区域为北京城的立极点，这正是依照易理的龙水交会之理而确定的立极思路。综观北京内城的水域流势，不难发现，现在西海、什刹海（后海、前海）、北海与中南海所构成的水域组成了一条由西北向东南的水龙。在什刹海东南角水域突然收窄，而后水流由东北向西南折而流入前海、北海，最后至南形成中海、南海，并于南海处形成环抱回旋之势。根据史书记载，元朝时候的后海、中海、南海都是天然的湖泊，其水流来源于北面的什刹海，而出水口却在什刹海东南最窄处，与通惠河相通，最后经通惠河出城。刘、郭二人根据这样的天然水势，将城市的立极点勘定在什刹海东南角连通通惠河之处，即今天的银锭桥，并以此为中心点向南向北两方划出中轴线，将元大都府的中心落于这条南北中轴线向南的位置，同时在大都府西面开凿金水河，引后海之水进金水河，并从大都府东南方流出，与北面的通惠河相连接。据此，构成了大都府四面环水的环抱之势，形成了水流在大都府四周的循环流动。元大都作为帝王宫殿，是天子的行宫，因此格定戊子龟甲空亡龙，以象天，并通过修造金水河，使大都府处于四面环水之中，寓意收纳四大局之生旺气，威慑统领四方。可见，这种立极方式一方面是按照什刹海水域的自然走势确定，符合易理的龙水交会就穴之理，具有现代科学上的合理性；另一方面也符合了封建王朝君主至高无上的统治观。元代北京城的平面规划布局如图 13.8 所示。

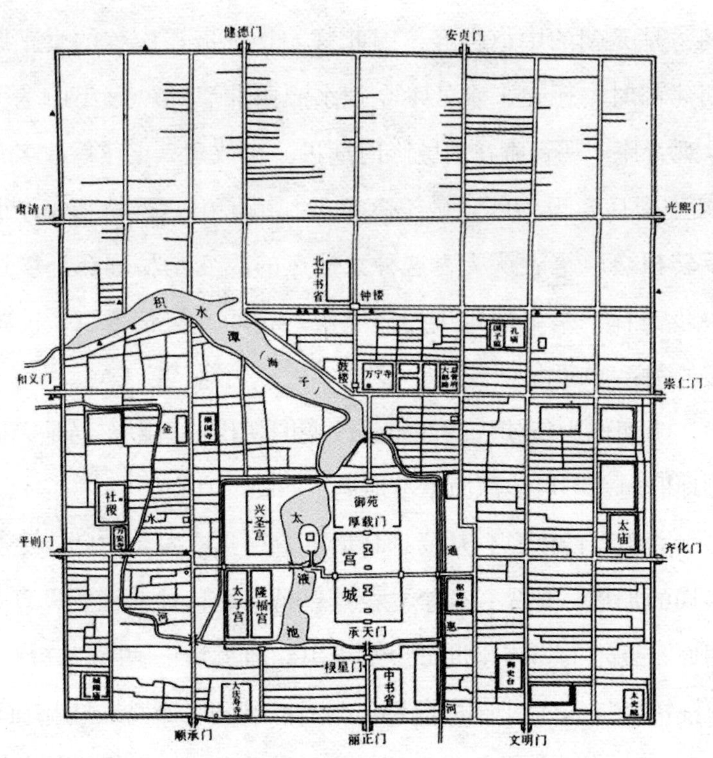


图 13.8 元代北京城平面布局图

然而，我们现在看到的故宫是明代的北京皇宫，是在元大都城的基础上进行了一系列大规模的改建后而形成的，其中最根本和最关键的改建是将城市的立极点南移约五华里，但是其勘定的龙脉坐穴的中轴线并没有发生改变，仍然是元朝刘、郭二人勘定的中轴线。这一立极点的改变，使北京城的风水环境大为改观。元大都城的立极点在今银锭桥处，明朝北京城将立极点前移约五华里，定于今天景山（原名“万岁山”，是明北京城改建时用挖掘护城河和南海的泥土堆筑而成的）的位置。明朝都城建设的这个改变，比较统一的说法是：原来的万岁山是石景山的中峰，恰好居于元代宫城最重要的宫殿延春阁的位置，于是后朝通过修造万岁山，用于压制前朝的“风水”，让他永无反转的机会，所以万岁山也叫“镇山”，而景山一名的使用则是从清代开始的。镇山所镇者，正是元大都的延春阁，是元朝的中枢神经，因此这才是立极点南移的真正原因。同时，明朝建都时，还在来水处（今积水潭西北岸的一座小山上）修建了一座镇水观音庵（观音庵在清乾隆时期进一步改建，重建后改名汇通祠，1987 年又重建后，设为郭守敬纪念馆）。镇了山，再镇水，以彻底镇住元朝的反转机会。笔者认为，这种立极点的改变是易理在环境选择运用中的进一步诠释，是更加科学的环境规划布局，与是否镇住前朝的风水没有直接的关系。理由有三：

其一，明朝作为新朝代的开始，改变旧朝代的宫殿布局是人们的自然思维和心理取向，不可能原原本本地运用旧朝的宫殿。

其二，立极点的南移，从易理环境上看更具有发展空间，更有利于龙水交会格局的形成。首先，这个立极点仅是南北移动，轴线没有改变，这本身说明原来勘定的城市坐度分金（坐山立向）是正确的；其次，什刹海水域在银锭桥处折向西南而去，使处于中轴线西面的地域越向南面积越大，这本身有利于建筑更大的宫殿群，而且由北、中、南海构成的水域与通惠河相连后形成的水抱环境更大，使内明堂加大，这更符合易理的环境选择要求。

其三，根据北京城总体勘定为水局的盘局要求，北主水，整个城市应以北面为重，而将立极点南移有利于做大城市。

**（二）北京城的整体规划**

北京作为中国多个朝代的都城，其规划布局是易理环境选择中易象布局、易数布局和易理布局的综合体现，无处不表现为易学理论在人居环境规划布局中的运用。

北京古城为“凸”字形平面，按照“外城象阳、内城象阴”的易象之理，在外城设七个城门，为少阳之数，分别是永定门、左安门、右安门、广渠门、广安门、东便门、西便门。在内城设九个城门，为老阳之数，分别是东边震卦的东直门、朝阳门，西边兑卦的西直门和阜成门；北边坎卦的德胜门、安定门；南边离卦的崇文门、正阳门（前门）和宣武门。内老外少，寓意为“内主外从”，符合中国传统帝王统治四方的建都理念。这种城门数的设置体现为八卦易数的爻符变化，内用九数为“阴中之阳”，外用七数为“阳中之阴”，体现阴阳二气在环境选择中的制化作用。内城南墙取天象（先天之乾卦），属乾阳，城门设三，为阳数；北墙取地象（先天之坤卦），属坤阴，城门设二，为阴数。而皇城中央则序列地布置五个门，取象于“吾”（即人）。据此构成天、地、人三才齐备规划格局，使全城形成宇宙缩影，达到象与数之间相匹配，类象于涵盖天地的八卦矩阵。

作为几个朝代的皇城，北京城立体布局更多体现为“法天象地”的综合运用。从盘局的消砂看，北京内城九门、外城七门基本上按照对称形态布局，可以收纳四方之生旺良砂。从盘局的纳水看，水系繁杂，纵横贯穿于其中，通过不同的启门方向，可以收纳四方之生旺吉水，尤其是紫禁城内有金水河，外有护城河，为四面环水，可谓财气旺盛的唯美之局。明代北京城平面规划布局如图 13.9 所示。

图 13.9 明代北京城平面布局图

## （三）北京皇宫的布局

北京皇宫的布局则更为细致，更是易理“法天象地”的集中表现，是严格按照星宿进行的易象布局，成为“星辰之都”，类象天子生活的地方（即“上天”）。参观过故宫的读者，将不难发现故宫的内局分布严格按照中国古代天文学中的三垣星象进行布局，就是将天空中央划分为太微、紫微、天帝三垣，紫微垣为中央之中，是天帝所居之处，所以明朝皇帝将皇宫定名为“紫微宫”，这也是“紫禁城”之名的来历。在紫禁城中，将最大的奉天殿（今太和殿）布置在中央，供皇帝使用。同时，按照星象的排布方式，在两端设华盖殿（今中和殿）、谨身殿（今保和殿），以象征天阙三垣。三大殿下设三层台阶，象征太微垣下的“三台星”，据此构成整个紫禁城的前廷，形成三殿五门之制，均属阳。而后寝部分由六宫六寝构成，皆属阴，都是按照紫微垣的星象进行布局。中央是乾清、坤宁、交泰三宫，以象阳，左为东六宫，右为西六宫，总计是十五宫，正合紫微垣十五星数。内庭的乾清宫为皇帝寝宫，与皇后坤宁宫相对，体现在寝区阴之中的乾阳，为阴中之阳。太和殿与乾清宫，虽同属阳，但其用途不一，地理有别，太和殿以三层汉白玉高台托起，前广场内明堂壮阔，以象皇帝的办公场所；而乾清宫的前庭院，台基别致，前半为白石勾栏，后半为青砖台基，形成阴阳合德的独特易理相和，以象皇帝之寝宫。紫禁城的平面规划布局如图 13.10 所示。

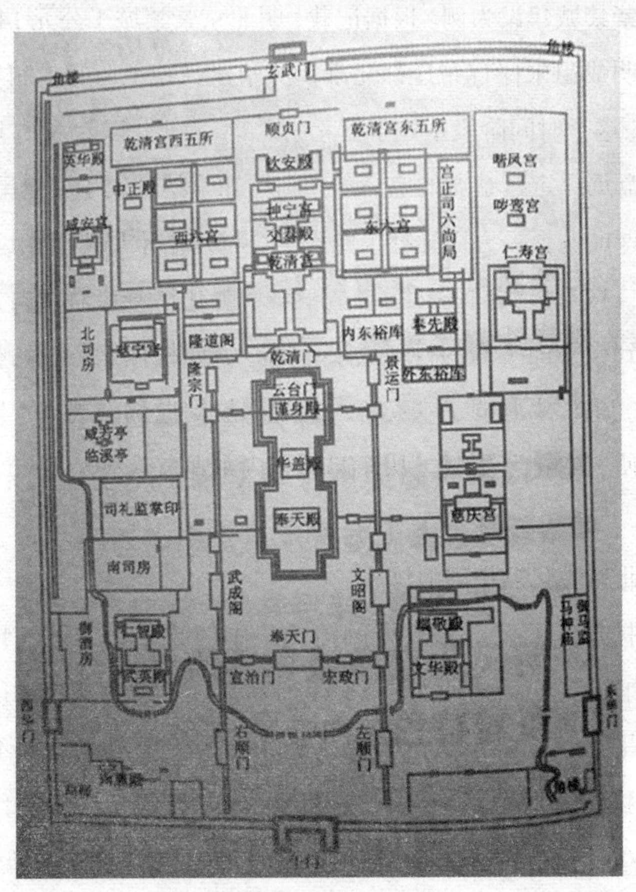


图 13.10 紫禁城平面布局图

北京城的布局不论内局还是外局，处处体现易理观念在环境选址中的组织和规划作用，尤其是在紫禁城内，几乎任何一处都可以找到阴阳、五行、八卦运用的痕迹，不是易数上的前后匹配，就是爻象上的上下对应。所以北京城的布局历来被称为中国风水布局的典范。

## 四、北京城的护局表现

北京城的护局表现主要体现为两个方面：一是修造日课的选择；二是化煞护局的处理。

### （一）北京城修造日课的选择

以明代紫禁城建设为例。根据记载，明北京紫禁城于公元1420年建成，同年十一月明成祖朱棣宣布迁都北京，从始建到竣工历时十四年，按照三元九运推算，这个时间阶段正处于下元的六运。据此，以六入中飞伏，按“子山午向”的盘局排定紫禁城的宅命盘，则可知紫禁城属于“双星到向”局。这种修造日课的选择一方面弥补了龙水交会格局中水局坐子山、立午向（胎向）的不足，按双星到向的元运启造皇城，强化了令星对“向方”的加会生旺，以达到坐、向平衡的行气效果；另一方面根据北京城的整体形势是龙脉强、龙气重，水脉弱、水气薄，通过双星到向局的规划，以强化北京城的水气，使“水神”更旺，从而起到了内乘龙气、外纳堂气、内外兼收的良好效果。

### （二）北京城化煞护局的体现

从化煞护局上看，北京古城的镇物集中体现在天、地、日、月四坛的建设和选址上，四坛选址如图13.11所示。因为北京所在的区域是三面环山，一面平原，立极点正落于北京平原之中，所以北京城不存在环境空间外围的物煞。但为了确保京城世世代代的旺气长生，古代堪舆大师按照易经的八卦相错之理，在北京内城之外的南、北、东、西四个方位上，分别建造天、地、日、月四个古祭坛，作为北京城的四大镇物。这四大

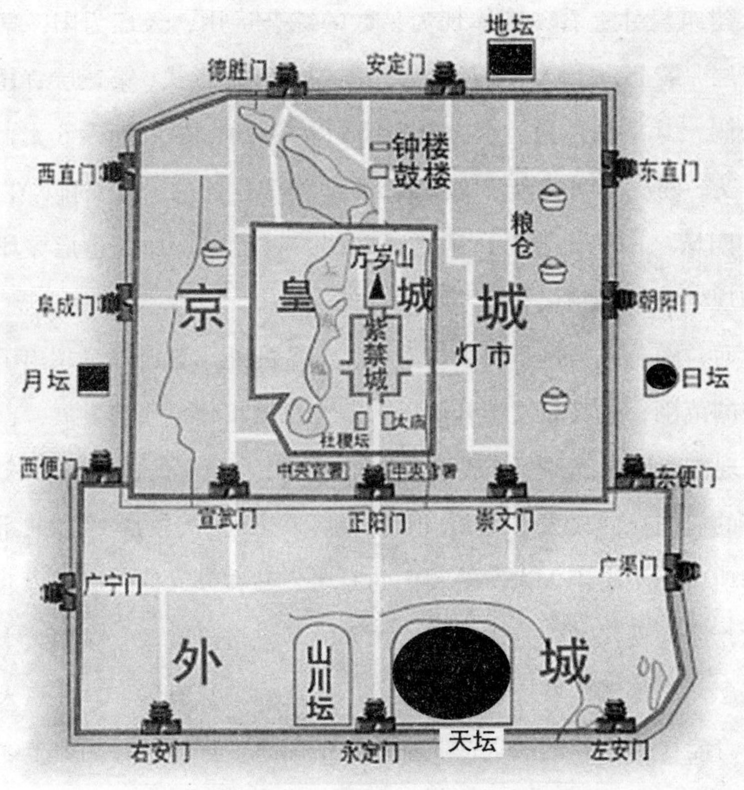


图 13.11 四坛选址图

镇物从地理位置的选址上看，是按照先天八卦之理进行布局，南乾为天，设天坛；北坤为地，设地坛；东离为日出之始，为火，设日坛；西坎为月出之始，为水，设月坛。从建筑外型上看，是按照易理的类象之理进行设计，天坛设计为圆形，象天圆；地坛设计为方形，象地方；日坛设计以圆为主，象阳；月坛设计以方为主，象阴。从建筑构造上看，是按照阴阳数理的平衡观进行设计，天坛的主要建筑（祭天用的祭坛圜丘）是三层圆形平台，台面中心为一圆形太极石，太极石外面是九块扇形石头圈圈相围，取奇数以象阳。地坛的主要建筑（祭坛拜台）为二层方形平台，其坛面石头为方形，拜台周围的泽渠也为方形，拜台周围的两层围墙亦为方形，取偶数以象阴。日坛与月坛也同样采用这种阴阳平衡结构。从建筑尺寸上看，则体现为易数的综合运用，天坛为阳，祭坛圜丘建为三层，最上一层圜丘直径9丈，第二层直径15丈，第三层直径21丈；地坛为阴，其祭坛拜台为正方形二层，上层坛面尺寸为6×6丈，下层为10×10丈，两层之间的台阶为偶数8阶。类似这样的尺寸安排，在天、地、日、月四坛之中比比皆是，这足以见古人对运用易理观念指导环境空间选择和规划布局的精湛技艺。

然而，随着人类进步、社会发展，当今的北京城已远远超出了明清时期京城的范围，尤其是改革开放以来，北京城市建设飞速发展，已由北京老城（现二环以内范围）扩展到了六环、七环，原有的古城墙已不复存在，使原有的启门立向失去了意义，唯一让后人感到欣慰的是现在北京城各处所用的地名仍然沿用古人留给我们的原名。站在今人的角度反思北京古城的建设，需要现代城市管理者重拾古人的环境选择观念，按照天人合一的思维观念，统筹考虑城市建设与环境承载能力。只有这样，北京天然的地理形势将能得到充分的展现，北京这座中国易理环境选择的典范之作将永续传承给中华民族的子孙后代。

## 第二节　福州城选址和规划

福州地处福建省东部，位于闽江入海口，四面环山，气候宜人，地理条件十分优越。福州建城始于汉朝初年，当时闽越王无诸助刘邦建立汉朝后即在福州建冶城。二千多年来福州一直是福建省的政治、经济、文化中心，成为地方都府。福州城市的选址和规划布局也具有易理环境选择上的典型性。

## 一、福州的形势

明代王世懋所著《闽部疏》记载“天下形势，易辨者莫如福州府，诸山罗抱，龙从西稍衍处过行省，小山坐其中，乌石、九仙(于山)二山东西峙作双阙。其外托东山高大，蔽亏日月，大海在其外，是谓鼓山。西山迤逦稍卑，状若展旗，曰旗山，以配鼓。其前则印山若屏，似人巧凑泊而成者，然犹未睹水所经宿也。登道山(乌石山)以望，则大小二水，历历在目。大江从西南蛇行方山下，南台江稍近城而行。大江复从南稍折而东北，南台江水合之，汪洋弥漫，东下长乐入海，其山川明秀如此。”这段话将福州城的概貌描述得一清二楚。福州地区的原始地形地貌如图 13.12 所示。

图 13.12 福州地区原始地形图

### (一)福州的龙穴

福州从整体形势上看处于四面环山之中，尤其以西北方的五凤山和东北方的金鸡山为主体，构筑“双凤”入首，成就了“蟠龙赴会”之局。五凤山发源于西北方的武夷山脉，以闽江为随龙水，由西向东而后折北接莲花山，界止于福州城；金鸡山发源于浙闽之间的太姥山，由北向南而来，至福州城之北而连接莲花山，并以东海和南海分界之水为随龙水，界止于福州城之马尾，与闽江水交会。这种龙脉的走向和随龙水的行气态势，造就了福州成为2000多年的省会都府。

考察福州城的地形地貌不难发现，西北方有金牛山至五凤山形成合围之势；东北方有鼓山至金鸡山形成合围之势，而福州城区所在地则形成天然的小盆地，构筑了福州城的明堂；南面是闽江由西向东横穿盆地而过，形成玉带缠腰之势，构成了完美的生旺水朝堂。遗憾的是福州盆地偏小，否则必将使之成为帝王之都。同时，盆地之内又有屏山（居北）、乌山（西南）、于山（东南）三座小山构筑成三足鼎立之势，形成了典型的突穴形势。这种整体的形势成就了福州城后有大靠，前有明堂，玉带水环腰过堂，砂峰多案拱照的完美人居环境格局。

**（二）福州的砂环**

福州的砂环更可称之风水之典范，其西面有金牛山，东面有鼓山，这二山形成左右护卫之砂环。向南而去有四重案山形成南面的叠叠屏障，拱卫俯城，第一案为吉祥山，第二案为烟台山，第三案为高盖山，第四案为方山（即五虎山），这四重案山由近及远，节节攀高，使福州成为了造化良材的宝地。易理认为，叠叠案砂是造就良材的理想之地，而从福州城的历史发展看，不论是在古代，还是现代，从福州城出走的良材确实不少，这也从历史发展的现实证实了福州城叠叠案砂对环境空间的影响。从福州所处的地理环境看，福州城之玄武为武夷发脉，百里来龙至福州所在区域构成的五凤山与金鸡山的两山汇合，体现为“玄武垂头”的态势；而左之青龙为鼓山高耸；右之白虎为金牛山平俯；前之朱雀是福州盆地所构成的天然大明堂，明堂之内水系纵横交错，最终归流于闽江、乌龙江，还有四重案山穿梭于明堂内外，形成“朱雀翔舞”之势。从福州的内环境看，福州盆地内还有三坐小山（屏山、乌山、于山）构成一北（屏山）、一西南（乌山）、一东南（于山）的“品”字形格局，也属非常完美的自然砂峰分布形态。

**（三）福州的水抱**

福州城之水的最大特点是玉带缠腰的环抱水，闽江水流从位于福州城西北方（今闽候上街镇）自然一分为二，形成两条河脉（分别为今天的闽江和乌龙江）穿行于福州盆地内，并与上述的叠叠案砂构成了“砂环水、水抱砂”的形态。同时，两河从福州城之东南方流出，并于今福州马尾区会聚为一河而流入大海。这种水系的流势构成了福州城得天独厚的山环水抱形势，为环境空间乘气提供了良好的形势条件。另外，从福州内城看，亦是水道纵横交错，温泉四起，加之有内城的三山，也构成了砂环水抱的自然形势，使整个环境都处于依山傍水之中。

## 二、福州的定局

按照易理的乘生气理论和龙水交会之理，不难发现福州城具备易理环境选择中的典型定局模式。

**（一）福州的龙气**

福州城的来龙由西北方的金牛山（乾卦）折北至五凤山，与东北方鼓山（艮卦）折北至金鸡山相汇聚，而后从正北方的莲花山（坎卦）入首，从龙脉驳换上看，主龙脉发源于坤卦的申龙（属金），驳换至兑卦的酉龙（属金），再驳换至乾卦的乾龙（属金）、亥龙（属水），最后由亥龙（属水）驳换至坎卦的子龙（属水）入首，这个驳换过程是五行之气“金金相和、金水相生”的生气驳换。同时，次龙脉发源于艮龙（属土，易理格龙中土龙视为水龙看），驳换至丑龙（属土和水），再驳换至癸龙（属水），最后由癸龙（属水）驳换至子龙（属水）入首，这个驳换过程是五行之气“水水相和”的生气驳换。可见，不论是主龙脉，还是次龙脉，其驳换过程都遵循着五行“相和相生”的生气驳换之理，是真龙就穴的体现。从坐穴方位上看，与北京城一样，福州城的水口归墓方向也位于东南方，即水系最终归流于福州马尾闽江和乌龙江汇合之处，并注入东海，这也是易理24维方位中的“乙辰、巽巳”所在的巽卦方，属于四大局中的水局出水口。福州地区龙脉驳换图如图13.13所示。

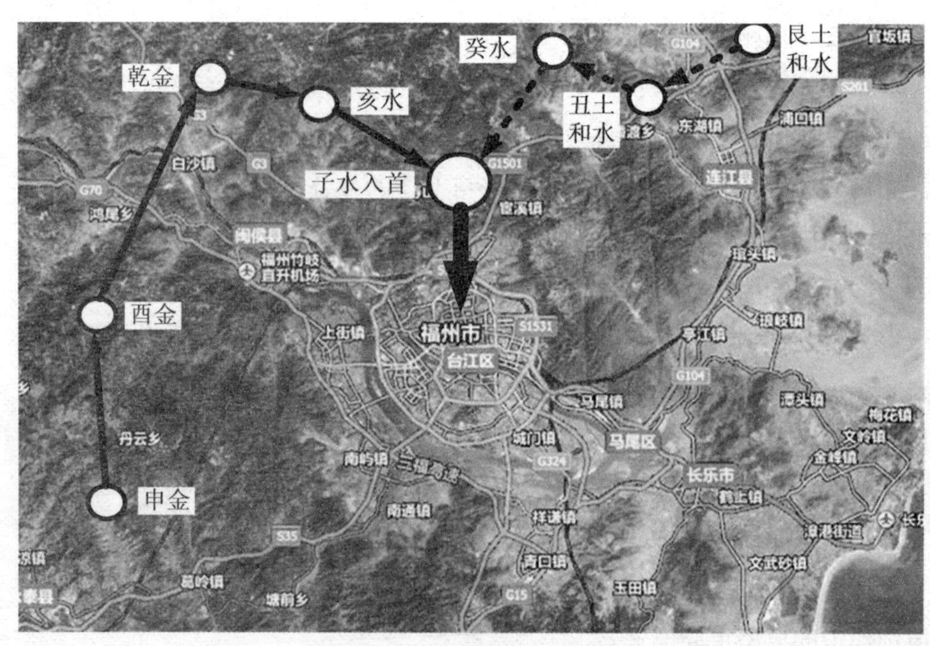


图 13.13 福州地区龙脉驳换图

综上分析可知，福州城的来龙入首为坎（子）龙，正好处于水局的长生龙“壬子”方位上，所以福州城的龙脉为长生龙入首，那么按照龙水交会之理，福州城的主要坐度分金，应为丙子水龙、庚子土龙，如果格定丙子水龙，则立“子山午向兼壬丙”坐度分金；如果格定庚子土龙，则立“子山午向兼癸丁”坐度分金。笔者对 22 处福州三坊七巷以及鼓楼区老宅坐度分金进行了测量，其中 12 处为丙子龙分金，7 处为庚子龙分金，1 处为甲子龙分金，2 处为戊子龙分金。由此可见，福州城内的房屋建设基本是按照易理的龙水交会之理确定坐穴的分金度数，整个福州城的总体规划布局是坐北朝南的格局。

**（二）福州的堂气**

福州城的主要水系为闽江在此划分的两大支流（闽江及乌龙江），最后在马尾会合后流入大海。这种水流状态是水局中“右水倒左”运行的过堂水，宜立坤申生向、丁未养向、丙午胎向、巽巳绝向八个方向。所以，古福州城开有五大城门，其中三大门就位于丙午、坤申、巽巳六个方位上，均以吸纳过堂之生旺水为启门依据。福州古城的主门设于南方，启午向，虽为水局之胎向，但从福州城的中轴线构成上看，为子午正向，那么午向为丙火之气，是火局之帝旺，这种“坐子山、开正门、立午向”的立向格局虽然不属于龙水交会的三合局中的最理想启门方向，但其符合易理的阴阳平衡之理，使整个空间达到了左右的对称平衡。同时，福州城在具体的房屋建造过程中，又大都格定与水局完全相符的丙子龙和庚子龙坐度分金，而避开立正向的戊子龙，这样一方面兼顾了整体布局中的“平衡、对称、中正、和谐”；另一方面也集中体现了龙水交会格局在人居环境空间规划布局中的作用。

## 三、福州的规划布局

了解福州城的规划布局，需要从福州始建城池开始。根据历史记载，福州古城始建于汉朝初年，当时闽越王无诸在福州建冶城，旧址就在今福州市鼓屏路一带。从这种始城的选址建设过程看，就不难发现福州城的规划布局包含着典型的易理环境选择观念。

### （一）福州的立极

要了解福州城的立极，需要对福州城历史发展概况作一简要梳理。古福州城所在的地理形势是山环水绕、百泉汇集的盆地，据传欧冶子在此铸剑，故古福州城也被称为“欧冶池”，是闽越国的国都所在地。当年欧冶池中心位于今福州市鼓屏路湖东路交会处，以此为建城立极点，向四面发展。后因东越王余善举兵反汉失败后，冶城被毁，汉朝的福州古城一度荒废。至公元280年，晋武帝时期，在今福州所在区域设高郡地，命名晋安郡，辖地相当于现在福建省的东南沿海地区，并任命严高为晋安郡守，严高到任后见旧城狭小，不足以聚众，即着手选择新址。相传，严高向当时的堪舆大师郭璞求教，郭璞指着旧城南面的小山阜说：“是宜城，后五百年大盛。”

严高得郭璞指点后，即着手建晋安郡城，并以郭大师指点的小山阜为立极点，北起今福州市鼓屏路，南至八一七北路虎节路口；东起湖东路丽文坊口，西至鼓西路渡鸡口，城内设五座城门，城外均有护城河，规模较冶城更大一些，后因城区面积不断扩大，将该城称为“子城”。此后，随着城市的繁荣发展，城区面积不断扩大，但其立极的中心点始终都处于今屏山路一带，直至今日。

**（二）福州内城布局**

福州古城的布局以突出“形势龙脉”为基础，是易象布局的典型代表，基本上按照易理的阴阳调和之理和龙水交会之理规划布局整个城市。

第一，强化“形势龙脉”的轴心作用。福州城在形势上属于“蟠龙赴会”的形局，所谓“蟠龙赴会”就是指其自然形势如蟠龙盘居于整个穴场之中，所以其乘气的重点就在于整个龙身盘绕的地方。福州城的形势完全可以运用蟠龙的形势进行对应描绘，笔者将福州地图与蟠龙形态进行透视，形成了如图 13.14 的福州城“蟠龙赴会”图，形象地反映了福州城的龙脉形势。福州城的这种形势不同于北京城，北京城是双龙合会并以“戏珠”的形态成就广阔的大明堂而成穴，其行龙于结穴之处而止息；而福州城是“蟠龙赴会”，龙身缠绕于穴场之中而结穴。根据福州这种特殊的形势状态，在规划布局上突出龙身的中轴线，大致以今天福州城由北起古屏路，南至八一七路为中轴线，在中轴线上严格遵循了儒学思想的等次分级布局，首先在立极点屏山上建设镇海楼，为全城之制高点，从镇海楼向南设华林寺，构成了镇海楼与华林寺上下呼应的后城中轴线；其次从华林寺向南建设城隍庙，构成华林寺至城隍庙的中城中轴线；再次由城隍庙向南建设鼓楼，构成了由城隍庙到鼓楼的外城中轴线。在这条中轴线上布置最重要的环境功能，如在城隍庙往西南不远处设立布政使署，为全省的最高行政长官公署（相当于现在的省委省政府）；在布政使署之南建筑鼓楼，作为全城中心的标志；在鼓楼的南面布置总督衙门，为全省最高军政长官驻地（这也是历代省政府驻地，一直延续至解放初期）。并从鼓楼向南规划大街直通至南大门而出城，这样就形成了一条由北向南的中心轴线（北起制高点的镇海楼，南至南大门），在这条中轴线上集中了全省最重要的公署、寺庙、城楼等建筑，并交替分布于蟠龙的身躯之上，构筑了最佳的环境空间乘气方案。

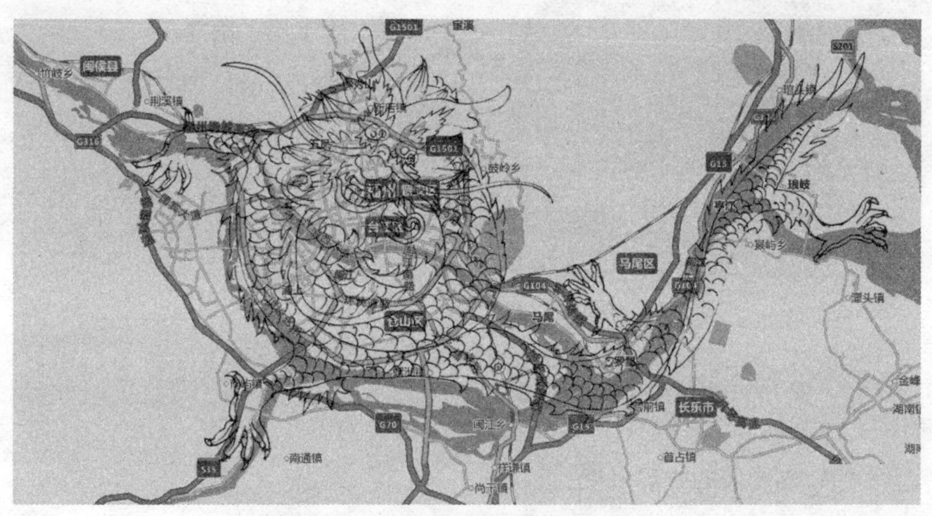


图 13.14 福州形势的蟠龙赴会图

第二，突出阴阳调和的布局。福州古城建设由南北中轴线分为东、西两个部分，东为闽县，西为侯官县，东西两面相对平衡协调，形成均衡的城市布局。从南向北看，南门东边有于山，西边有乌山，形成双阙守门之势。而出南大门之后，则是横穿环抱全城的两条水系（闽江和乌龙江）和四重案山（吉祥山、烟台山、高盖山、五虎山）。

第三，突出龙水交会格局在环境空间布局中的核心作用。福州古城的建设充分利用和合理修造了内城水系，开辟东西各两处水关，使城内构筑二纵二横的“井”字型水系，起到了山环水抱的藏风纳气效果。西水从西湖引入，过定远桥，到双抛桥，与西南来水汇合，而后向东，与西面来水汇合；然后再向南至乌山桥下折向东，在安泰桥与东面来水汇合。东水由东湖澳门水关入城，向西经庆城寺，在勾栏桥与西水汇合，而后折向南到

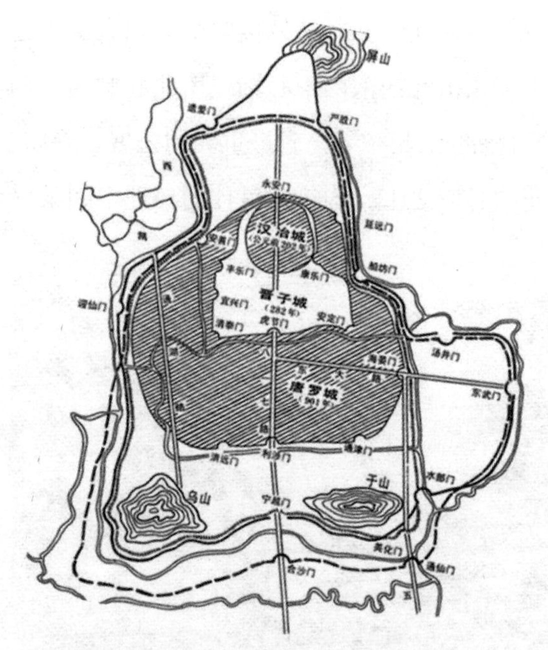


图 13.15 福州古城平面布局图

德政桥后分两支，一支向西在安泰桥与西水汇合，一支向南沿水部大街，出东南水关。这种水系的布局，使内城的建筑物不论坐山朝向如何布局，都能较好地收到龙水交会的理想效果，处处体现了“龙合水、水合向”的理想环境空间构造。福州古城的平面规划布局如图 13.15 所示。

## 四、福州城的护局表现

由于福州城的建设没有准确的年代数据，无法从九星证局的日课上分析其护局的表现，但从易理镇物的化煞上看，福州城却有着典型的代表性，整个城市建设中的趋利避害过程完全符合易理环境选择的要求，集中体现为以下三个方面。

### （一）植榕护局

福州城地势低，雨量足，容易引发洪涝灾害，造成水土流失。同时又因四周环山，不易散热。根据这一环境空间特点，福州自古以来都在城内植榕，榕树根深叶茂，既保持水土，又遮阴避日，这也是福州别名为“榕城”的来历。

### （二）城墙制煞

福州地处东南沿海，从气候上看每年入秋后北方冷空气南侵频繁，加之西太平洋和南海的热带气旋活跃，二者对峙引起明显的气压梯度，造成强劲的东北风，使得福州城之东北为泄气煞气流入之地。据此，福州古城东北的城墙修得比其他地方都高一些厚一些，同时在东北方广植林木，少建房屋，以此化煞护局。

**（三）镇物化煞**

从福州的形势山脉看，东面鼓山似鼓，西面旗山似旗，鼓反在旗之前，这种旗鼓倒置的形势格局成就了福州城没有兵灾的征兆，从历史上看福州城确实没有发生过大的战事。而北面莲花山为乘气结穴之地，不但有利于阻挡北方南下寒流，夏天还可上山避暑，是为福州的后花园。唯有南面的方山，形如五虎，而虎头朝向城区，因此在古福州城的南大门采用了石狮镇物，在南大门两旁设置两只大石狮，狮头朝向五虎山，以起化煞镇城作用。

当然，随着人类社会的不断进步和经济的飞速发展，今天的福州城已远远超出了古福州城的范围。但从易理环境选择的角度看，当今福州城的中心仍然居于古人选址勘定的屏山路一带，今天的省委省政府所在之处仍然居于福州龙脉的正穴之地。所以，只要人们遵循易理环境选择的天人合一理念，科学合理适度地规划开发城市，作为“有福之地”的福州城必将续写中国易理环境选择的新篇章。

## 第三节　清流县选址和规划

清流县地处福建省中西部，武夷山脉中段东南侧，九龙溪上游，是福建最早的人类文明发祥地。1988 年，中国科学院考古学家在清流沙芜狐狸洞发现旧石器时代古人类化石，使福建人类活动历史由六七千年推进到一万年以上，因此清流被誉为“闽人之源”。清流历史悠久，人杰地灵，古称黄莲，宋代元符元年（1098 年）置县，因县城清溪环绕，碧水萦回，故名“清流”。笔者之所以选择清流县作为易理环境选择的案例，是因为清流县的地形地貌是易理环境选择中“形势物象”的典型代表。

图 13.16 清流县原始地形图

## 一、清流县的形势

清流县的地形地貌与水流水系走势构成了“龟蛇相会”的完美形势物象盘局，其原始地形地貌如图 13.16 所示。从图 13.16 中不难看出，其蛇形之山脉由西南（坤卦）而来，龟形之山脉由西北（乾卦）而来，二山界水而聚气，形成了一幅完美的龟蛇相会图，这种格局使其随龙之水构成了典型的“S”形太极图。清流县作为人居环境空间，其龙脉来势特别明显，而随龙水又构成了对穴场的自然环抱，这种环境空间是人居环境的理想场所。按照形势物象的成穴过程，其结穴之处在于具体物象的重要部位，如物象之头、眼、鼻、嘴等重要五官所在位置，而清流县的穴场位置正处于龟象和蛇象的头部。

## 二、清流县的定局

以“形势物象”的方式选择环境空间，其定局的过程应按照具体物象的特点，以“点穴”的方式确定盘局。清流县由“龟蛇相会”的物象构成，因此在定局时，应分“龟象”与“蛇象”分别进行。

### （一）清流县的龙气

清流县的"龟象"从西北乾卦方来，有意向东南巽卦方行去；"蛇象"从西南坤卦方来，有意向东北艮卦方行去，但二者相遇于九龙溪上，界水而止，就此结穴。所以，清流县的龙气由北边的"龟象"之脉与南边的"蛇象"之脉共同构成，在格龙定局的时候应按"龟象"与"蛇象"的各自特点分别进行。这种自然形成的物象形势与上述的北京城、福州城都不一样，北京城由二龙来脉，形成双龙戏珠，最终由拱珠之处入首结穴；福州城为"蟠龙赴会"，龙身缠于穴场之中而结穴；而清流县则是"龟象"与"蛇象"正面相遇，并界水而成穴。因此，其穴场的构成由"龟象"来脉与"蛇象"来脉分别成穴。

位于西北方的龟象来龙，最终于亥龙入首，结穴于今清流县城的凤翔山公园脚下，其九龙溪上的随龙水为"右水倒左"，环抱于整个穴场，水出癸丑方而去。因此，格定北方龟象来龙为金局，而亥龙入首正处于金局的胎方上，也就是说龟象是胎龙入首，而胎龙属于"三吉六秀"中的"秀龙"，是为吉龙入首。根据龙水交会之理，对于金局的环境空间，应格定西北方的龟象来龙主要坐穴为辛亥金龙分金，即立"亥山巳向兼壬丙"的坐山。笔者在清流县北城随意测量了7座房屋，其中5座都为辛亥金龙分金，符合龙水交会之理的坐穴要求。

位于南方的蛇象来龙，最终于午龙入首，结穴于今清流县城文化街一带，其九龙溪上的随龙水为"左水倒右"，也环抱于整个穴场，水出乙辰方而去。因此，格定南方蛇象来龙为水局，而午龙入首正处于水局的病方上，是病龙入首，属于弱龙。根据龙水交会之理，对于水局的环境空间，应格定南方的蛇象来龙主要坐穴为丙午水龙分金，即立"午山子向兼丁癸"的坐山；或格定庚午土龙分金，即立"丙山壬向兼午子"的坐山。笔者在清流县南城随意测量了10座房屋，其中立丙午水龙分金的为6座，立庚午土龙分金的为2座，这随机测量的10座房屋中，有8座都符合龙水交会之理。

清流县龙脉走势图如图13.17所示。

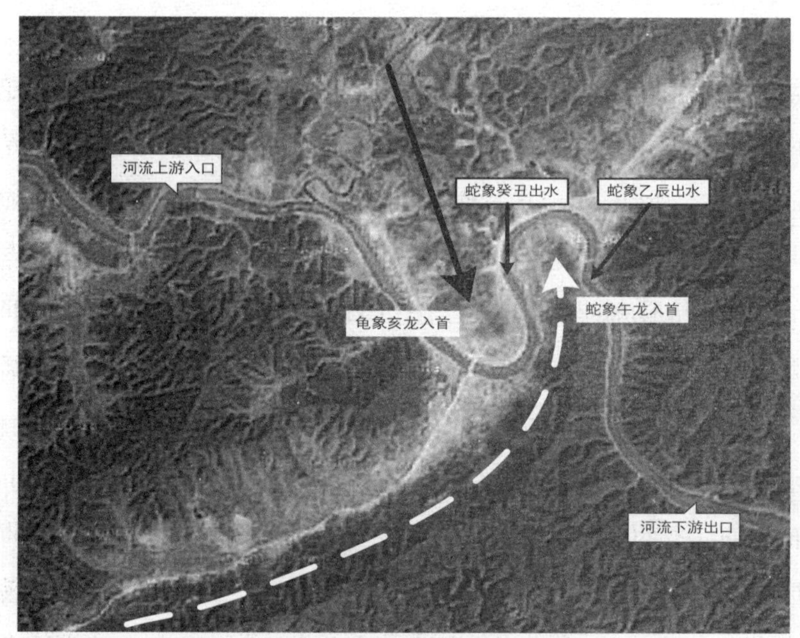


图 13.17 清流县龙脉趋势

### （二）清流县的堂气

处于北方龟象的环境空间为金局，水流方向为“右水倒左”，可立巽巳生向、乙辰养向、甲卯胎向、艮寅绝向。在此八方中，以立巽巳生向为最吉，立艮寅绝向为次吉，乙辰养向、甲卯胎向为可立之向。从坐穴处于乾亥方看，立巽巳向正好为坐穴乾亥的正前方，所以清流县北方龟象的房屋最宜开中门。在笔者随机测量的 7 座房屋中，有 5 座都是开中门，立巽巳向，符合龙水交会之理的最佳启门立向方位；有 2 座立艮寅向，也处于龙水交会之理的理想方位上。可见，清流县北的房屋来龙属于旺龙，且启向又处于龙水交会的生向上，这就形成了内乘龙气、外纳堂气的理想人居环境格局，非常适宜人居。

处于南方蛇象的环境空间为水局，水流方向为“左水倒右”，可立壬子旺向、癸丑衰向、艮寅病向、甲卯死向。在此八方中，以立壬子旺向为最吉，立甲卯死向为次吉，癸丑衰向、艮寅病向为可立之向。从坐穴处于丙午方来看，立壬子正好处于坐穴丙午的正前方，所以清流县南方蛇象的房屋也最宜开中门。在笔者随意测定的10座房屋中，有7座都是开中门，立壬子向，符合龙水交会之理的最佳启门立向方案；2座立甲卯死向，1座立癸丑衰向。可见，清流县南城的环境空间虽然龙脉入首不如北城，但其立向方位处于子午正向上，对环境空间收纳堂气有理想的效果，这样的环境空间适合于人才的流动，而不适合于久居，作为商业、行政、贸易等办公场所最为理想。

纵观清流县的历史，确实处于南城的人走出去的较多，在外成就事业的也较多；而处于北城的人们则过着比较安逸幸福的稳定生活，比较少外出。可见，这种人际流动状态的出现确实与人居环境的选择有一定的关系。

## 三、清流县的规划布局

清流县的地形地势构成了“龟蛇相会”的物象盘局，与其水系相配，使其形成了阴阳鱼式的太极图形。因此，其布局的基本思路就是按照“一物一太极”之理，以突出形势状态中“水环水抱”的优势。九龙溪位于清流县城段也称为“龙津河”，此河“S”形穿过清流城关，把整个穴场分割成两个半圆，构成典型的太极阴阳两仪。南面蛇象入穴之处（今南寨）形如突起打坐的老道，北面龟象入穴之处也有突起的仙峰（今鹅峰），俨然构成了两位老人面对面护守穴场的形势。所以，从清流的历史上看，有许多堪舆家把清流县称为“两老观太极”。按太极八卦图说，清流县城的总体布局应符合八卦之理，在南区（离卦）应布局文化、娱乐区，主虚幻、华丽；东北片（艮卦）宜布局商业经济开发，意指天市、财富；西北片（乾卦），即今刘坊、王家排一带，宜开发为休养、别墅区。而今城关一带，县委县政府所在区为太极之阳鱼，作为行政执法区域建设最理想，而今坪背一带为太极之阴鱼，作为事业服务区域最理想。

## 四、清流县的护局表现

清流县形势的美中不足有四个方面：一是龙津河道太浅，太窄，而且水流哗哗作响，有“水鸣则哀”的不足；二是北面龟象之山太高太大，龟背的形局不美；三是二龙相会结穴的明堂太小，即现在清流县城的整个城关面积太小，不足以使之成大器；四是两龙来脉入首的五行之气处于胎、病两方，属于弱龙入穴。针对上述四个方面的不足，清流县历代以来都采取了不少的易理护局手段。集中表现在以下两方面：

一是强化消砂纳水。通过在下游建设拦截坝，改变龙津河水流的聚水面积，以消除水鸣的影响。今嵩口电站已建起，对改善清流县城的水流起到了较好的作用，但略有遗憾的是嵩口电站的拦截坝还是偏低。如果能在下游筑一水坝略高嵩口电站水坝的水面，并长期保持恒定的水平，这样不但可以改善清流河水的水质，还可以借水坝改变城关的聚水情况，这将为整个县城的消砂纳水提供基础的形势条件。

二是改扩明堂。如果站立于清流县北山上（龟象）向南看，可见一条明显的青蛇从西南方蜿蜒起伏而来，像是一条苍龙奔腾而至，到城关（今南寨处）伏首入穴，所以取南山的蛇象，则使北山的龟象处于案砂之位，这样就产生穴场前案太近太高、咄咄逼人的态势，因此在消砂上应除去北山的案头。同时，北山处于龟象上，作为形势物象，龟甲也是成穴的理想场所，可以将河之北面地域拓宽，做大城关，使明堂更秀更大。

从易理环境选择上看，清流具备了完美的形势物象“龟蛇相会”的形局。但是，由于明堂太小、水域太窄，决定了它不可能发展成为一个大城市。然而，集镇虽小，却人才辈出。民族英雄文天祥曾途经清流写下了“山高不碍乾坤眼，地小能容宰相身”的赞美之词。唐朝开国元勋丞相萧瑀、明朝吏部尚书裴应章、我国著名的军事防化专家黄新民、中国大提琴奠基者王连三等历史精英人物都来自小小的清流县。这些从清流走出的人才能够成就大事业的实际情况，恰恰验证了易理环境选择中“龙主静、水主动”的阴阳平衡观。清流县的龙脉入首不足，尤其是蛇象为病龙入首，不利于内乘龙气，使久居清流的人们没有更好的发展空间；但是，清流的立向启门完美，堂气十足，都处于五行行气的“生旺”方上，非常有利于从清流走出的人们，这或许就是清流县人才辈出的真正原因吧。

像清流县这种龟蛇相会的形势物象盘局，是人类选择人居环境的普遍做法，只要有心的读者，不难发现在地球环境之中，随处都可见到这种形势物象。如上海市也是龟蛇相会的形势盘局，上海浦东陆家嘴地区是水蛇的物象，而外滩和人民广场所在地区则是鳌鱼的物象，二者之间构成了一幅水蛇与鳌鱼相会的物态形象，其“鳌蛇相会”的形势物象图如图 13.18 所示；又如缅甸的密支那市也构成了这种“龟蛇相会”的格局，如图 13.19 所示。这些“形势物象”只是类象的效果不同，有些类象效果很好、很像，有些不那么像，但其包含的龙水交会的易理属性完全一致。

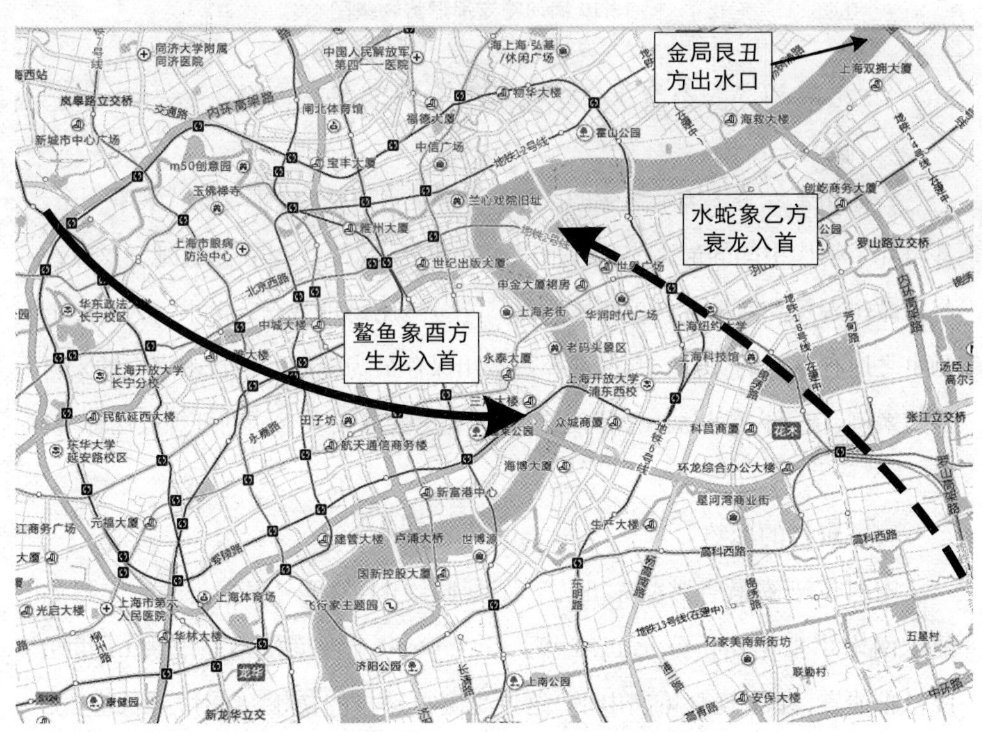


图 13.18 上海市形势物象图

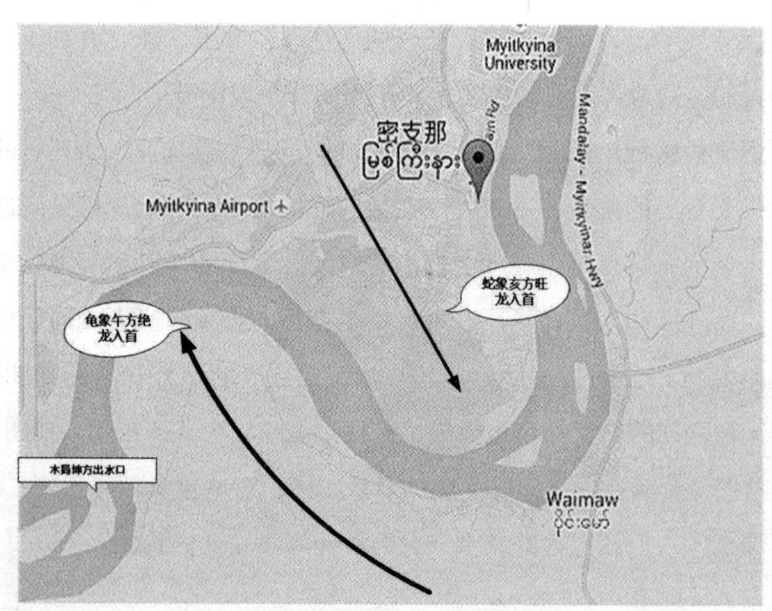


图 13.19 缅甸密支那形势物象图

## 第四节　安徽宏村选址和规划

古徽州曾经是中国最繁荣的区域，不论是官还是商，都曾经代表着一个、甚至几个朝代中国的最高成就，可以说是商贾云集，人才济济之地。这或许与古徽州人民高度重视易理环境选择，充分运用易理观念，探求天人合一的栖生之地有一定的关联。本书选择古徽州保存最为完好的古村落之一的宏村作为案例，探寻古徽州居民如何运用易理观念选择天人合一的理想人居环境。

### 一、宏村的形势

宏村位于安徽省黟县东北方，距县城约 11 公里。根据记载，宏村始建于南宋绍兴年间，公元 1131 年，汪氏 66 世主汪彦济遵循汪氏 61 世祖汪仁雅遗言，举家迁至雷岗山下，这便是宏村建村的初始。当时，汪氏应“弘广发达”之意而取名为“弘村”（后改为“宏村”），距今 800 多年历史。宏村至今完整保存着中国徽派文化选址建村的格局，村内有序排布着数百户粉墙青瓦、鳞次栉比的典型徽派民居建筑，并与四周的自然山脉水流融为一体，被誉为“中国画里的乡村”。2000 年 11 月，宏村被联合国教科文组织列入了世界文化遗产名录。笔者认为宏村的选址与其独特的风水形势分不开。从宏村的整体形势看，背倚黄山余脉的羊栈岭雷岗山，其龙脉由东北向西南而行，至宏村所在处而形成天然盆地，并界止于水流，整个形势构成典型的“巨蟒出洞”形态。其原始地形地貌如图 13.20 所示。

图 13.20 宏村原始地形图

**（一）宏村的龙穴**

宏村地处皖南山区，处于黄山余脉之中，龙脉走势由东北方而来，为艮卦来龙，经现场测定龙脉入首于癸丑方，行至现宏村所在区域构筑天然小盆地，并界水而止。这种龙脉走势表现为宽厚肥满而又稳健前行，犹如一条巨蟒刚刚出洞。所以，宏村的龙脉在形势上体现为土龙的属性，而在驳换上虽是一阶龙，但位于东北方（艮卦）来龙，五行属土，并于癸丑方入首，五行亦为土，形理相合，是理想的龙脉入首。宏村虽是一个小村落，但所处之地相对较平，整个村庄以三面为山、一面环水而构成一个半圆型图案，有如牛胃形状，是比较典型的窝穴。

**（二）宏村的砂环**

宏村为艮卦来龙，东北方为雷岗山，蜿蜒曲曲而来，玄武之象非常完美；

左之青龙为西溪和羊栈河，行至穴场前方与南湖相会，对小村落构成环抱态势，形成了青龙腾跃之势；右之白虎恰好落于今天的际泗公路上，这里本来就是一条山坳，形成了白虎坐卧之势；前之朱雀恰是南湖，其形态宛如一弯明月环抱于穴场前方，明堂之象非常明显。如果立于宏村的南湖北岸，环顾全村四周，在南湖南岸可见多重案山，而且走势蜿蜒有情，对整个小村落构成了拱卫之势。可见，宏村虽小，但其外在砂环形势不但符合易理四象的形势要求，案砂也非常完美。

**（三）宏村的水抱**

宏村之水由西北方的天然小河（称西溪）而来，至宏村所在地而形成曲缓之流，最终于村之南汇入宽阔的南湖，构成水抱穴场的完美格局。据传，宏村的南湖并非天然形成，而是人工开发修造。这种后天修造的人工湖，虽不如自然形成的形局完美，但在易理环境选择中，通过人工的修造补救使其形局更加完美的做法是非常普遍的，这也是一种“做风水”的手段。通过这种筑建手段的运用，营造了宏村得天独厚的自然环境，使四大形势要点跃然纸上，成就了完美的人居环境格局。

宏村龙脉形势及水口图如图 13.21 所示。

图 13.21 宏村龙脉形势及水口图

## 二、宏村的定局

笔者有幸三进宏村，对整个村落的选址和定局进行了多次勘察，发现宏村的定局完全符合理想的易理环境选择定局要求。

### （一）宏村的龙气

经现场测量，宏村龙脉入首于癸丑方，而随龙水则汇入南湖后最终从乙辰、巽巳方流出。可见，宏村的整体盘局应格定为水局。龙脉由癸丑方入首，处于水局的养方，是养龙入首，为“六秀”吉龙入首。根据整体盘局为水局的特点，应格定宏村的主要坐度分金为丁丑水龙和辛丑土龙，确定房屋的主要坐山为“丑山未向兼癸丁”和“丑山未向兼艮坤”。笔者实地随机勘察了宏村中5座房屋，其中3座为丁丑水龙分金，2座为辛丑土龙分金，都符合龙水交会的人居环境定局之理。

### （二）宏村的堂气

宏村的整体盘局为水局，而水流方向为“右水倒左”，所以可立坤申生向、丁未养向、丙午胎向、巽巳绝向。此八方中，以立坤申生向为最吉，立巽巳绝向为次吉，丁未养向、丙午胎向为可用之向。从坐穴处于癸丑方看，立丁未向正好为坐穴癸丑的正前方，属于可用之向；立坤申向为坐穴的右前方，是最理想的方位；立巽巳向为坐穴的左前方，也是理想的方位。经现场随机勘察的5座房屋，其中2座立坤申向，2座立巽巳向，1座立丁未向，都在龙水交会的理想方位上启门。

综上可知，宏村的选址、定局都符合易理的龙水交会之理，其来龙为“六秀”的养龙入首，其立向都是取盘局的“生旺”向，达到了龙水交会的最佳状态，构筑了内乘龙气、外纳堂气的理想人居环境格局。

## 三、宏村的规划布局

宏村的规划布局更是趋于易理环境选择中的理想状态，处处都体现了阴阳调和的宇宙和谐观，整个村落的规划布局体现了易理天人合一的环境选择观，集中表现为两个方面：

一是突出了龙脉入首对环境布局的核心作用，整个村落的房屋基本上按照龙脉入首的坐穴方位确定坐山朝向。宏村整个村落为艮卦龙入首，勘定癸丑双山下的丁丑、辛丑分金，为水局之养龙入首，而水口出巽巳方之绝口。根据这种龙水交会格局，宏村内的古民居大多遵循着上述的坐度分金，而启门也大多落于水局的坤申生向、巽巳绝向或癸丑衰向上，整个村落中每栋房屋规划错落有致，与四面自然山水形成内外呼应，构成了一幅美丽的山水画册。如最有名的承志堂即是坐丑山未向兼癸丁，格定丁丑水龙分金，而启门于丁未衰向。承志堂的这种坐穴布局不但符合宏村整体形势上的龙水交会格局，就其本身所在的地理位置看，承志堂两面都为邕溪河，其明堂形成了二水会聚，因此这种立向可收左之帝旺水、右之长生水，起到了易理环境选择上的“生旺”俱纳的效果。

二是突出了窝穴的特点，以物象之法进行整体布局。在宏村的规划过程中，古人科学地引水入盘局，并按照窝穴类象于牛肚的方式进行。根据记载，宏村的规划布局起源于明永乐年间，当时的风水师何可达勘定宏村结穴形如卧牛之肚，于是根据牛肚的构造进行了村落的整体规划。首先，利用村中一天然泉水，扩掘成半月形的月塘，作为“牛胃”，即今宏村的中心点月塘（月沼），并确立此为立极点。然后，在村西吉阳河上横筑一座石坝，引西流之水入村庄，并向南而折向东流出，绕着一幢幢古老的楼舍，贯穿于“牛胃”，形成了“牛肠”；在房屋布局上，均沿着“牛肠”两旁布局。最后，在村之南人工开挖大南湖，引“牛肠”之水入南湖，形成完美的山水交会格局。

从引水入村看，在水流的构造上力求九曲十弯，贯穿月沼，穿过家家户户的门口，再往南注入南湖。这种引渠流、开月沼、挖南湖的水系构成，成为宏村易理布局的主要特征，使整个村落达到了藏风纳气的良好效果，置人居环境于天人合一的山水交会之中，达到了人居环境与自然环境的完美融合。

宏村整体规划布局平面方案如图 13.22 所示。

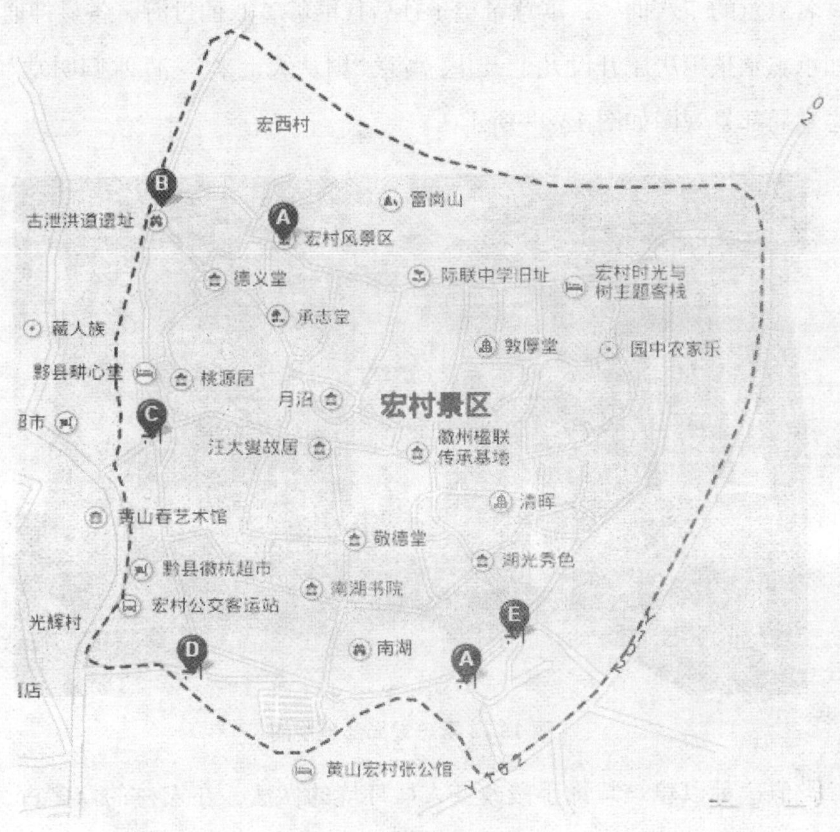


图 13.22 宏村平面布局图

## 四、宏村的护局表现

宏村的护局表现主要体现在每一栋具体民居的建筑修造都有着严格的易理讲究。本文以宏村中的承志堂为例进行简要说明。承志堂位于宏村上水圳的中段，是宏村众多古民居中的一幢，该房屋总占地面积约 2100 平方米，建筑面积 3000 余平方米，全宅有 9 个天井，大小房间 60 间，木柱 136 根，大小门窗 60 扇，这些数字充分体现了易理之数的运用。如天井以象天用九，老阳之数，房间以象地取六十甲子之阴数。承志堂前厅的拱棚上，竖着“倒立双狮戏球”的木雕棚托，这种狮象的运用是易理化煞镇宅的一种表现形式，厅堂两侧卧室的厢房门上雕有“福、禄、寿、喜”四星和各带一名道童的“八仙”，寓意希望子孙后代能够“八仙过海，各显神通”。又如承志堂整幢房屋开设九个天井，寓意“财从天上来”“四水归明堂”等，承志堂局部景观图如图 13.23 所示。

图 13.23 承志堂局部景观图

类似这种以建筑装饰手段改变人居环境的做法，在宏村的众多古民居中比比皆是，不再赘述。

# 第十四章　房地产楼盘规划案例

随着人类活动对土地资源利用程度的不断提高，房地产建设中的选址已背离了传统易理环境选择的初衷，在现代社会不太可能在纯自然的环境中选择房地产楼盘的开发用地。所以，运用易理观念指导房地产楼盘的开发，重点在于突出如何规划现成地块，或者说在限定的地块内如何按照易理的思维观念规划布局有限的环境空间，使之达到最合理的人居环境要求。

本章的重点在于介绍如何运用易理的思维观念指导现成的房地产建设用地的规划布局。笔者根据房地产用地的不同地形地貌，选择了 4 个较为典型的案例进行易理观念指导下的房地产楼盘规划布局分析，旨在抛砖引玉，引导读者认识上卷所述的易理环境选择五大技法在房地产楼盘规划中的运用，为人们购房、选房提供参考。

案例分析不可避免涉及对所分析小区内各个相对位置的吉凶判断，为避免产生不必要的误解，本书不提及具体的小区名称，而以“甲、乙、丙、丁”作为楼盘的名称，其中的甲、乙案例是笔者亲自规划布局的房地产楼盘；丙、丁案例则是笔者在帮助挚友选房过程中勘察过的现成居民小区。

## 第一节　案例甲

本案位于长三角地区，地理形势上有着江南水乡的特点，水系发达但无山龙。该案占地约 360 亩，主要规划的房屋类型包括公寓房（城市单元房）、商业办公房、联排别墅、双拼别墅四种类型。由于本案是笔者亲自勘定的项目，所以下文将按照上卷所述五大技法，从形势判断、乘气定局、规划布局、优化护局四个方面，对该楼盘的规划布局过程进行详细阐释。

### 一、形势判断

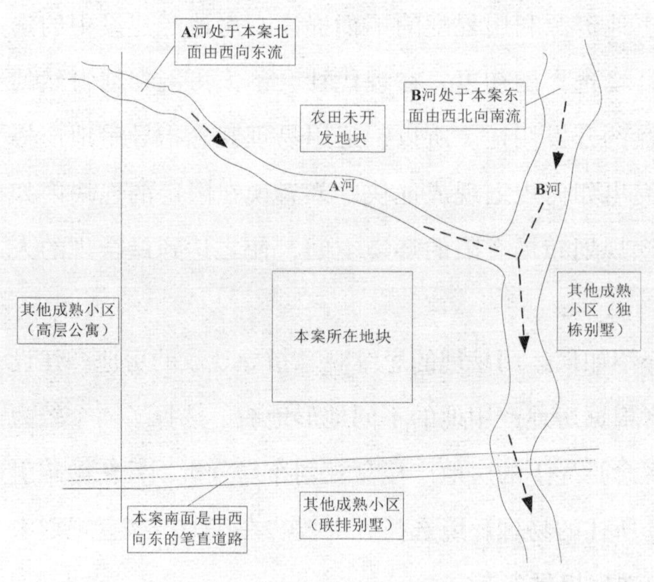


图 14.1 甲案原始地形图

甲案所在地块的原始地形处于两河交汇之中，北面是一条由西向东而行的小河（以下简称“A 河”）；东面是一条由北向南而行的小河（以下简称“B 河”），二河相会于本案的东北角，并最终从本案的东南角方向流出；西面与其他小区相连；南面是一条现成的四车道马路。整个地块呈长方形，东西长约 600 米，南北宽约 400 米，整个原始地块呈现西北高、东南低的态势，但总高度差在 2 米以内，基本处于同一平面上，其原始地形图如图 14.1 所示。根据图 14.1 所示的地形地貌，笔者通过现场勘察，对本案的“龙、穴、砂、水”进行逐一的审定。

## （一）甲案的龙穴

该案处于长三角地区的平原地带，按照平洋之地以水定龙的原则，经综合分析两条水流的来龙情况，笔者确定A河为龙脉入首的主龙体系。虽然B河的宽度略大于A河，但B河入首在本案的东北角，出口在本案的东南角，对本地块而言不构成环抱之势，从形势上看不利于本案内乘龙气；而A河虽比B河窄，但其从西北方来脉，流经本案的整个北面，而后在东北角与B河相会，最后从本案的东南角方向流出，构成了对本案的环抱之势，更有利于本案内乘龙气。因此，确定本案的主龙脉为A河，并初步审定由西南的乾卦入首，随龙水归墓于巽卦。

房地产楼盘的穴场就是整个开发利用的地块，因此不存在穴场的判定问题。但是，由于房地产楼盘开发涉及多方的利益博弈，往往因不同的立场对楼盘开发的要求也不一样，导致不同的规划布局对环境空间的整体乘气效果存在重大差异。从土地利用的角度看，任何一个房地产楼盘都应尽最大可能地发挥其作用，为人类提供更多的房屋，这也是国家土地规划的目的之一；从房地产开发商的角度看，更是希望能在有限的土地上建造更多的房子，为其带来更大的利润；从易理环境选择的过程看，人居环境规划应顺应天地，倡导天人合一，以环境空间的整体乘气效果最优化为规划目标。因此，运用易理观念指导房地产楼盘的规划布局，除了要考虑土地的有效利用外，更应充分考虑环境的承载能力，应按照阴阳调和的观念，进行土地的开发利用。所以，房地产楼盘的定穴过程，其实是在严格遵守房地产地块规划指标（如容积率、建筑密度、绿化率）的基础上，结合易理的运用，将整个地块当作穴场进行统筹考虑后而确定出穴的所在位置。

## （二）甲案的砂环

房地产楼盘的砂环审定，应分别分析所在地块外围各个方向的现成物态，并按照形势判局中“砂环”和“四象”特点，分析每一个方位物态可能对该地块构成的影响。

本案北面临 A 河，而 A 河之北是田地，不属于本案的地盘，也没有现成的道路，是一块宽阔地（当然今后可能开发其他用途），所以本案具备向北启向的布局选择。向北的房屋，虽没有左右护砂，但自然宽阔的田地和 A 河构成了明堂与案砂。同时，本案西北角地势较高，又正好是 A 河的源头，作为玄武星象，符合“玄武垂头”的物态要求。

本案西面与别的房地产楼盘相连，构成了人造的后天砂形，可以起到护砂的作用，但不能形成案砂，因此本案的房屋布局不宜向西启向。根据本案的龙脉来势，西面的现成小区房屋处于白虎位上，且房屋较高，对本案构成了“白虎抬头”的不利影响。因此笔者在小区规划时，将西面预留出道路，以降低西面现成小区对本案的影响。

本案南面是已成形的道路，而道路的南边是其他成熟小区，这种形态对本案构成了以道路为明堂、以成熟小区为案砂的格局，所以本案的房屋适合向南立向。但成熟小区内房屋高低不平，所以在具体布局时需要考虑凶砂的影响，采用化煞镇物进行规避。南面道路处于本案的朱雀位上，且道路较宽，又有绿化衬托，构成了较为完美的“朱雀翔舞”格局，有利于本案的外乘堂气。

本案东面是二水交汇后的河流，在河流之东是其他的房地产楼盘，对本案也构成了以河流为明堂、以成熟小区为案砂的格局。与南向一样，也可作为房屋立向的选择，但同样需要注意克服成熟小区可能存在的凶砂。东面的河道处于本案的青龙位上，虽河道较宽，但地势较低，因此在布局时需要人为构造“青龙腾跃”的物态形象。

综上砂环和四象的分析，本案房屋启向宜向北、向南或向东，这三个启向都能收纳外环境的护砂，对穴场起护卫作用，同时又都有案砂对明堂起护卫作用，是比较理想的启向方位。从四象的物态看，西面的白虎象太高，东面的青龙象太低，需要在详细布局时解决这一不足。

### （三）甲案的水抱

本案有 A 河和 B 河两条自然水系流过本案的北面和东面，同时已勘定由西北方入首的 A 河为本案的来龙主脉。根据这种自然的山水形势，笔者在本案的西北角引 A 河水入盘局，通过人工开挖将 A 河水引入到小区内，构造一条内河（以下简称“C 河”）。C 河之水从 A 河源头引入，环绕于整个盘局之中，并从本案的东南方流出与 A、B 相会的河流合流，这样就构成了三水合会的格局。通过这种对水环境的修造，构筑水龙入首的形势状态，并力求整个小区各个方位上都能形成“龙水交会”的格局，向北的房屋可纳 A 河的堂气，向东的房屋可纳 A、B 河合会后的水流堂气，而位于整个地块中央区的房屋则可以纳 C 河的堂气。经笔者修正后的本案地形构造如图 14.2 所示。

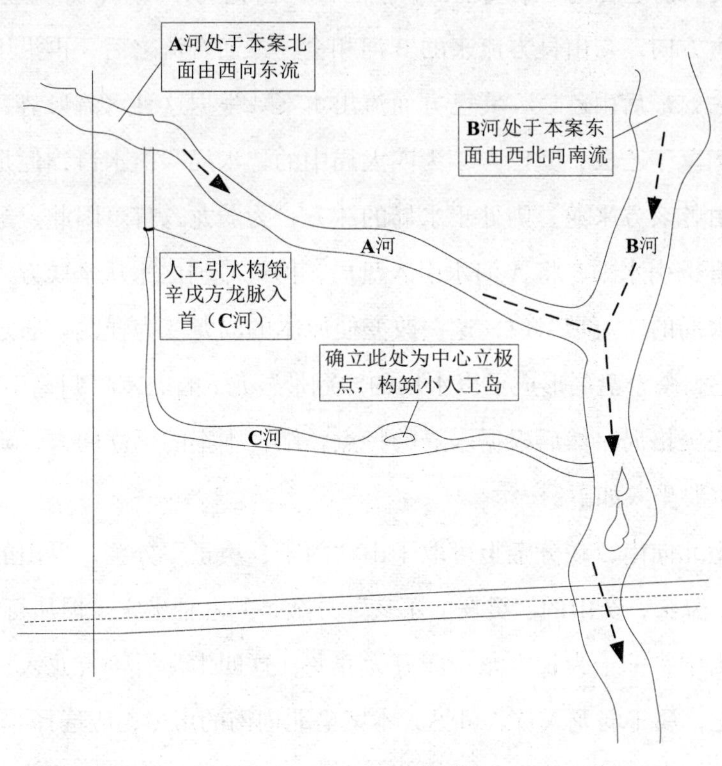


图 14.2 甲案引河及立极图

## 二、乘气定局

房地产楼盘是在特定的地块上进行人居环境的规划布局，其外在形势没有选择余地，只能通过地块内的现场测定来察看外环境山水形势对环境空间的影响。所以，在房地产楼盘的易理选择过程中，应将上卷《规划布局》章节中的"立极"步骤提前至定局之前进行，并以立极确定的位置为环境空间的中心位置，再察看外环境的山水形势，最后确定盘局。

### （一）审定龙气

在本案中，来龙入首于西北角，而水流最终全部归流于东南角。根据这样的外在形势，笔者通过罗盘在现场多次测试，勘定位于本案中心偏东南（即A河与B河汇流后最宽处的西面约250米）处为立极点。以该点为中心，能够构筑最为理想的龙水交会格局，这个立极的具体位置如图14.2所示。立极点确定后就不难发现，本案的A河由乾亥方而来，并流经壬子、癸丑、艮寅方向，与由艮方流来的B河相会，二河合流之后，再沿甲卯、乙辰方流去，最后由乙辰、巽巳方而流出本案。根据这种水流形势，格定本案水口归墓于乙辰、巽巳方，为四大局中的"水局"出水口，但是按照上述龙脉由乾亥方来龙，则处于水局的沐方，为弱龙入首。因此，笔者通过在A河开辟引水渠，将A河水引入盘局，构筑C河之水从辛戌方入局，辛戌方为水局的"冠带"位，这一改变使原本的弱龙变为强龙。通过上述的规划调整，整个盘局形成了以水局的"冠带"龙入首，水口归墓于乙辰、巽巳方的完美格局。然后根据水局的特点，结合本案的可立向方，确定本案房屋的主要坐穴如下：

如果坐北向南，在分金上可取子山"丙子、庚子"分金，丑山的"丁丑、辛丑"分金，亥山的"癸亥、丁亥"分金，共六种坐穴。但从行龙看，北面的六山中，壬子为长生龙；癸丑为养龙，这四山都属于吉龙入首；而乾亥为沐龙，属于弱龙入首。可见，本案坐北向南的房屋，应选择"丙子、庚子、丁丑、辛丑"四种分金为宜。

如果坐南向北，在分金上可取午山的“庚午、丙午”分金，未山的“辛未、丁未”分金，巳山的“丁巳、癸巳”分金，共六种分金坐穴；但从行龙上看，这六种分金所在的龙脉都不理想，丙午二山为病龙入首，巽巳二山为死龙入首，丁未二山为衰龙入首。因此，从龙脉行气看，本案的房屋坐穴最好不取坐南向北，如果因规划布局的整体需要，那么坐南向北的房屋宜取丁山衰龙上的“辛未、丁未”分金。

如果坐西向东，在分金上可取酉山的“乙酉、己酉”分金，戌山的“丙戌、壬戌”分金，申山的“戊申、甲申”分金，也是六种分金坐穴；从行龙上看，西面所处的“坤申”为帝旺龙、“辛戌”为冠带龙、“庚酉”为临官龙，都是旺龙入首，可以随意选用。

### （二）审定堂气

鉴于对本案外在形势的分析，笔者提出引A河水入盘局的规划思路，并勘定本案为“水局”。所以审定堂气确定启门方向时，首先应按照“水局”的立向启门思路，判断本案的水流方向，确定出可立之向。在本案中，通过引A河水入盘局，对整个环境空间构成了水局的“右水倒左”格局，所以可立“坤申生向、丁未养向、丙午胎向、巽巳绝向”这八个方位。其次应分析本案的实际情况，看在此八方中是否可以启门。在本案中，这八方都可立向。据此，笔者结合盘局的整体布局需要，将本案主门立于“巽巳”方的绝向上，第二道门立于“坤申”的长生向上，并在丙午胎向上开启第三道门，作为消防通道使用。

通过上述的定局，确定了本案的主要坐穴为二个大方向，分别是坐北向南的“子、丑”二山；坐西向东的“申、酉、戌”三山，以收纳水局的生旺“龙气”。确定了本案的主要启门方位三个，分别是主门立“巽巳绝向”，以借金局之生向，达到绝处逢生的效果；次门立“坤申生向”，以纳本局的长生水到堂；三门立“丙午胎向”，以对本局纳水进行补充。经立极、格龙、立向之后，确定的本案的基本格局如图14.3所示。

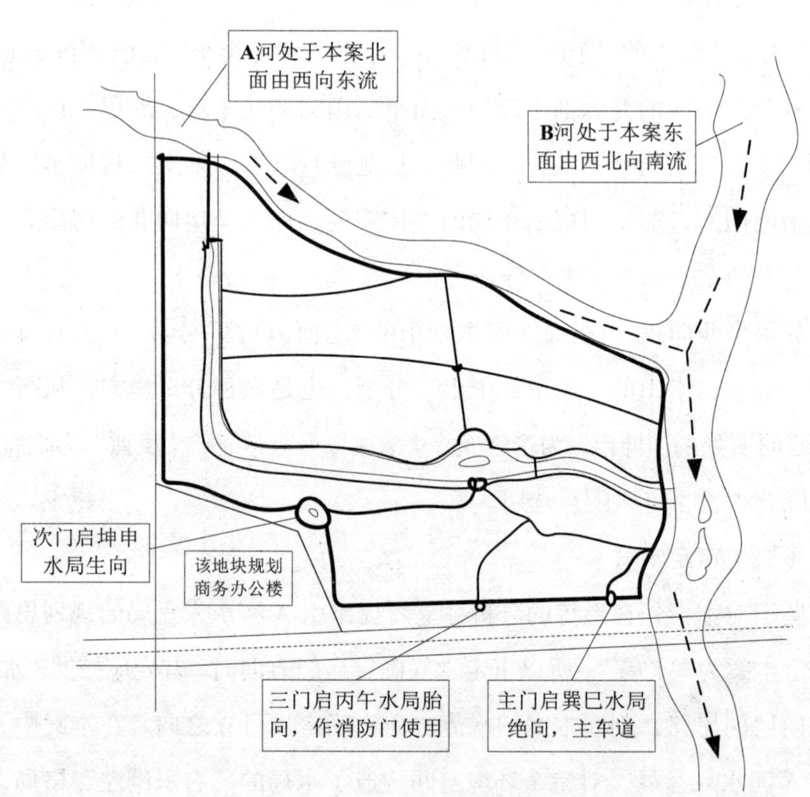


图 14.3 甲案定局图

## 三、规划布局

根据开发商的要求，本案需承载四种类型的房屋。鉴于此，笔者首先将本盘局划分为西、西南、中、东四个区域，如图 14.4 所示。西区起于本案西面，止于 C 河西岸，主要布局高层公寓房；西南区落于本案西南角，主要布局商务办公房；中区起于 C 河东岸，止于立极点的中轴线西面，主要布局联排别墅；东区起于立极点的中轴线东面，止于本案东面河道，主要布局双拼别墅。具体布局方案如下：

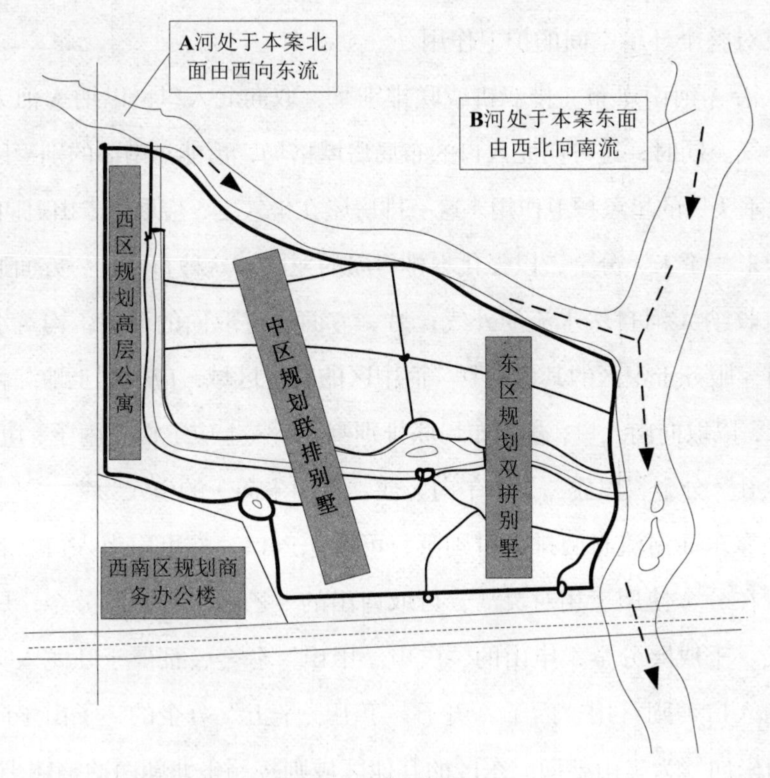


图 14.4 甲案功能分区图

西区布局 5 栋高层公寓房， 以强化本案的龙脉来势。在坐穴上，西区公寓房以坐北朝南为主，主要取用“丙子、庚子、丁丑、辛丑”分金的“子山午向”或“丑山未向”为坐山朝向。

西南区的坤申和丁未方布置 2 幢办公楼，丁未方布置相对较底的办公楼，坤申方布置相对高几层的办公楼。这种高低错落的规划布局，一方面取西向之金，为商业旺向，有利于商务办公楼乘气；另一方面取“酉金生亥水”，以催旺亥方来龙，使祖龙来脉加旺，以利于整体盘局的内乘龙气。

同时，将丁未方的办公楼布置相对低于坤申方，以降服本案西面白虎之象，使之形成对整个环境空间的护卫作用。

中区沿 A 河南岸布一排双拼或联排别墅，取向北入口，以纳 A 河天然水流之外气。同时，这种向北入口的布局房屋格局，也能对南面的别墅区起到“玄武垂头”的星象护卫作用。这一排房屋在坐穴上，应取“未山丑向”，格定“辛未、丁未”分金，以强化本排房屋的龙脉。这种布局，一方面通过北边入口收纳 A 河自然水流的外气；另一方面通过取向的调整，构筑水龙腾跃之势，服务于中区的其他别墅。而中区的其他区域，应根据土地综合利用的要求，以取向南入口，规划布局联排别墅，坐穴上应定格“丙子、庚子、丁丑、辛丑”分金，以立“子山午向”或“丑山未向”的坐穴为主。

东区靠东面河流布两排双拼别墅，可取东入口，亦可取南入口。若取东入口，在分金使用了相对灵活，可取酉山的“乙酉、己酉”分金，戌山的“丙戌、壬戌”分金，申山的“戊申、甲申”分金，都属于旺龙入首；如果取南入口，则宜用“丙子、庚子、丁丑、辛丑”分金的“子山午向”或“丑山未向”为坐山朝向。东区的其他区域则按照坐北朝南的整体坐穴，取南向入口，格定“丙子、庚子、丁丑、辛丑”分金的“子山午向”或“丑山未向”为坐山朝向。

通过上述规划，本案的总体布局是西区 5 幢高层公寓；西南区 2 幢商务办公楼，中区为联排别墅，东区为双拼别墅。具体的联排和双拼别墅楼栋数量，应结合项目的建筑密度、容积率和绿化率的要求进行调整，综合平衡后分布房屋的具体位置。

### 四、优化护局

从九星证局上看，本案修造于 2006 年，处于当前的下元八运。根据本案确定的戌龙入首，并格定“壬戌”水龙分金的整体盘局，应取“乾山巽向”排定宅命盘，则该盘局在星象上构成了“旺山旺向”局，是理想的房屋修造吉课，不需任何的优化调整。

从化煞护局上看，本案周围环境良好，没有需要特别规避的凶砂和凶煞，但针对每一具体房屋需要注意周边已成熟小区可能存在的影响，进行具体的规避。

从四象护局上看，本案庚酉、丁未方有办公楼，寓意白虎之象，而东面为三水合会，是为青龙之象，但青龙没抬头。因此笔者在第一道主门巽巳方的左边靠近三水合会处，修造本小区的会所，略高于小区内的别墅高度。据此，人为构筑了“青龙腾跃”的物象，使整个盘局更加完美。

通过上述一系列的易理环境选择技术的运用，最终确定的本案详细的平面规划布局如图 14.5 所示。

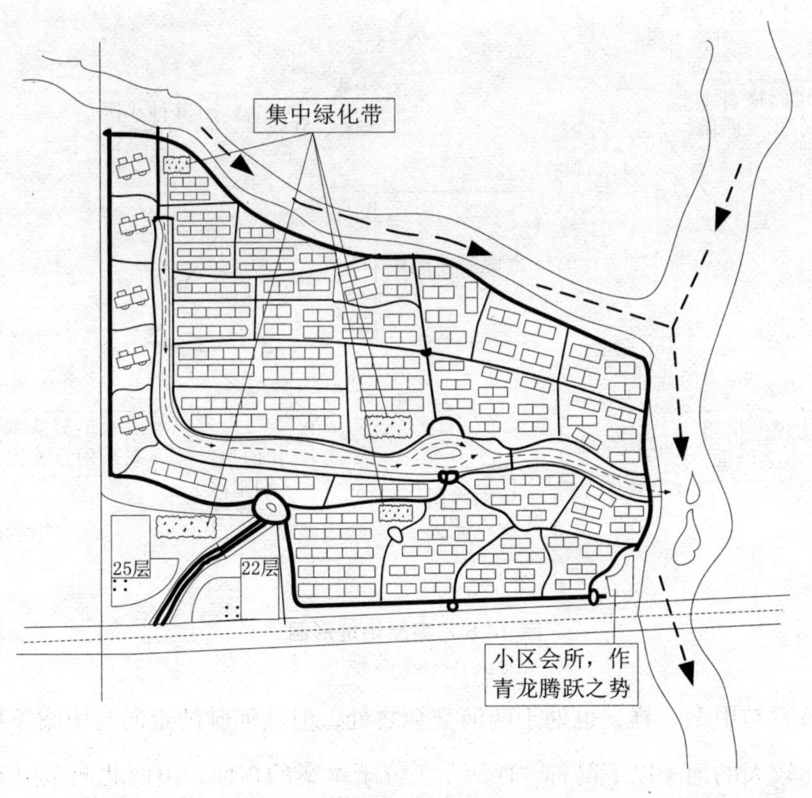


图 14.5 甲案详细平面规划布局图

## 第二节 案例乙

本案也地处平洋地带，水系发达，但无山龙，整个盘局占地约400亩，主要规划为独幢、双拼和联排别墅。本案也是笔者亲自勘定的项目，下文同样按照形势判断、乘气定局、规划布局和优化护局四个方面，对该楼盘的规划布局过程进行详细阐释。

### 一、形势判断

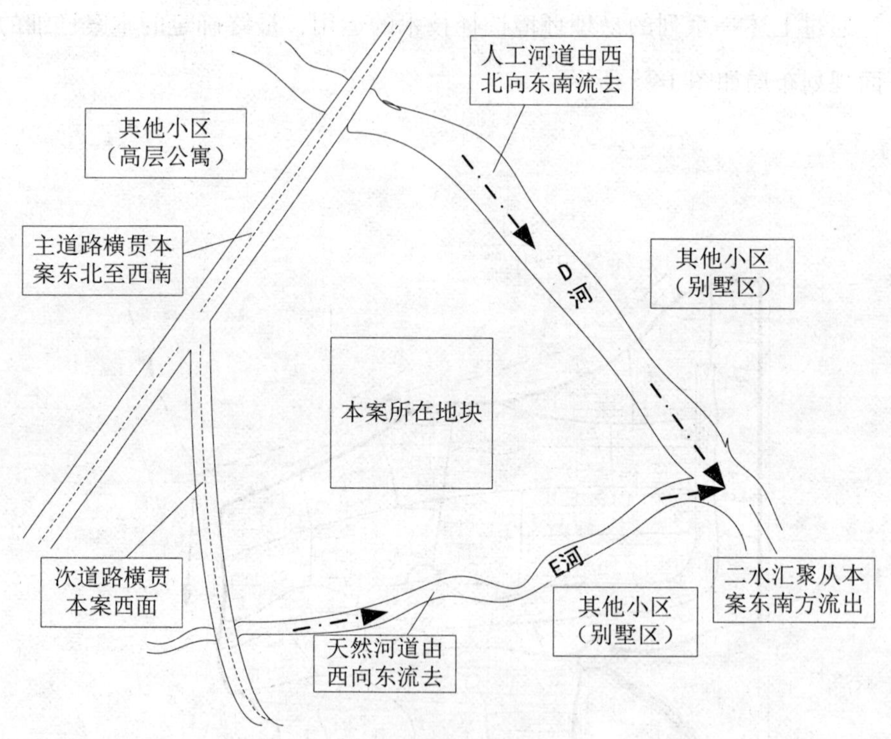


图14.6 乙案原始地形图

该案与甲案一样，也处于两河交会之处，但其河脉的走向与甲案不同，一条比较大的河（以下简称“D河”）位于本案的东面，由西北向东南流；另一条较小的河（以下简称“E河”）位于本案的南面，由西向东而流，两河在本案的东南角相会，最后向东南方流出。本案的西北方是一条较宽的笔直道路，由本案的西南角通往本案的东北角；本案的西面是一条较小的道路，由南向北，与西北面较宽的道路相连。整个盘局的地形构造呈现为菱形，由两水夹一个角和两路夹一个角构成，其原始地形地貌如图 14.6 所示。

根据图 14.6 所示的原始地形地貌状况，笔者应开发商的邀请，对本案进行了宏观规划布局，勘定了本案的“龙、穴、砂、水”形势要点。

**（一）乙案的龙穴**

本案处于平洋地带，应以水定龙。先察审 D 河的构成和流势，D 河的水体质量较好，河面也宽，但水流的走势呈直线型，疑似人工开挖的运河，对于本案所规划的地块而言，该水系不但不具环抱之势，而且有斜飞而去之感。好在该水流较平坦舒缓，否则将对本案构成“斜飞水”而形成煞气，因此 D 河不宜作为本案就穴的龙脉。再察审 E 河的构成和流势，E 河水域较窄，但具有曲行环抱之势，遗憾的是该水系位于本案的南面，如果以此作为龙脉入首，那么整个盘局应格定坐南向北。这种布局虽不能说不行，但在通常情况下，仅限于独栋房屋，尤其是在平洋之地，这种“背阳向阴”的布局在没有自然天成的较好的形势龙脉衬托下，一般都不予采用。鉴于此，笔者提出了引水入盘局的规划思路，通过人为构筑水龙入首来实现整个小区的龙脉乘气。具体做法是在充分考虑总建筑面积、容积率、绿化率等规划控制指标的前提下，在小区中央开挖人工湖，构筑人工岛，将 D 河之水引入到整个小区之中，尽可能使小区内的各栋房屋都能形成山水环抱的形势。通过规划小区内部水流水系，一方面改变 D 河的水流直泄形势，减少其对本案泄气的影响；另一方面通过 D 河引水，使 D 河成为本案的祖龙来脉。在引水过程中，按照行龙生气驳换之理，从整个盘局的“壬子”方引 D 河水入盘局，这种人为改造使原本处于三角地带的不佳地块变成易理环境选择中的理想格局，形成了龙脉走向由 D 河发源，经小区内环境曲行，至小区中心立极点而结穴的“龙水交会”格局。同时，在小区中心立极点构筑人工湖，并在湖中心修造人工岛，形成乳穴形态，在乳突处修造建筑小品，使人工湖成为整个小区的内明堂，而乳突之处成为本案的中心立极点。

（二）乙案的砂环

分析砂的形态对环境空间的影响，要建立在环境空间的整体坐穴基础上，不同的坐穴，外环境的物态将形成不同的砂环。首先，按照上述勘定龙穴时构筑坎卦来龙的龙脉形势，分析本案的总体坐穴为“坐北向南”时的砂环状态。通过现场勘察，本案西北面为斜向的笔直道路，西南面为一条较窄的马道，二条道路交会环抱于本案的西面，按照“坐北向南”的整体坐穴，这两条道路正处于白虎位上，构成比较理想的护砂，形成了“白虎驯服”之势；本案的东面以D河为界，从而使D河处于本案的青龙位上，由于D河的河道笔直，但水流舒缓，且于本案的东南角与E河合会，形成了“青龙腾跃”的态势，也是比较理想的护砂；本案的南面是自然水流与其他小区分隔，构成了“朱雀翔舞”之势；本案的北面是西北面笔直道路与D河交会后而形成的分隔，在D河上建有与道路同宽度的桥梁，构成了D河玄武星象到本案所在区域的“垂头”之势。可见，以“坐北向南”的环境空间整体坐穴，察看本案的外围物态，将形成较完美的四象构成。如果勘定整体坐穴为“坐西向东”或“坐东向西”，那么本案西北面的笔直道路和D河总有一方构成对本案的冲煞。所以从砂形上看，本案的整体坐穴应确定为“坐北向南”。其次，分析E河对本案影响，本案的南面与E河为临界，E河之南是其他公寓小区，通过自然河道的分隔，使公寓小区对本案形成了案砂，这也进一步证实了本案勘定“坐北向南”整体坐穴的正确性。

（三）乙案的水抱

乙案的天然水系有D河与E河两条，两条河脉相对于本案定龙而言都不理想，D河形势不佳为斜飞水，不能乘气，而E河所处方位不佳，其流势不能对该地块成穴。所以，这两条天然水系只能作为该环境空间的纳水而加以察审考虑，而不能作为平洋之地的龙脉进行考虑。鉴于此，笔者决定引 D 河之水入盘局，通过做活 D 河之水，构筑 D 河作为龙脉入首的祖龙来脉，并通过人工开挖内湖的形式，引 D 河之水流入整个小区内，人为构造水龙的入首龙脉。这种人为修造的水系在平洋地区，尤其是江南水乡是常见的易理环境规划布局方法。然而，如何进行局内水环境的规划呢？根据来龙的地脉，笔者勘定水龙从本案的坎卦方入首，引入小区内，并在小区内部开挖内河和人工湖，同时引水流从巽卦方流出与 E 河相会，最后经 E 河由西向东流去与 D 河相会，这样整个盘局都将处于“龙水交会”的环抱状态。

经规划和修正后的本案地形地貌构造图如图 14.7 所示。

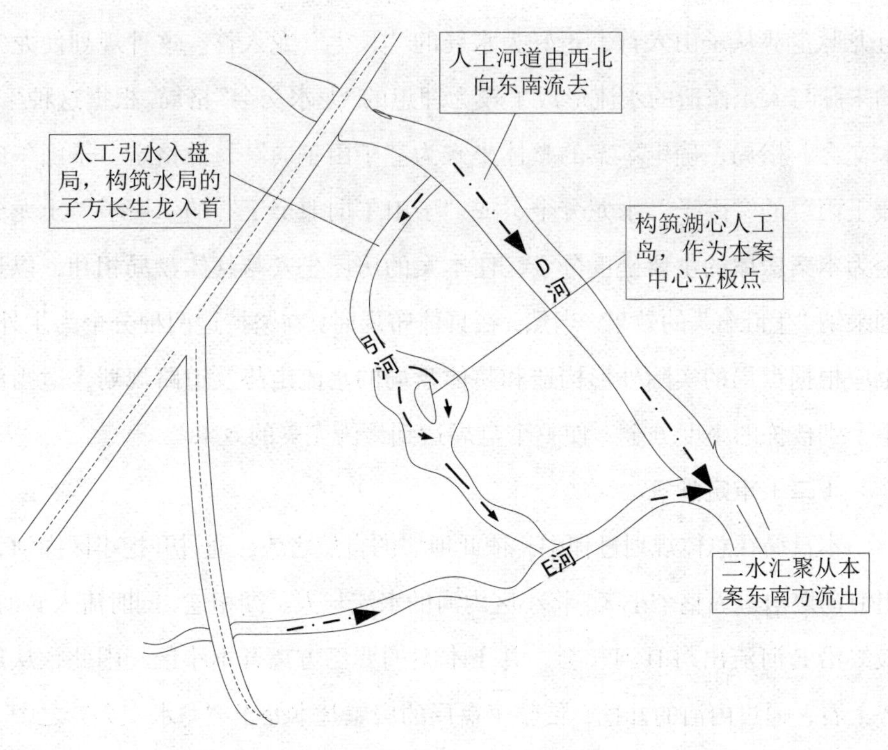


图 14.7 乙案引河及立极图

## 二、乘气定局

根据笔者的初步规划，将本案的立极点定于如图 14.7 所示的人工湖中心岛上，这种平洋之地的环境空间布局，构筑人工岛就相当于形成了水的龙珠，这也是平洋之地形势立极常用方法。根据整个地块的构成及开发商对房屋类型的要求，该立极点基本处于整个盘局的中心位置。以此为环境空间的中心极点，审定整个盘局的龙气和堂气状况。

### （一）审定龙气

根据图 14.7 所示的整个小区平面构造，通过人工修造后，本案形成了三水合会的格局，但水口最终归墓于巽巳方，因此格定本案的整体盘局为“水局”，水口为水局的绝方。本案通过人工构筑内河，使龙脉发源于亥向的 D 河，并折而从子向入首，这个过程形成了“水水相和”的驳换过程，且龙脉走势从子山入首，正好为水局的“长生”龙入首。这种规划使龙穴的来脉与人工修造的水流形成了较为理想的“龙水交会”格局。根据这种“龙水交会”格局，确定本案的整体坐穴为“子山午向”，并格定“子山午向兼壬丙”的“丙子”水龙分金，或“子山午向兼癸丁”的“庚子”土龙分金为本案房屋的主要坐度分金，使本案的房屋坐穴与整体盘局相和，以达到乘纳“生旺气”的效果。当然，在具体布局时，在坚持这两种分金为主外，也应根据盘局的实际外形构造和整体盘局的水流走势及道路规划，适当调整个别楼栋的坐度分金，使整个盘局达到最为完美的效果。

### （二）审定堂气

本盘局在总体规划过程中，依此地块的自然之势，通过开挖小区内河，引 D 河之水进入整个小区，将小区内河的水流与人工湖相连，同时流入 E 河，最终沿 E 河流出与 D 河相会，并于本案的巽巳方离开本小区。因此，从形势上看，通过内河的开挖，使整个盘局的房屋基本处于“龙水交会”之中。从立向上看，D 河之水对小区构成了“左水倒右”，而 E 河之水对小区构成了“右水倒左”，加之内河的开挖，使整个环境都处于“山环水抱”之中，因此多方可以启向，都能达到乘纳生旺堂气的效果。但从整体盘局为水局的角度看，最宜启正生之“坤申”向、正旺之“壬子”向、正墓之“乙辰”向、“巽巳”之绝向（自生）、“甲卯”之死向（自旺）共 12 个方位。同时，结合本案的实际地块形态，位于“甲卯、巽巳、乙辰”的六方均为河流相隔，没有现成道路，不宜立向，所以只能选择立“坤申、壬子”四个方位。经现场测定，如果在“坤申”方启门，则能够直接与外围的道路相连；而在“壬子”方启门，则正好与引水入盘局的水口相碰，也不宜启向。据此，笔者确定本案的第一道主门启于“坤申”向，取水局之正生向；第二道次门启于“丙午”向，为水局之胎向，作消防门使用；第三道门启于“壬子”旺向，但以人行为主，不走车流，并在龙脉入首的引河之处修造桥梁，将人行道路引向小区外围西北方的大马路上。

经上述定局之后，形成本案基本布局图如图 14.8 所示。

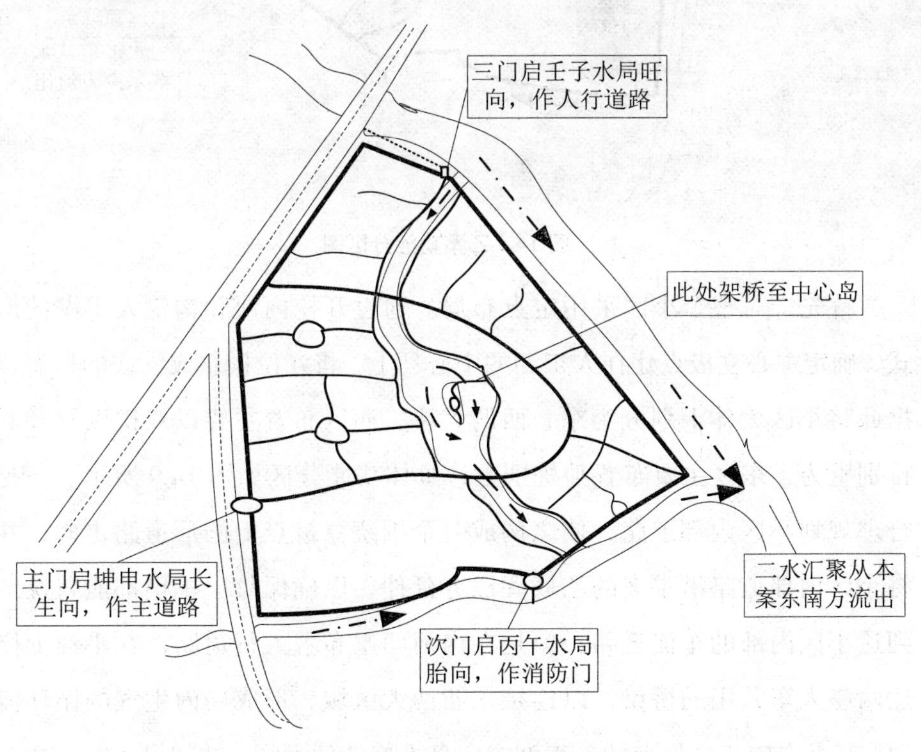


图 14.8 乙案定局及基本规划布局图

## 三、规划布局

根据该地块土地规划的要求，笔者结合盘局的实际情况，以定点布局为主，在局部区域采用均衡布局，具体的布局方案如下：

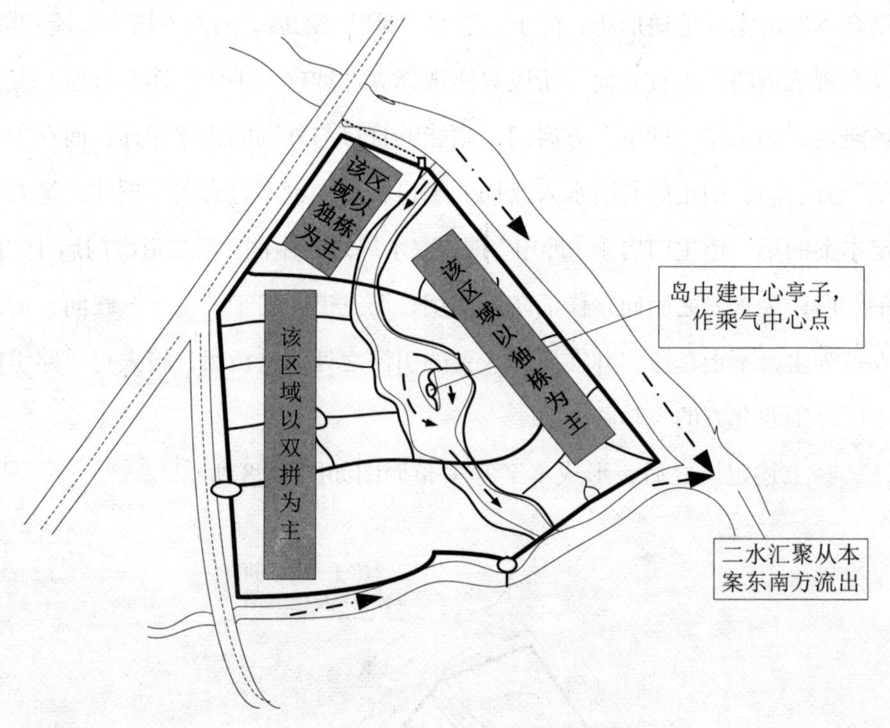


图 14.9 乙案功能分区图

首先，对整个小区采用定点布局。通过开挖内河和构筑人工湖的形式，确定中心立极点建在人工湖的中心岛上，将穴位构筑成乳穴的形态，据此将小区大体上划分为东、西两大块，西区布置主要以双拼别墅和联排别墅为，东区主要布置独栋别墅，具体功能分区如图 14.9 所示。一是合理规划小区内部道路，使之构成一个围绕立极点的圆形道路走向，并将小区内部道路沿本案的乙辰巽巳方延伸，以确保每一栋楼都能较快地到达小区内部的车流道路；二是在内河两岸布置人行道路，在小河上修建两座人车共用的桥梁，以连接东西两大区域，形成局内生气的循环流动；三是在中心立极点的人工湖中心岛上修造休息亭，并架设人行小桥，与小区内部的人行道路相连通，使整个小区的内明堂更加完美，内乘龙气效果达到最佳状态。

其次，在局部区域采用均衡布局，以充分利用土地资源。如西区沿内河西岸边可考虑排布双拼别墅，其他排布联排别墅，由北向南根据地块使用的规划指标要求排布，联排可设 4 套至 6 套房屋，整个西区的房屋大多采用均衡布局。东区以引河和 D 河的自然走势为依据，顺势布置独栋别墅，并在兼顾整体坐穴为“子山午向”的基础上，沿河脉均衡布局。详细的规划布局平面如图 14.10 所示。

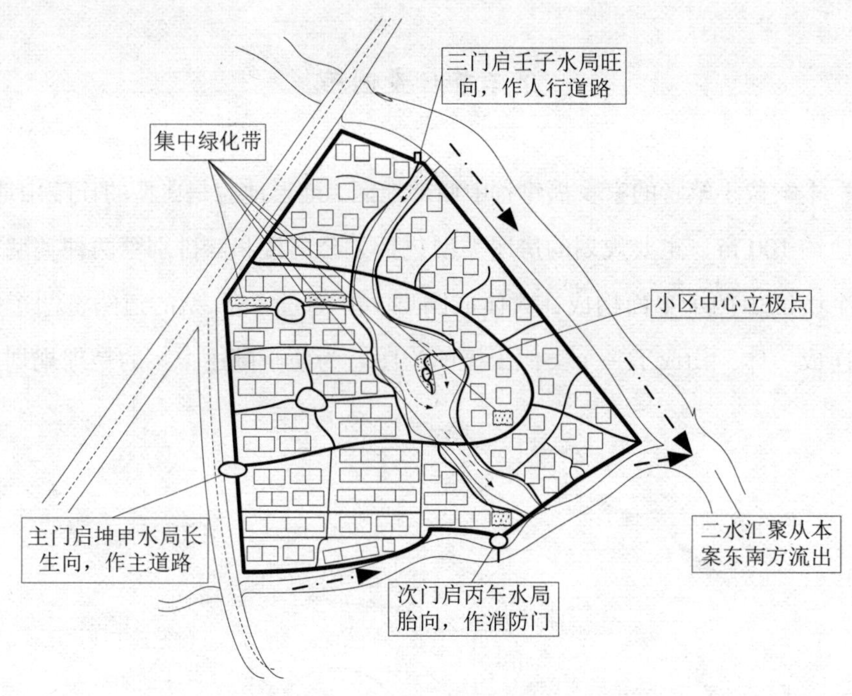


图 14.10 乙案详细平面规划布局图

## 四、优化护局

本案修造于 2005 年，处于当前的下元八运，根据本案格定子龙入首，取“子山午向”为整体坐穴，排定宅命盘，为“双星到向”局。由于本案的祖龙来脉于亥向的 D 河，在驳换之处正好有桥梁通过，所以从平洋之地看本盘局，其来龙形势较理想，且格定了水局的“长生”龙入首，属于旺龙。因此，本案的龙局比较完美。但是，作为收纳堂气的水口归于水局的第二水口“巽巳”绝方，而非正库的“乙辰”墓方，存在着一定的不足，因此，笔者借助于九星证局的方法，通过星象的加会，使山星向星一并飞入向方，从而弥补水口归墓的不足。

从化煞护局看，本案的外在形势不存在明显的凶煞，不需做专门处理。但就内局的每一栋房屋而言，可能会遇到一些凶煞，需要在具体的楼栋建成之后，再进行化煞护局处理。

## 第三节　案例丙

本案位于笔者的家乡福建省中西部地区，地形地貌是典型的丘陵山地，占地约 100 亩，主要规划的房屋类型包括了公寓楼和双拼别墅两种类型，整个小区由两个平面构成，大体成圆型，并通过“S”型的道路将两个平面连成一体，构成了一个类似太极的构图。为便于阐述本案的易理规划布

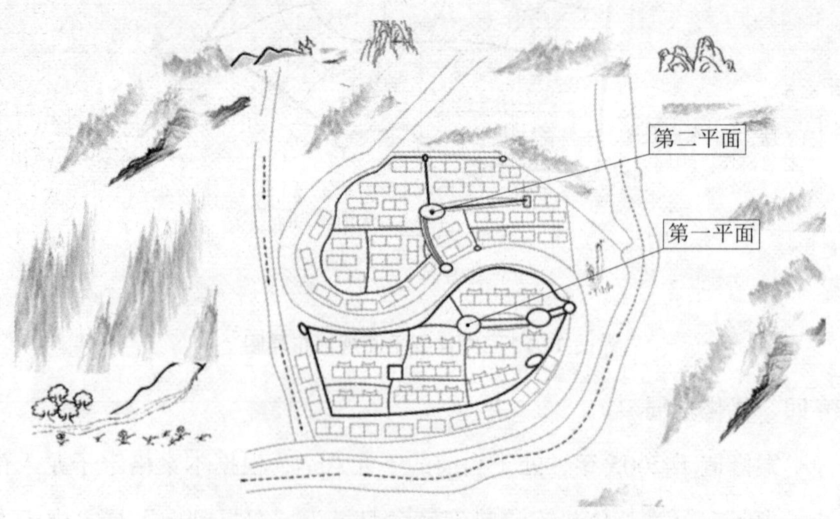


图 14.11 丙案成形详细平面规划布局图

局过程，笔者将两个平面中的下平面称之为第一平面，上平面称之为第二平面。自然的河流环绕于本案的东南面，对整个小区构成了环抱之势。其成型的布局图如图 14.11 所示。受挚友之邀，笔者在本案中选择公寓住宅，当勘察本案的整体布局后，发现本案具有较完美的易理环境布局特点，因此将其列为案例。下文同样按照上卷所述的五大技法，分五个方面对该小区的规划布局优劣状况进行阐释。



## 一、形势判断

从地理形势上看，该案处于丘陵山区地带，有河道环绕，较容易形成“龙水交会”的理想人居环境格局。经笔者对整个小区外环境的考察，发现此盘局“论龙、论水、论砂、论穴、立向”都具备易理环境选择上的“乘气”之理，是比较典型的山区地带人居环境规划盘局。本案的原始龙脉形势如图 14.12 所示。

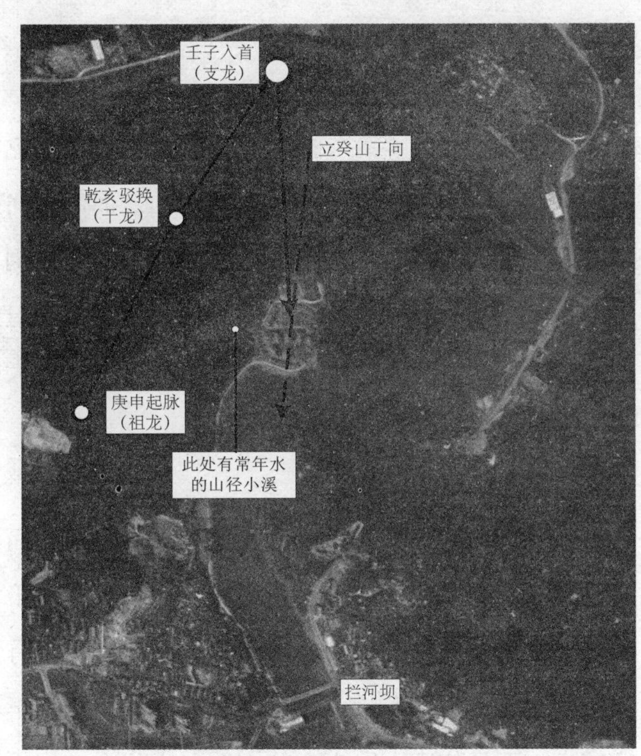


图 14.12 丙案所在小区龙脉形势图

### （一）丙案的龙穴

经现场勘定，此楼盘的祖山之龙来脉于坤申、庚酉方，折而由乾亥方转壬子方入首。虽然来脉较短，但脉络清晰，山脉郁郁葱葱，绿树成荫，并在入首处形成了天然的上下两个小盆地。从形势上看，此龙脉具备真龙就穴的自然条件。从穴场的构成上看，龙脉就穴过程形成了双窝状的典型窝穴，并一上一下地排布于穴场之中，这种成穴过程在山区地带经常可以遇到。因为山区的地形地貌崎岖不平，很难在同一平面上提供足够大的自然明堂，往往都形成了窝状的多个小盆地，构成多窝共存的窝型就穴形势。本案针对这种窝状成穴的形势特点，巧妙运用了“一物一太极”之理，将小区内部道路规划为“S”型走势，使不同平面的穴场连成一体，扩大了整体盘局的面积，不但起到了做大明堂的易理成效，也充分利用了土地，构筑形成了太极图式的总体盘局。

**（二）丙案的水抱**

经现场勘察，本案东面至南面有一条自然河流，由本案的东北方发源，流经本案整个东方，再环绕过本案南面，而后折向东南方流出，基本环抱了整个楼盘的一半，形成了一个半圆形的由“左倒右”的玉带水系，而且在水系下游离本案约 1 公里处是拦河坝，拦河坝上建造过河大桥，使原本湍急的自然水流变为平缓有情、曲曲而行的天然大明堂。可见，本小区的水抱形势非常完美。

**（三）丙案的砂环**

经现场勘察，本案东南方河流的对面是绵延而来的案山，且到结穴处又自然有情地突起，构成对穴场的拱照之势。立于本案的立极点之中央，其左边为水流环抱，水之对岸是延绵而来的弯曲有情的案山，砂形完美；其右边是随本案来龙的山脉，由南向北而行，折至本案处而成穴。但此山比较高，而且位于本案之右前方的白虎位上，构成了“白虎抬头”的形势物态，对本案形成了煞气。

**（四）丙案的四象物态**

本案西北之山脉犹如一条爬行中的神龟，而穴场处于龟背之左，在形势上构成了“玄武垂头”之势，比较完美；本案的西山是形势龙脉的一部分，恰好又处于右白虎位，在形势上构成了“白虎抬头”之势，成为本案最大的不足；本案的东面是自然的河流环抱，起到了玉带缠腰的效果，同时处于本案东面河的对岸是延绵而来、曲曲有情的山脉，正处于本案的左之青龙位上，对本案起到了护卫作用，形成了“青龙腾跃”之势，使整体形局趋于完美；本案之朱雀因河流下游修建了拦河坝，且在坝上加筑了桥梁，构筑了非常平静的水流，使朱雀之象形成了天然的自然明堂。可见，就本案的四象而言，唯一不足的是白虎有抬头之势，而其他三象都非常完美。

## 二、乘气定局分析

本案按照窝穴的特点，分两个平面布局房屋，笔者立于本案的第一平面的立极中心点，察看四周物态，并运用罗盘测量其方位，发现本案是木局的“龙水交会”格局。

### （一）丙案的龙气

人站立于小区中心立极点，眼观本案的龙脉发祥于坤卦。通过罗盘测定，其龙脉走势始于坤申向，由坤向之土生酉向之金，再由酉向之金生亥向之水，再由亥向之水相和子向之水而入首，构成了“土生金、金生水、水和水”的生气驳换过程，可见该盘局的龙脉就穴过程是真龙就穴的过程。同时，在中心立极点，察看本案外围随龙水走向，由本案的东北之癸丑方发源，围绕着本案流经艮寅、乙卯、巽巳，再过丙午，从丁未方折而向东南方流去，水口归墓于丁未方。据此，可以判定本案的整体盘局为“木局”，而龙脉入首于子山，处于木局的“壬子”临官龙上。可见，该盘局是木局的临官龙入首，而水口归于正库，这种“龙水交会”格局属于理想的生旺人居环境格局。

根据整体盘局为“木局”，入首龙为子龙的特点，常通情况下应确定本案房屋的主要坐穴为“癸山丁向兼子午”，格定“壬子”木龙。这样定穴之后，将使入首龙脉由子山移向癸山，所以还需要核定在木局中，癸山来龙入首是否处于旺龙？经核查，在木局中癸丑方来龙为冠带龙入首，属于“三吉六秀”的吉龙入首。因此，通过格龙，调整子山龙脉入首为癸山龙脉入首，使“龙水交会”格局更加完美。经现场测量了本小区第一平面内 11 栋公寓房，其中 8 栋为“癸山丁向兼壬子”坐穴，格定“壬子”木龙分金，3 栋为“子山午向兼壬丙”，格定“丙子”水龙分金。可见，这种格龙之法遵循了五行相生相和之理，符合“龙水交会”的要求。

### （二）丙案的堂气

由于本案的占地面积较小，经勘察整个小区只开启一道大门，起门之向为甲卯向，为木局的正旺向。从格龙的角度看，大局为木局，以立癸山丁向兼壬子为主，而启门于甲卯向为大局之旺向，符合“亥、卯、未”三合木局的“龙水交会”格局。所以，本案的启门方向是严格按照三合水法的要求，以吸纳生旺堂气为基础而确定的立向方位。

综上可知，本案以木局的“癸丑”冠带龙入首，启木局的“甲卯”正旺向为大门，达到了内乘冠带之龙气，外纳旺向之堂气的良好效果，使整个环境空间处于“龙水交会”的生旺状态之中。

## 三、规划布局分析

本案整体规划分两个平面，第一平面沿东南河岸布一排共 10 幢双拼别墅，其他是 11 栋公寓楼；第二平面全部布置双拼别墅，共 35 栋。在第一平面的中心偏北处设立极点，直接通向小区的启门入口，11 栋公寓楼以该立极点为中心，均布于四方。第二平面没有确定立极点，仅以小区的内部道路作为不同楼栋的分隔界线，属于均衡布局。

就第一平面看，围绕着图 14.11 所示的立极点，布置着 11 栋公寓房和 10 幢双拼别墅。其中公寓房围绕着中心立极点，又兼顾了外在河脉的走向，达到了内乘龙气，外纳堂气的良好效果；而 10 栋双拼别墅则是沿着天然河流走向布局，主要以收纳堂气为主。

就第二平面看，是以地形地貌的自然走势为依据，逐节抬高均衡分布着共 35 栋房屋。经测量，这 35 栋房屋大多是以“癸山丁向兼子午”的坐穴为主，与整个小区为木局的大形势完全相符，是“龙水交会”格局的具体体现。同时，这种布局也兼顾了盘局的自然走势，充分利用了有限的空间。比较遗憾的是在第二平面上没有设置立极点，如果能够按照太极图的自然走势在第二平面上也设立一个立极点，体现为阳鱼的中心，那么这个盘局就更完美了。

## 四、优化护局分析

据了解，本案启造于2005年，处于当前的下元八运，而本案以癸龙入首，格定“癸山丁向兼子午”，取“癸山丁向”排定宅命盘，则不难发现此局为“双星到向”局。由于本案形局的龙势来脉完美，且为冠龙入首，而选择的修造吉课是双星加会于向方，虽然存在“山神下水”的风险，但从形势上看，其龙局完美，这种“双星到向”的格局，虽存在消弱龙气的风险，但更有利于强化向方的生旺，推动盘局的人流发展，更符合时代的要求。在广大山区，人们总是期望自己的子孙后代能够走出大山，走向繁华的都市，因此在人居环境的修造吉课选择上，往往选择“双星到向”的盘局，寓意着向方生旺，推动盘局的人流发展。

从化煞护局上看，本案有白虎抬头之不足。然而在现场勘察时，发现位于西南白虎位所在之地有一寺庙，恰好用于镇住白虎的凶象，起到了化煞护局的作用。

## 五、修正建议

上文所述的易理盘局分析，是根据现实条件，按照笔者的学习感悟而进行的分析。笔者认为，如果本案能进行如下三个方面的改造，那么将使整个盘局更为完美。

其一，在第二平面内设一个立极点，舍弃两栋房屋，以人工水池形式进行修造，并引本案西南处的山坳常年水流进入第二面。改变第二平面座穴，可勘定其坐穴为己亥龙或癸亥龙入首，确定为亥山巳向，取八运之“旺山旺向”局，而亥龙入首，则为木局之旺龙。同时，在第二平面上也向甲卯方启门，并通过台阶和天桥与第一平面相连接，水流可随着人行道行走。

其二，第二平面中的明堂之水引入第一平面，将第一平面的中庭绿化改为水池，构筑更完美的第一平面中心明堂，并将明堂之水最终通过暗管引向丁未方流出，使整个盘局的内气变活。

其三，将处于盘局西南面的山渠暗沟进行维护修建，并在与东南面的河流相通处开为明渠，最后将水流汇入东南面的天然河道，构筑“二水夹一库”的格局，并在第一平面的丁未（墓向）方开启第二道门，以吸纳左边的自然水流和右边的暗水流，达到双水归墓的效果。

经笔者修订后的盘局平面布置图如图 14.13 所示。

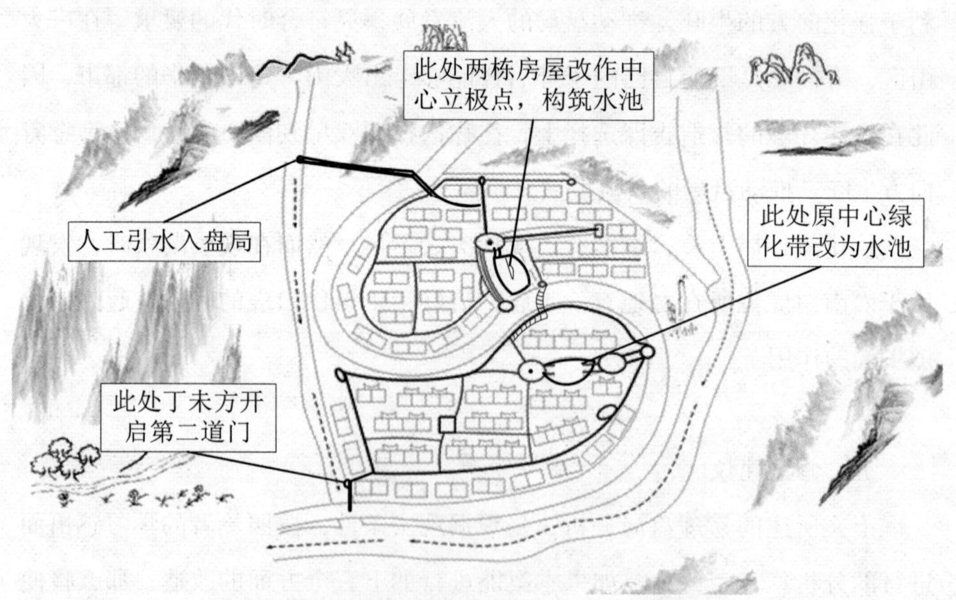


图 14.13 丙案经笔者修改的详细平面规划布局图

## 第四节　案例丁

本案也是成型的小区。据了解，该案的原始地形地貌特征是三面环路、一面环水构成，地块的外形由南向北构成了一个类似平行四边行的构图，占地约 120 亩，整个小区由 12 幢高层公寓房构成，其平面布局如图 14.14 所示。为便于后文的分析，笔者将本小区的楼栋由北向南进行了编号，并标示于图 14.14 中。应挚友之邀，笔者对本小区进行了全面的勘察，并协助在本小区内选房。鉴于选房过程中的综合分析，笔者认为本案的形势状态构成和乘气定局过程都遵循着易理环境选择的观念，因此将其列为本书案例，旨在通过分析其规划布局过程，引导读者进一步认识易理观念指导下的房地产楼盘规划思路。下文也按照本书上卷的五大技法，分五个方面对本案的规划布局优劣情况进行分析。

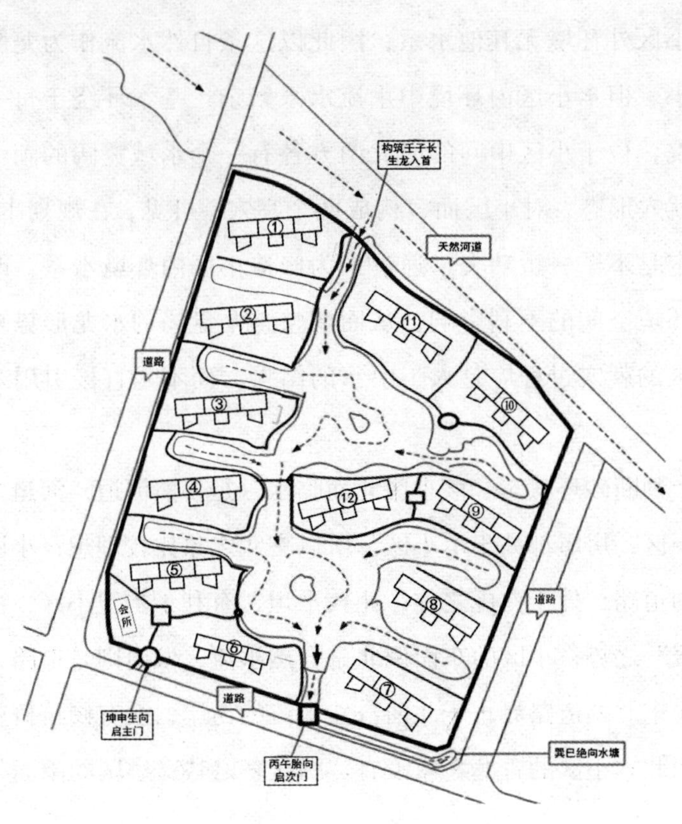


图 14.14 丁案成形详细平面规划布局图

## 一、形势判断

首先，判断龙穴构成情况。经现场目视勘察，该案自然水系发源于西北方，并由西北方向东南方流去，比较笔直，未能形成曲水，但水流舒缓，地域平坦，虽然不算理想，但基本具备易理环境选择过程中的乘气龙脉之水的形势要求。因此，从水系龙脉走向看，该案具备以水定龙的就穴要件。笔者在本小区的中央处，用罗盘进行测定，发现发源于本案东北方的自然水流由乾亥方入首，而从乙辰方流出，但这种自然水流处于本案的东北方，如果要使之成为本案的主龙脉并且形成过堂水，那么整个小区应立西南向东北的坐穴。经现场察看，本小区内的12栋房屋，没有一栋房屋是“坐西南向东北”的坐穴，而大都是“坐北向南”的坐穴。同时，该水流位于小区的北面，对小区所在地块而言很难构成环抱的状态，且水域宽度基本一致，不存在聚水的情况，也不能就穴。除此之外，本小区外环境无其他水系，因此以这条自然水流作为龙脉成穴的可能性较小。但本小区内环境中水流水系繁杂，基本环绕于每一栋房屋的前台后院，位于小区中间的南北两方各有一个水域宽阔的湖泊，形成了双窝的就穴形态，对小区而言构成两个窝穴。可见，在规划本小区时，开发商必定是下了一番功夫，通过人为修造小区内环境水系，改变自然水流对该环境空间的不利影响，从而调整整个盘局的水龙形势来脉。因此，本小区的就穴过程应是人工引水的结果，而不是直接引用东北面的自然水流。

其次，判断砂环状态。该小区北面临水，是自然河道，河道之北属于其他生活小区，房屋都高于本小区，所以玄武之象比较理想；小区西面是一条较宽的道路，处于白虎之位，比较平坦，有利于护卫小区，白虎之象形成“驯服”之势；小区的东面偏北是自然水流，偏南则是道路，遗憾的是由西南向东北的道路界止于北面自然水流的西岸，没有修筑桥梁通向其他小区，因此本小区的青龙之象没有“腾跃”之势；小区的南面是两条相会而成的道路，环绕小区而构成了“玉带缠腰”之势，但道路走向较直，没有形成曲行的状态，对乘纳明堂之气有一定影响。

第三，判断小区的水环境。该小区由人工引水入盘局，整个环境空间都处于水抱之中。经现场勘察，小区内环境水系，从西北面的自然水流通过人工引河形式引入，并将小区水流的入口定于北面，相当于24维方向的壬子方；而小区水流的出水口修造于东面偏南一些，相当于24维方向的乙辰方。在小区内部则从北向南修造两个湖泊，南湖略大于北湖，湖泊的水域延伸至每一栋楼的房前屋后，构筑了比较理想的“山环水抱”之势，且整个小区里水流清澈，缓缓有情，成就了理想的现代化江南水乡人居环境格局。

## 二、乘气定局分析

首先，判断龙气。本小区内环境水系十分丰富，基本上每一栋房屋的前台后院都有水流环抱。经详细勘察，本小区的内环境水流源头发祥于壬子方，这分明是设计者将东北方的自然水流通过水渠引到本小区中心观测点可以目视的壬子方上，以人为构筑壬子方来龙，而将引入小区的水流又全部归流于小区中心观测点可以目视的巽巳方上。可见，这种人为修造小区内部水环境的规划，构筑了水局的“长生龙入首，水出绝向”的理想“龙水交会”格局。根据这种整体盘局，最理想的房屋坐穴应立“子山午向兼壬丙”，格定“丙子”水龙分金；或立“子山午兼癸丁”，格定 “庚子”土龙分金。但是，经对现场的12栋房屋进行测定，只有2、3、4、5号楼格定“丙子”水龙分金，其他楼栋分金取用比较乱。可见，本小区虽然在整体规划上，通过“做风水”的手段，构筑了水局的 “龙水交会”格局，但是在具体房屋坐穴分金的取用上，却忽视了水局“龙水交会”格局和“龙脉入首”的基础性要求，使具体楼栋的乘气效果大打折扣。

其次，审定堂气。根据本小区整体盘局为“水局”，且小区内环境水系由西向东而流的特点，可以视为“右水倒左”的过堂水格局，宜用“坤申生向、丁未养向、丙午胎向、巽巳绝向”为小区的大门开启方向。此八方中，又以立“坤申生向”为最吉，立“巽巳绝向”为次吉，以借金局之生向达到“绝处逢生”的消水目标；立“丁未养向、丙午胎向”为可用之向。经现场勘察，本小区的第一道主门启“丙午”胎向，但并不常开；第二道门启于“坤申”生向，并为常开门，且有人行道路通向小区的中心湖泊。可见，这种启门纳堂气的规划思路，符合“水局”的“龙水交会”之理要求。

### 三、分析规划布局情况

本小区占地面积较小，而且整个小区内部水系发达，水域面积较宽，共由 12 栋房屋构成。从整体上看，12 栋房屋基本上围绕着小区内环境的两个人工湖泊而展开分布。从易理布局上看，在小区内环境的两湖之间形成相对独立的岛屿，并位于整个小区的中心位置，形成了小区的中心立极点，而其他房屋都围绕着这个中心立极点和两个湖泊而进行布局。但在具体区域的房屋设置上又按照均衡布局思路，均匀地分布于整个小区之中。遗憾的是本小区在两湖之间的区域上也修造了一栋房屋（如图 14.14 所示的第 12 号楼），这种在立极点上修造房屋，无疑是本小区布局的最大缺憾。

从小区的整体房屋布局看，都是围绕着两个中心湖泊，按照房前临水的要求，在水流所到之处都布置了房屋，这样从表面上看，整个小区的房屋就如数叶小舟漂浮于湖泊之上，尤其是中心区域的 12 号楼更加明显。但从易理的乘气理论上讲，将中心区域也布置了楼座，这种做法就如在穴位中心立了一根剑，破坏了内明堂，使整个小区的内乘龙气大打折扣。

另外，小区内环境的道路规划也存在明显不足，图 14.14 所示的小区内部道路是环绕于整个小区的四周，构成“口”字型。然而，在小区中央过中心岛又横开一条道路，使“口”字型变为了“日”字型，这种小区内环境道路的布局，又一次破坏了中心立极点，使原本完好的内明堂又分割为两半，破坏了整体环境，这谓之本小区布局的缺憾之二。



**四、分析优化护局情况**

据了解，本案启造于2005年，处于当前的下元八运，本案以壬子龙入首，格定“丙子”分金，立“子山午向”整体盘局，据此排定宅命盘为“双星到向”局。由于本案的龙脉入首由人为构筑，而祖龙来脉于乾亥方向，通过人工引河，使龙脉驳换至子山入首，为水局的“长生”龙，是为旺龙。因此，本案的龙脉通过人为改造之后，形成了“金生水”的生气驳换过程，使来龙形势完美。作为收纳堂气的水口虽出于水局的第二水口“巽巳”绝方，但是人工引暗管至绝方而开池塘，所以在形势上还是有欠缺，于是通过星象的加会，使山星向星一并飞入向方，从而弥补水口归墓的不足。

从化煞护局看，本案周边都是成型的小区，且房屋布局都比较规整，不存在物象煞。当然，对于具体的楼座或具体的公寓套房，或许可能存在着一些物态煞或理气煞，这就需要具体问题具体分析，在具体的楼座选择或单元房选择过程中予以规避。

**五、修正建议**

通过上述对本案整体盘局的分析，本小区形势构成和楼盘定局都具备较为理想的“龙水交会”格局。遗憾的是整个小区最终的规划布局却没有坚持易理的环境选择要求，存在着明显的不足，集中表现为四个方面：

其一是整个小区水域面积太大，作为人居环境，使居于其中的人们有水患之感，大面积水域也易导致整个小区的龙气缺乏稳定性。

其二是在立极点的中心区域也建造了一栋房屋（图14.14所示的12号楼），破坏了整个小区的内明堂，使整个小区的内乘龙气受到了较大的影响，这可谓是整个小区布局中的最大遗憾。就12号楼而言，初看起来视觉效果不错，四面环水，但却使得整栋楼失去了穴场聚气的形势效果，虽能乘气，但不聚气，使之处于四面楚歌的孤岛环境之中，成为了本小区最不佳的房源。

其三是小区内环境的中心位置开辟了东西走向的车行道路，也破坏了小区的内明堂，使原本通过开挖人工湖泊形式构筑小区内明堂的初衷大打折扣，这无疑也是本小区布局过程中的又一遗憾。

其四是小区内房屋座穴取向虽整体上符合格龙要求，但只有 4 栋楼与龙脉入首相符，完全可以调整得更好。

笔者认为，本小区在整体规划和定局过程中，虽已结合了其自然水流，并按照引水入局的思路，以“龙水交会”的人居环境选择观为指导，使整个盘局形成“子龙入首，水出巽巳”的水局生旺格局。但是，在具体布局时，又放弃了“龙水交会”格局的易理环境选择要求，在中心立极、道路规划，分金取用等重要方面又坚持了随意性，使得整体布局存在着较大的缺陷。鉴于此，笔者对该环境空间做如下调整，以使之达到理想的龙水交会格局。

第一，在确定楼座的坐穴上，应尽可能取水局之生旺向，尽可能格定子山午向的“丙子”水龙和“庚子”土龙分金。因此可以调整本小区内的 7、8、9 号楼为“庚子”土龙分金，1、6、11、12 号楼为“丙子”水龙分金，使之与整个盘局的来脉相符。

第二，在内环境的水流修造上，应以修造一个湖泊为宜，且没有必要将水流引向各楼座的前庭后院，适当缩小水域面积，并在湖泊中心（现 12 号楼所在位置）设置中心岛，可在此处修造供整个小区居民共享的建筑小品（如小亭子），作为整个小区的中心立极点，而 12 号楼移至北湖位置修建，保证整个盘局的总建筑面积不变。

第三，在道路布局上，应保留小区四周的“口”字型小区车行道路和小区内临水边的人行通道，取消南北走向的中间行车通道，改为在中心湖的南北两端建人行桥。由于本小区占地面积并不大，小区内车行主干道围绕小区外围一圈已足够。

第四，在条件允许的情况下，应在本案的东面河道上修建桥梁，将由小区西南向而来的道路穿过河道。这样不但构筑了本案“青龙腾跃”的形势，也在本案的甲卯方开启了通往外界的道路，以达到“化死为旺”的外乘堂气效果。

经上述修正后而形成的小区平面布置图如图 14.15 所示。

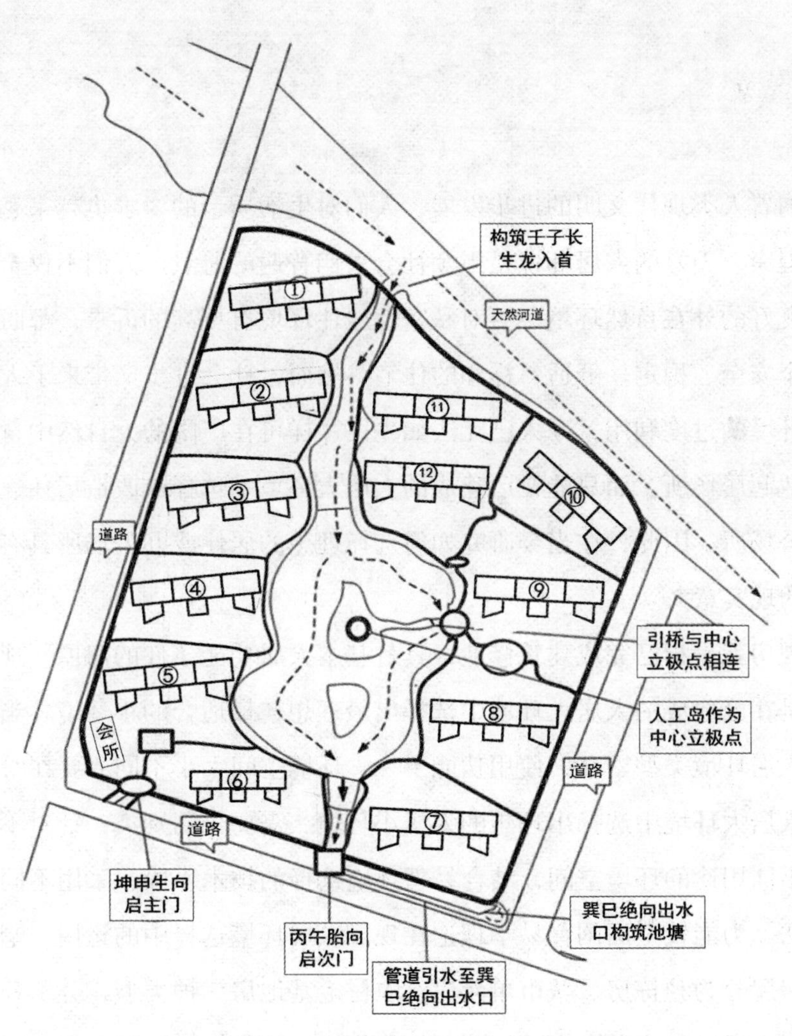


图 14.15 丁案经笔者修改的详细平面规划图

第三卷 案例篇

# 第十五章　现房选择案例

随着人类现代文明的进步发展，人们对生活质量的要求也越来越高，向往健康、美好的人居环境是当今社会人们普遍的愿景。人们不仅希望有一个良好的外在自然环境，更对私密性居住环境有更高的诉求，都盼望着有一个安全、稳定、舒适、祥和的住宅。然而，社会进步又带来了人类对自然环境的过度利用，今人已无法如先民一样可在广阔的大自然中自由选择修造起居场所，而只能在已建成的人居大环境中选择或改造居住、生活或办公场所。因此，在当今研究如何选择理想的居住或办公场所具有特别重要的现实意义。

现房就是指已完成建筑修造，具备基本人居功能条件的房屋。现房选择就是在已建成的人居大环境中选择出最理想、最适合的小环境。当今社会的人居环境类型繁杂，使用功能不一，环境空间大小不同，要在纷繁复杂的人居大环境中选择出理想的人居小环境，需要分门别类，针对不同类型、不同用途的环境空间，结合易理环境选择的技术手段，采用不同的选择方法。为能较全面阐释易学理论在现成人居环境选择中的运用，笔者将现成房屋分为独栋房、城市单元房、农村宅基地房三种类型，分别列举数例进行选房过程的详细分析，供广大读者在选房购房中参考。

## 第一节　独栋房屋选择案例

独栋房屋选择是指以建筑楼栋为单位，在某个建筑群中选择某一栋房屋的过程。在运用易理观念指导选房过程中，必须将整栋房屋看作一个单体，纳入易理环境选择的考察范围。根据家父和笔者的实践经验，独栋房屋选择应遵循“先宏观、后微观”的原则，首先从宏观上判断某个建筑群中哪些房屋处于较理想的乘气方位，将选房的范围缩小到可控的几栋房屋当中；然后在可控的几栋范围内逐栋分析其乘气效果，并从中选择最理想的楼栋。

本书结合笔者对学易的体会，将易理观念指导下独栋房屋选择过程归纳为五大步骤。

**第一步：盘局确定**

任何一栋房屋都是处于某个整体的大环境之中，在选择房屋的过程中，首先需要确定整体大环境的盘局，即确定所拟选房屋所在的环境空间（如小区、村落）属于“金、木、水、火”四大局中的哪一局？其整体盘局的龙脉入首于何方？水口归墓于何方？是否构筑“龙水交会”的格局等等。

**第二步：环境分区**

独栋房屋是处于某个建筑群之中，而建筑群可能有几百栋，上千栋，甚至几千栋房屋。因此需要对建筑群进行区域划分，将房屋所在的区域划小，以缩小选房的范围。在实践中通常针对不同的人居环境空间布局，采取两种不同的分区思路：

一是形势分区，就是按照环境空间的物态特点，以环境空间结构布局为依据进行的分区。定点布局的环境空间，以离立极点的远近距离为依据，采用圈层的形式进行划分，将整个大环境空间划分为若干圈层。均衡布局的环境空间，以其内部道路为依据，采用等分的方法，以方块的形式进行划分，将整个环境空间划分为若干块。独立布局的环境空间，由于不存在小区，一般不需分区，直接采用形势判断的方法确定盘局。

二是理气分区，就是以环境空间的启造时间为依据，运用九星学理，排布九宫，将整个环境空间划分为九个分区。理气分区是按照“一物一太极”之理，将整个环境空间看作小太极，并通过分析各个星象飞临方位的能量影响，进而确定不同区域房屋的乘气效果。理气分区主要运用于定点布局的环境空间，对于均衡布局或独立布局的环境空间，一般使用较少。

当然，在现实生活中人居环境空间构成千差万别，布局的形式也多种多样，环境分区的方法也并不固定，上述形势分区与理气分区不是相互排斥，二者常常结合使用。在具体实践中，有时先对环境空间进行形势分区，然后再进行理气分区；有时则是对环境空间先进行理气分区，然后再进行形势分区。因此，环境分区的方法不是唯一的，需要实践者针对具体的环境空间，采用具体的方法，其目的就是要达到选择范围的逐步缩小。

**第三步：形势判断**

独栋房屋是一个独立体，它与外界的联系是自然空间（如绿地、水池、道路等），因此在空间构成上具备“龙、穴、砂、水”形势要点的构成要件。独栋房屋的形势判断主要就是察审环境形势的四大要点是否形局完美，分析其四象构成是否成形成势。在实践中，也是按照“一物一太极”之理，以拟选独栋房屋所在的人居环境（如小区、村落）为外形势，进行其形势要点的分析，从而确定其成穴过程的形势效果和“龙水交会”的特质。

**第四步：乘气分析**

独栋房屋有特定的坐穴，要通过审龙和格龙的方法，全面察审其成穴过程是否具备龙脉的乘气条件，其定穴过程是否处于“龙水交会”格局所要求的分金刻度上。同时，还需要通过分析独栋房屋外在的环境状态，借助对四象、砂案、水流的易理分析，测定其收纳堂气的效果。

**第五步：护局判断**

在上述勘定独栋房屋坐穴的基础上，察看房屋的外环境是否存在对本房屋构成凶煞的物象，而这些物象又是否具备通过内部建筑或装饰的手段加以规避。如果严重的凶煞又无法规避，那么即使形局完美，一般情况下也应选择放弃。

根据上述五个步骤，下文分别就“定点布局、均衡布局、独立布局”三种人居建筑群，选择实例进行分析，以剖析不同建筑群中的独栋房屋选择过程。



### 一、案例一

本案以本书第十四章《房地产楼盘规划案例》中的案例乙为样本。该案所在小区是笔者亲自规划布局的别墅小区，属于较典型的定点布局，其平面规划布局图详见第十四章的图 14.10。

**第一步：盘局确定**

在第十四章已详述了该小区的盘局为“水局”，由水局的“壬子”长生龙入首，水口归于水局的“巽巳”绝方的第二水口，启向于水局的“坤申”正生向，构筑了较完美的“龙水交会”格局。在此不再进行盘局的确定。

**第二步：环境分区**

本案所述的小区房屋是典型的定点布局小区，所有独栋房屋都是围绕着处于小区中央的中心岛而展开。鉴于此，可以同时采用理气分区和形势分区，对该小区房屋进行划分。

首先，采用理气分区，对本小区进行九宫划分。本小区启造于公元 2005 年，按照“三元九运”之理，公元 2005 年处于当前所在的下元八运，而本小区为水局的“子”龙入首，因此以“子山午向”为盘局的整体坐穴，排定九宫盘图，如图 15.1 所示。通过分析图 15.1 所示的宅命盘，可知该小区为“双星到向”局，于是可以推定本小

| ④ 七 3 | ⑧ 三 8 | ⑥ 五 1 |
|---|---|---|
| ⑤ 六 2 | ③ 八 4 | ① 一 6 |
| ⑨ 二 7 | ⑦ 四 9 | ② 九 5 |

图 15.1 下元八运“子山午向”宅命盘图

区最理想的房屋区域处于运星当令的中宫（中区，如图 15.2 所示的圆形虚线框以内区域）和双星到向的离宫（正南区，如图 15.2 所示的方形虚线框以内区域）。

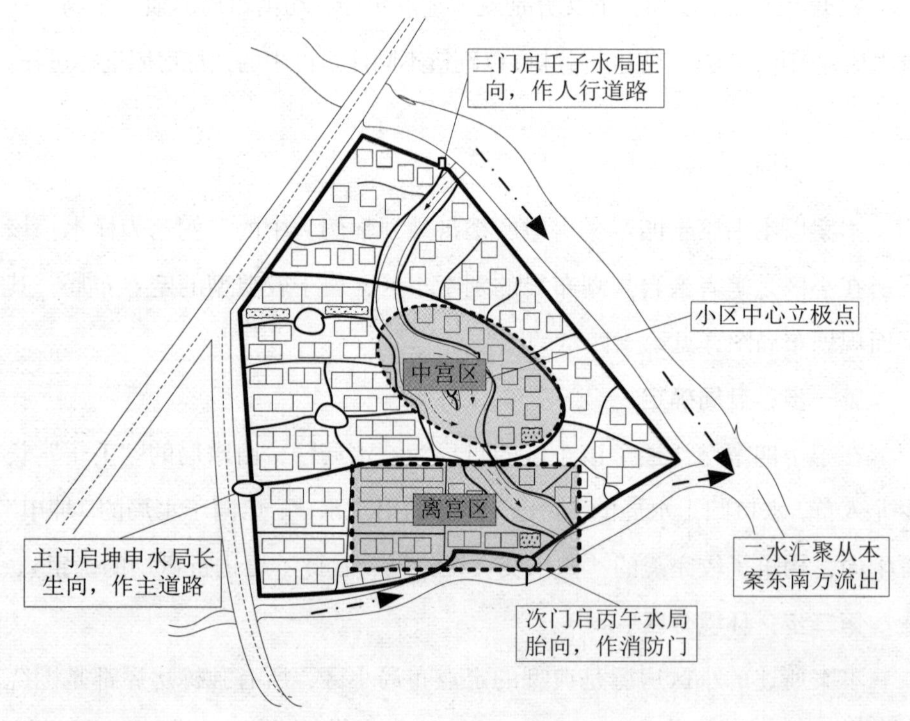


**图 15.2 案例一理气分区图**

其次，采用形势分区，对本小区进行划分。综观本小区的形势状态，可以小区内部主通道为分界线，将小区房屋划分为五个分区，如图 15.3 所示。根据图 15.3 的分区情况，寻找每一分区的龙脉形势：第一分区位于北面，需要在本小区之外区域寻找主龙脉来势；第二分区位于西面，可以第一分区作为主龙脉来势；第三分区位于中央，可以第四分区的房屋为龙脉来势，构筑龙脉入首状态；第四分区位于东面，也需要从小区之外的其他区域寻找龙脉来势；第五分区可以第一、第二分区的房屋为龙脉来势，构筑较理想的龙脉入首状态。

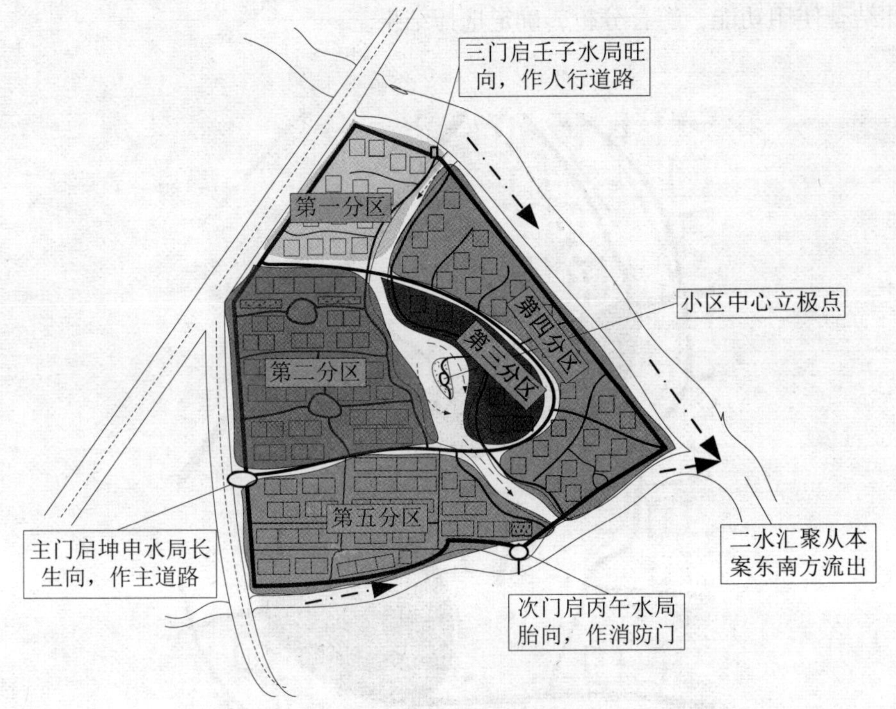


图 15.3 案例一形势分区图

综上分区，不难发现处于理气分区的中宫区和形势分区的第三分区，以及处于理气分区的离宫区和形势分区的第五分区内的房屋是本小区最理想的房源。以第三分区为例，处于此区域的房屋一方面离小区的中心立极点最近，最有利于收纳小区整体的龙气；另一方面该小区在布局上内明堂聚于中心，而且引水流入盘局，整个内明堂宽阔，也使第三分区的房屋最有利于收入堂气。同时，从时间属性上看，第三分区正处于当令之星所飞临的区域，星象正能量的影响最强。

**第三步：形势分析**

以第三分区内的 9 栋房屋为微观分析样本，并标示楼号，如图 15.4 所示。分别察审每栋房屋的龙脉走势和水流环绕状态，分析每栋房屋的外在物态是否衬托该房屋的四象构成。在此基础上，对 9 栋房屋进行优劣排盘，并结合使用功能，综合分析，确定选择结果。

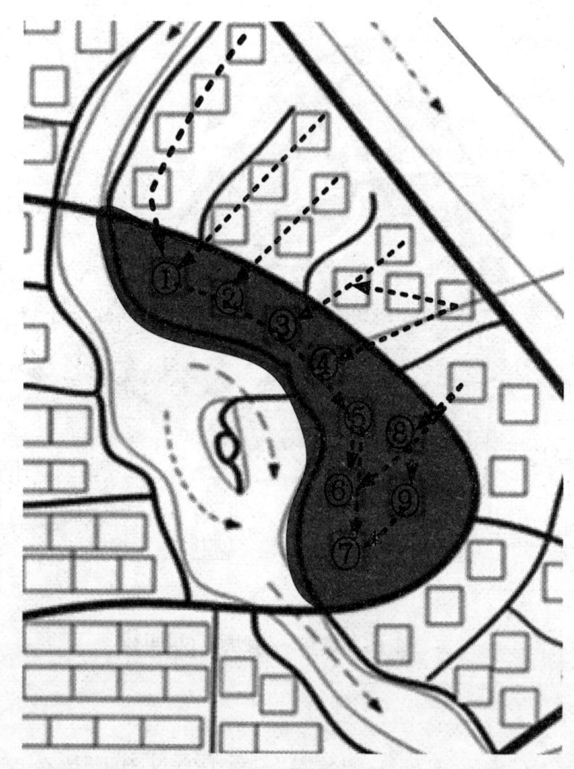


图 15.4 案例一第三分区房屋样本图

首先分析 9 栋房屋的龙脉形势。从视觉感观上看，围绕于中心岛周围的 1 号至 7 号楼都是不错的选择，8 号、9 号楼相对较差些。1、2 号楼龙脉都来源于艮、丑方，属于土龙，1 号楼同时又有丑方来脉折而从壬方入首，是双龙来脉，且龙脉形势较长，两条来脉都超过了 3 栋房屋； 2 号楼由一排房屋并行而来，龙脉形势只有 2 栋房屋；从外在形势上看 1 号楼的土龙形态优为 2 号楼。3、4 号楼龙脉来源于甲、卯方，属于木龙，3 号楼为二脉来龙，木龙形势完美，4 号楼只有 1 栋房屋入首，龙形较差。5 号楼龙脉来源于乾亥方，属于金龙，且龙形厚重，由 1 号楼沿 2、3、4 号楼，直指 5 号楼入首，是理想的金龙物象。6 号楼也是二龙来脉，其中一条龙与

5号楼一样，但由5号楼的子方入首，是水龙；另一条由8号楼来脉，是寅龙入首，属木龙，从外在形势上看，水龙似金龙，木龙似火龙，形势并不理想。7号楼亦是二龙来脉，一条与6号楼是一样子方水龙入首，另一条由8、9号楼来脉，是艮方土龙入首，且外在形势似土龙，属理想的来龙。8、9号楼都是单阶龙入首，其中8号楼为丑方土龙入首，9号楼为子方水龙入首，来脉都较短，形势上较差。从上述龙脉形势分析，最理想的楼栋应属1、3、5号楼，2、4、6、7号楼次之，8、9号最不理想。

其次分析9栋房屋的水抱形势。由于本盘局是人工引水形成的中心湖区，所以从9栋房屋所处的位置看，1至7号楼都直接临水，都具备水抱的形态，都处于理想的水环境之中；8、9号不直接临水，需借助理气分析而推定其水抱情况。因此，从水抱的形势判断看，难以区别1至7号楼栋房屋的优劣，需要在定局过程中分析“龙水交会”格局，判定各栋房屋的水流归墓方位以确定其水抱形势的优劣。

再次分析9栋房屋的四象形势。从玄武和朱雀上看，1至7号楼房屋都具备“玄武垂头”、“朱雀翔舞”的势态，尤其是1、3、6、7号楼由双龙来脉，“玄武垂头”的势态更明显；同时，这7栋楼围绕着小区中央的中心岛环绕半周而建，都能收纳小区中心湖的明堂之气，都可以构筑以中心岛为案砂、湖区为明堂的形势效果，尤其是1、2、3、4号楼，“朱雀翔舞”之势处于与小区整体盘局一致的南面，显得收纳明堂之气效果更佳。而8、9号楼，“玄武垂头”之势仍然理想，但“朱雀翔舞”之势较差，没法直接收纳中心湖区的明堂之气。从青龙和白虎上看，1至7栋楼也没太大差别，都具备“青龙腾跃”和“白虎驯服”的形态；而8、9号楼的白虎位上有5、6、7号楼，有“白虎抬头”的不利影响。因此，就四象构成上看，1至7号楼都较理想，尤其是1、3号楼更为理想，而8、9号楼较差。

综上分析，从形势判断的角度看，这9栋房屋中，1、3号楼最理想，5、6、7号次之，2、4号第三，8、9号最差。

**第四步：乘气分析**

由上一章可知，本案所在小区通过人工引水入盘局的方式，勘定整个小区为水局的长生龙(即子龙)入首。如果在比较每一栋房屋的形势状态后，能够找到与整体盘局完全一致的“龙水交会”格局，那么该楼栋就将是最理想的房屋。

首先，测量各栋房屋的坐度分金，比较坐穴情况。经现场测量分金，1、2、3、4、7、9号楼均取“丙子水龙”分金，坐穴为“子山午向兼壬丙”，5、6、8号楼取“乙卯”水龙分金，坐穴为“乙山辛向兼卯酉”，这9栋楼的坐度分金都与本小区的整体盘局为水局的坐度分金完全一致。那么从房屋本身的坐穴上看，1、2、3、4、7、9号楼坐地支，相对水局而言较稳固一些，5、6、8号楼坐天干，相对水局而言较轻浮一些。

其次，测量各栋房屋的龙脉入首状况，比较分析龙脉乘气效果。经现场测量来脉，1号楼为双龙来脉，并以子向来龙为主龙入首，正好与水局的长生龙入首相和，“形”与“局”都非常完美，说明1号楼龙脉乘气效果非常佳。2号楼为丑向的水局养龙入首，也属旺龙，但形势上的土龙形态不佳，属“形”不佳，“局”较佳的状态，说明2号楼属于中吉的龙脉乘气。3号楼为寅向的水局胎龙入首，形势上的木龙形态较佳，属“形”与“局”都完美的状态，说明3号楼属于大吉的龙脉乘气。4号楼为甲向的水局绝龙入首，理气来龙非常不理想，但形势上的木龙形态还算过得去，说明4号楼属不吉不凶的龙脉乘气。7号楼为子向的水局长生龙入首，形势上的水龙状态也较理想，因此7号楼也属“形”与“局”都完美的大吉龙脉乘气。9号楼亦为子向的水局长生入首，但形势上不如7号楼理想，属于“局”美而“形”一般的中吉龙脉乘气。5号楼为乾向的水局沐浴龙入首，但金龙形势状态佳，属于“局”不美而“形”较佳的中吉龙脉乘气。6号楼也由双龙来脉，其中的子向来龙为水局的长生龙入首，但形势上不理想，属于“局”完美而“形”不佳的中吉龙脉乘气。8号楼由艮向的水局胎龙入首，但艮向的土龙形势也不佳，也属于“形”不佳，“局”较佳的状态。从上述龙脉的乘气效果看，1、3、7号楼最佳，2、9、6、8号楼次之，4、5号楼最差。

第三，测量各栋房屋的水口归墓状况，分析水口的优劣。经测量，1、2号楼水口归于辰方，属于水局的第一水口墓向；3、4号楼水口归于巽方，属于水局的第二水口绝向；5、6、7号楼水口归于巳方，属于水局的第二水口绝向；8、9号楼水口归于丙方，属于水局的第三水口胎向。可见，从水口归墓上看，1、2号楼最理想，3、4、5、6、7号楼次之，8、9号楼最差。

综合上述乘气分析，可知只有1号楼从房屋坐穴、龙脉乘气、水口归墓都属于完美的状态；3、7号楼除水口出巽巳方的第二水口外，房屋坐穴、龙脉乘气也非常理想；而其他楼栋就有优有劣了。

**第五步：护局判断**

分析九星证局情况。本小区修造于2005年，处于当前的下元八运之中，根据上述9栋房屋的坐度分金，分别排定宅命盘，分析判断星象飞伏和加会结果对房屋吉凶的影响。从上文所述可知，本案1、2、3、4、7、9号楼均取“丙子水龙”分金，坐穴为“子山午向兼壬丙”，那么以下元八运的“子山午向”排定宅命盘，可知这6栋房屋为“双星到向”局；这种盘局对龙脉佳，但水口不理想或取向不理想的房屋有利。5、6、8号楼取“乙卯”水龙分金，坐穴为“乙山辛向兼卯酉”，那么以下元八运的“乙山辛向”排定宅命盘，可知这3栋房屋也为“双星到向”局，与其他的6栋一样，都是对龙脉较佳但水口不理想或取向不理想的房屋有利。所以从星象影响看，在这9栋房屋中，对3、7号楼最有利；对1号楼不影响；对2号楼最不利；对4、5、6、8、9号楼，虽有利于改变水口归墓方位的不理想状态，但在详细布局过程中，需要借助化煞镇物以弥补“山龙下水”的不足，在向方构筑龙脉的容身载体。

分析化煞护局情况。由于本案地处江南水乡，是平洋之地。笔者在综合规划小区时，已充分考虑了外围物态对小区的影响，也规避了相关的煞气。所以，就这9栋房屋看不存在外在的物态煞气。对于可能存在的理气煞，应在房屋的装饰装修过程中予以规避。

综上所述，不难发现在本案9栋房屋的选择过程中，1号楼是最理想的房屋，3、7号楼次之；而其他栋房屋都各有优有劣，需要视使用功能而取舍，如取主财，则观水口，宜选水口佳的2号楼；如取丁，则观龙脉，宜选龙脉较佳的9号楼等等。

## 二、案例二

本案例以图15.5所示的住宅小区为样本，该小区是典型的均衡布局小区，小区内的每一栋房屋是均衡地分布在整个小区环境空间内，这种类型的环境空间在现代城市的商用办公房、开发区中较为常见。均衡布局小区，没有中央立极点，所以选房的重点是突出房屋外在形势的判断，以收纳外在堂气为重点。

**第一步：盘局确定**

从图15.5所示的平面分布图不难看出，该小区整体外型呈菱形，小区三面环路，一面与其他小区相连，均衡分布着15栋房屋，其中15.5所示的第9号楼为小区会所，其他14栋楼为住宅。本小区的东南面为城市主干道的高架道路，东北面为次干道，西北面为居住小区的内部小道，西南面与另一小区相连，通过围墙分隔。本案地处平洋之地，应以水定龙，但所处环境没有自然的水流水系。因此，需要人为勘定整个小区的虚水构成，寻找小区的龙脉入首。经现场测定，该环境空间相对底处在图15.5所示的第二道门处，相对高处在图15.5所示的第一道门处，而第一道门对面是房屋较高的密布商务小区。根据这种形势特点，可以确定本案龙气由第一道门向第二道门传递，勘定本案第一道门外的道路及对面密布小区为本案的龙气来脉所在，而小区的水口则流向第二道门。在上述目测判断的基础上，笔者用罗盘进行现场勘测，发现第一道门处的龙脉入首为易理24维的“乾亥”方，第二道门的水口出处为“巽巳”方，据此推定小区的整体盘局为水局，由“乾亥”方的沐龙入首，而水口出“巽巳”绝方的第二水口。

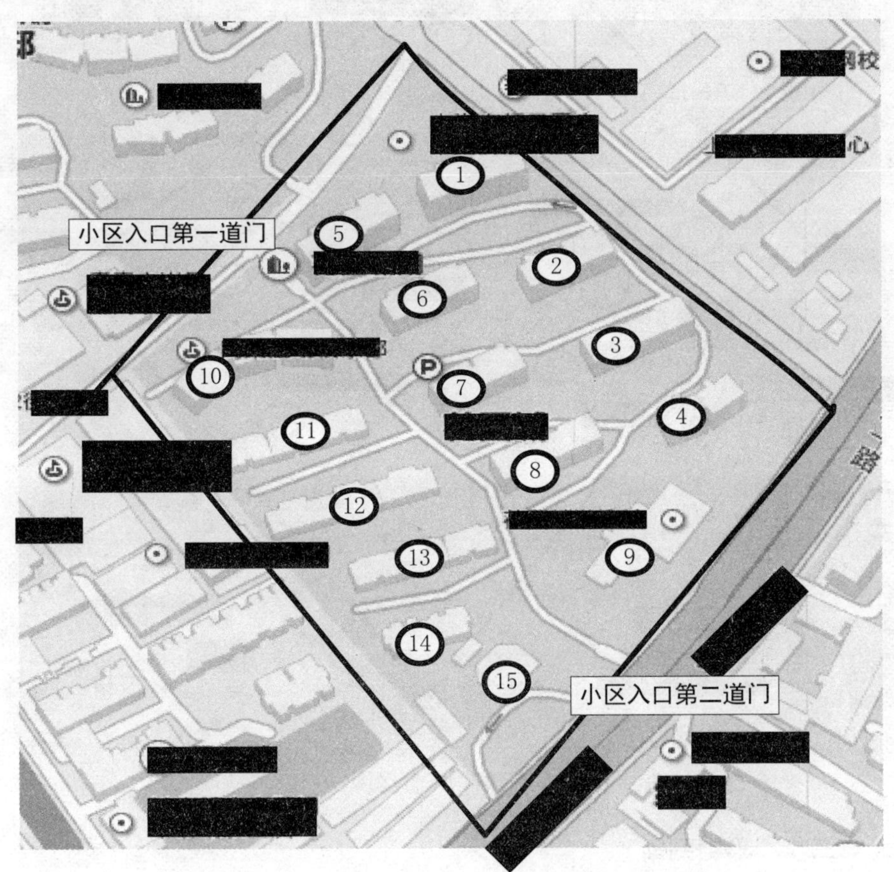


图 15.5 案例二平面分布图

**第二步：环境分区**

根据上述小区的房屋分布情况，笔者将其划分为三个分区，第一区为小区东北面的第一排房屋，共4栋，从北向南分别标识为“1、2、3、4”号楼；第二区为小区中央的5栋房屋，从北向南分别标识为“5、6、7、8、9”号楼；第三区为小区西南边邻近其他小区的一排房屋，从北向南分别标识为“10、11、12、13、14、15”号楼。经分区后的小区平面示意图如图 15.6 所示。

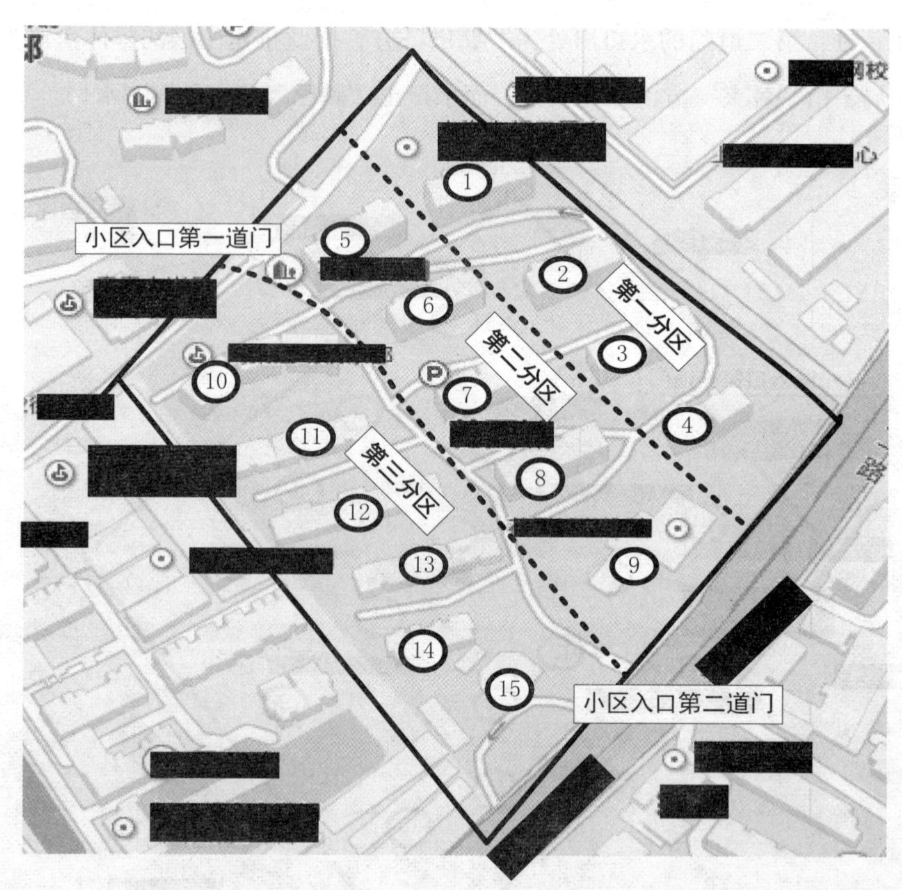


图 15.6 案例二分区图

**第三步：形势判断**

从上述分区不难看出，第一区（东北面）共有 4 栋房屋，该房屋左则边紧邻道路，右则边与小区第二排房屋相联，幢距之间基本均衡，其最直接的龙脉形势来源于本小区第二区和第三区的房屋，为坤申方来龙。但 1 号楼和 4 号楼都靠小区边沿，外围是城市次干道和居住小区道路，有较宽的外明堂；而第 2、3 栋楼位于均布小区的中央，明堂相对较小。根据这种外在形势，第一区的房屋左边是道路，青龙之象的腾跃之势不明显；而右边是第二区的房屋，白虎之象却处于抬头之势，对穴场的护卫效果都较差。可见第一区的房屋处于小区不理想的方位。

第二区（小区中央）共有 5 栋房屋，其中第 9 栋为小区会所，比较低矮。从龙脉来势看，第二区房屋处于小区主龙脉之左，可以收纳小区整体盘局的龙气，有较理想的龙脉形势；从四象分布上看，第二区房屋之左是第一区的房屋，并由小区之外的城市次干道路延绵而来，使“青龙腾跃”之势较为明显；右边是整个小区龙脉的行走方向，并开辟为小区内部主道路，位于白虎象上，使“白虎驯服”之势较为明显；而明堂状况与第一排基本一致，但第 8 号楼高区可以将较矮的第 9 号楼纳入外明堂。由此可见，第二区的房屋不论龙势来脉，还是四象构成，都较第一区理想一些，尤其是 8 号楼的高区明堂状态更好，加之有小区外围的高架环绕，使得 8 号楼高区的案砂更完美，具备本小区最理想楼栋的形势状态。

第三区（小区的西北面）共有 6 栋房屋，从龙脉来势看，第三区处于本小区主龙脉的右侧，亦可收纳小区整体盘局入首龙的龙气，也有较理想的龙脉形势；从四象分布上看，第三区之左是小区主龙脉行走的路径，且处于青龙位上，但“青龙腾跃”的形势不明显；而处于右边白虎位是其他小区，且只有简易的围墙分隔，形成了“白虎抬头”的形势，对穴场护卫不理想；从明堂上看，第 14、15 号楼小于其他四栋，使得第 13 号楼的明堂状态更为完美，其他楼栋的明堂之象与第一区基本相同。

**第四步：乘气分析**

本小区为均布小区，可能存在许多楼栋坐穴一致，经测量，5、15 号楼和 4 号楼 1 植、10 号楼 1 植都为乾山巽向兼戌辰，格定“壬戌”水龙分金；其他楼栋则大多为“壬山丙向兼亥巳”，格定“癸亥”水龙分金。由此可见，本小区房屋的分金取用均符合水局的“龙水交会”要求。首先，分析 5、15 号楼和 4 号楼 1 植、10 号楼 1 植（以下简称这 4 栋楼）的乘气状况。经测量，从龙脉入首看，这 4 栋楼由乾亥方来龙，在形势上与小区整体盘局构成了“金生水”的相生驳换，尚属理想；但由于本案地处平洋之地，又无实水环抱，龙脉形势状态总体不佳。因此断龙应突出理气状态，而这 4 栋楼在理气上则由乾亥方来龙，属于水局的沐龙入首，是弱龙入首。所以，这 4 栋楼的坐穴不理想。从水口方位看，5 号楼水口又归墓于巽巳方，为水局的绝方第二水口；10 号楼 1 植和 15 号楼水口都归墓于乙辰方，为水局的墓方第一水口；4 号楼 1 植处于小区的东南端，可直接格定水口归墓于乙辰方的第一水口。可见，本小区坐穴为"乾山巽向兼戌辰"的房屋虽都能构成水局的"龙水交会"格局，但龙脉入首不佳，而相比水口归墓，也只有 15 号、4 号楼水出正库，其余楼栋则不理想。

若其他栋楼都格定"癸亥"水龙入首，那么在形势上与小区整体盘局形成了"水水"相和的驳换过程，在理气上癸亥水龙分金位于壬子双山上，是水局的长生龙，为大吉大旺来龙。可见，本小区坐穴为"壬山丙向兼亥巳"的房屋，龙脉来势形理相配，达到了最佳的效果。因此，要比较其乘气优劣，主要察看其出水口状态。经现场测量，1、2、3 号和 4 号楼 1 植水口出丁未，处于水局的养向，属于可出之向，但不构成"龙水交会"格局；6、7、8 号楼水出丙午，处于水局的胎向，构成"龙水交会"格局，但为第三水口，小吉；10 号楼 2 植、11、12 号楼水出巽巳，处于水局的绝向，构成"龙水交会"格局，但为第二水口，中吉；13、14 号楼水出乙辰，处于水局的墓向，构成水出正库的"龙水交会"格局。

综上可知，13、14 号楼乘气状况最理想，10 号楼 2 植和 11、12、5 号楼次之，1、2、3、6、7、8 号楼和 4 号楼 2 植第三，15 号楼和 4 号楼 1 植、10 号楼 1 植最差。

**第五步：护局判断**

本案小区修造于 2008 年，处于当前的下元八运之中，根据上述 14 栋房屋不同的坐度分金，分别排定宅命盘，其中 5、15 号楼和 4 号楼 1 植、10 号楼 1 植同为"乾山巽向"坐穴，是下元八运的"旺山旺向"局；其他栋楼同为"壬山丙向"坐穴，是下元八运的"双星到坐"局。由于本小区为平洋之地，而且水龙用隐，没有实水朝堂，通过星象加会到坐，以强化龙脉乘气，这正是一种盘局修正的表现。所以，从九星证局上看，本小区的房屋坐穴都较为理想。

从化煞护局上看，本小区南面有高架道路，位于南面的房屋应高于高架道路以上的楼层较为理想，而对于南面的低区房屋应视具体的房型结构，采用化煞镇物进行化煞护局。

综合上述分析，在该小区内选房，首选 13 号楼，该楼不论是来龙来脉、水口归墓，还是四象护局、星象加会，都处于最理想的楼王的方位；其次应选择 14 号、6 号、8 号、10 号楼 2 植；而其他楼栋则属于第三档次的房屋了。

## 三、案例三

本案以图 15.7 所示的平面布局小区为样本。从图 15.7 所示平面图可以看出，该小区属于独立布局小区，整个小区只有 4 栋房屋构成，其中 1 栋商务楼，3 栋住宅。独立布局的小区如果只有一栋房屋，就不存在独栋房屋选择的问题；如果超过了一栋，就存在选择的余地，本小区有三栋住宅房屋，因此可以作为独栋房屋选择的样本。独立布局的小区虽然有一定的绿化景观，有相对封闭的区域，但与定点布局和均衡布局的小区不同，其不但形势构成需要借助于小区的外界物态，就是格龙和乘气的推定也需要借助于外环境。因此，上述选房步骤中的第一步盘局确定应结合第三步形势判断一并进行，而第二步的环境分区则不存在。所以，在独立布局小区中选择独栋房屋，只需要进行三个步骤就能完成选房过程。

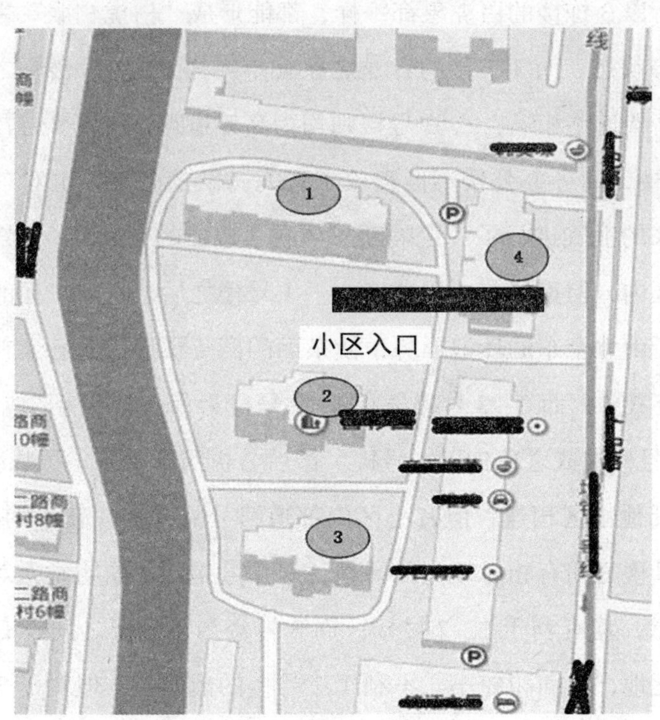


图 15.7 案例三平面分布图

**第一步：形势判断**

独立布局的小区本身楼栋很少，可以将每一栋房屋作为一个独立的整体，并对每一栋房屋的形势状态进行分析。假设图15.7所示4栋楼中，标识1、2、3号楼为住宅，4号楼为商业办公楼，现就1、2、3号楼的房源优劣比较分析如下：

首先看1号楼，该楼坐北向南，北面为其他小区，东面是商务办公楼，西面邻河，南面是小块绿地并与2号楼相连。再看2号楼，该楼也是坐北向南，北面是1号楼，南面是3号楼，东面是高架道路，西面也邻河。最后看3号楼，该楼也坐北向南，北面是2号楼，南面是其他小区，但分布着相对较矮的2栋房屋，东面也是高架道路，西面同样邻河。

根据上述3栋房屋的空间分布状态，可以推定3栋楼的右之白虎位均为河流，所以3栋楼的白虎象都一样，都能形成“白虎驯服”之势，属于理想的形势状态。而3栋楼的青龙之象就不一样了，1号楼左之青龙位有商务楼与高架道路相隔，2、3号楼则均为高架道路，所以1号楼青龙位优于2、3号楼，商务办公楼不但类象了青龙腾跃的态势，也对东面高架道路可能带来的泄气进行了一定隔断。再看3栋楼的玄武象，1号楼玄武落于其他小区内，但正好有一栋楼横立于1号楼之后，且与东面的商务楼相连，构成了由北至东的环抱形势，使东面的商务楼形成龙脉入首之势，是谓理想的玄武象；而2、3号楼虽有1、2号楼为背，但不能形成环抱之势，所以2、3号楼玄武之象劣于1号楼。最后分析明堂（朱雀）状况，1号楼之背虽与其他小区相连，但有小区内部道路分隔，构成较小的后明堂，1号楼与2号楼之间有相对较宽的绿地，对1号构成了前明堂，对2号楼构成了后明堂，均有利于1、2号楼；而3号楼与2号楼之间没有绿地，只是水泥硬化地，且面积较小，不利于2号楼的前明堂，但对于3号楼的后明堂而言尚属不错；3号楼前方与其他小区相隔，也由小区内部道路分隔，且有较宽的绿地，所以3号楼的前明堂较理想。通过上述四象分析，从形势状态上看，1 号楼最理想，3 号楼次之，2 号楼相对较差。



**第二步：乘气分析**

经现场测定，1 号楼自然水流由“壬子”方出口，为火局之胎向，因此确定 1 号楼的整体盘局为火局，同时测定 1 号楼的坐穴为“癸山丁向兼丑未”的“乙丑”金龙分金，是火局的衰龙入首，虽然从理气上看不太理想，但从形势上看该龙脉玄武象明显，属于理想的来龙；从格定的分金看，“乙丑”金龙分金与 1 号楼的盘局虽不属相和生旺，但处于“局克座”的状态，形成盘局之火克泄其坐穴之金的乘气状态。可见，1 号楼的龙气来脉并不影响盘局乘气。另外，本小区只有一道大门，并开启于东面，对 1 号楼而言，正好处于“丙午”的帝旺方，可见 1 号楼收纳堂气的效果非常理想。

2 号楼的自然水流由“辛戌”方出口，为火局之正墓，格定的 2 号楼坐穴为“子山午向”的戊子火龙分金。因此 2 号楼的盘局之火与其坐穴之火为相和大旺，从理气上看是理想的空间布局，但 2 号楼的来脉形势并不理想，且子山来龙属于火局病龙入首，必然影响一定的乘气效果。同时，小区的大门对 2 号楼而言，正好处于“甲卯”的沐浴方，为可立之向，不吉不凶。

3 号楼的自然水流由“乾亥”方出口，为火局之绝向，格定的坐穴分金与 2 号楼相同，也是“子山午向”的戊子火龙，所以从理气上看也是理想的空间布局，而其龙脉形势要优于 2 号楼。因此相比 2 号楼而言，3 号楼的龙气收纳要优于 2 号楼。同时，小区的大门对 3 号楼而言，正好处于“艮寅”的长生方，是非常理想的启门方向，有利于收纳堂气。

综上乘气分析，本小区的 3 栋房屋，1 号、3 号楼较理想，2 号楼次之。

**第三步：护局判断**

经了解，本小区修造于 2007 年，处于当前的下元八运。1 号楼格定“癸山丁向”，排定的宅命盘为“双星到向”局；而 2、3 号楼格定“子山午向”也为“双星到向”局。因此，从九星证局上看，3 栋楼不存在差别。但星象全部加会到向，因此对龙脉形势较理想的楼栋有利。

从化煞护局上看，1号楼东面有商务楼与高架道路相隔，对高架道路的物态煞起到了自然的化解作用；但2、3号楼低区的房屋则需要规避高架道路可能带来的煞气。

综上判断，在本小区的独栋房屋选择中，应首选1号楼，次选3号楼，最后选2号楼。

## 第二节　单元房选择案例

单元房就是指现代城市中的公寓房和可分割的城市商业办公房，其物态特点是在一栋房屋内有多个单元构成，每个单元中还分布着多套房屋。在现代城市中，受土地资源稀缺的影响，城市居民大多都居住在公寓房内，城市里的商务办公场所更是集中在一栋栋高大的商务楼内。然而，单元房的建筑结构并不以置业者的意志为转移，而是受限于城市规划、建筑结构等诸多因素的制约。面对纷繁复杂的城市建筑群，置业者只有选择房屋的权利，而无法改变单元房本身的固有建筑空间结构。因此，对单元房的选择，不但要关注其外在形势状态，更应看其具体的内部建筑结构。

从现代城市的发展情况看，房地产价格节节攀升，居高不下，在现代城市中购房已成为众多家庭一生中最重要的事项，最大的经济支出行为。从这个意义上讲，单元房的选择，首先要考量自已的经济实力和功能需求，一方面要与可能担当的经济实力相结合，坚持“有多少钱办多少事”；另一方面要注意所购物业的具体用途，如为一对新人所居，那么需要突出交通方便，离上班地点近些、商业配套发达些；如为一个中年的三口之家所居，往往将小孩就学作为选房的重要因素；又如为老年人所居，则选择配套完善、环境安静幽雅、离医院较近的社区。从易理环境选择上看，除了考虑上述这些满足不同人群基本所需的外在条件之外，更重要的是强调房屋所处的空间方位是否符合藏风纳气的要求，是否为居于其中的人们带来心旷神怡的心理感受。

城市单元房是分布于具体的楼栋之中，而楼栋房屋的选择在上文已有详述。因此，选择单元房其实就是在建筑群的楼座中选择某一具体的套房。综观现代城市中的房屋建筑结构，城市单元房的构成大体上就是两种类型：一种是一栋房屋中分布着多个楼梯通道，每个楼道上分布着一套、两套或三套房屋，人们通常称之为“一梯一户、一梯两户或一梯三户”，这种房屋结构被称为“板式房”；另一种是一栋房屋上只分布一个楼梯通道，一般位于房屋的正中央，而围绕着这个楼道排布四套、五套、六套或者更多套房屋，这种房屋结构类似于一个木桶的构造，被称为“桶子房”或“塔楼”。在城市单元房的选择实践中，针对不同结构的楼座，将采用不同的选择方法，但总体选房过程离不开以下两个步骤：

一是楼座分区，确定单元。楼座分区就是对已选定的楼栋进行建筑结构分析，从中划分不同的单元，并分析每一单元所在方位的乘气效果。一般而言，“板式房”多通过形势分区的方法进行楼座建筑单元划分；而“桶子房”则多通过理气分区的思路进行单元划分。

二是形势分析，勘定楼层。房屋单元确定之后，应结合房屋的内部建筑构造，察审其外围的物态状况，分析其形势状态，确定出具体的楼层。这个过程主要以所选单元房屋的外在物态为依据，按照“向阳背阴”之理，以目视的最佳视觉感观为基础，确定出拟选房屋的楼层。

下文例举三个例子对城市单元房选择过程进行剖析。

**一、案例四：**

本案以本章第一节《独栋房屋选择案例》中的案例二所在小区为样本，分析说明在一栋房屋中选择单元房的过程。由上文独栋房屋选择过程的分析可知，在图 15.5 所示的小区中最理想的楼栋为 13 号楼，假设 13 号楼有 3 个单元，中间单元分布 3 套房，东西两边单元分布 2 套房，是普通的板式房，其楼栋的原始平面图如图 15.8 所示。

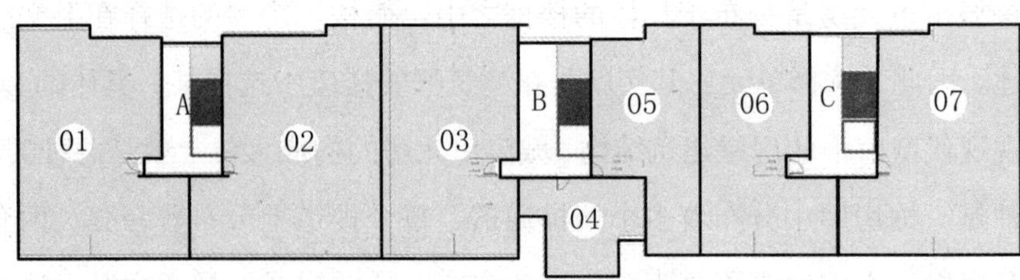


图 15.8 案例四房屋平面布置图

根据该楼栋的平面分布情况，首先将其由西向东划分为 A、B、C 三个单元分区，并以 01、02、03、04、05、06、07 符号对该楼栋房屋进行标识（如图 15.8 所示）。由上一节分析可知，该楼栋从龙脉来势看，处于小区主龙脉之右，可以收纳小区整体盘局的龙气，有较为理想的龙脉形势；从四象分布上看，位于该楼栋青龙位的是小区中心道路和 8 号、9 号楼，尤其是 9 号楼位于本楼栋的左前方，且为会所，不高，形成了较理想的“青龙腾跃”之势；其右边白虎位正好与其他小区通过低矮的围墙分隔，虽“白虎驯服”之势不明显，但没有“白虎抬头”的态势，对本案也有较好的护卫作用。从天然外明堂看，该楼栋靠东头的单元房比西头的较理想一些，明堂宽阔一些，经现场测量位于 B、C 单元靠东面的房屋可以构筑较理想的明堂，而 A 单元由于受前方的 14 号楼影响，明堂气象相对较差。所以，就外形势看，该楼栋选择 04、05、06、07 室房屋较理想。

其次，对楼栋内各个单元房的坐穴情况进行测量。由上一节分析可知，该楼栋整体坐穴为“壬山丙向”的“癸亥”水龙分金，与小区的盘局为“水水相和”，且水口归于乙辰的正库，来脉则处于水局的“壬子”方长生龙所在方位。如果对每一单元房测量结果也能达到与楼栋一样的效果，那么就属于理想的房屋，经测量 05、06、07 室房屋的水口同归于巽巳绝方的第二水口，而 01、02、03、04 室房屋则归于乙辰的第一水口，相比之下，01、02、03、04 室的水口方向更理想一些。再从堂气看，这 7 个室户的启门方向一致，都为水局的绝向，但04、05、06、07室外明堂与房屋启窗形成相互呼应。因此，综合乘气分析，04室是最理想的房屋，其次选06室，第三选07室，再选03、05室，最后选01、02室。

第三，进行楼层的测量。经现场测量，本楼栋的总楼层共19层，站立于01、04、05、06、07室户之内，位于6层楼以上的房屋可以平视或俯视小区东南方的高架道路，而6层以下房屋则只能收纳小区内部的堂气，且小区东南面的高架道路对其构成了物态煞。因此，从房屋楼层的选择看，应选择高于5层以上的房屋。同时，由于本小区为均布小区，房屋栋距较小，如果房屋楼层太高，小区内部的绿化带所形成的内明堂之堂气就无法收纳。鉴于此，选择该楼栋第6至9层的房屋最理想。具体的楼层应视不同的使用者，按照“阴阳调和”之理与置业者的喜好和对外在形势物态的感知为依据综合考虑，但总体的范围不能离开6至9层之间。

## 二、案例五

本案以本章第一节《独栋房屋选择案例》中的案例三如图15.7所示的小区为样本。由上文独栋房屋选择过程的分析可知，在图15.7所示的小区中最理想的楼栋为1号楼，假设1号楼为2个单元，每单元分布5套房屋，为便于分析，将靠东单元命名为A单元，靠西单元命名为B单元，对每一单元都从东开始，按照顺时针方向，分别以01、02、03、04、05符号标识该房屋的户室，其楼栋的原始平面图如图15.9所示。

从图15.9可知本案楼栋是典型的桶子房，但本楼栋由两个单元构成，因此首先应分析两个单元之间的优劣。从形势上看，本楼栋的B单元的龙脉来势较A单元更优一些，由于本楼栋的龙气由北面的其他小区和东面的商务楼合围而来，并从A单元延伸至B单元，同时B单元西面又界止于自然水流，这种龙脉走势比A单元更突出；从格定的坐穴看，A、B单元都一致，均以火局的胎向为水口，不存在谁优谁劣问题；从本小区的启门立向看，

A 单元出“丙午”正旺向，而 B 单元则要偏一些。综合来看，本楼栋靠西面的 B 单元要优于靠东面的 A 单元。

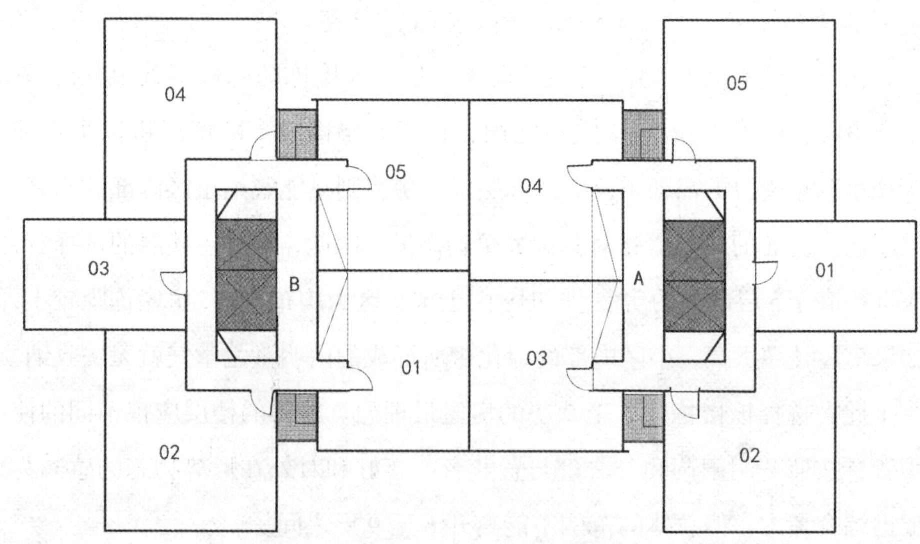


图 15.9 案例五楼栋平面布局图

单元确定后，就要比较分析户室优劣。根据本案是桶子楼的特点，按照易理分区的思路，以本栋楼修造的 2007 年为元运基础，以其坐穴的“癸山丁向”为依据，排布九宫占盘，如图 15.10 所示，可知该楼栋为“双星到向”局。根据九宫占盘的星象加会结果，处于向方的丁未、丙午方的房屋最理想，为双星到向的方位；其次位于西北乾卦方的星象加会结果为“运星九火生山星 5 土和向星土”，属于星向加会的理想结果。鉴此，在本单元中，首选 02 室户，次选 04、03 室户。

| | | |
|---|---|---|
| ④ 七 3 | ⑧ 三 8 | ⑥ 五 1 |
| ⑤ 六 2 | ③ 八 4 | ① 一 6 |
| ⑨ 二 7 | ⑦ 四 9 | ② 九 5 |

图 15.10 下元八运“癸山丁向”宅命盘图

室户确定后再选择楼层。经现场测量，本楼栋的总楼层共 36 层，站立于 02 室户之内，位于 8 层楼以上的房屋可以平视或俯视小区东面的高架道路，同时可以平视小区西面河岸对面成片的多层小区，视觉效果较理想；而 8 层之下的房屋则处于小区东面高架道路之下，构成物态煞。但由于小区的栋距不宽，又属于独立布局的小区，因此房屋不宜太高，否则无法收纳小区的内环境之地气。经现场观测，房屋超过 20 层以上，观测小区内环境效果就较差了。所以在本楼栋中选房，以 02 室户方位最佳，楼层控制在 9 至 19 层之间较为理想。



### 三、案例六

本案例以图 15.11 所示的平面布局小区为样本。从图 15.11 所示平面布局可知，该小区是典型的定点布局小区，立极点位于中心绿化区的人工休息亭上，小区外环境水流由南折东而后折西环抱小区而流，水口归流于癸丑方，小区的第一道大门开启于巽巳方。可见，本小区为典型的“火局”龙水交会格局，而且水出正库，启向于“长生”方，是理想的人居环境空间格局。按照本章上一节独栋房屋选择方法可以推定，在图 15.11 所示的平面小区内，标识为 1、10、11 号楼为最理想的独栋房屋。现以其中的 10 号楼为例，经现场测量，10 号楼共有两个单元，每个单元设两套房屋，10 号楼栋的平面分布图如 15.12 所示，并由西向东分别用 A 单元 01、02 室户和 B 单元 03、04 室户进行标识。

首先分析比较四个户室的外在形势。从本楼栋的龙脉来势看，四套房屋没有太大差别，都由本小区西北面的 6、7、8 号楼驳换而来，且龙脉形势都较理想，如果一定要区分优劣，那么 03、04 室户相对于 01、02 室户的龙脉较长一些。但从单元房屋的龙脉入首看，02 室和 04 室是顺龙脉而来，由西向东入户，而 01、03 室户是逆龙脉驳换，故 02、04 室户驳换较佳。从四象构成看，玄武、青龙和白虎之象基本一致，无太大差别，但朱雀的明堂之象差别较大，03、04 室户正对小区外环境的环抱水流，而 01、02 室户的明堂之象相对较差一些。

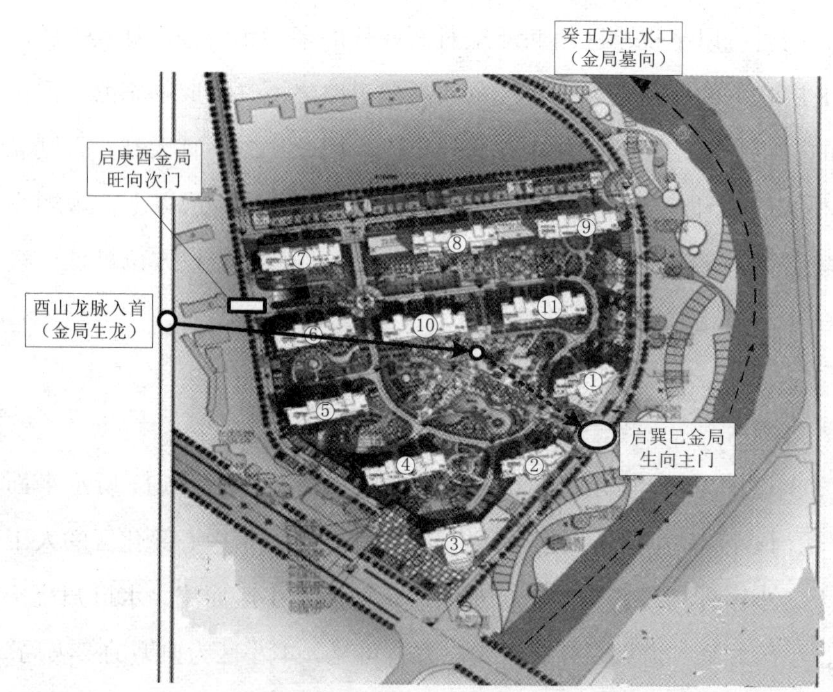


图 15.11 案例六所在小区平面分布图

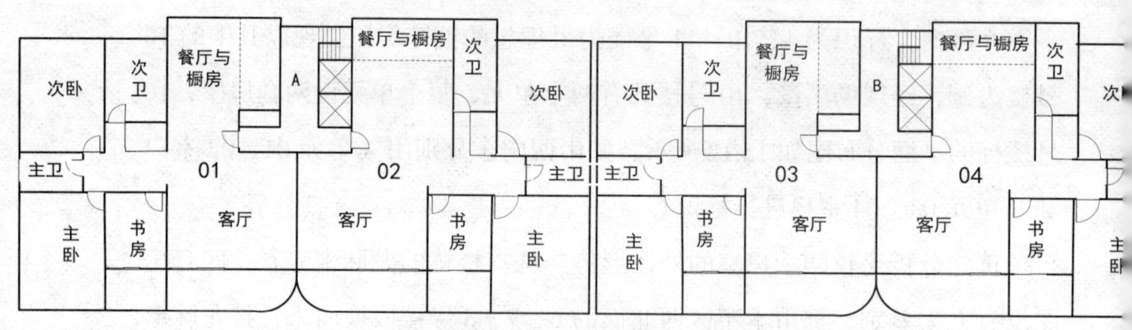


图 15.12 案例六楼栋平面布置图

其次测定所在楼栋坐穴，分析不同室户的乘气效果。经现场测量，10 号楼的整体坐穴为“壬山丙向兼子午”，格定为甲子金龙分金，这正好与整个小区为金局的大局相符。所以，该栋房屋所在四个室户南向的外阳台，正对着小区的中心庭院，可以直接收纳小区极点的龙气。同时，通过小区的第一道启门方向，又可以收纳小区的外在堂气，且 03、04 室相对于 01、02 室更容易收纳堂气。

综合上述形势分区和乘气分析，在本栋房屋内选择单元房，首选 03、04 室户，次选 01、02 室户。

最后，结合具体室户的外在形势，勘定楼层。经现场测量，本小区楼房大多为 23 至 24 层，10 号楼为 23 层，小区内部的栋距较宽，且正对中央绿化区域。从视觉感观上看，处于 8 至 15 层之间的视觉效果最佳，既能充分收纳小区中央立极点的龙气，亦不影响对外围环境的堂气收纳，通风、日照效果都比较佳，也不存在外在的物态煞。

综上分析，本栋楼座的单元房选择，首选 04 室户，次选 03、02 室户，三选 01 室户，楼层宜为 8 至 15 层之间。

## 第三节　农村宅基房修造案例

在中国广大农村，人们大都居住在祖祖辈辈留下来的宅基地房屋中，各栋房屋形态各异，大小不一，有的非常具有地方风味，展现出了一幅幅优美的山水画册，集中体现了易理“天人合一”理念在中国传统人居环境选择和修造过程中的独特魅力。例如福建省永定、南靖一带保留着以土楼建筑为标志的客家村落，安徽皖南一带保留着诸如宏村、西递、龙川等徽派建筑古村落，浙江一带保留着诸如周庄、西塘、乌镇等江南水乡建筑古村落，都是非常典型的中国古村落，都从不同的角度展现了中华文明在人居环境选择中的运用。当今社会，政府倡导加强古村落保护，对新农村建设的政策不再是一拆而空、集中连片建设，而是倡导以旧修旧，尽可能保持村落的原有风貌，体现人与自然的和谐关系，还原广大农村的本来面目，体现生态至上的新农村建设理念。随着国家经济社会的不断发展，广大农村也得到了飞速发展，农民改善居住条件，重建或翻建自家祖房，对我国推进城镇化建设、营造美丽乡村具有重要的现实意义。

由于宅基地具备祖上传下来的特殊属性，往往形态差异大，面积大小不一，在农村宅基地上修造房屋，虽然也需遵守一定的村镇规划要求，但相比城镇的商品房有较大的自由度。所以，运用易理观念指导农村宅基地上的房屋修造，比在城市中选房更能体现易理观念在人居环境选择中的魅力。笔者生自农村，来自农村，亲眼目睹了众多农村古宅都有着非常科学的易理规划布局，然而常年无人修缮，日晒雨淋，破烂不堪，让人深感痛心。

在农村宅基地上修造房屋有较大的自由选择余地，在具体的实践操作过程中，只要按照本书上卷所述的易理环境选择五大技法，分步实施，就能规划布局出理想的人居环境。根据多年来家父在农村从事易理环境选择的实践经验，本文列举两个家父亲自勘定的实例，详细解析在农村宅基地上修造房屋全过程。

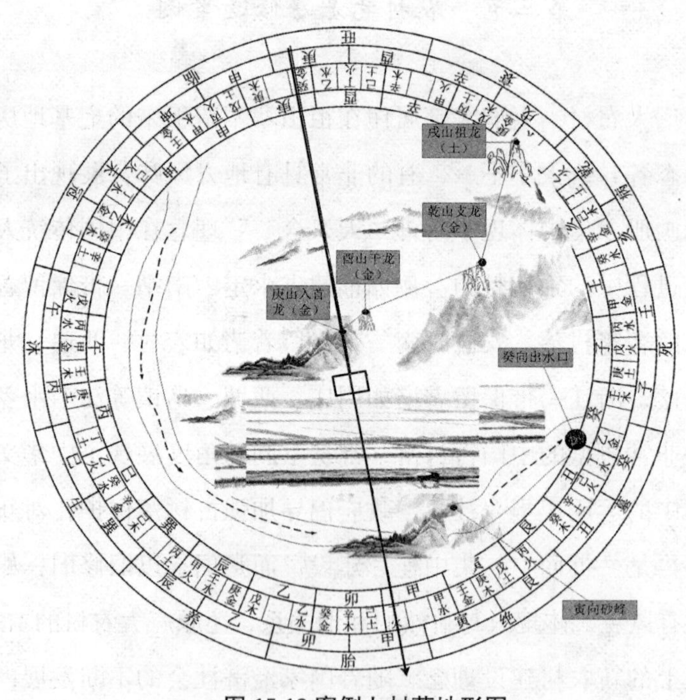


图 15.13 案例七村落地形图

## 一、案例七

本案以图 15.13 所示的村落地形图为例，详细说明图 15.13 所标识的宅基地房屋修造过程。

**第一步：形势判局**

本案是家父亲自勘定的项目，经现场勘察，位于宅基地后方的山脉由西北向南而行，并于宅基地所在处向南约 300 米处界水而止；该村落有一条河流，由西南方入村，从东北方流出。而宅基地所在的区域，西面为山脉，东面为田园，且有村落小河环绕而行，河道对岸有案山。鉴于此形势，按照“背阴向阳”之理，在该宅基地上修造房屋的大体坐穴应取西向东。确定西向东的大体坐穴后，再进行四象状态的分析，本案的龙脉由西北向南而行，并于本案所在区位形成“降服”，且在本案的后方还有一重山脉，使“玄武垂头”之势明显；本案的左边青龙位是宽阔的田园，未能形成“青龙腾跃”之势；本案的右边白虎位则是主龙脉界止于水流的地方，有“白虎抬头”之势；本案的朱雀之象是平坦的田园，且有进村河道环抱而过，河道对岸是案山，形成了理想的朱雀明堂。根据上述形势分析，可以推定该宅基地立“坐西向东”的坐穴，玄武和朱雀之象理想，青龙、白虎之象有所欠缺，但符合“背阴向阳”的立穴之理。同时，该宅基地所在地块的其他房屋多以“坐西向东”的布局为主，所以勘定本案大方向为“坐西向东”，也达到了与该村落布局的整体协调；对于青龙、白虎象之不足，只能通过人为修造的方式加以改进。

**第二步：乘气定局**

结合本宅基地的外在形势，家父通过多次的罗盘测定，勘定该宅基地的随龙水从西南的坤申方而来，最后归流于癸丑方。由此推定本宅基地上修造房屋宜立“金局”。通过察审该宅基地的龙势来脉，不难发现祖龙来源于戌向，经驳换到乾向再到酉向，最后至庚向入首结穴，因此勘定该宅基地立“庚山甲向兼酉卯”坐穴，格定“癸酉”金龙分金，达到了收纳金局的“庚酉”长生龙入首之目的，使房屋内乘龙气达到了最佳的效果。同时，确定房屋的启门方向为“巽巳”方，形成立金局的正生向，以收纳右旋而来的临、官、沐及本位长生水入堂局，使之达到最理想的外纳堂气效果。

**第三步：规划布局**

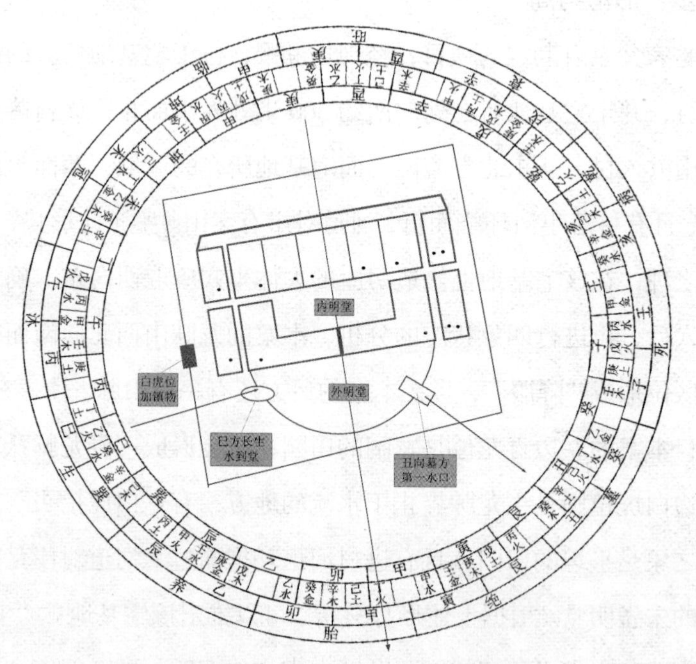


图 15.14 案例七宅基地房屋规划图

根据本宅基地的实际占地面积和外在形势，结合当地民居建筑的特点，家父采取“四植二进”的形式，对该宅基地进行规划布局，形成了如图 15.14 所示的房屋详细布局图。从图 15.14 所示的平面布局图可知，确立本房屋的中心立极点位于内明堂之中，以“癸酉”金龙分金划定中轴线，主房部分采用对称布局，厢房部分则结合外形势“青龙、白虎”象存在的不足，将青龙所在的左厢房设为两层，以弥补左之青龙未能腾跃的不足；而将白虎所在的右厢房设为一层，以降服白虎。房屋的外明堂则依宅基地的原始地形，顺势而为，但大门启向则以内明堂的立极点为中心，测定巳方为启门的方位。同时，在内外明堂里按照“四水归明堂”之理设计水流路径，最终将明堂之水会聚之后，从外明堂的癸丑方流出，并在外明堂的围墙下开癸丑方出水口。

**第四步：九星证局**

本宅基地房屋修造于2000年，处于下元七运，并根据上述勘定的本案“庚山甲向”的坐度分金，排定宅命盘，可知该房屋构成了“双星到向”局。而从房屋的整体外在形势看，盘局的龙脉来势完美，均为生气驳换，因此取“双星到向”局，对房屋本身的内乘龙气并不会产生太大影响。但为了克服“山龙下水”的不足，家父在布局本房屋外明堂时，在明堂围墙之外预留一定的空间，并种植绿色植物，这一方面对本房屋起到了美化作用，同时也人为构筑了“山龙”的依托物象，改变“山龙下水”的不足。

**第五步：化煞护局**

由于本案的外形势存在着“白虎抬头”和“青龙俯卧”的倒置情况。因此，规划布局本房屋时，在右边厢房之外的“丙午”方通过开渠的形式，以改变白虎抬头之势；而在左边厢房之外种植易长高的杉树，以构筑青龙腾跃的物态形势。从消砂纳水看，本盘局不存着易理煞气和物态煞气，无需进行化解。

## 二、案例八

本案以图15.15所示的村落地形图为例，详细说明图15.15所标识的宅基地房屋修造过程。本案也是家父亲自勘定的项目，下文仍然按照上卷所述的五个步骤对本案的房屋规划布局过程进行剖析。

**第一步：形势判局**

经现场勘察，本案所在村落四面环山，位于本案宅基地后方的山脉由东南向西南而行，并在本案宅基地所在之处形成降伏之势，构筑了窝穴的形势。同时，有两条河流穿过村落，其中一条较大的河流由东面环绕北面而向西流，另一条较小的河流由西南向北而流，二水正好会聚于本案宅基地的左前方。从四象上看，本宅基地后方是延绵而行的山脉，并可目视两重山，构成比较完美的“玄武垂头”之势；而其前方是农田，比较平坦，从宅基地至村落河道约有 300 米，形成了较宽阔的自然明堂，河道对岸有双重案山，且地势较低，构成了笔架的物态形势；其左边是其他农户宅厝，且都是依山傍田而建，能够形成“青龙腾跃”之势；其右边也是其他农户宅厝，但地势较高，有“白虎抬头”之感。综上可知，本案除“白虎之象”较差外，其余形势物态都较理想，能够成就理想的穴场。

**第二步：乘气定局**

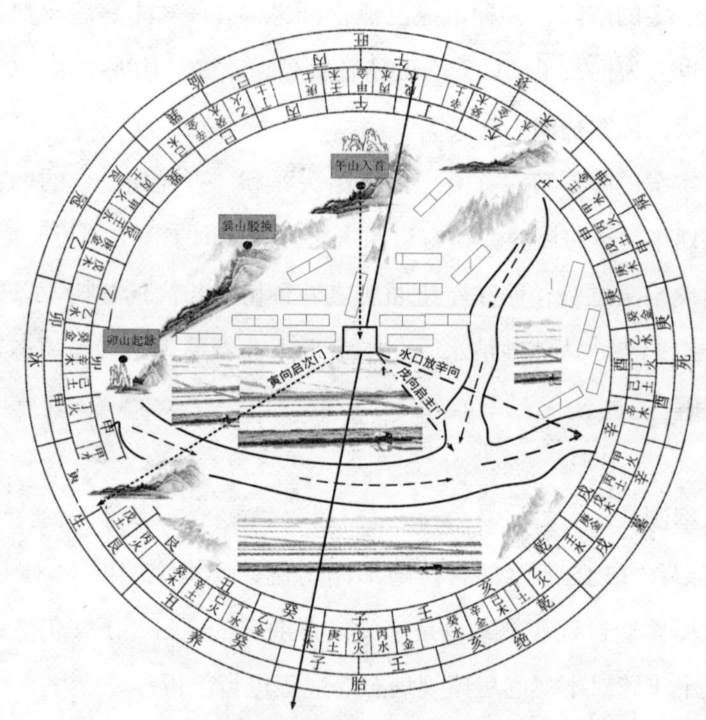


**图 15.15 案例八材落地形图**

结合本案的外在形势，经罗盘精确测量，宅基地的主龙脉来势始于甲卯（五行木）方，并一路驳换至巽巳（木），最后折而从丙午方（五行火）入首，至宅基地所在处构成了天然的小盆地，并分布着整个村落的主要民居，本案是其中的一栋。可见该村落的龙脉驳换过程非常理想，是“木和木，木生火”的生气驳换过程。而本村落主水系发源于东南向的巽卦乙辰方，并由东至东北，再至北至西北，与西面由西南坤卦方而来的小河相会聚，聚集成较宽阔的水域，最后二水会合后从辛戌方流出。根据上述水流走势，推定本案立“火局”最为宜，水出火局的正库“辛戌”方，而本宅基地所在区位正好可目视到出水口的辛方。根据上述测量的龙水交会形局，家父勘定本宅基地坐穴为“丁山癸向兼午子”，格定“戊午”火龙分金，取火局之“生长龙”入首。根据两水会聚和右水大于左水的特点，勘定该宅厝第一道大门启于“戌方”的墓库阳向；同时按照消砂纳水之理，启第二道门于“寅”方，以收纳外环境的所有吉水堂气。鉴此，在该宅基地上构筑了以“长生龙”入首，“长生水”到堂、“归藏水”过堂的“火局”最理想的“龙水交会”格局。

**第三步：规划布局**

根据本宅基地的实际占地面积和外在形势，结合当地民居建筑的特点，家父采取“三植一进”的形式，对该宅基地进行规划布局，形成了如图15.16所示的房屋详细布局图。从图15.16所示的平面布局图可知，确立本房屋的中心立极点位于内明堂之中，以“戊午”火龙分金划定中轴线，主房部分采用客厅居中、主卧居于左、厨房布于右的整体规划；右边修造厢房，以降服白虎，左边则不再修造厢房。明堂采用内外明堂一体设计，并将明堂之水会聚之后从辛方出口，外明堂启二道门，主门启戌方，次门启寅方。外明堂围墙外预留一定绿化地，以用于修正星象飞伏对盘局的影响。

**第四步：九星证局**

本宅基地房屋修造于1995年，处于下元七运，根据上述勘定的“丁山癸向”的坐度分金，排定宅命盘，可知该房屋构成了“双星到向”局，则需要通过人为构筑“山龙”的安身之地，以达到化解“山龙下水”的不足。因此，在外明堂预留的绿化地上种植树木，在分布上采用左高右低的形式种植，形成“山龙”的依托物象，使整个盘局达到理想的效果。

**第五步：化煞护局**

由于本案的外形势存在着“白虎抬头”的不足，因此通过修造右厢房，以压制“白虎抬头”之势，起到化煞护局的作用。同时，经现场勘察，位于罗盘中针指示的壬方（中针五行火）有丑恶的尖角电线杆，且位于本案外明堂围墙之外，对本案“丁山”（中针五行土）构成了“客克主”的煞气。鉴此，家父采用化煞镇物的形式进行化煞处理，在外明堂围墙上立石狮镇物，狮头朝向壬方的电线杆。

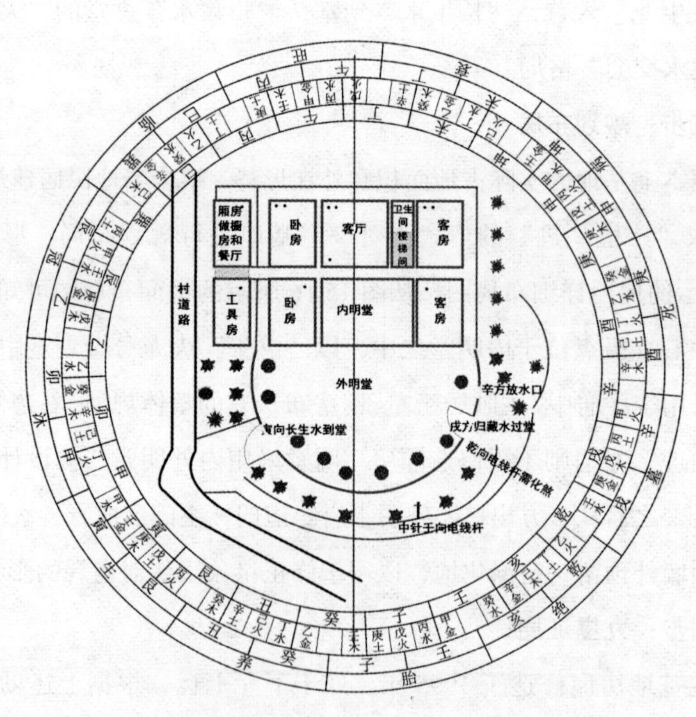


图 15.16 案例八宅基地房屋规划图

# 第十六章　房屋内环境布局案例

房屋内环境是指房屋的内部空间，是人类活动最频繁的私密空间。据不完全统计，人类一生停留于房屋内环境的时间占到了全部生命周期的90%以上，因此，从这个意义上讲，研究房屋内环境的规划布局远比研究人居大环境重要。然而，房屋内环境因使用功能和空间体态不同而呈现多样化的状态。从用途上看，有供人类起居使用的住宅（如城市公寓房），也有供人类办公使用的办公房（如城市商务楼）；有供人类公共活动的场所（如剧场、体育场），也有专门用于藏纳物品的空间（如图书馆、博物馆）。从空间体态上看，在城市有独栋别墅，也有公寓房，在农村有许多风格不同的宅厝，如北方的四合院，南方的水乡建筑、徽派建筑和客家土楼建筑等等。对于种类繁杂的房屋内空间，如何进行合理的规划布局，使有限的空间达到最理想的人居环境效果，是人们普遍向往的美好愿景。尤其在当今的中国城市，因房价居高不下，人们往往奋斗十几年、几十年，甚至是一辈子，只为购得一套面积百来平米的房屋。因此，让有限的空间既达到最合理的功能要求，又达到最有利的“乘气”效果，是本章写作的宗旨。

由于房屋内空间受建筑结构的制约，使其规划布局的自由度受到了极大的限制。一方面房屋内部空间结构是定型的，不具备随意变更的条件，这就决定了房屋内空间的坐度分金不能随意的格定，从而使房屋内空间收纳龙气的效果受制于所在的楼栋坐穴；另一方面房屋内部空间与外围联系的通道（如入户门、窗户、阳台）总是固定于房屋内部空间的特定位置，也不能随意的移动，这又决定了房屋内空间收纳堂气受制于固定的建筑结构。因此，不论是收纳龙气还是堂气，房屋内环境的乘气效果总是受制于固有的建筑结构。鉴于此，房屋内空间的规划布局重点应突出三个方面：一是尽可能通过房屋的外环境形势分析，以寻找与房屋内环境相适应的龙脉形势；二是通过装饰装修的手段，借助于九星证局和化煞镇物的作用，优化内环境的乘气效果；三是要按照易数布局的要求，在内环境的装饰装修过程中充分运用易理的数象之理，选择吉祥的室内空间用尺。

当然，房屋内环境的使用功能不同，其规划布局应达到的“乘气”重点也不一样，如供人们起居使用的公寓房，其规划布局的重点在于突出“龙脉乘气”。易理环境选择认为，作为人类居住的场所，应营造心旷神怡、温馨舒适的起居环境，让居于其中的人们放松心情，静心养性，以达到身心健康、延年益寿的效果。而易理环境选择中的龙脉是“生气”的本源，由龙脉所带来的“生气”是一种静态之“气”，最有利于促进人类回归自然，静心养性，促进生命的健康发展。因此，作为住宅使用的房屋内环境，应以“龙脉”乘气为重点。作为人们办公场所的房屋内环境，其规划布局的重点则在于突出“明堂乘气”。人们从事工作是为改善生活条件，增加财富积累，而易理环境选择中的明堂是“生气”运行的场所，由明堂所产生的“生气”是一种动态之“气”，最有利于促进人类精气神的旺盛，从而提振人们干事业的勇气和斗志。在“明堂之气”旺盛的内环境工作办公，必将推动人们事业的发达壮大。因此，作为办公场所的房屋内环境，应以“明堂乘气”为重点。

要在有限的房屋内环境空间中进行完整易学理念下的规划布局比较困难，加之受城市规划、建筑结构、立面效果等诸多条件的限制，往往一套房子有好的外在形势，但仍然无法达到理想的乘气效果。笔者认为，房屋内空间规划布局的要旨在于“顺势而为”，要在易理“天人合一”观的指导下，尽可能顺应其本身的自然结构状态，遵循四周环境物态的自然走势，通过“做风水”的手法，以现代建筑装饰的手段，使有限的室内空间达到最佳的乘气效果。

本章内容将结合笔者多年从事房屋内环境易理规划布局的实践，就现代城市中的公寓房和商务办公房内空间的规划布局进行举例说明，以阐释易理观念指导下人居环境内空间规划布局的全过程。

## 第一节　公寓房布局案例

公寓房是现代城市中最常见的人居内环境空间。通常以房屋内空间的卧室个数为依据，划分为一室户、两室户、三室户、四室户等，最多的房型为两室户和三室户。根据笔者的实践经验，城市公寓房的内空间规划布局过程可以归纳总结为“以外判局，以势定局，以形布局，以物化局，以象证局”五大原则。

所谓“以外判局”就是在形势判断过程中，应以房屋所在小区形势、楼栋坐穴为龙脉乘气所属，通过分析判断房屋的外在形势，以推定房屋成穴的效果。房屋内环境的龙气来源于所在楼座的主体或与之邻近的其他楼座，并按照龙脉运行的机理，通过入户门或者较小的窗户入首至房屋内空间，而其随龙水的水口一般归于卫生间或者外阳台。如果在勘定房屋内环境的龙脉时，出现多种龙脉形势构成，那么就应结合房屋外在形势与内在结构特点，依据形势状态的优劣和对内环境的成穴状况择优选择。

所谓“以势定局”就是以房屋所在的外环境形势分析判断为基础，结合环境内空间的结构分析，确定房屋的立极点，进而进行不同龙脉形势的乘气效果分析，比较不同龙脉入首对房屋内空间形成的乘气效果，最终确定房屋内环境的整体盘局。

所谓“以形布局”就是以确定的房屋内空间盘局为基础，结合内空间的物理结构形态，进行详细的规划布局。在具体布局过程中，应突出四个方面重点：一是客厅，重点突出厅堂的堂座应处于起居室中的哪一个方位上？如何摆布沙发和电视背景墙；二是主卧室，重点突出主卧的床铺的启向和摆布方位；三是厨房，重点突出灶台和水池的方位；四是书房或儿童房，重点突出文昌位的确定。

所谓“以物化局”就是指对已规划布局好的房屋内空间进行煞气的察审和规避。在具体操作过程中，应充分运用消砂、纳水等技术，以化煞镇物为基础，对房屋可能涉及的煞气及凶砂恶水进行有效的规避。

所谓“以象证局”就是按照“一物一太极”之理，以每一个具体房间为“小太极”的坐穴基础，运用九星证局之理，排布九宫占盘，分析星象加会的吉凶状态，以推定房屋内空间哪些方位需要重点强加装饰，哪些方位需要保持静态等等。需要强调，由于九星证局的“小太极”存在着空间分区的差别，在实践中往往因不同的空间结构分区而形成不同的星象加会结果，因此“以象证局”通常只作为房屋内空间规划布局的参考。

上述五大原则是递进的过程，每一个原则之间有着内在的易理关联性，前三个原则属于环境内空间规划布局的具体方法，后两个原则属于环境内空间的优化方法。因此，环境内空间的规划布局重点在于运用好前三个原则，只有前三个原则用好了，后两个原则才能起到对环境空间的乘气优化作用；如果前三个原则都不能很好地加以运用，那么后两个原则将失去了使用的意义。

需要强调，上述五大原则是易理布局在内空间环境规划布局中的运用，按照五大原则进行环境内空间规划布局，只是完成了的易学中的峦头和理气的处理，在具体的内空间建筑装饰装修用尺度量上，应根据传统鲁班尺的吉祥尺度，对内空间的门窗、通道、家具、橱柜和镇物、绿化的位置等建筑用尺进行设计。

下文就当今城市中最常见的三室户公寓房，列举两例，以说明人们起居使用的房屋内空间在易理观念指导下的规划布局过程。

## 一、案例一

案例一是三室两厅的城市公寓房，大体的房屋朝向是两房向南、客厅向东、一房向北，其原始户型平面布置图如 16.1 所示。按照上文所述的五大原则对本房屋的原始平面规划布局进行易理分析。

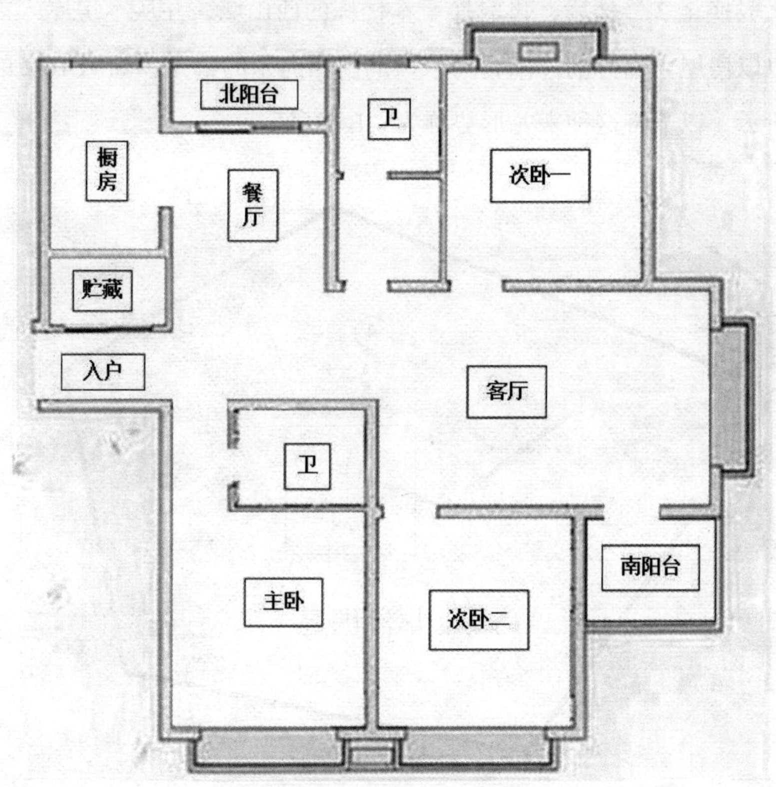


图 16.1 案例一原始平面图

第一，按照“以外判局”的原则，对该房屋所在的外环境进行判断，察审其外在形势，推定本案的内环境龙脉走向。经现场勘察，本房屋所在小区只有二栋楼，属于独立布局小区，两栋房屋东西排列，小区大门开启在两栋楼之间，并向北启门，经截图本房屋的外在环境平面图如图 16.2 所示，而本房屋所在楼栋位于小区东面，其西面是另一栋楼，北面是较高的商务楼，南面是小区绿化，东面正对敞开式的公园。根据上述外在形势，笔者结合本房屋所处的位置，经初步勘定，本房屋存在两种形式的龙脉走势：一种是以北面的商务楼为干龙，构成从本房屋北面厨房窗户入首，并以房屋东南方的外阳台为水口的由北向南的来龙，如图 16.2 的虚线箭头所示，以下将这种来龙形势称为“A 龙脉”；另一种是以西面另一栋商务楼为干龙，驳换至 2 号楼后，再驳换至本楼栋的西山墙，并从本房屋入户门入首，也以房屋东南方的外阳台为水口的由西向东的来龙，如图 16.2 的实线箭头所示，以下将这种来龙形势称为“B 龙脉”。

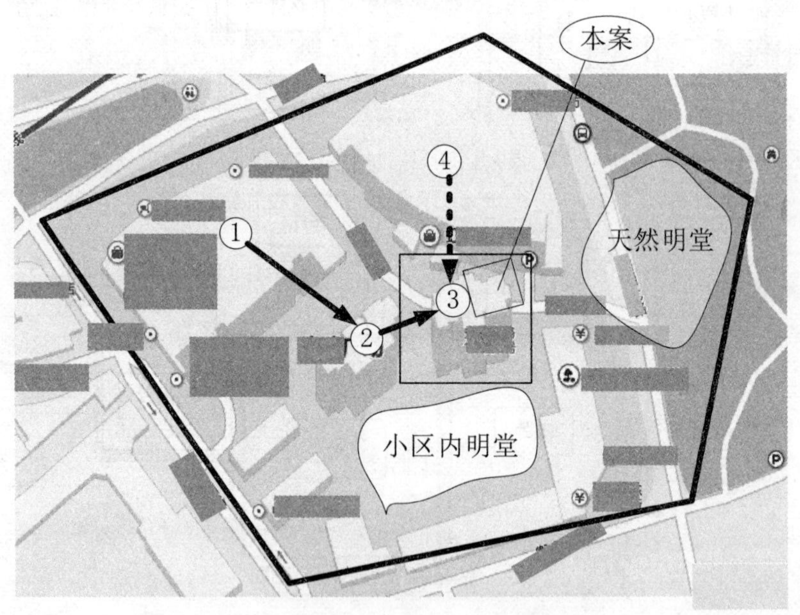


图 16.2 案例一外在环境空间平面截图

第二，按照“以势定局”的原则，确定出该房屋的立极点，进而分析判断两种来龙形势下的内环境空间盘局。在本例中，根据房屋的空间结构特点，运用现代几何学知识进行现场测量，可以确定本案的中心立极点位于房屋主卧卫生间东墙前方的客厅区域，如图 16.3 所示；然后以中心立极点为观测点，测得本房屋所在楼栋的坐穴为“子山午向”的“庚子”土龙分金，测得外阳台所在的方位为“巽巳”方，据此可以判定本楼栋为“水局”，水口出“巽巳”的绝方第二水口；最后测量两种方案的龙脉入首情况，A 龙脉入首为“乾亥”方，是“水局”的沐龙入首，属弱龙；B 龙脉入首为“坤申”方，是“水局”的帝旺龙入首，属旺龙。因此，本房屋的龙脉入首应取从入户门入首的 B 龙脉较理想。龙脉确定之后，应察审房屋收纳堂气的效果，经测量本房屋最大的窗户开启于客厅的东面，正对着外环境的公园，处于“甲卯”方，是水局的“死”方。因此，若以此窗户作为本房屋的立向方，正好是水局的自旺向，起到收纳木局之旺向的“化死为旺”效果。根据上述形势特点，本房屋将形成“坤申旺龙入首，水口归巽巳绝方，启向于甲卯自旺向”的水局的龙水交会格局。

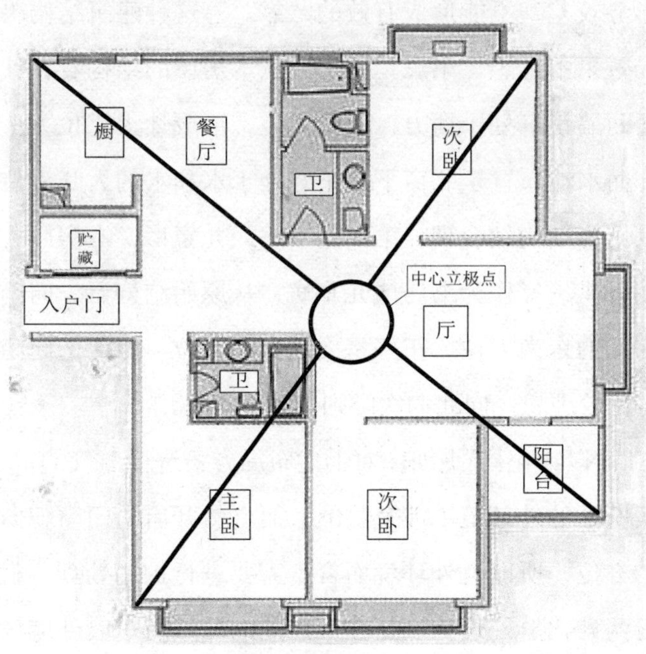


图 16.3 案例一立极图

第三，按照“以形布局”的原则，分析判断本房屋的详细布局情况。首先从客厅开始，客厅布局的核心点在于确定出厅堂的堂座位置，即确定客厅的哪一个方位作为主方位。笔者认为，客厅的主方位是祖上方位，来客或者居家之人应视主方位为上位，那么面向上位是孝道的体现，因此宜将主方位布置为电视背景，使人们面向上位；而沙发是来客或居者的起居座位，不应成为上位。当然，也有学者认为居者是房屋的主人，主人起居的座位应为上位，那么在厅堂堂座所在方位就布置沙发。从本案的原始平面图看，客厅的堂座只能布置于客厅的南面或北面，如果布于南面，则处于水局病方的“丙午”向上，为病龙，不理想；如果将堂座布于北面，处于水局长生方的“壬子”向上，为旺龙，比较理想，且从外在形势上看，北面有其他商务楼作靠，也优于南面。其次看主卧室，本案中主卧窗户朝南，而门启于北墙，从建筑结构上看，床头只能布置在东墙，处于水局的死方上，且龙脉的外形势较差，不能形成有效的“靠”，这种建筑结构决定了该房屋主卧的布局效果不理想。第三是厨房，从本房屋的结构看，灶台只能布置于西墙，而西墙正好处于西方，五行为金，形成灶火克位方金，是克出为“妻财”，而水池布置于北窗下，正好处于水和水的大旺方位，可见本房屋内空间的厨房结构较合理。第四是书房或儿童房，本房屋为三室户，存在两个房间可供选择作为书房或儿童房，从原始结构看，向南的房间正好处于整套房屋的东南方位，正好是文昌所在方位，因此选向南的次卧为书房或儿童房比较理想，向北的次卧则作为客房使用。

第四，按照“以物化局”原则，对上述布局方案进行煞气的审查和规避。经勘察，本案所处的外环境不涉及物煞，而自然开启的门窗朝向也都处于秀砂或吉水的方位，所以就外环境而言不需要进行护局处理。就内环境而言，需要进行两处化煞处理：一是在入户处的储藏间东墙外应放置绿植或木质镇物，起到分隔餐厅与主卧的作用，使由北面而来的龙气由直变曲，以提升堂座的聚气效果；二是在餐厅与客厅之间，位于主卧卫生间浴缸处的北墙处制作装饰隔断，使由入户门带来的龙气由直变曲。

第五，按照“星象证局”原则，对上述的布局方案选择适当的启修日期。首先按照房屋建造年份和其所在楼栋的坐穴排定宅命盘，假设本房屋修造于2008年，处于当前的下元八运，而本案所在楼栋格定为“子山午向”坐穴，据此排定的宅命盘为“双星到向”局。那么，在具体布局中可以强化南向的主卧、次卧和中间的起居室装饰效果，以动态布局为主，而弱化北向的次卧、餐厅的装饰效果，以静态布局为主。

根据上述易理勘察的布局思路，对房地产开发商提供的如图 16.4 所示的该房屋内环境空间布局方案进行分析，就不难发现房地产开发商提供的布局方案存在着两方面的不足：一是客厅的堂座方向南北倒置；二是主卧室的床铺摆布处于死龙方位，启向于胎方，龙水交会的效果不佳。

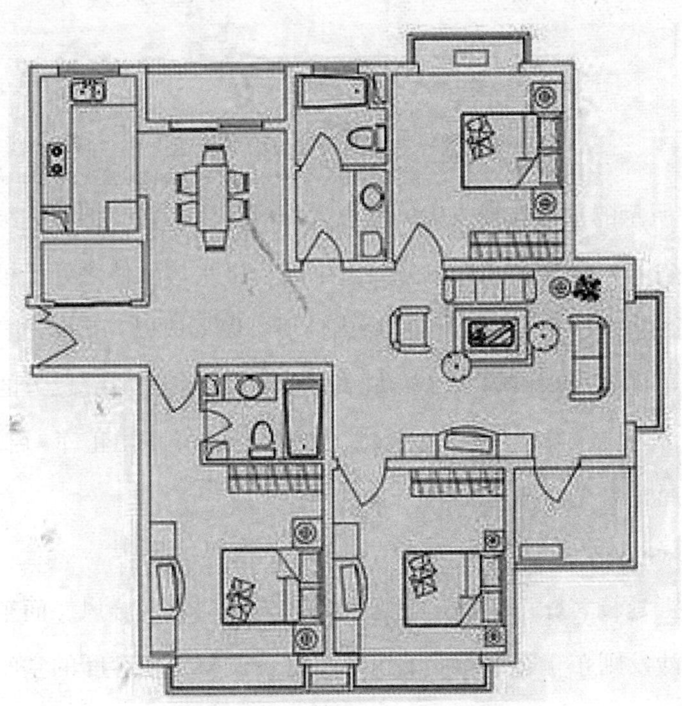

图 16.4 案例一房产商的精装平面布局图

鉴于上述的不足，笔者根据易理环境选择观念，结合对本房屋结构的详细勘察，提出了如图 16.5 所示的平面布局方案。

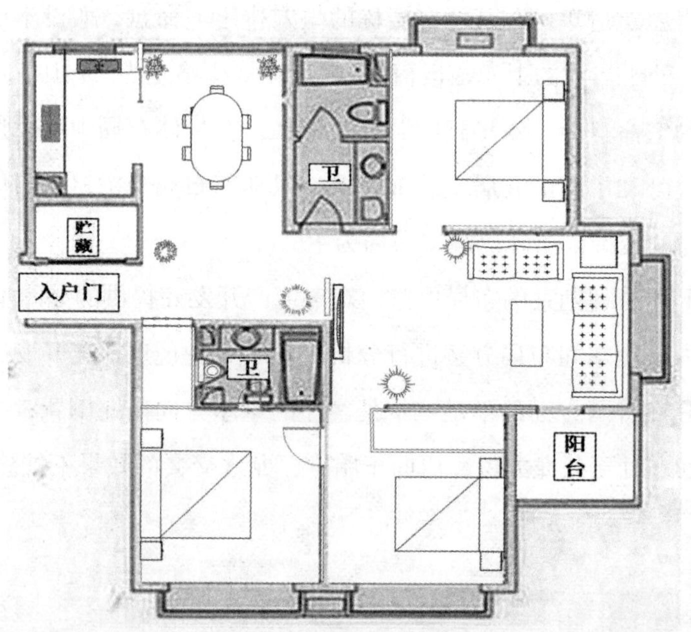


图 16.5 案例一笔者的精装平面布局图

图 16.5 所示的平面布局方案同样以入户门为入首龙，但将立极点置于客厅的西墙向北延伸线上，并以公共卫生间为出水口，使之处于极点的癸丑方，构成金局之正库，这样整个房屋内环境可以形成以“庚酉”生龙入首、水出“癸丑”墓库第一水口的“金局”龙水交会格局。同时，以巽巳方的“金局”生向的外阳台为启向方位，那么就形成了“生龙入首，水出正库，启于生向”的理想的金局龙水交会格局。

上述盘局的确定，需要对房屋结构做如下调整：

一是适当延长客厅西面墙，使之西面成为入门处的屏风，而东面构成房屋堂座，沙发则布于客厅东向的窗下。这种调整，使客厅的堂座形成了金局生龙入首，启向生方，水归墓库的理想龙水交会格局。

二是以外阳台作为启向方位，保持常开启。虽然阳台的门向为午向，是金局之沐向，但外阳台东面与南面全敞开，正好形成了“巽巳”向，不但可以收纳东面公园之堂气，也可收纳南面小区绿化之堂气。

三是改变主卧室入户开启门，从客厅西墙东面进入，借助次卧一个门的位置，进入主卧室。通过这种调整，主卧室的床头布置于西面，形成与房屋盘局一致的金局生龙入首，且龙脉形势由外环境的另一栋房屋而来，效果非常理想。同时，封堵原平面图的入户门，而使北面餐厅而来的龙气不易从原平面中主卧室的入门处直接外泄。

当然，如果房屋内结构空间的装饰允许，在摆布家具时可结合格龙的分金度数，如上述调整方案中的堂座和主卧室的床头都可以格定“癸酉”金龙分金，使之与房屋整体盘局相合。

经修改后的房屋平面布局方案，不但在易理上使客厅、主卧都构成较理想的龙水交会格局，而且也通过建筑的手段克服了房地产开发商提供的平面图中存在的两处不足。当然，在入户处的储藏间东面放置绿植或木质镇物，也能起到一定的装饰效果，同时也起到生气走曲的作用，仍然是可以选择的化煞手段。

完成了上述平面布局方案后，应对房屋内空间的建筑用尺进行设计，例如布置祖宗牌位、佛龛使用鲁班阴尺；进户门、窗、走道等乘气空间使用鲁班阳尺中的六合、迎福、大吉等尺寸；儿童房间中的书桌、书架、床铺等乘气载体使用鲁班阳尺中的登科、顺科等尺寸；主卧室中的床铺、通道、桌椅、衣柜等使用鲁班阳尺中的进宝、纳福、添丁、富贵等尺寸；储藏室、卫生间等处使用鲁班阳尺中的宝库、财库等尺寸。

### 二、案例二

案例二是大房型的两室两厅城市公寓房，大体的房屋朝向是两房向南、客厅向南，其原始平面图如 16.6 所示。同样按照上文所述的五大原则对本房屋的原始平面规划布局进行易理分析。

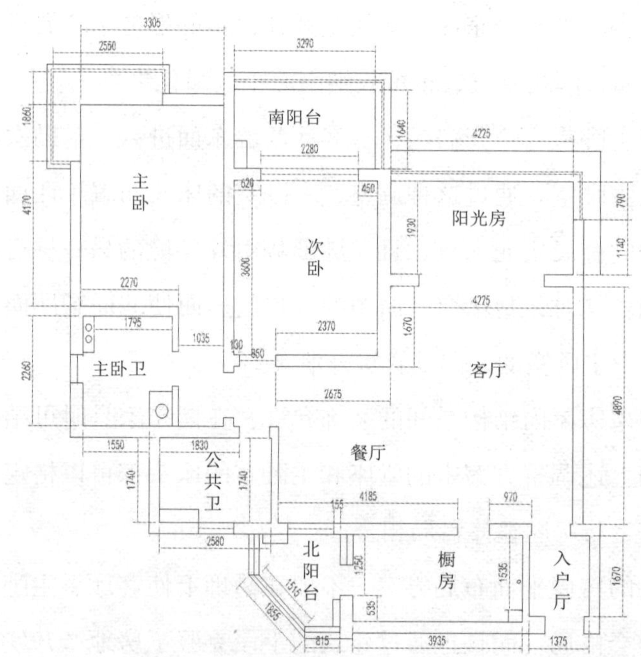


图 16.6 案例二原始平面图

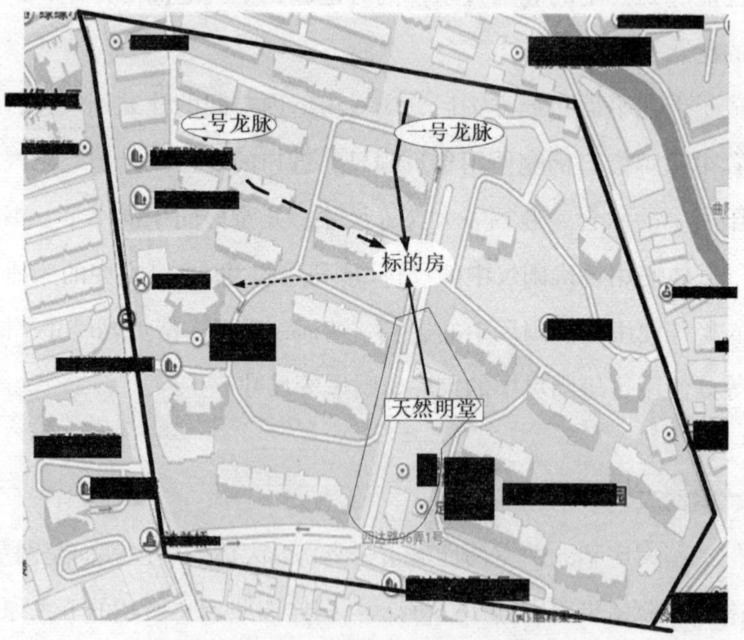


图 16.7 案例二外在环境空间平面截图

第一，按照“以外判局”的原则，勘察该房屋龙脉走向。经现场勘察，本房屋所在小区是城市中的大型社区，楼栋较多，经截图本房屋的外环境平面图如图 16.7 所示。根据图 16.7 所示的外环境空间，本房屋形成了两种龙脉形势：一种从西北方而来，从本房屋的西山墙入首，如图 16.7 的虚线所 示（二号龙脉）；另一种从正北方而来，从本房屋的入户门入首，如图 16.7 的实线所示（一号龙脉）。本房屋的水口方有两种选择，一是以公共卫生间为水口归墓方向，另一种以阳光房所在的外窗为水口归墓方向。

第二，按照“以势定局”的原则，确定该房屋的立极点，进而分析判断两种来龙形势下的内环境空间盘局。在本例中，根据房屋的空间结构特点，确定立极的方式可以整体进行，也可以分区进行。一号龙脉入首于北面的入户门，宜采用分区立极，确定中心立极点如图 16.8 的实线所示；二号龙脉入首于西山墙，宜采用整体立极，确定中心立极点如图 16.8 的虚线所示。以中心立极点为观测点，经现场测量，本房屋所在楼栋的坐穴为“艮山坤向”的“癸丑”木龙分金，测得公共卫生间所在的方位为“乙辰”方，据此可以判定本楼栋为“水局”，水口出“乙辰”的墓方第一水口；然后再测量两种方案的龙脉入首情况，一号龙脉入首为“壬子”方，是“水局”的长生龙入首；二号龙脉入首为“辛戌”方，是“水局”的冠带龙入首，可见这二条龙脉入首都属于旺龙入首。龙脉确定之后，应察审房屋收纳堂气的效果，经测量本房屋最大的窗户开启于客厅的南面，从客厅南面阳光房向外可观看到位于“巽巳”方有一块相对平坦的较低房屋，正好成形了天然的明堂（如图 16.7 所示），“巽巳”方为水局的绝方，正好达到了收纳金局之生向的“绝处逢生”效果。根据上述形势特点，如果取一号龙脉，则形成了“壬子长生龙入首，水口归乙辰墓方，启向于巽巳自生向”的水局龙水交会格局；如果取二号龙脉，则形成了“辛戌冠带龙入首，水口归乙辰墓方，启向于巽巳自生向”的水局龙水交会格局。可见本房屋两种龙脉形势都较理想。

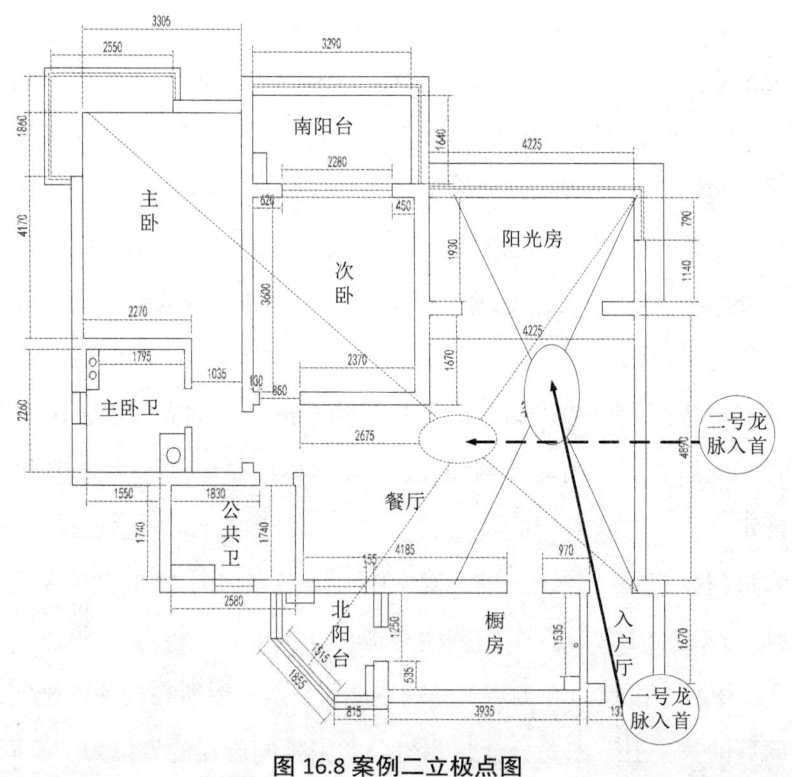


图 16.8 案例二立极点图

第三，按照“以形布局”的原则，对该房屋内空间进行规划布局。经对房屋进行现场勘察，笔者认为，按照该房屋的内部建筑结构，可以按照“二房二厅”方案进行布局，亦可按照“三房二厅”方案进行布局。如果按照“二房二厅”方案布局，应取二号龙脉，由西北方来龙，以本房屋的西北山墙为龙脉入首位置；如果按照“三房二厅”方案布局，则取一号龙脉，由入户门为龙脉入首位置。下文分别对“二房二厅”和“三房二厅”方案的详细布局进行分析说明。

“二房二厅”方案布局。二房二厅的方案将确立客厅的堂座位于龙脉入首的位置，即本房屋的西北山墙，而客厅的沙发位于客厅与餐厅的过渡区域，使房屋的堂座与本房屋龙脉入首形成相和的形势，达到完全乘纳龙气的效果。其次，根据房屋的结构特点，将厨房的灶台布置于艮寅方，取

“寅木生火”，催旺灶火，同时将厨房内的水池布置于乙辰方，取“乙木泄水”，以强化水池的聚水作用。第三，根据房屋结构特点，将主卧室的床头定于巽巳方位，并取巳向的“癸巳水龙”分金立座，使之与本房屋的水局相和。根据上述布局思路，形成了如图 16.9 所示的平面详细布局图。从图 16.9 不难看出，该布局方案与房地产公司提供的如图 16.10 所示的平面布局图的主要区别在于堂座的布局不同，体现在电视背景墙与沙发位置的不同，其他基本一致。

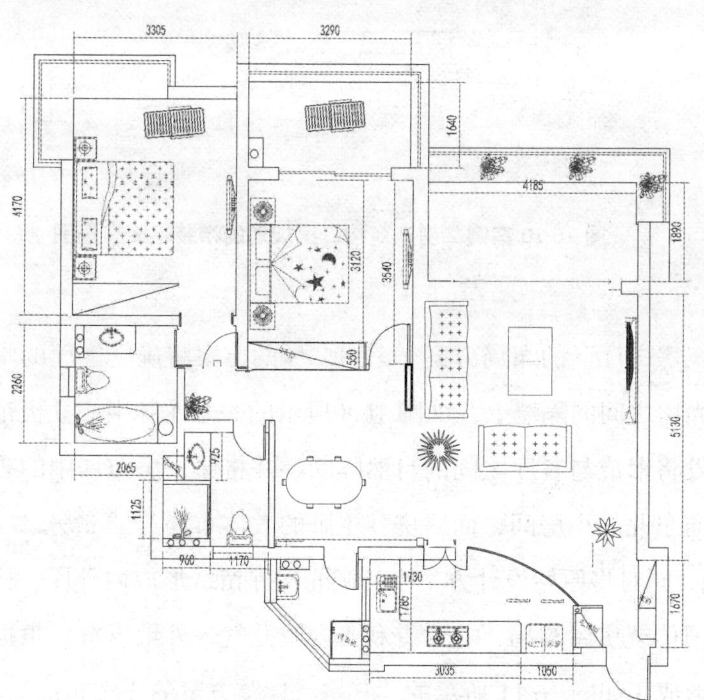


图 16.9 案例二笔者按二房规划的精装平面布局图

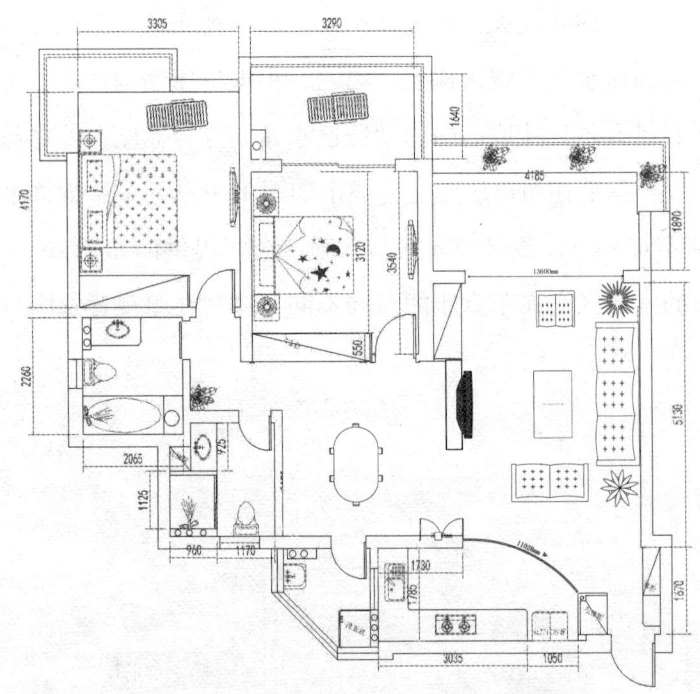


**图 16.10 案例二房产商按二房规划的精装平面布局图**

“三房二厅”的布局方案。三房二厅的方案将确立客厅的堂座位于客厅与阳光房之间的隔墙上，如图 16.8 所示的一号龙脉中心立极范围。而客厅的沙发将形成与餐厅之间的自然隔断，并将原二房布局中的餐厅位置改造为启向东北的小房间，而厨房、主卧的大体布局与“二房二厅”方案基本一致；同时将原始设计方案中的阳光房保留，形成内外厅，构筑前厅后堂的中国传统房屋布局，非常有利于内收龙气，外纳堂气。根据上述布局思路，形成了如图 16.11 所示的“三房二厅”方案的详细布局图。

第四，按照“以物化局”原则，对上述布局方案进行煞气的审查和规避。“二房二厅”方案中客厅与餐厅之间的过渡区域过大，形成泄气口，据此可在沙发边布置绿植（如图 16.9 所示），以化解此处泄气口的形成；入户门与堂座之间形成了直冲煞，可在入户门处放置绿植（如图 16.9 所示），以化解直冲煞对堂座的影响。“三房二厅”方案中不存在着环境空间的煞气，可以不做任何化煞处理。

第五，按照“星象证局”原则，对上述的布局方案选择适当的启修日期。首先按照房屋建造年份和其所在楼栋的坐穴排定宅命盘，假设本房屋修造于2000年，处于当前的下元七运，而本案所在楼栋格定为“艮山坤向”坐穴，据此排定的宅命盘为“双星到坐”局，那么可以在堂座方位增设“水缸”或聚水的物态，以构筑水龙入水的形势物态。当然，本案中的外在明堂比较理想，虽然在元运上是“双星到坐”局，向星没有飞临应该飞临的方位，但明堂的自然形势完美，足以让该环境空间较好收纳堂气。

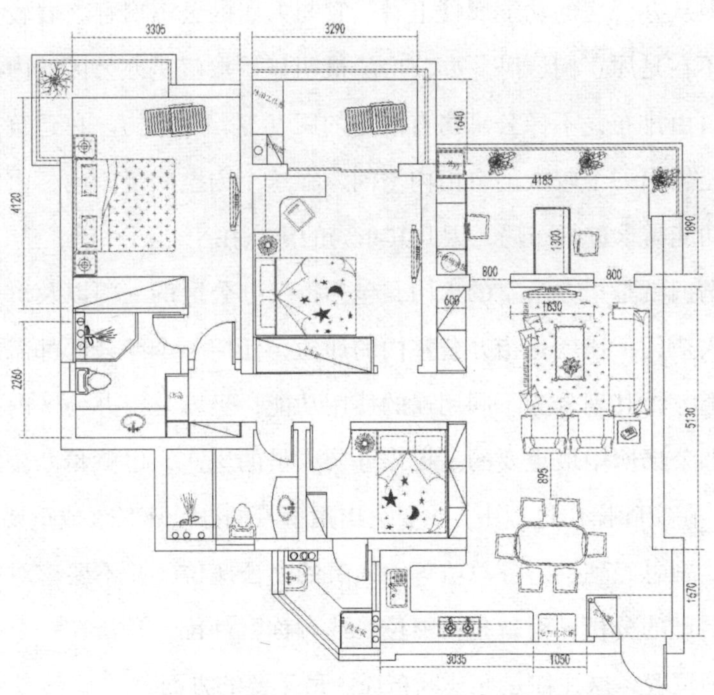


图 16.11 案例二笔者按三房规划的精装平面布局图

## 第二节　办公房布局案例

办公房是人们的工作场所，选择办公房主要是解决人们的工作环境问题，而人们工作的最终目的在于实现财富和人生价值的增值，不论是自己开公司当老板，还是为公司企业服务的职员；也不论是国家公务人员，还是其他社会服务人员，凡属于上班一族的人们，都需要有办公场所。因此，办公房的布局重点在于营造聚气纳财和促人向上的环境空间，按照易理“山管人丁水管财”的通常思路，对于办公用房的内空间规划布局重点应突出纳外气和乘堂气。虽然办公房的内空间自然属性与公寓房没有太大差别，也是空间极为有限，也受城市规划、建筑结构、立面效果等多方面条件的限制，但从办公房的功能属性上看，它与人居的公寓房存在着较大差别，其重点不在是厅、橱、卧。办公房的最明显特点就是办公区的内在功能由使用者自由排布，不像公寓房有固定的厨、卫、厅结构，在建筑构造上办公房多是给出一个较大的自由内空间，在这个内空间范围内，由使用者根据使用功能需求进行布局，因此其布局的重点在于“门、道、坐、财”。

所谓门就是指办公室的入门，包括整个办公区的入门以及每一个独立开间的入户门；道就是指办公室内的通道，任何一个办公区都需要通过一定的通道，将其划分为不同用途的使用功能；坐就是指办公区内办公桌的坐度，办公场所中最重要的是提供办公人员的坐穴，也就是办公桌子的摆布方位，在实际操作过程中，主要突出主事者的办公座位，或重要岗位（如总经理、副总经理、财务总监等）人员的办公座位，并不要求对每个坐位都进行易理的分析；财就是指财位，或者称财神位，是指在一个办公区内最聚财的位置，这往往是办公区布局中最重要的方面。

办公场所是人们创造事业、集聚财富的地方，其环境的营造重点在于强化人的“精、气、神”，尤其应突出人的精神状态，在一个很压抑的环境下工作，肯定不会有好的精神状态。因此，办公房内空间的规划布局应突出“顺势而为”“顺应环境”，重点在于察审外在形势，以达到尽可能收纳外环境的所有生旺之气。根据笔者多年的实践经验，办公房内空间的规划布局应遵循如下六个步骤：

第一步：形势判断。就是按照上述公寓房内空间规划布局的“以外促内”的原则，进行所在办公房的外环境分析判断，并从中确定所属环境内空间在大环境中的相对位置，构筑形势要点，分析判断办公楼的成穴状况。

第二步：乘气分析。就是要结合办公房的具体平面构造，以上述形势判断为依据，对办公房可能存在的不同盘局的乘气效果进行分析，通过比较乘气效果，格定龙脉走向，确定办公房所在楼座的乘气状态。同时，通过分析办公房的现成内空间结构和主要的启窗情况，构筑有利于内环境空间乘气的明堂形势，以尽可能收纳堂气。

第三步：构筑极点。就是按照“一物一太极”之理，结合办公区的建筑结构，分区设计立极点，并对整个办公区内所有结构开间进行分析和测量，寻找既符合收纳龙气，又符合吸纳堂气的开间作为重点办公区，安排房屋主事者（如单位法定代表人、公司董事长、总经理）办公室和财务室、财神位等办公房内最重要的功能区。

第四步：功能分区。根据外在堂气和房屋结构状况，确定不同的功能分区，并按照“龙气主静、堂气主动”的原则，对于主内的功能区突出乘龙气，对于主外的功能区则突出乘堂气，如行政管理区、研究区应布置在有利于乘龙气的区域；而生产区、销售区、营销中心则布置在有利于乘堂气的区域。

第五步：详规布局。根据上述的功能分区，对房屋内空间进行详细布局，重点突出“门、道、坐、财”四个方面的布局。“门”的详规布局主要包括两方面：一是入户门，可以作为龙脉入首作用，亦可作为水口归墓作用；二是功能分区内部的独立空间启门，应按照“一物一太极”之理，使之符合独立空间的纳气或水口归墓要求。“道”的详规布局重点突出建筑用尺和阴阳的调和性，因为在现代化的很多商务办公场所，其单层面积较大，往往内部连廊走道依靠供电采光，而不能收纳自然光，使外阳内阴之间达不到应有的平衡，这正是易理布局应充分纠正的地方。“坐”的详规布局要结合使用功能要求和房屋结构特点进行，但总的原则是应尽可能取到与盘局相一致的分金作为办公人员座位的方位。“财”的详规应突出收纳明堂外气的方位，其确定过程应按照纳水之法，以收纳“胎、养、生、冠、临、旺”六秀之向的堂气为财神之位，尤其以“生、临、旺”三吉方位最为理想。在详规过程中，应结合房屋的结构，确定五行行游十二宫的宫位，并从中寻找吉方作为纳气的财神之位。通常有两种思路：一种是以整个办公区的坐穴盘局为基础，以确定整个办公区的立极区域为观测点，推定五行行游十二宫状态，寻找最能收纳财气的方位；另一种是按“一物一太极”之理，以主事者办公室（如董事长、总经理）的坐穴为基础，以主事者办公室的极点为中心，推定五行行游十二宫的状态，并从中寻找出“三吉六秀”的方位作为财位。然后，结合办公房的建筑结构特点，分析判断两种方式得到的财位是否存在着物态煞，并从中选择不存在物态煞或可以化解物态煞的方位作为最终的财位。在功能布局上，一般将公司财务部或财务室布置于财位所在的区域；如果有请财神的习惯，可以在这一区域寻找适合的位置，设置佛龛，布置财神像，朝向收纳旺气的方向。

第六步：镇物化局。在对整个办公区域布局完成之后，应通过分析内外环境的物态因素，尽可能采用建筑装饰手段规避煞气。如果无法通过建筑装饰手段改变物态的存在方式，那么就借助于镇物进行煞气的化解。

下文列举笔者亲自规划布局的三个实例，对办公房的易理布局过程进行详细阐释。

## 一、案例三

本案是一个呈长方型的办公场所，面积约600平方米，东西长约30米，南北宽约20米，东西向三跨，南北向二跨构成，其原始平面如图16.12所示。

本案所在的商务中心由三栋商务楼构成，而本案处于该商务中心的 2 号商务楼东侧，其所在外围环境状态如图 16.13 所示。从图 16.13 可知，本案所在楼座的北面还有一栋商务楼，对本楼栋起到了龙脉驳换作用，而且楼栋的布局呈东西长、南北窄的外形结构，有利于形成“坐北向南”的形势构造；其南面是较宽阔的低矮平房和绿地，向南离本楼栋约 300 米处是高架道路，由东向西并于本案的西南角转向北而行，对本案构成了一条由东向西再向北的环绕式玉带；东面也是较宽阔的低矮平房；西面是由南向北而行的高架道路。根据这种基本形势构造，按照上述六个步骤对该案的内空间规划布局情况进行阐述。

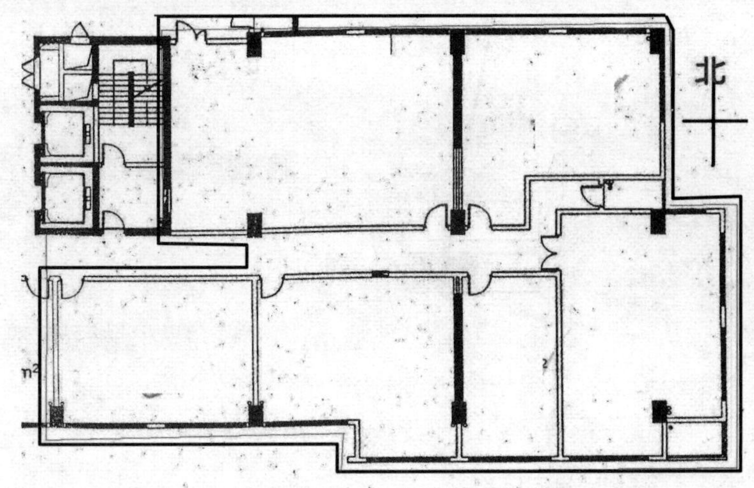


图 16.12 案例三原始平面图

**第一步：形势判断**

首先察审龙脉走向。经现场勘察，本案所处的商务区总体上是西北高东南低，北面是另一栋商务楼，如图 16.13 所示的 1 号楼，西面是高架道路，整体形势表现为西北高、东南低的走向，所以其龙脉的走向应由西向东或由北向南，而且具备龙脉驳换的要件。其次按照上述龙脉走向分析本案可能的砂环。本案西面是高架道路由南向北而行，对本案起到了护卫作用；

本案的南面也有高架环境，构成了金腰环绕，使案砂完美。但位于本案北面的商务楼与本案所在楼栋之间形成尖角差，有可能对本案构成凶砂；同时，位于本案西南方高架路转角处有一栋高楼，如图 16.13 所示的独立高楼，而其他区域都是平房，这也有可能构成凶砂。第三看水系，本案四周都没有天然水系，但东面和南面都是低矮平房，并由高架道路分隔，所以总体的虚水走向应由西北向东南而流，据此可初步判定水口归流于乙辰或巽巳方。综上分析，本案的外环境虽不是完美的自然形势，但基本具备易理形势的属性，可以判定本案所在之处是成穴之地，具有乘气的能力。

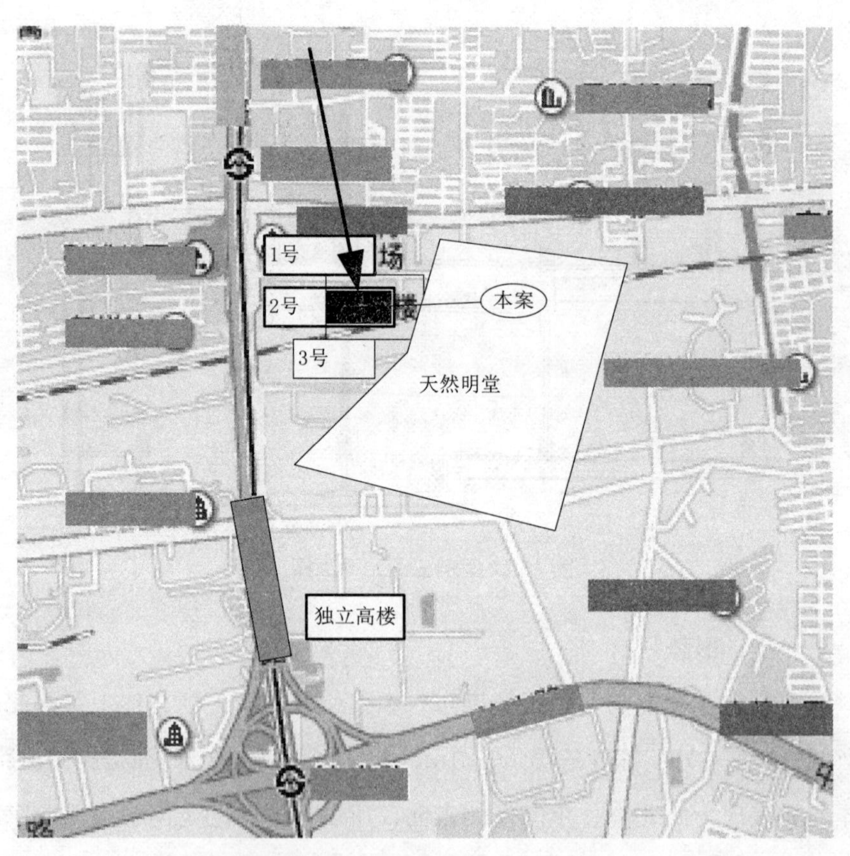


图 16.13 案例三外在环境空间平面截图

若勘定本案为“坐北向南”来龙就穴，那么其北面1号商务楼正处于玄武之位，能较好地表现出玄武之象，且龙脉有一定的驳换过程，如图16.13所示的黑色箭头线。左边（即东面）是进入本商务中心广场的道路，处于青龙位上，虽没有构成较完整的“青龙腾跃”之势，但借助于本楼栋的自有建筑结构，能够成就青龙跃势之象；右边（即西面）是高架道路，处于白虎位上，呈现“白虎抬头”的不利之势；前面（即南面）是较宽阔的一片平房，并与环绕而过的高架道路之间构成了天然明堂，面积较大，形成了“朱雀在堂”之势，如图16.13所示的天然明堂。若勘定为“坐西向东”的来龙就穴，那么其西北的高架道路处于玄武之象，而高架道路车水马龙，使玄武之象时时刻刻处于动态之中，不利于内乘龙气，而且西向东不存在龙脉驳换的可能性；北面的1号商务楼处于青龙之位，虽有青龙腾跃的气象，但只有一栋商务楼，龙脉来势不理想，且腾跃过高；南面是大片平房处于白虎位上，虽有白虎平卧的气象，但整片平房区域太宽，谈不上白虎“成象”的可能；东面处于朱雀位也是大片平房，能够形成较理想的明堂。综合比较上述两种龙脉走势，宜取“坐北向南”的来脉就穴，一方面这种坐穴的四象构成较“坐西向东”的理想；另一方面就本商务楼的房屋构成看，本身就是立“坐北向南”的坐穴，东西较长，南北较窄。

**第二步：乘气分析**

根据上述形势判断，以“坐北向南”的坐穴对本案进行乘气分析。首先察审龙脉的驳换过程，经罗盘现场测量，本案龙脉发源于西北乾亥方的高架轻轨地铁站，并经本案北面的1号商务楼，再驳换至本楼栋，最后由子山入首，驳换过程为“水水相和”，符合真龙就穴的驳换形态，如图6.13所示的黑色箭线。其次测量水口归墓方向，本案地势最低之处正好位于本楼栋的东南乙辰方，据此确定本楼座整体盘局为水局。第三格定本楼栋的坐度分金，经测量，该楼座为“子山午向兼壬丙”，分金落于丙子水龙上，正好与本案楼栋的整体盘局相符。第四察审启向方位，本楼座作为商务办公用房，四周均有开窗，但本案处于本楼座的东侧，楼座的西面窗户不能纳入本案的启向方位，除此之外的东、北、南三个方向都有窗户与外环境相联通，因此取向比较方便。但是从楼座的整体盘局看，以北面为来龙入首，向南启向比较符合内环境空间的基本布局思路。鉴于此，按照水局的要求，向南可启之向为“丙午胎向、丁未养向、巽巳绝向”六个方位。综上乘气分析，本案的总体规划思路是构筑成以水局的“壬子长生龙入首，水口归于乙辰正库，并启向于丙午之胎向、丁未之养向、巽巳之绝向”的“龙水交会”格局。

**第三步：构筑极点**

办公用房的内环境空间不像住宅，有明确的功能分区，而且往往占地面积都相对较大。从本案原始平面图看，该办公房南北分两植，东西分三植，建筑结构上体现为六个大开间，按照上述水局的“龙水交会”之理，以“一物一太极”为依据，分别对六个开间的方位进行具体测量，发现位于东南角的第一个开间靠西面处最容易形成水局正库的龙水交会格局。因此，笔者确立东南角第一植的靠西区域为本案的中心立极点，如图 16.14 所示。从乘龙气看，这个位置处于龙脉入首的腾跃点，在北面 1 号商务楼的东南面，相当于龙鼻的位置，且不是整栋商务楼的尽头处，可以较好收纳水局的长生龙脉入首带来的龙气；从乘堂气看，这个位置的南窗外是宽阔的明堂，可以收纳水局之巽巳绝方的“自生向”旺气；同时，南窗之外明堂由高架环绕而分隔，恰好形成了玉带环腰的案砂。因此，这个区域成为了本案最理想的内环境空间区域。

中心立极点确定之后，应分析该区域作为小太极是否可以构筑与本案大太极相和相生的内环境布局结构。经测量，该区域的东北方有小窗开启，而南方及东南方则是全开窗。如果勘定办公桌为“坐西向东”，那么可以构筑较完美的三合金局，并确定主事者的办公桌坐穴为“酉山卯向”，格定癸酉金龙分金，取金局之长生向为坐穴，并从癸丑方启入户门作为水口，这样东面和南面的全开窗就构成了启向方位，可以收纳金局之生向的“巽巳”窗外堂气，构筑了“生龙入首，立生向，水归正库”的理想金局“龙水交会”格局，如图 16.14 所示。同时，小太极之金局与办公室整体盘局之水局构成了“小太极生大太极”的生旺状态，使整个办公区达到了最佳的乘气效果。

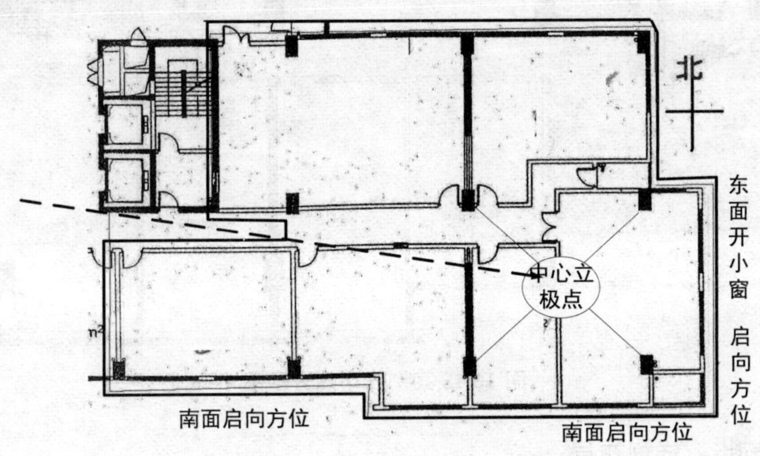


图 16.14 案例三立极图

**第四步：功能分区**

中心立极确定之后，将主事者的办公室布置于中心立极区域，其他区域则按照“龙水交会”的“静龙动水”原则进行功能分区。根据本案的外在堂气和房屋结构状况，确定主事者公司董事长办公室处于中心立极区域，而公司总经理室、副总经理室、会客贵宾区则围绕着中心立极分布于本案的南面，以突出收纳堂气为主；确定主内的行政管理人员位于靠西第一植的北面区域，以突出收纳龙气为主；确定主外的营销人员位于东北面的区域，以突出收纳外在堂气为主；确定位于西植的北面为会议室，起到内明堂的作用；而根据纳水原理，将财务部布置于老板办公室的西侧财神位所在区域。详细分区方案如图 16.15 所示。

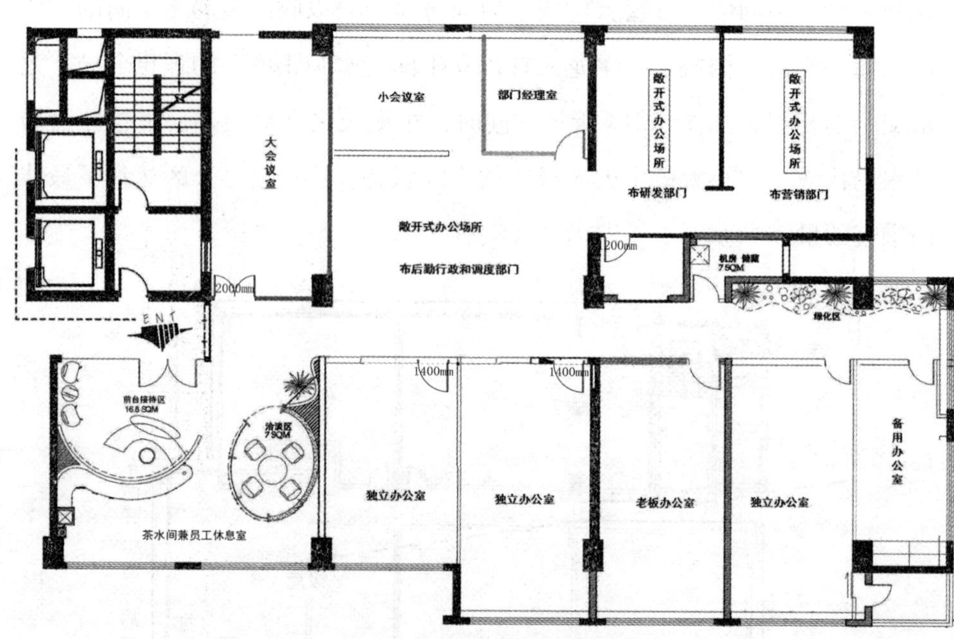


图 16.15 案例三功能分区图

**第五步：详规布局**

首先，确定入户门的启门方向，根据本案龙脉由子山入首的形势特点，应确定本盘局的入户门为子向入户，启子向午而行入户，以相和龙脉入首。再结合本房屋建筑结构特点，笔者确定本办公场所的入户门位于靠西第一植，并改变原始结构由西向东的入户方式为由北向南入户；同时针对本房屋主空间均位于入户门东侧的结构特点，在入户大堂的详规中运用合白尺度，设计为圆形的旋转方式，而使环境空间逐步过渡到主办公区。

其次，以中轴形式将主办公区划分南北两植，并以中轴线为基准按照合白尺度设置内部连廊走道，将走道末端一直向东延伸至落地窗。内部空间连廊走道的规划，一方面起到引导龙脉的作用，本案龙脉源于乾亥方，驳换后由子山（正北）入首，又由于本案办公区都位于龙脉入首方位的东面，因此通过入户大堂的圆形旋转格局设计与内部空间连廊走道相连，达到了延伸龙脉的良好效果；另一方面将连廊走道末端延伸至外墙，直接收纳自然光进入走道，使延伸的龙脉与外在的自然形势遥相呼应，达到了内外阴阳调和的效果。

第三，确定每个独立空间坐度分金和启门方位。本案的北植空间详规为大开间办公，既可按照本案龙脉由子山（正北）入首的要求，将大开间办公人员的座位设置为“坐北向南”或“南北对向”；也可按照连廊走道延伸龙脉的要求，设置为“坐西向东”或“东西对向”，在本案中，北面中植向北方位布置为会议室，所以处于北面中植的办公区正处于中间位置，无法直接收纳外气，那么取“东西向”坐度分金和“南北向”坐度分金都可行；而北面东植办公区的北面和东面都有开窗，为便于收纳外在堂气，取“西向东”的坐度分金最理想。本案的南植空间详规为独立办公室，那么在确定坐度分金取用过程中，尽可能构筑与整体盘局相和相生的“小太极”构造。在本案中，老板办公室取“西向东”（酉山卯向）的坐度分金，应构筑“金局”的龙水交会格局，使老板办公室的“金局”与整体盘局的“水局”形成“金生水”的生旺形式，同时这种布局也与本盘局龙脉由西向东延伸的龙气运行轨迹相和。根据这种坐度分金，其入室门宜启于艮丑方，并作为水口归墓方位，而本办公室的巽巳方正好对着窗外的自然大明堂，这种环境空间构造就能使老板办公室形成“金局的长生庚酉龙入首，启向于长生巽巳方，水口归墓于癸丑方”的理想格局。对于其他独立空间，可按照建筑模数理论，进行复制布局。

第四，选定财位。首先按照本案整体盘局为“水局”的属性，可知“坤申、乾亥、壬子”六个方位是水局“生、临、旺”的大吉方位；然后以老板办公室所在的中心立极点为观测点，可知“坤申”不具备内环境空间，但“乾亥、壬子”都有内环境空间，但这四个方位的外在形势都不理想，都紧靠北面的 1 号商务楼，而且可能还存在着尖角煞。其次，按照老板办公室的

“金局”属性，可知“巽巳、坤申、庚酉”六个方位是金局“生、临、旺”的大吉方位，然后仍然以老板办公室所在的中心立极点为观测点，可知“巽巳、坤申”四个方位都不具备内环境空间，只有“庚酉”方具备内环境空间，而且外在形势完美，是作为财位的理想方位。鉴于此，应将财务部门布置于老板办公室的西面。同时，财务部的启门方位应与老板办公室一致，以便充分收纳外在明堂之气。

**第六步：镇物化局**

笔者根据本案的结构和外在形势，在镇物护局上重点突出三个方面：

其一以镇物做活水局，在位于整体办公区的西面过道处立木制船舵，并在最东面处布水池，强化水局上的撑舵行舟。

其二通过绿植化解中间一植北窗与另一栋商务楼的夹角差形成的直角煞。该煞对于本案的中心立极点而言，处于中针的亥方上，五行为水；而本盘局为水局，子山入首，应立“子山午向”，而子山坐穴的中针五行为火，构成了“客克主”，使该煞气形成了凶砂。据此，笔者在中植北面会议室和总监室的窗边布置树木类绿植，形成“水生木”煞气生泄状态，以化解该物煞对本案的影响。

其三对南面高大的独立房屋，经测量正好位于本案的坤向，中针五行为木，与坐穴五行火，构成了“客生主”的来气生旺，不需进行专门化煞，但为避免视觉上的厌恶感，可以在南窗台上布置小绿植盆景。

当然，对本案的布局还可以根据九星证局之理，通过排布九星占盘，分析星象加会吉凶，判断在九宫方位中哪些方位主动，哪些方位主静，并采取不同的装饰方案，以达到动静和谐的良好效果。具体排布九星占盘和星象加会吉凶分析可参见本书第十一章《飞星证局》，在此不再赘述。

经过上述详细布局后，形成的整个办公用房的详细布局方案如图 16.16 所示。

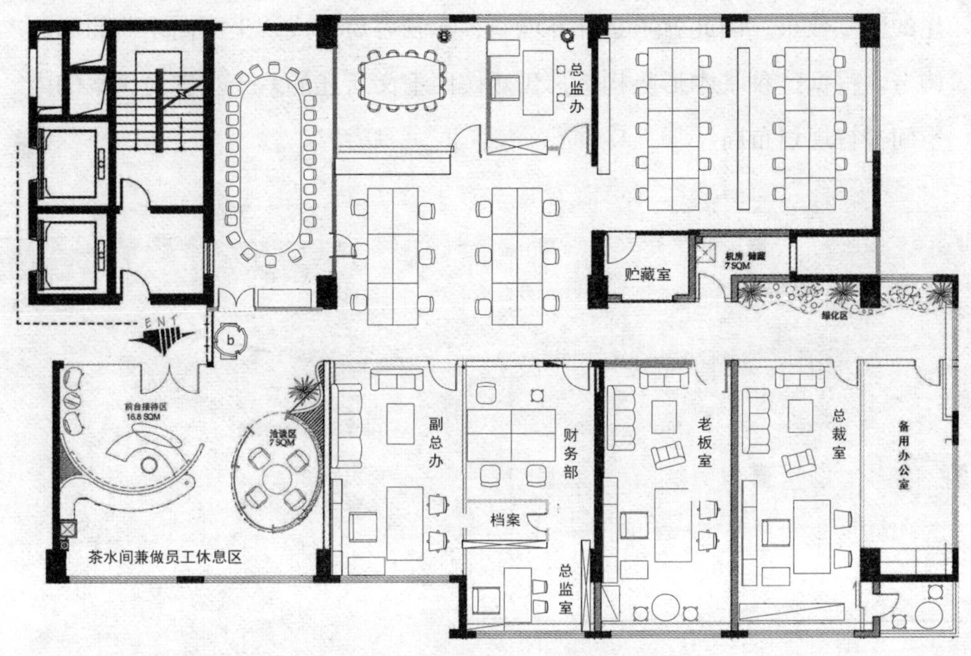


图 16.16 案例三精装平面布局图

## 二、案例四

本案例是一个正方型的办公场所，两层构成，单层面积 170 平米，上下两层呈对称结构；本案内空间结构为两跨两植构成，且呈现南北长、东西窄的状态，其原始平面如图 16.17 所示。本案所在的商务办公区由九栋老式的厂房改造而成，本案所在楼栋位于该商务办公区最北面靠东，且本案办公区又位于该楼栋的东北侧，其所在外围环境状态如图 16.18 所示。从图 16.18 可知，本案所在楼座的北面是道路与其他小区相隔，且相连小区不存在构筑龙脉形势的物态，不能形成“坐北向南”的形势构造；南面则还有三栋办公楼，虽能对本楼栋形成由南向北的龙脉驳换，构造“坐南向北”的形势物态，但由于本案环境空间仅是整个楼栋东北一角，入户门是固定的，所以也不利于内空间的布局。再观其东西两向，西面有另一栋商务楼，可以形成龙脉由西向东的驳换过程，而东面有道路与其他小区分隔，恰好在东面正对其他小区的中央是一块较平坦的绿地，能够形成较理想的明堂效果，因此就本案外环境看，比较容易形成“坐西向东”的形势构造。根据这种基本形势构造，仍然按照上文所述的六个步骤对该案的内空间进行规划布局。

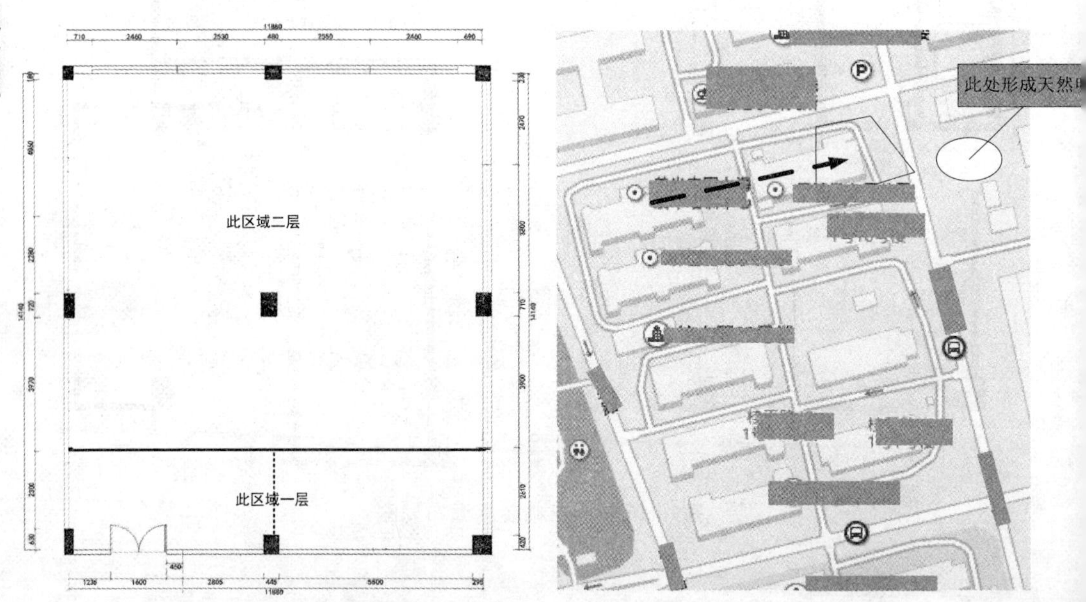


图 16.17 案例四原始平面图　　图 16.18 案例四外围环境空间平面截图

**第一步：形势判断**

首先察审龙脉走向。经现场勘察，本案由于受入户门位于楼栋中间的影响（其南面是公共走道和其他办公空间），所以无法形成由南向北的行气状态，只能选择由西向东的形势走向，其龙脉驳换过程如图 16.18 的虚线所示。其次按照上述龙脉走向分析本案可能的砂环，根据上述行龙状态，不难看出位于本案东面的小区正好有一块比较平坦的中心绿化带，对本案能够形成较理想的外明堂状态；本案来龙从西面的商务楼驳换而来，可见玄武的状态也不错；但位于本案北面处于青龙位的是道路，青龙形势不理想，而位于南面的白虎位则是本商务楼和本商务小区，白虎不但形势不理想，而且有抬头之势。就本案的砂环看，东面明堂之外的案砂状态不错，对明堂有护卫作用；其他方位不存在凶砂。第三看水系，本案四周都没有天然水系，但东面和北面都较低矮，尤其东面小区的自然绿化带形成了天然明堂的较理想效果，所以总体的虚水走向应由西南向东北而流，据此可初步判定水口归流于癸丑或艮寅方。综上分析，本案的外环境虽然不完美，尤其是四象状态中的青龙、白虎象差，但龙脉驳换和天然明堂的形成，仍然可以算得上中性的商务办公环境自然形势，可以判定本案所在之处是成穴之地，具有乘气的能力。

**第二步：乘气分析**

根据上述形势判断，以坐西向东的坐穴对本案进行乘气分析。首先察审龙脉的驳换过程，经罗盘现场测量，本案龙脉发源于西偏南的庚酉方，并经本案西面的商务办公楼，再驳换至本楼栋，最后由庚山入首，驳换过程为“金金相和”，符合真龙就穴的驳换形态，如图 6.18 所示的黑色箭线。其次测量水口归墓方向，本案地势最低之处正好位于本楼栋的东北癸丑方，据此确定本楼座整体盘局为金局。第三格定本楼栋的坐度分金，经测量，该楼座为“庚山甲向兼酉卯”，分金落于癸酉金龙上，正好与本案楼栋的整体盘局相符。第四察审启向方位，本案仅为该楼座的一部分，其窗户只分布于北面与东面，根据金局的特点，巽巳方为长生向，是最现想的启向方位之一，而在本案中，巽巳方正好对着东面其他小区形成的自然明堂，所以从启向上看，取巽巳方作为收纳外气的主要通道是最理想的选择。鉴此，本案的总体规划思路是构筑以金局的“庚酉长生龙入首，水口归于癸丑正库，并启向于巽巳长生向”的“龙水交会”格局。

**第三步：构筑极点**

从本案原始平面图看，该办公房分两层，每层结构都是两进两植，形成四个独立开间，但二层沿南面入户处为通高，为了提高使用面积且又能保证内环境空间的舒适度，首先对南面的通高进行处理，只保留内空间大堂（门厅）部分为通层，而将其他部分用钢构搭筑，将图 16.17 的虚线以东部分浇筑为二层。进行上述简单的建筑内结构处理之后，原本每层四个独立开间将变成楼下六个开间，而楼上五个开间。按照金局的“龙水交会”

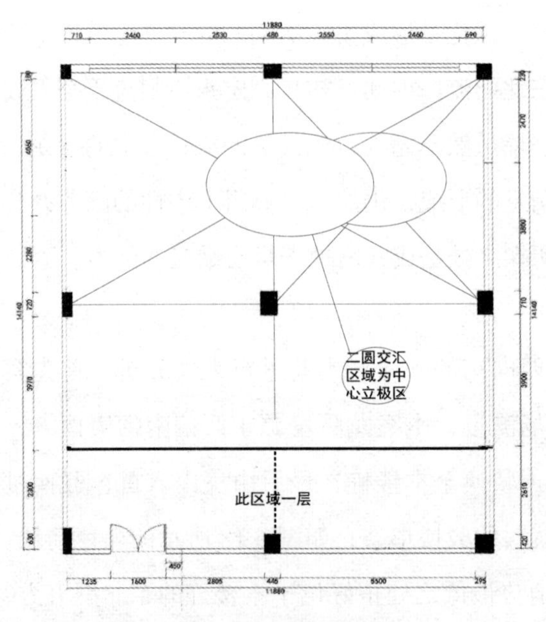


图 16.19 案例四立极图

之理，以“一物一太极”为依据，分别对楼上、楼下各个开间的方位进行具体测量，发现位于东北角的开间最容易形成金局正库的龙水交会格局。因此，笔者确定东北角的区域为本案的中心立极区，如图 16.19 所示。从乘龙气看，这个位置处于龙脉入首的腾跃点，在西面有小区另一栋商务楼驳换至本案所在楼栋，在从本案所在楼栋往东延伸直至本案内空间区域，这样可以较好收纳金局的长生龙脉入首带来的龙气；从乘堂气看，这个位置的东面窗外是宽阔的明堂，可以收纳金局之巽巳方的“长生向”旺气。同时，北窗之外是低矮的道路，恰好处于金局出水口的癸丑正库之方。因此，这个区域成为了本案最理想的内环境空间区域。由于本案面积不大，隔间也不多，中心立极的确立基本奠定了整个内空间布局的基础。

**第四步：功能分区**

立极确定之后，将主事者的办公室布置于中心立极区域，其他区域则按照金局的“龙水交会”之理和“静龙动水”的阴阳调和之理，并结合主事者的功能需求进行分区。根据本案的外在堂气和房屋结构状况，笔者确定主事者公司董事长办公室处于二层的中心立极区域，使之达到内乘龙气、外纳堂气的最理想效果； 而公司总经理室、副总经理室则根据建筑结构和公司的事业发展要求，布至于二层西北面，以突出收纳龙气为主，但兼顾收纳堂气；二层的西面中部则规划为会议室；二层的东南面则规划为全敞开式的开放式办公区。对于一层，因受不可更改建筑结构的影响，门厅只能布于西南角，大门启向只能由南向北，处于金局的沐方，虽不是理想的启向方位，但属于可启之向；而将独立式办公空间规划在西、南两方，在东、北两方规划为开放式办公区。这种功能分区，突出了西面来龙的厚重性，同时突显了金局“龙水交会”格局中的水口归流和收纳明堂之气的方位属性。经上述功能分区处理形成的本案功能分区图如图 16.20–1 和图 16.20–2 所示。

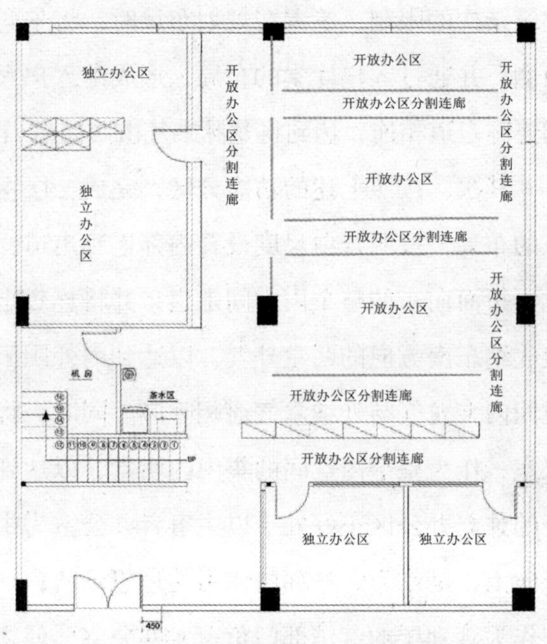


图 16.20-1 案例四一层分区图

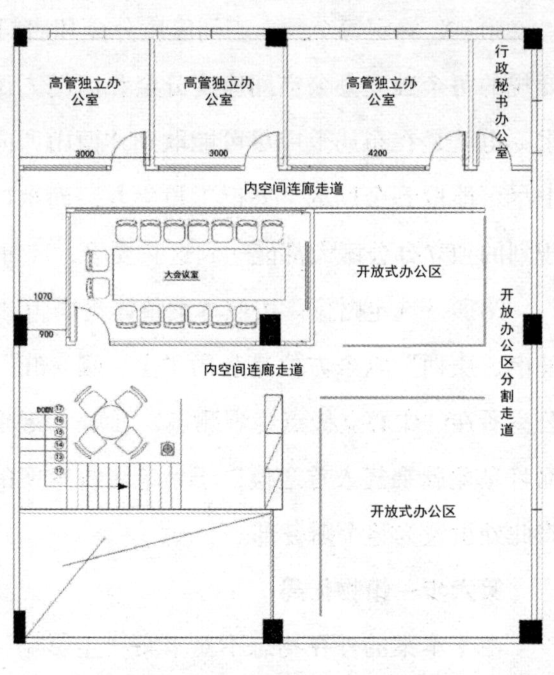


图 16.20-2 案例四二层分区图

**第五步：详规布局**

首先，确定入户门的启门方向，根据本案龙脉由酉山入首的形势特点，最理想的启门方向应是酉向卯而行入户，但本案的建筑结构只能启南面的午向子而行入户。鉴于这一建筑结构的限制，笔者在规划布局时，将午向入户门尽可能规划于本案的西侧，并通过入户厅堂的布局，形成由入户大堂的圆形旋转格局与内部空间连廊走道相连，达到将龙脉乘气由西向东引入整个内空间。

其次，按照上述的功能分区，完成二层主要独立办公室和开放式办公区的布局，按照合白尺度设置内部连廊走道，形成由楼梯间沿西侧由南向北再折而向东的整个内空间走道；并将连廊走道末端延伸至东面外墙，直接收纳东南方向的明堂外气，以达到内外阴阳调和的作用，使整个内环境空间内乘龙气与外纳堂气遥相呼应。同时，将二层靠西中间区域布置为会议室，作为整个内空间的集中内明堂，以达到与外明堂的呼应。一层靠西侧的独立办公区正好处于以主事者办公室为中心的庚酉方向上，处于金局旺向上，是作为财务部门使用的理想场所；一层靠南的两间独立空间，一间作为管理层的营销部门负责人办公室，使之处于金局的巽巳长生向上；另一间作为备用或小会议室使用。

第三，确定每个独立空间座度分金和启门方位。从本案的定局情况看，详规的每个独立办公空间座度分金和启门方位都能适应金局的良好乘气要求，也就是在布局上应尽可能取到“酉山卯向”中的“癸酉”分金，启门上尽可能取到金局的“巽巳”长生方，而水口归库于“癸丑”方。而本案规划的独立办公区大都能达到这一要求，且每一间都具备同样的布局思路。

第四，选定财位。按照本案整体盘局为“金局”的属性，可知“巽巳、坤申、庚酉”六个方位是金局“生、临、旺”的大吉方位；而以主事者办公室所在的中心立极点为观测点，可知“庚酉”方正处于本局的大旺之向，而且是龙脉乘气入首之位，于是笔者将本案的财位设置于一层的西侧，并将此处设置为整个财务部。

**第六步：镇物化局**

由于本案的外在物态不对本案产生影响，从化煞护局的角度看，主要是本案由于建筑结构的缺陷，白虎象有抬头之势；而且位于盘局的南面，因此在入户厅堂之右边布置水景，以降伏白虎抬头之势。其他内部的绿植布置没有特殊的理气要求，可根据主事者的喜好进行。九星证局的护局方式在此不再赘述，可参见本书第十一章《飞星证局》的方法，通过排布九星占盘和星象加会吉凶分析来微调内空间的布局。经过上述详细布局后，形成的本案办公用房的详细布局方案图如图 16.21–1 和图 16.21–2 所示。



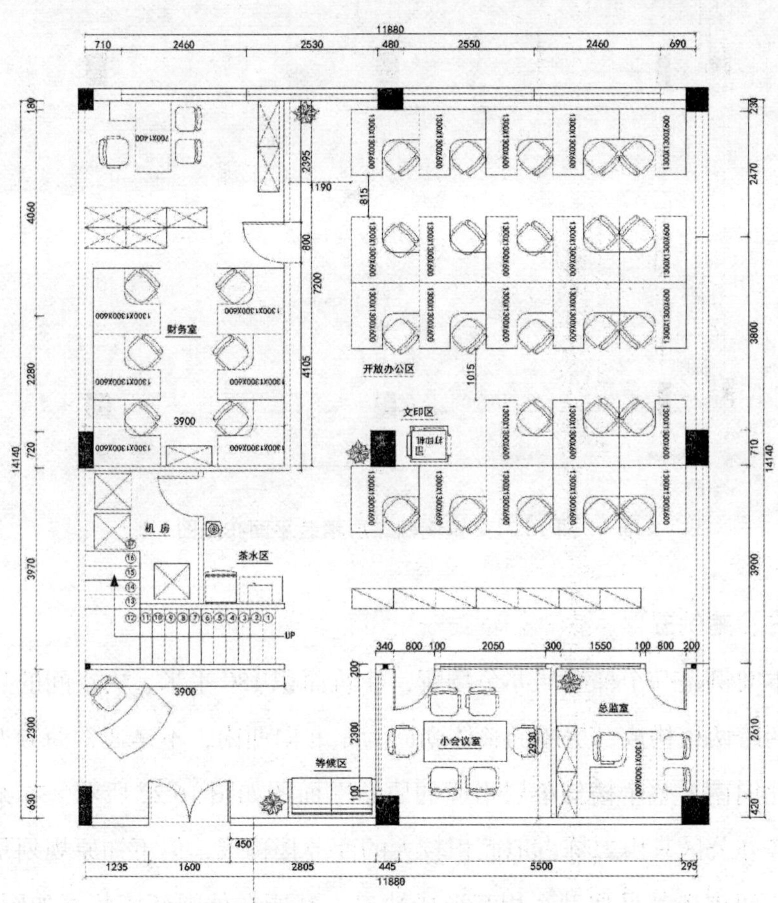


图 16.21-1 案例四一层精装平面布局图

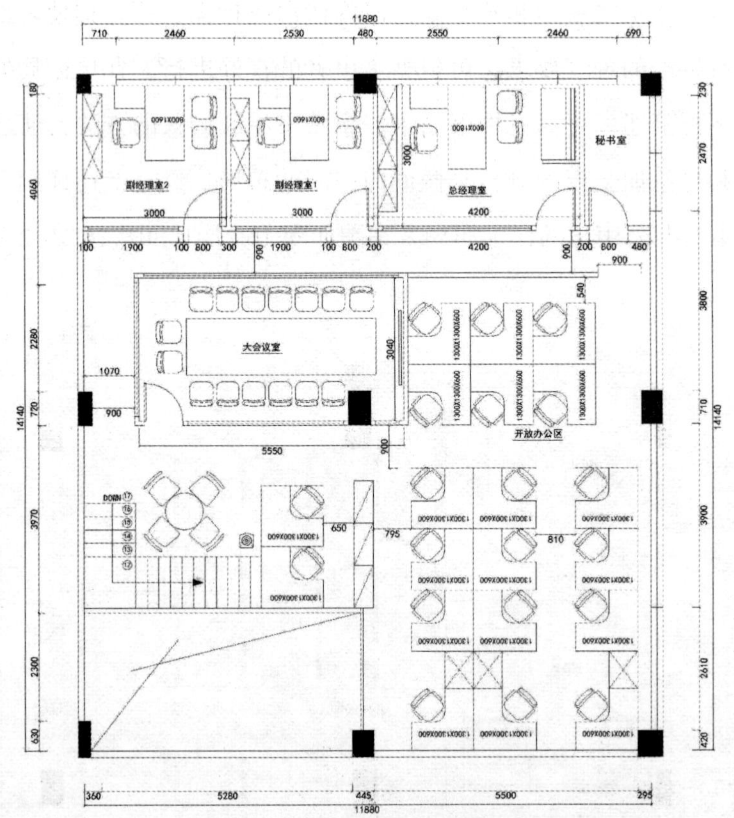


图 16.21-2 案例四二层精装平面布局图

## 三、案例五

本案例是一个梯型的办公场所，建筑面积 180 平米，内空间的建筑结构为两跨两植构成，房屋的整体朝向为东北向西南，不是通常商务办公楼的坐北向南，整个楼栋单层平面的原始平面图如图 16.22 所示。本案所在的商务办公区只由二栋占地面积较大的商务楼构成，但不知原规划是什么原因，两栋楼都呈梯型，相互形成缺口，其所在外围环境状态如图 16.23 所示。从图 16.23 可知，本案所在楼座位于本商务区的南面，与北面的楼座之间正好形成了一道由西南向东北的缺口。从周围的物态状况看只有在南面有一栋独立的商务办公楼，其他方位都是道路相隔，道路之外的物业状态从截图上看属于待开发的区域，不明确具体用途。根据这种基本形势构造，仍然按照上文所述的六个步骤对该案的内空间进行规划布局。



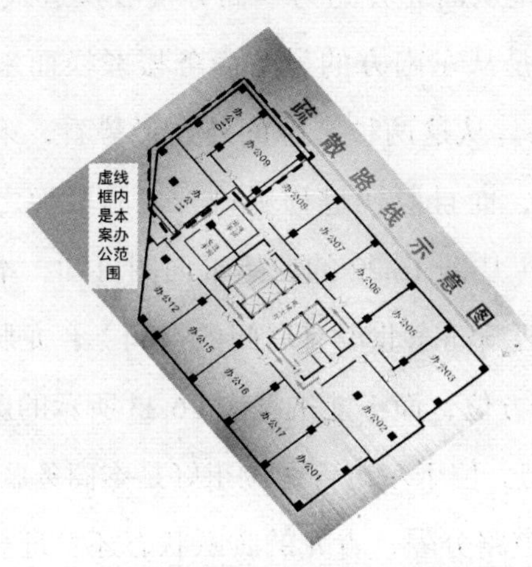


图 16.22 案例五原始平面图

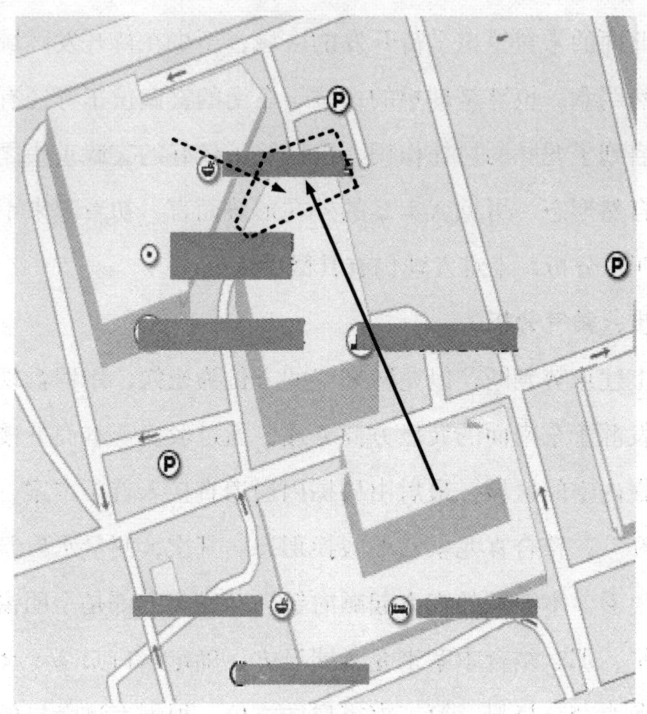

图 16.23 案例五外环境空间截图

**第一步：形势判断**

首先察审龙脉走向。经现场勘察，从外在形势上看，本案的龙脉来气可能有两种方式：一是从西北方的另一商务楼驳换进入本案，如图 16.23 所示的虚线箭头；二是从东南方的另一商务楼驳换而来进入本案，如图 16.23 所示的实线箭头。从这两种来脉的外在形势看，第二种实线箭头龙脉的形势状态较理想，而且驳换过程更符合龙脉驳换之理。由于受制于本案入户结构的限制（从图 16.22 的原始平面图可知，本案入户形式只能从东南向西北启门，西南向东北没有启门的空间），龙脉形势只能选择图 16.23 所示的实线箭头方位，而不能选择图 16.23 所示的虚线箭头方位。根据实线箭头的龙脉形势，位于左边青龙位正好是本商务区的另一栋商务楼，且二者由商务区内部道路分隔，青龙的腾跃状态还算理想；而位于右边白虎位正好是待开发的平地，构筑了较理想的“白虎驯服”之势，也算理想；而位于西北面的朱雀位也是待开发的区域，至少在待开发区域未开发前可能形成自然明堂，也算是理想的；位于东南的玄武位正好还有另一栋商务办公楼，启到了龙脉的衬托作用，也构筑了较好的玄武垂头之势，也是不错的外在自然形态。可见就本案的外在形势而言，初看起来不理想，但通过详细的四像分析，不难发现仍有其微妙之处。

**第二步：乘气分析**

根据上述形势判断，以龙脉来气的方位为坐穴，用罗盘现场测量，则发现龙脉发源于东南面的巽巳方商务楼，通过驳换至本商务楼后一直延伸至本案所在内空间区域，最后由楼栋内通道直接入首至本案，驳换过程为“金金相和”，符合真龙就穴的驳换形态。其次，测量水口归墓方向，从罗盘测量上看，本案从乾亥方起顺时针转至艮寅方都是全明窗，且窗外地势相较低平，那么结合本案来龙于巽巳方，确定水口归墓于癸丑方，能构筑金局的龙水交会格局。第三察审启向方位，根据上述金局的龙水交会格局，最理想的启向应是庚酉向，而本案从外形势上庚酉方为另一栋商务楼，但两栋楼之间有小区内部道路区分，虽不属于理想纳气形势，但小区内部道路仍然具备虚水的形势状态，可以作为立向的启向方位。据此，笔者对本案的总体规划思路是构筑金局的“巽巳旺龙入首，水口归于癸丑正库，并启向于庚酉旺向”的“龙水交会”格局。

**第三步：构筑极点**

按照金局的“龙水交会”之理，以“一物一太极”为依据，分别对本案各个开间进行罗盘测量，测得本案的各开间立极区如图 16.24 所示，其中的中心立极区位于靠东北面的第一植。从乘龙气看，中心立极区这个位置处于龙脉入首的最佳点，在其东北面是全明窗，处于金局的水口归墓方向，且在形势上正好处于虚水流向最底的方位；其西北面是平开窗，可以做为启向的方位，以收纳金龙的生旺堂气。所以，不论从整个盘局看，还是按照“一物一太极”之理从各个开间看，图 16.24 所示的中心立极区都是本环境空间中最重要的区域。

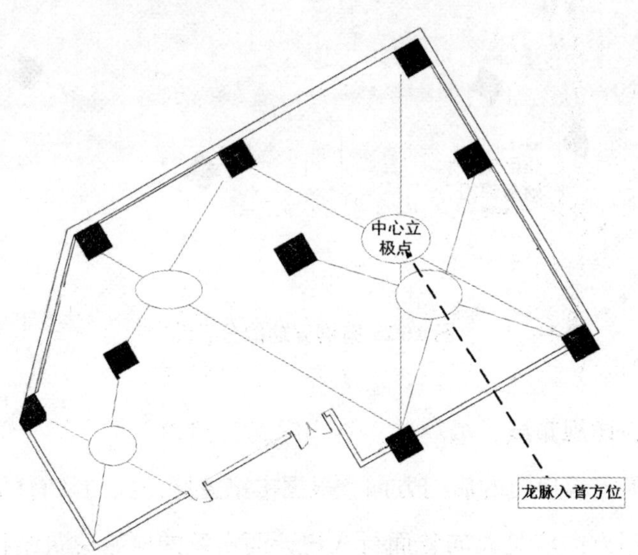


图 16.24 案例五立极图

**第四步：功能分区**

中心立极确定之后，将主事者的办公室布置于中心立极区域，其他区域则按照金局的“龙水交会”之理和“静龙动水”的阴阳调和之理，并结合主事者的功能需求进行分区。根据本案的外在堂气和房屋结构状况，笔者确定主事者老板办公室处于靠东北面的第一植位置，使之达到内乘龙气、外纳堂气的最理想效果； 而公司总经理办公室根据建筑结构和公司的事业发展要求，布至于靠东北面的第二植（即老板办公室的前方），也兼顾内外气的收纳； 同时，根据“金局”的十二长生宫纳水之理，结合本案建筑结构的特点，将财务部门布置于主事者所在区域的临官、冠带方位，其余区域采用开放式办公布置。整体分区图如图 16.25 所示。

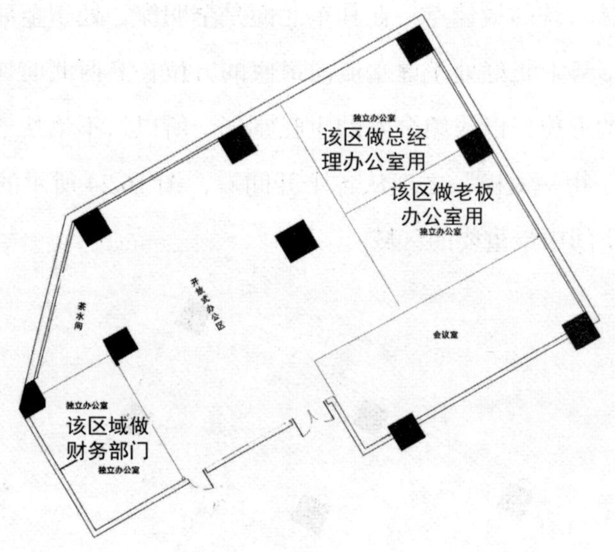


图 16.25 案例五功能分区图

**第五步：详规布局**

首先，确定入户门的启门方向，根据本案龙脉由巽山入首的形势特点，最理想的启门方向应是巽向乾而行入户，而本案的原始建筑结构正好具备巽向乾的启门结构，所以本案的启门就采用“巽向乾而行入户”。同时，考虑到入户门位于本案靠西跨度内，而主事者办公室布置于本案靠东跨度内，因此入户门厅采用旋转式设计，使龙脉来气最终集中于主事者办公区。

其次，本案面积较小，直接按照上述的功能分区，结合建筑结构，采用合白尺度设置各个具体区域的用尺，以完成内空间的详细规划。

第三，确定每个独立空间坐度分金和启门方位。从本案的定局情况看，只有老板办公室、总裁办公室和财务总监办公室三个独立开间，这三个独立开间的办公室格局都一样，都采用“巽山乾向兼巳亥”的辛巳金龙分金，而门启向于金局庚酉长生向，使之形成与整个内空间完全一致的“龙水交会”格局。对于敞开式办公区则按照适用原则顺势而布。

第四，选定财位。按照本案整体盘局为“金局”的属性，可知“巽巳、坤申、庚酉”六个方位是金局“生、临、旺”的大吉方位；以主事者办公室所在的中心立极点为观测点，可知“坤申”方正处于本局的临官之方，而且是收纳堂气的方位，于是笔者将财务部门设置于如图 16.26 所示的位置。

**第六步：镇物化局**

由于本案的外在物态不对本案产生影响，内部的绿植布置也没有特殊的理气要求，可根据主事者的喜好进行。九星证局的护局方式在此不再赘述。

经过上述详细布局后，形成的本案办公用房的详细布局方案图如图 16.26 所示。

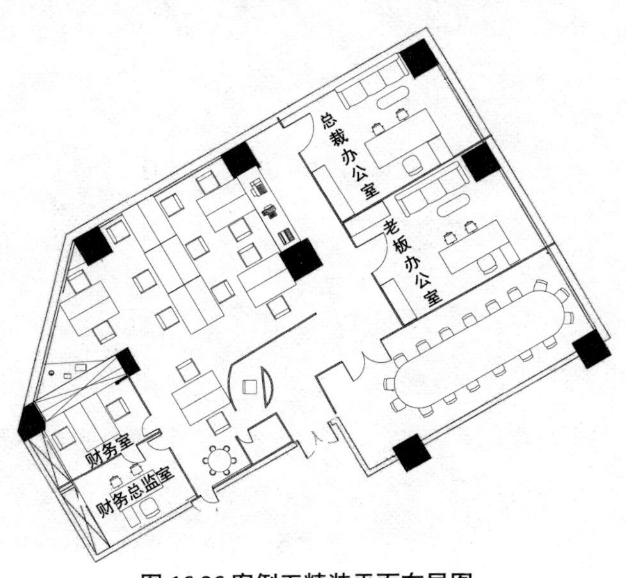


图 16.26 案例五精装平面布局图

# 后　记

回顾自己学习易理环境选择和相地之法的过程，应从我们的家风说起。笔者生长在中国南方农村的一个大家庭中，父母是地地道道的农民，养育了我们十个兄弟姐妹，我是末小，自幼耳濡目染家父在农耕之余，常常带着罗盘义务帮助四邻乡亲勘察环境，找坟地，造房屋，择吉课，推八字。时间长了，家父谙习易理的案例也多了，自然而然被四邻乡亲称为了“风水先生”，而且名声逐渐扩大，从乡村到集镇，再到县城，在家乡福建省永安市，家父勘察环境、相地之术已颇具名气，得到了许多乡亲的认可。然而，我们十个兄弟姐妹，无一人对父亲的独门学问有所问津，要么在家务农，要么离开乡村进入工厂当了工人，还有的则弃农从商，自己当起了老板，而笔者因为末小，有机会念书至大学毕业，并有幸成为央行的一名工作人员。

每年正月初一是我们这个大家庭大聚会的日子，而家父在大家酒足饭饱之余，都会对每一个晚辈提出本年行事要点和趋吉避凶的要求，暂且称之为“春节家风训诫”吧。家父年复一年地重复着他的“训诫”，但我们这些晚辈们大多都将其当着耳边风，左耳进，右耳出。记得 2000 年的正月初一，家父在全家兄弟姐妹大聚会的餐桌上，亲口对我发出的“运辰警示”，提示我未来五年要防破财之灾。当时，我们兄弟姐妹没有一人将此当成一回事，而至 2005 年春节，家父再一次寻问我这五年来的工作、生活情况时，却让我恍然大悟，五年生活经历完全验证了父亲五年前的一番话。也正是2005年的这次“春节家风训诫”，让我深深地感到了中国传统易学在人生运势决策过程中的重要作用，于是我下定决心，跟随父亲学习易理。但父亲却说“易是中国传统文化中的最大学问，非他所能以赐教。”并要求我从《周易》的原本学起，在认识《周易》基本原理的基础上，选择《周易》所派生出来的一个分支进行深入学习。根据家父的指导，笔者结合自己大学期间学习建筑专业的特点，选择了风水学这一分支，进行深入学习和实践，并结合现代城市规划布局和房屋修造特点，与家父进行着深入地探讨，将家父在农村相地之法进行创新优化，并运用于现代城市的房地产楼盘规划和城市单元房屋的选择与布局实践。经过了十多年的努力，笔者总结了家父六十多年来在农村勘察人居环境和自己在城市进行人居环境选择的实践经验，总结形成了一套运用易理观念指导人居环境选择的独特技法，并将之赋予笔端，形成拙著。

回顾“写作”的过程，有激情、有奋发，有迷茫、有彷徨。然而，这些“酸甜苦辣”正是谙习易理过程的最大收获。本书所论之理，亦只代表笔者个人观点。尽管笔者认为在著书过程中已竭尽全力，将自己的所思所想和实践感悟告诉大家，但《易经》实乃博大精深，限于本人的学识和经验，难免管孔之见，还望广大读者和同道仁人匡正。通过本书，若能结识更多的名师和同道仁人，相互交流学习，则是笔者一生之大幸也！

在本书的出版过程中，年逾八十有三的家父全面审读了书稿，并为本书写序，老爷子的求知精神再一次激励着我们晚辈们奋发进取，刻苦学习。在写作过程中，得到了爱人林丽英和宝贝儿子邱劭文的大力支持与帮助，也得到了邓太阳、周庆裕、林东沙、王滨、范双招、刘杨川、罗武先、高金水等许多好友的热情支持和鼓励，在此一并致以诚挚的谢意！

笔者要特别感谢乡友黄宁老将军为本书题写了书名；感谢外甥游天桂博士和侄儿邱金友博士为本书的排版、图表制作提出许多宝贵意见和建议；

感谢团结出版社的全体工作人员，正是因为有他们的慧眼和辛勤的付出，才使本书得以顺利出版发行。

撰写拙作，若能为推进中国传统文化的传承发展贡献一份绵薄之力，则平生可慰矣！